"十二五"普通高等教育车辆工程专业规划教材

汽车振动与噪声控制

QICHE ZHENDONG YU ZAOSHENG KONGZHI

（第二版）

陈 南 主 编
张建润 孙蓓蓓 李 普 副主编

人民交通出版社
China Communications Press

内 容 提 要

本书首先介绍线性振动理论和声学基础理论。

在介绍基础理论之后，书中对汽车的几大基本总成：发动机动力传动总成，转向及底盘悬架总成，车身系统和制动时的振动、噪声及整车平顺性问题进行了系统的建模和分析，介绍了一些常用和新的控制方法。

本书可以作为高等理工科院校车辆工程类或制造类专业本科生及研究生的振动和噪声控制课程的教材，也可供从事相关领域研究的工程技术人员参考。

图书在版编目(CIP)数据

汽车振动与噪声控制/陈南主编. —2 版. — 北京：人民交通出版社，2014.2

ISBN 978-7-114-11157-0

Ⅰ.①汽… Ⅱ.①陈… Ⅲ.①汽车－振动控制②汽车噪声－噪声控制 Ⅳ.①U467.4

中国版本图书馆 CIP 数据核字(2014)第 018023 号

"十二五"普通高等教育车辆工程专业规划教材

书　　名：汽车振动与噪声控制（第二版）
著 作 者：陈　南
责任编辑：夏　韡
出版发行：人民交通出版社股份有限公司
地　　址：（100011）北京市朝阳区安定门外外馆斜街 3 号
网　　址：http://www.ccpress.com.cn
销售电话：（010）59757973
总 经 销：人民交通出版社股份有限公司发行部
经　　销：各地新华书店
印　　刷：北京市密东印刷有限公司
开　　本：787×1092　1/16
印　　张：11.75
字　　数：300 千
版　　次：2005 年 8 月　第 1 版
　　　　　2014 年 2 月　第 2 版
印　　次：2020 年 12 月　第 4 次印刷
书　　号：ISBN 978-7-114-11157-0
定　　价：28.00 元
（有印刷、装订质量问题的图书由本社负责调换）

“十二五”普通高等教育车辆工程专业规划教材

编委会名单

编委会主任

龚金科(湖南大学)

编委会副主任(按姓名拼音顺序)

陈　南(东南大学)　方锡邦(合肥工业大学)　过学迅(武汉理工大学)

刘晶郁(长安大学)　吴光强(同济大学)　于多年(吉林大学)

编委会委员(按姓名拼音顺序)

蔡红民(长安大学)　陈全世(清华大学)　陈　鑫(吉林大学)

杜爱民(同济大学)　冯崇毅(东南大学)　冯晋祥(山东交通学院)

郭应时(长安大学)　韩英淳(吉林大学)　何耀华(武汉理工大学)

胡　骅(武汉理工大学)　胡兴军(吉林大学)　黄韶炯(中国农业大学)

兰　巍(吉林大学)　宋　慧(武汉科技大学)　谭继锦(合肥工业大学)

王增才(山东大学)　阎　岩(青岛理工大学)　张德鹏(长安大学)

张志沛(长沙理工大学)　钟诗清(武汉理工大学)　周淑渊(泛亚汽车技术中心)

前　言

汽车性能的一个重要方面是振动和噪声水平。消费者挑选汽车时,往往首先感受的是驾驶或乘坐汽车时的振动和噪声状态,或者讲是在有意无意地比较其振动和噪声控制水平。因此,汽车振动和噪声控制作为汽车设计、制造方面的一个重要课题,受到广泛重视。

本教材统一而精炼地介绍了线性振动和声学基础理论作为基础篇。就其深度来讲,振动部分涵盖了线性振动理论的基本内容,包括对分析汽车振动问题非常必要的随机振动基础;声学基础部分,教材强调理解物理现象,并以此为基础来介绍分析方法和控制措施。

本教材另一重点是动力学建模。这是希望学生理解,线性振动和声学理论本身已发展的比较成熟而成为一套"规范",其实践应用的重点往往是针对不同问题的动力学建模。基础篇外的各章,就是针对汽车几大基本总成的主要振动和噪声问题的建模分析,包括:发动机动力传动总成、转向底盘总成、车身振动和噪声及整车平顺性。当然,深入介绍上述任何一个问题,或都需要数本专著来论述。本教材试图做到的仅是,就振动和噪声问题,抓住重点,理清思路,并介绍一些新技术概念以开拓学生视野。

通过第一版出版以来的应用实践,我们对本书的应用对象和目标读者有了更明确的了解。随着汽车技术的发展,对本书涉及的一些知识内容,也有了更深刻的认识。特别考虑到一些有关汽车振动与噪声控制方面新技术的发展应用,我们感到有必要补充。在这样的背景下,承蒙人民交通出版社青睐,本书推出了第二版。

在第二版中,我们仍力图保持原来特色,即希望在相对紧凑的篇幅内,自成体系地介绍有关汽车振动与噪声控制技术方面的基础知识和关键问题处理思路,也补充介绍了近期已发展应用的一些新技术。因此,本书第二版在整体架构和主要内容方面,相对第一版没有太大的变化,主要对撰写语言表达有所润色,改正了某些印刷错误。另外,对一些新技术的应用发展,如车内噪声的有源控制技术的商品化应用,以实例形式给予了介绍。也对实践应用上很重要的建模抽象方面,以例题形式有所补充。

本教材适用于40学时左右的课堂教学。基础部分内容自成体系,可相对独立地讲授。教材第二章和第六章由张建润撰写,第三章和第五章由孙蓓蓓撰写,第七章和第八章由李普撰写,陈南撰写第一章和第四章并统编全书。东南大学孙庆鸿教授审阅全书。作为教材,本书引用了一些前辈和同仁的教学科研成果,已在参考文献中一一列出;在此一并表示衷心感谢。

鉴于我们的学识水平,书中一定存在疏漏和不妥之处,衷心希望本书的读者,提出宝贵的批评建议。

编　者
2013 年 11 月

目　录

第一章　振动理论基础

【主要内容】 本章包括线性振动理论的基本内容。从不同着眼点对振动系统简单分类；从单自由度振动系统出发，定义振动问题和振动系统的基本概念；分析自由振动与强迫振动，瞬态振动与稳态振动的解表达形式及其物理意义；从线性单自由度振动系统对任意激励的响应表达，通过模态分析，获得对多自由度系统问题的一般解表达形式，并进一步分析指出，该形式对于连续振动系统响应表达仍然有效；针对汽车振动问题分析的特定要求，介绍了线性随机振动响应分析的基本内容。

第一节　介　　绍

振动理论是分析任何机器和结构的动态特性（又称为动力学特性）的理论基础之一。

汽车是一种复杂的机器，虽然它在结构形式、工作状态方面有其特殊性，但在做动态力学性能分析时，仍将其看成一个振动系统。所谓振动系统，是对一般机器或结构系统的一类抽象数学模型，当研究的目的是关于这个系统的振动性能时，所抽象的系统模型，就称为振动系统。

同一切动力学系统一样，振动系统也有复杂和简单之分。而被抽象出的振动系统复杂与否主要取决于研究问题的目的。一个构成相对复杂的机器系统，比如汽车，如果研究的目的只要求考虑其质心垂直方向的运动，则可将该汽车简化成相对简单的振动系统，如将整车质量假想集中于质心上而将其简化为单自由度系统；而一个看似简单的汽车上某梁状或板状零件，根据研究的目的要求，则可将其抽象为相对更加复杂的多自由度系统甚至连续系统。

振动系统可以按自由度来分为离散系统和连续系统，这是为数学处理的方便和自然而使用的振动问题分类描述的方法之一。

离散系统又称为集中参数系统，它的特点是描述运动状态的方程为多元常微分方程组。其自变量元的物理意义往往是系统中某质量点的空间运动坐标或空间运动增量坐标，而自变量元的个数就称为振动系统的自由度维数；既然定义出适当个数的自变量元是利用运动方程完全地描述出系统的空间几何位置所要求的，振动系统的自由度数就定义为在运动全过程中能完全确定系统的空间几何位置所需的独立坐标元的数目。有限个自变量元的系统通常称为多自由度振动系统，如描述问题只要求有一个自变量元，就称为单自由度系统。

所谓连续系统是指描述其运动状态的参数，如质量、刚度和阻尼都是连续定义的，对应的运动方程是多元偏微分方程组。既然自变量元代表质量点的运动坐标或运动增量坐标，当考虑的点无限密布于考虑的结构区域时，系统运动微分方程由常微分方程组转化为偏微分方程组，自由度数由有限变为无限多个，系统模型也就由集中参数的离散系统转化为分布连续参数系统，连续振动系统由此而得名。

在进行振动系统分析时，对所考虑的系统区分它是线性系统还是非线性系统，基本确定了分析可用的方法。从物理意义上讲，大多数实际系统都是非线性的；但为了使分析能够基于成熟的数学工具方便地进行，并且在能够断定所得结论在给定工况下能够基本真实地反映出实际系统的主要特性的情况下，常常采用线性化近似作为振动系统建模的第一步。线性化的方法一般有三类：一是将实际物理系统的各种非线性因素近似线性化，从而得出线性动力学方程；二是精确利用非线性关系获得非线性动力学方程，再将方程中的非线性小项忽略；最后一种是将系统非线性动力学方程在系统的平衡工作点附近展开，在该平衡工作点附近用近似线性（包括几何运动和物理性态）增量关系代替原非线性关系。

当实际动力学系统涉及某些随机变量或随机过程时，对应的系统动态特性分析要运用随机振动理论。在工程中，最常见的情况是机械或结构本身构成是确定性的，而它们所工作的环境是随机性的，即对确定性构成的物理系统的激励是随机性的。按自然发展因果关系论，系统的响应自然也应是随机性的。汽车是这样一个随机振动系统的典型，因为汽车行驶工况的主要激励是它正在行驶路面的不平度，路面不平度本身是随机性的。因此，作为设计者最为关心的汽车响应输出，也是由随机路面不平度和汽车本身构成所决定的随机过程。这里的关系是随机振动系统分析的内容，它包括系统输入（激励）、系统本身和系统输出（响应）三部分之间的关系。

本章主要论述线性振动理论，它是振动理论中最成熟、最规范的部分，也是具有最广泛工程实际应用的部分。其成熟和规范体现在：无论怎样的实际工程结构，当确定是需要解决线性振动理论范围内的动力学问题时，其着手处或出发点，甚至分析问题的主要工作是考虑如何将该实际结构或机器抽象或归类为线性振动理论所设计的理论模型；当得到了这样的理论模型后，其分析方法和可能得到的结论完全就归结为“线性振动理论”这一类逻辑的“模板”了。

由此可见，解决工程实际振动问题，其核心在“建模”上。因而，对于汽车振动问题的分析，其相当大的部分也就是针对汽车各大总成具体不同的结构，研究如何合理地抽象为所需的振动力学模型。

虽然这里强调实践应用时对问题建模的重要性，但线性振动理论本身主要致力于建立理论和分析方法的基础。它的主要内容包括：在振动理论基本定义的基础上建好模型以后，用来处理这些模型的数学方法和分析逻辑，并给出一个相当完美的结果表达形式和分析方法流程。我们要强调的是，线性振动理论的数学方法和分析逻辑，包括基本概念定义和相互间关系，就是能够从复杂实际系统中建立出合理模型所必须正确理解和适当使用的基础。

第二节　单自由度系统

一、自由振动

自由振动是指振动系统受到初始外界激励后，在所定义的时间零点开始后不再受外界激励情况下，系统表现的运动。既然系统此时已经不再受外界的影响，它的振动所表现出来的性质，就仅仅是系统本身的构造分布所确定的。正因为如此，系统自由振动所表现的运动学规律，对于我们理解系统构成与振动运动特征之间的关系，进而定义一些描述振动特征的量，就具有重要的意义。考虑如图1-1a)所示的单自由度系统。

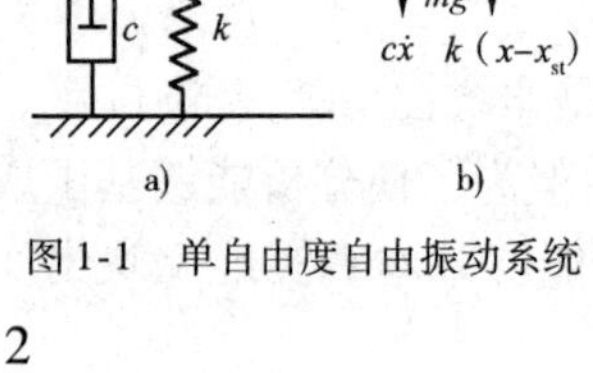

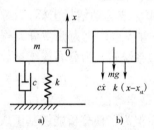

图1-1　单自由度自由振动系统

单自由度系统是最简单，也是最基础的有限自由度集中参数系统。这里引入了集中参数振动系统的3个最基本物理参数：质量 m，弹簧 k，阻尼 c。

质量 m 是系统的惯性的代表，在模型中被抽象为仅有质量 m[单位：千克(kg)]的质点；弹簧 k 是系统的弹性的代表，被抽象为无质量的、刚度系数为 k[单位：牛顿/米(N/m)]的弹簧。在线性振动范围内，认为是线性弹簧，即刚度系数 k 不随弹簧变形的大小而改变；阻尼 c 是系统振动中各种机械能耗散机制的代表，如各种阻力、流体摩擦阻力、干摩擦阻力等。虽然实际结构系统振动时机械能耗散的物理机制很多，但线性振动理论范围内的典型做法还是将其等价为线性黏性阻尼，即假设阻尼力与阻尼器两端点间的相对运动速度成正比，比例系数为 c[单位：牛顿·秒/米(N·s/m)]，称为黏性阻尼系数。在单自由度系统中，运动只考虑一个方向，所有物理参数如 m、k 和 c 也只相对于所考虑的这个运动方向定义。

建立图 1-1a)所示系统的运动微分方程。其方法遵循以下步骤：

1)取隔离体；

2)进行受力分析；

3)运用牛顿第二定律建立运动微分方程。

该系统的隔离体和受力分析如图 1-1b)所示，其运动微分方程为

$$m\ddot{x} = -mg - k(x - x_{st}) - c\dot{x}$$

其中 x_{st} 为质量块的初始静位移。

将坐标原点放在质量块的静平衡位置，应有 $kx_{st} = mg$，整理上方程得

$$m\ddot{x} + c\dot{x} + kx = 0 \tag{1-1}$$

先不考虑阻尼的效应，即假设 $c = 0$，并令 $\omega_n^2 = k/m$，方程(1-1)成为

$$\ddot{x} + \omega_n^2 x = 0 \tag{1-2}$$

由常微分方程理论可知，方程(1-2)的通解可表示为

$$x = C_1 \cos\omega_n t + C_2 \sin\omega_n t$$

其中 C_1 与 C_2 是任意常数，由系统初始条件确定。

设系统初始条件如：$t = 0$ 时，$x = x_0$，$\dot{x} = \dot{x}_0$，两任意常数可确定为 $C_1 = x_0$，$C_2 = \dot{x}_0/\omega_n$，则系统无阻尼自由振动解为

$$x = x_0 \cos\omega_n t + \frac{\dot{x}_0}{\omega_n}\sin\omega_n t = B\sin(\omega_n t + \varphi) \tag{1-3}$$

其中：

$$B = \sqrt{x_0^2 + \left(\frac{\dot{x}_0}{\omega_n}\right)^2},\ \varphi = \arctan\frac{\omega_n x_0}{\dot{x}_0}$$

方程(1-3)表明，质量块将作简谐振动运动，其振动的圆频率为

$$\omega_n = \sqrt{\frac{k}{m}} \tag{1-4}$$

而振动的频率为：

$$f_n = \frac{\omega_n}{2\pi}$$

由 f_n 的表达式可看出，此频率只与系统的刚度和质量有关，与外界的初始激励(系统初位移和/或初速度)无关，故称为系统的固有频率。它是描述系统振动性能的一个非常重要的特征量，因为从式(1-3)看出，系统受到初始激励后，将持续进行频率为 f_n 的往复运动，此往复运动的频率仅由系统本身的质量和刚度分布决定；往复运动的幅度大小(振幅)B 及初相角 φ 则取决于外界的初始激励以及系统本身的质量、刚度分布(注意 B 及 φ 的表达式中包括 x_0、$\dot{x}_0$ 和 ω_n)。

在前面讨论中，略去了运动所受的阻力，系统在自由振动中机械能守恒，因而振幅 B 保持不变。实际系统能量耗散机制总是存在的，所以有必要考虑存在阻尼情况下($c \neq 0$)的自由振动。

对于 $c \neq 0$,定义阻尼比

$$\zeta = \frac{c}{2m\omega_n} = \frac{c}{2\sqrt{km}} = \frac{c}{c_c} \tag{1-5}$$

其中 $c_c = 2\sqrt{km}$。根据 ω_n 的定义式(1-4),方程(1-1)可转化为

$$\ddot{x} + 2\zeta\omega_n\dot{x} + \omega_n^2 x = 0 \tag{1-6}$$

令方程(1-6)的特解为 $x = e^{st}$,代入该方程,得到系统特征方程为

$$s^2 + 2\zeta\omega_n s + \omega_n^2 = 0 \tag{1-7}$$

由方程(1-7)可解得系统的特征根为

$$s_{1,2} = (-\zeta \pm \sqrt{\zeta^2 - 1})\omega_n$$

则方程(1-6)的通解为

$$x = C_1 e^{(-\zeta + \sqrt{\zeta^2 - 1})\omega_n t} + C_2 e^{(-\zeta - \sqrt{\zeta^2 - 1})\omega_n t} \tag{1-8}$$

其中 C_1 与 C_2 仍是由系统初始条件确定的常数。

由于包括了能量耗散机制,由式(1-8)代表的单自由度系统的自由振动总体表现为衰减运动,并随着阻尼比 ζ 不同的取值范围而有所不同,这说明系统的运动衰减形态是由其阻尼比决定的。但是,从阻尼比的定义式(1-5)可以看出,阻尼比并不仅仅取决于黏性阻尼系数,它还同系统的质量和刚度有关,因此阻尼比 ζ 与固有频率 ω_n 一样,都是描述系统振动特性的本质特征参数。正是这个特征参数,由其不同的取值范围,将系统初始扰动后的衰减分为不同的运动形态。

主要的形态有两种,当 $\zeta < 1$ 时称为欠阻尼形态,当 $\zeta > 1$ 时为过阻尼形态;在欠阻尼到过阻尼的临界点,即 $\zeta = 1$,称为临界阻尼形态。以下分别进行讨论。

(1)欠阻尼形态,$\zeta < 1$,特征根成为

$$s_{1,2} = (-\zeta \pm j\sqrt{1 - \zeta^2})\omega_n$$

上式中 j 为虚数单位。应用欧拉公式,式(1-8)可转化成

$$x = e^{-\zeta\omega_n t}(A\cos\omega_d t + C\sin\omega_d t) \tag{1-9}$$

或写为

$$x = e^{-\zeta\omega_n t}B\sin(\omega_d t + \varphi) \tag{1-10}$$

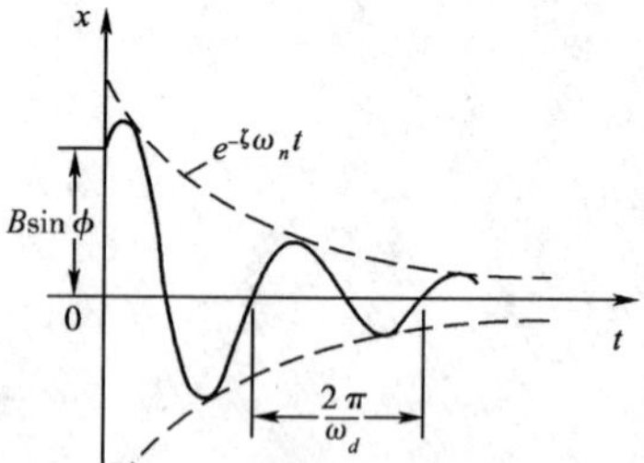

图 1-2 欠阻尼系统衰减振动曲线

可见此时运动为衰减振动,其振动频率为 $\omega_d = \omega_n\sqrt{1 - \zeta^2}$ 称为系统的阻尼固有频率。该运动曲线如图 1-2 所示。

式(1-9)中的常数 A 和 C 或式(1-10)中的振幅 B 及初相角 φ 由系统初位移、初速度及系统本身参数确定,有

$$A = x_0, \qquad C = \frac{\dot{x}_0 + \zeta\omega_n x_0}{\omega_d}$$

$$B = \sqrt{x_0^2 + \left(\frac{\dot{x}_0 + \zeta\omega_n x_0}{\omega_d}\right)^2}, \qquad \varphi = \arctan\frac{\omega_d x_0}{\dot{x}_0 + \zeta\omega_n x_0}$$

(2)过阻尼形态,$\zeta > 1$,此时特征根 s_1 和 s_2 为负实数。从运动表达式(1-8)可以看出,系统被初始扰动后的运动并不振荡,只是单调地以指数规律衰减趋于平衡位置。

(3)临界阻尼形态,$\zeta = 1$,此时 s_1 和 s_2 是重根,都等于 $-\omega_n$,则方程(1-6)的通解的形式为

$$x = e^{-\omega_n t}(D + Et)$$

这也是非振荡衰减运动。其中 D 和 E 为由系统初始条件及系统本身参数确定的常数。

可以想象，作为一个孤立的点，临界阻尼形态物理上是很少遇到的，但临界阻尼概念的提出，实际是为了引入一个分析上更有意义的量：临界阻尼系数 c_c。回顾式(1-5)，对 $\zeta=1$，有

$$c=c_c=2\sqrt{km} \tag{1-11}$$

c_c为临界阻尼系数，物理意义上 c_c和系统的阻尼无关，如式(1-11)，$c_c\equiv 2\sqrt{km}$，它是由系统的质量和刚度决定的量。定义出 c_c实际是想说明，当系统的物理黏性阻尼系数 c 小于由该系统质量和刚度确定的量 $c_c=2\sqrt{km}$时，初始扰动后系统会表现出振荡衰减运动，否则，运动将只衰减而不振荡。

二、强迫振动——谐波激励和周期激励

强迫振动是指系统有外部激励期间表现的振动，外界激励可以是作用在质量块上的力，如图 1-3 所示；也可以是系统支承的运动，如图 1-5 所示。

1. *谐波激励响应*

如果作用在质量块上的力是某个频率的简谐力，则称系统的响应为谐波响应。单自由度系统的谐波响应是线性振动理论分析的基础。

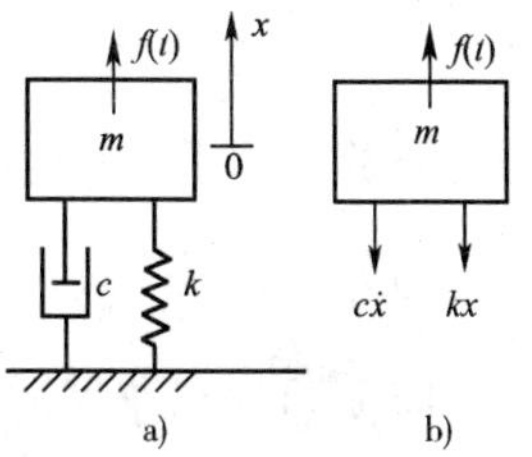

图 1-3 单自由度系统强迫振动

对于图 1-3a)所示系统，设坐标原点在系统静平衡位置，略去平衡的质量重力和弹簧静反力，得隔离体受力分析图，如图 1-3b)所示。系统运动微分方程为

$$m\ddot{x}+c\dot{x}+kx=f(t) \tag{1-12}$$

考虑谐波响应时，设

$$f(t)=F\sin\omega t \tag{1-13}$$

按常微分方程理论，方程(1-12)的解由该方程的齐次方程即方程(1-1)的通解加该非齐次方程的任一个特解组成，系统的初始条件为方程整个解的定解条件。

设系统有初始条件 $x(0)=x_0$，$\dot{x}(0)=\dot{x}_0$，$f(t)$为式(1-13)形式的简谐力，式(1-12)完整的解为

$$\begin{aligned} x(t)=&e^{-\zeta\omega_n t}\left(x_0\cos\omega_d t+\frac{\dot{x}_0+\zeta\omega_n x_0}{\omega_d}\sin\omega_d t\right)+\\ &Xe^{-\zeta\omega_n t}\left[\sin\psi\cos\omega_d t+\frac{1}{\sqrt{1-\zeta^2}}(\zeta\sin\psi-\lambda\cos\psi)\sin\omega_d t\right]+\\ &X\sin(\omega t-\psi)\end{aligned} \tag{1-14}$$

其中

$$\omega_n=\sqrt{k/m},\zeta=\frac{c}{2\sqrt{km}},\omega_d=\omega_n\sqrt{1-\zeta^2},\lambda=\frac{\omega}{\omega_n},$$

$$X=\frac{F}{k\sqrt{(1-\lambda^2)^2+(2\zeta\lambda)^2}},\psi=\arctan\frac{2\zeta\lambda}{1-\lambda^2}$$

由式(1-14)可以看出，完整的谐波振动响应包括 3 个部分。式(1-14)中的第 1 部分就是由系统初始扰动导致的自由振动响应。这里给出的是欠阻尼特征的系统响应表达。随着时间增加，这部分将衰减到零；式(1-14)中的第 2 部分称为系统伴随自由振动，它是由于初始条件和激励的引入而导致的系统本征振动(其振动频率为系统的阻尼固有频率 ω_d)。注意：即使系统初始条件为零，此部分仍存在；由于代表阻尼效应的时间负幂指数函数作为乘子存在，此部分也随时间衰减到零；式(1-14)中的第 3 部分振动不随时间增加而衰减，它始终存在并且有和激励谐波力相同的频率。忽略前两部分仅由这一项所代表的系统振动就称为稳态振动或稳态

响应,对应项称为稳态项;包括所有三个部分并在初始时刻附近时段的系统振动称为瞬态振动或过渡过程响应。式(1-14)中的前两部分称为瞬态项。

进一步讨论系统的稳态响应。重写式(1-14)并忽略瞬态项,有

$$x(t)=X\sin(\omega t-\psi) \tag{1-15}$$

响应振幅为

$$X=\frac{F}{k\sqrt{(1-\lambda^2)^2+(2\zeta\lambda)^2}}=\frac{X_s}{\sqrt{(1-\lambda^2)^2+(2\zeta\lambda)^2}}$$

式中,$X_s=F/k$ 为激励力幅值静态地作用于系统时可导致的变形位移,而动态响应振幅则是系统静载变形位移的放大,为 $X=X_s\beta$

这里

$$\beta=\frac{1}{\sqrt{(1-\lambda^2)^2+(2\zeta\lambda)^2}}=\frac{X}{X_s} \tag{1-16}$$

为动态放大因子。它随频率比 $\lambda=\omega/\omega_n$ 和阻尼比 ζ 而变化。

另外

$$\psi=\arctan\frac{2\zeta\lambda}{1-\lambda^2} \tag{1-17}$$

是响应 $x(t)$ 滞后于谐波激励力 $f(t)$ 的相位角。

β 和 ψ 随 λ 的变化曲线分别被称为系统的幅频曲线及相频曲线,如图 1-4a)和图 1-4b)所示。由图可见:

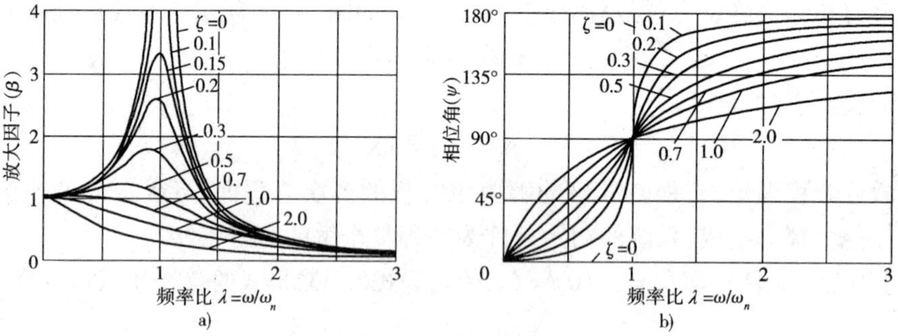

图 1-4　幅频曲线和相频曲线

a)幅频曲线;b)相频曲线

(1)当激励频率远大于系统固有频率时,即 $\lambda>>1$,不论阻尼比 ζ 的大小,β 都趋于零。故系统工作于 $\lambda>>1$ 称为相对高频段,此时响应振幅小于静载变形位移。动态响应振幅小是因为激振力变化太快而质量有惯性跟不上(见相频曲线,响应相位滞后趋于 180°,说明激振力与响应位移几乎反相),故认为在相对高频段系统响应主要由其质量惯性所决定。所谓相对高频是指激励频率相对于系统固有频率较高,并不是绝对意义上的激振频率高。

(2)当激励频率远小于系统固有频率时,即 $\lambda<<1$,不论阻尼比 ζ 大小,β 都趋于 1,响应振幅趋于静载变形位移。$\lambda<<1$ 就称为相对低频段。静载变形由系统刚度决定其大小,故在相对低频段,系统响应主要由其刚度决定。

(3)当激励频率在系统固有频率附近时,$\lambda\approx1$,阻尼比 ζ 的大小极大地影响 β。此时的频段范围称为共振区。β 的最大值 β_{max} 在 $\lambda=\sqrt{1-2\zeta^2}$ 时达到。实际系统中一般有 $\zeta^2<<1$,故通常认为在 $\lambda\approx1$ 时响应位移达到最大值,即发生共振;此时有 $X_{max}=X_s/(2\zeta)$,可见阻尼比越小共振峰值越大,并且共振峰值对阻尼比非常敏感。因此,只有在共振频段范围内,阻尼才对响应的大小有很好的控制作用。注意,这里的阻尼指的是阻尼比 $\zeta=\frac{c}{2\sqrt{km}}$,它实际代表系统的

黏性阻尼系数和系统的质量及刚度之间的一个比例。由阻尼比定义可见，即使黏性阻尼系数 c 不变，减小 k 和 m 同样可以增大阻尼比。

注意到当 $\lambda=1$ 时，无论 ζ 多大，总是有 $\psi=90°$，这也是共振时的一个典型现象。

2. *支承谐波激励响应*

单自由度系统支承运动激励的模型如图 1-5 所示。

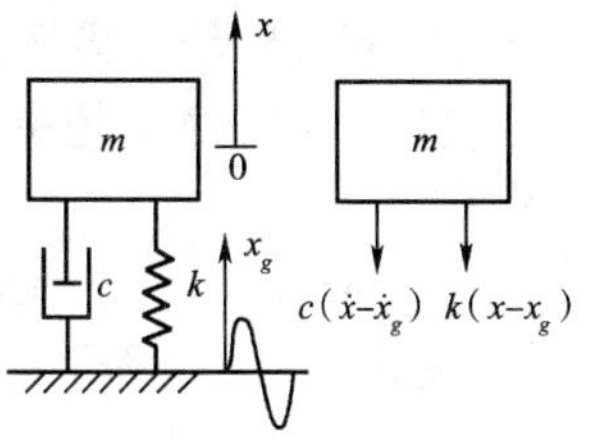

图 1-5　支承运动激励

设支承运动的简谐运动为

$$x_g = X_g \sin\omega t \tag{1-18}$$

由隔离体受力图，可得系统运动微分方程

$$m\ddot{x} + c\dot{x} + kx = kx_g + c\dot{x}_g \tag{1-19}$$

可以利用复函数方法求解式(1-19)的稳态振动。

令 $$x_g = X_g e^{j\omega t}, x = Xe^{j(\omega t-\psi)}$$

代入式(1-19)，得 $$(-m\omega^2 + jc\omega + k)Xe^{-j\psi} = (k + jc\omega)X_g$$

可求得 $$X = X_g \frac{\sqrt{k^2 + c^2\omega^2}}{\sqrt{(k - m\omega^2)^2 + c^2\omega^2}}, \psi = \arctan\frac{c\omega}{k - m\omega^2} - \arctan\frac{c\omega}{k}$$

定义传递率 $\beta = X/X_g$，其意义类似于放大因子。利用前对 λ、ζ 及 ω_n 的定义，整理上两式后有

$$\beta = \frac{X}{X_g} = \frac{\sqrt{1+(2\zeta\lambda)^2}}{\sqrt{(1-\lambda^2)^2 + (2\zeta\lambda)^2}} \tag{1-20}$$

$$\psi = \arctan\frac{2\zeta\lambda^3}{1-\lambda^2+(2\zeta\lambda)^2} \tag{1-21}$$

支承谐波激励的稳态位移响应，由于式(1-18)是正弦函数，故可取 x 复函数表达式中的虚部，仍为式(1-15)的形式，可写为

$$x(t) = X\sin(\omega t - \psi) = \beta X_g \sin(\omega t - \psi) \tag{1-22}$$

β 和 ψ 是支承谐波运动激励的幅频和相频响应曲线，如图 1-6 所示。由图可见，当 $\lambda > \sqrt{2}$ 时，$\beta < 1$，响应幅值将小于支承激励的幅值，此时弹簧阻尼系统起减小振动作用。在 $\lambda > \sqrt{2}$ 的范围，阻尼比 ζ 小的，传递率 β 相对要大。当 $\lambda > 3$ 以后，对于相同阻尼比 ζ，随 λ 增加传递率 β 的下降将不再明显。

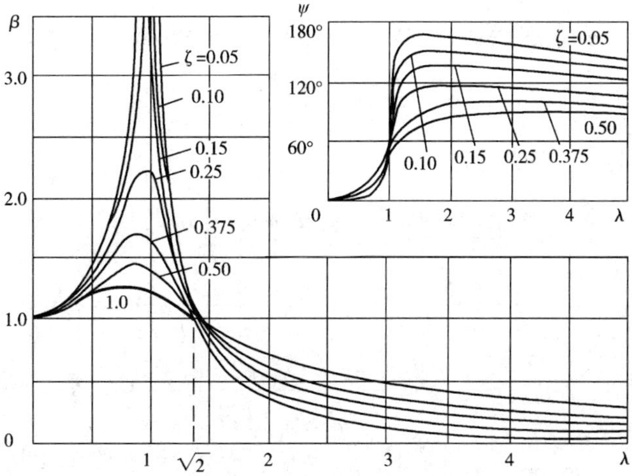

图 1-6　支承谐波激励的幅频和相频响应

前面已讨论了系统运动方程(1-12)的各种激励条件下的瞬态和稳态响应,很明显,对于实际问题的振动分析,首先要将问题表达成方程(1-12)的形式,方程中加速度、速度和位移项前的系数,就是等效的“质量”、“阻尼系数”和“弹簧常数”。目前还限于须把这些系数“归纳”为常数(虽然实际上有可能不是)。在做归纳和简化的过程中,可以根据研究目标,或多或少地包含或省略某些实际存在的物理性质。这样的“包含或省略”的多少,就决定了“建模”精度。而建模精度又是决定所求取的响应是否符合实际的最关键因素。下面举一些建模的例子。

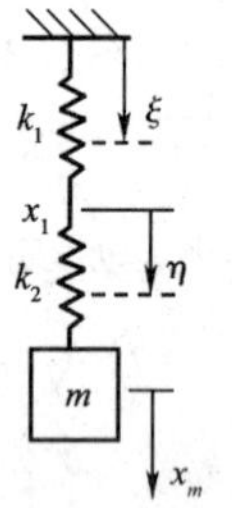

图 1-7　串联弹簧系统

例 1.1　如图 1-7 所示的串联弹簧系统,求取其等效刚度及等效质量,分别考虑两种情况:

(1)不包括弹簧本身质量。

(2)包括弹簧本身质量(设 l_1,ρ_1 和 l_2,ρ_2 分别为弹簧 k_1,k_2 的长度和质量线密度)。

求系统自由运动微分方程。

解:　在目前假设范围内,包括或不包括弹簧本身质量对系统的等效弹簧刚度无影响。

弹簧串联各弹簧所受力相等,图示情况皆为 mg,则弹簧 k_1 的变形为 mg/k_1,而弹簧 k_2 的变形为 mg/k_2,设系统等效弹簧刚度系数为 k_e,质量 m 的总变形应为各弹簧变形之和,故

$$\frac{mg}{k_e}=\frac{mg}{k_1}+\frac{mg}{k_2}\quad \text{则有}\quad k_e=\frac{k_1k_2}{k_1+k_2}$$

(1)不考虑弹簧本身质量时,系统等效质量为集中质量,即 $m_e=m$。

(2)包括弹簧本身质量时,设振动时弹簧的每点变形位移形态类同于静力 mg 作用时的位移形态。弹簧串联各弹簧受力相等,有 $k_1x_1=k_2(x_m-x_1)$

即
$$x_1=\frac{k_2}{k_1+k_2}x_m$$

设弹簧 k_1 上距固定端的距离为 ξ 的点的变形位移为 x_ξ,有

$$x_\xi=\frac{x_1}{l_1}\xi=\frac{x_mk_2}{l_1(k_1+k_2)}\xi \tag{a}$$

同样,设弹簧 k_2 上距两弹簧连接处 x_1 的距离为 η 的点的变形位移为 x_η,有

$$x_\eta=x_1+\frac{x_m-x_1}{l_2}\eta=\frac{x_m}{(k_1+k_2)}\left(\frac{k_1}{l_2}\eta+k_2\right) \tag{b}$$

振动中弹簧分布质量产生的动能为

$$T_{k_1k_2}=\int_0^{l_1}\frac{1}{2}\rho_1\dot{x}_\xi^2\mathrm{d}\xi+\int_0^{l_2}\frac{1}{2}\rho_2\dot{x}_\eta^2\mathrm{d}\eta \tag{c}$$

由式(a)和式(b),有　$\dot{x}_\xi=\dfrac{\dot{x}_mk_2}{l_1(k_1+k_2)}\xi$,　$\dot{x}_\eta=\dfrac{\dot{x}_m}{(k_1+k_2)}\left(\dfrac{k_1}{l_2}\eta+k_2\right)$

代入式(c),积分后得　$T_{k_1k_2}=\dfrac{1}{2}\dfrac{\rho_1l_1k_2^2+\rho_2l_2(k_1^2+3k_1k_2+3k_2^2)}{3(k_1+k_2)^2}\dot{x}_m^2$

系统总动能为　$T=T_m+T_{k_1k_2}=\dfrac{1}{2}\left[m+\dfrac{\rho_1l_1k_2^2+\rho_2l_2(k_1^2+3k_1k_2+3k_2^2)}{3(k_1+k_2)^2}\right]\dot{x}_m^2=\dfrac{1}{2}m_e\dot{x}_m^2$

系统总势能为 $$U=\frac{1}{2}k_e x_m^2=\frac{1}{2}\frac{k_1k_2}{k_1+k_2}x_m^2$$

不考虑阻尼系统为保守系统，有 $$\frac{\mathrm{d}}{\mathrm{d}t}(T+U)=0$$

求导得系统自由振动方程为 $$m_e\ddot{x}_m+k_e\dot{x}_m=0$$

其中等效质量和等效刚度分别为

$$m_e=m+\frac{\rho_1 l_1 k_2^2+\rho_2 l_2(k_1^2+3k_1k_2+3k_2^2)}{3(k_1+k_2)^2},k_e=\frac{k_1k_2}{k_1+k_2}$$

推导中设弹簧振动时每点变形位移形态类同于静力作用时的位移形态，这是一个对推导等效质量起关键作用的假设，实践证明，此假设近似程度很高。这种先假设振动系统动态变形形态，再来计算相关量的建模方法，称为瑞利法。很明显，此法的精度很大程度取决于所假设动态变形形态的精度。

例 1.2 一汽车拖车的悬架弹簧被它的载重压缩了 $d=10.16\text{cm}$。当拖车速度 $v=64.4\text{km/h}$的行驶在幅度 $X_g=7.62\text{cm}$，波长 $l=14.63\text{m}$ 的正弦波状路面上，不计阻尼，求拖车的振幅。（重力加速度 $g=9.8\text{m/s}^2$）

解： 拖车行驶路程可表示为 $$z=vt$$

支承激励函数可表示为 $$x_g=X_g\sin\frac{2\pi z}{l}=X_g\sin\frac{2\pi vt}{l}$$

则激励的圆频率为 $$\omega=\frac{2\pi v}{l}=\frac{2\times\pi\times 64.4\times 10^3}{14.63\times 3600}=7.6828(\text{rad/s})$$

拖车可简化为单自由度系统，设全部载质量为 m，悬架弹簧刚度为 k，则有 $d=\frac{mg}{k},k=\frac{mg}{d}$

$$\because\ \omega_n=\sqrt{\frac{k}{m}},\therefore\ \omega_n=\sqrt{\frac{g}{d}}=\sqrt{\frac{9.8\times 10^2}{10.16}}=9.8212(\text{rad/s})$$

不计阻尼，$\zeta=0$，由式(1-20)，可得拖车振幅为

$$X=\beta X_g=\frac{\sqrt{1+(2\zeta\lambda)^2}}{\sqrt{(1-\lambda^2)^2+(2\zeta\lambda)^2}}X_g=\frac{1}{1-\lambda^2}X_g=\frac{7.62}{1-\left(\frac{7.6828}{9.8212}\right)^2}=19.6362(\text{cm})$$

例 1.3 讨论下列非黏性阻尼效应的线性化建模：

(1)机械平面零件间干摩擦；

(2)物体在低黏性流体中以较大速度运动。

解： 线性系统定义阻尼比 ζ 时利用的是物理黏性阻尼系数 c 与临界阻尼系数 c_c之比。物理黏性阻尼系数 c 代表的是其阻尼力与其两端点的相对速度成正比的线性黏性阻尼器振动能量耗散机制。现实情况中存在着多种不是线性黏性阻尼的能量耗散机制，统称为非黏性阻尼。非黏性阻尼本质上是非线性的，为了使在非黏性阻尼情况下，以式(1-1)表示的线性系统模型方程仍然可用，定义等价黏性阻尼系数 c_{eq}来近似表示非黏性阻尼情况。这里的简化采用能量等价原则，即假设在相同谐波振动周期内，用等价黏性阻尼系数 c_{eq} 表达的耗散能量与拟简化的非线性阻尼耗散的能量相等。

已知单自由度线性系统的黏性阻尼器产生的阻力为 $f_d=-c\dot{x}$，则线性黏性阻尼器在稳态谐波响应 $x(t)=X\sin(\omega t-\psi)$的一个振动周期 T 内所耗散的能量为

$$E_c = \left|\int_0^T f_d \dot{x}\,\mathrm{d}t\right| = \left|\int_0^T c\dot{x}^2\,\mathrm{d}t\right| = \int_0^T c\omega^2 X^2 \cos^2(\omega t - \psi)\,\mathrm{d}t = c\pi\omega X^2 \qquad \text{(a)}$$

假设在相同振动周期内所考虑的非黏性阻尼的耗散功与等效黏性阻尼的耗散功相等，即令 $E_{nc} = E_c$，这里 E_{nc} 为所考虑的拟简化非黏性阻尼在同一振动周期 T 内所耗散的能量，则由式(a)可定义等效黏性阻尼系数 c_{eq} 为

$$c_{eq} = \frac{E_{nc}}{\pi\omega X^2} \qquad \text{(b)}$$

(1)干摩擦阻尼力是一种典型非黏性阻尼，已知干摩擦产生的阻力 f_d 与速度无关，表达式为：$f_d = -\mu N \mathrm{sgn}(\dot{x})$，其中 μ 为干摩擦系数，N 为摩擦平面间的正压力，sgn( )为符号函数，其定义为：

$$\mathrm{sgn}(\dot{x}) = \begin{cases} 1, & \dot{x} > 0 \\ 0, & \dot{x} = 0 \\ -1, & \dot{x} < 0 \end{cases}$$

这样
$$E_{nc} = \left|\int_0^T f_d \dot{x}\,\mathrm{d}t\right| = \left|\int_0^T \mu N \dot{x}\,\mathrm{d}t\right| = 4\int_0^X \mu N\,\mathrm{d}x = 4\mu N X$$

因此
$$c_{eq} = \frac{4\mu N}{\pi\omega X}$$

(2)当物体在流体(如水、空气)中以较大的速度(大于 3m/s)运动时，阻尼力与相对速度平方成正比，方向与速度方向相反，其值可近似表示为 $f_d = -\mu_c |\dot{x}|\dot{x}$，其中 μ_c 为流体阻力系数。

此时有
$$E_{nc} = \left|\int_0^T f_d \dot{x}\,\mathrm{d}t\right| = 4\int_0^{T/4} \mu_c \dot{x}^3\,\mathrm{d}t = \frac{8}{3}\mu_c \omega^2 X^3$$

就有
$$c_{eq} = \frac{8\mu_c \omega X}{3\pi}$$

注意到上述两种情况下的 c_{eq} 都是所设谐波振动圆频率 ω 的函数。对其他类型的非黏性阻尼机制也可以类似方式来线性化简化。

3. 周期激励响应

上述谐波激励，考虑的是一个单频率的谐波力激励或支承激励。如果激励并不是单频谐波，而是周期函数的激励，则可利用周期函数的傅立叶级数展开，将问题转化为求取基频加一系列倍频的谐波函数激励的响应。由于系统运动方程是常系数线性微分方程，叠加原理成立，整个响应也就是每个谐波函数激励响应的叠加。以下用一个例子说明这个过程。

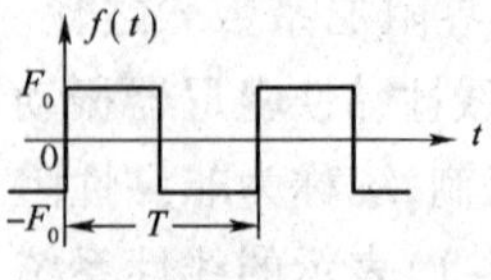

图 1-8 周期方波激励力函数

例 1.4 系统如图 1-3 所示，设激励力函数 $f(t)$ 为如图 1-8 所示的周期性方波，设 $T = T_n/2$，T_n 为系统固有周期，求其稳态响应。

解： 在一个周期内，激励力表达为

$$f(t) = \begin{cases} F_0 & 0 < t < \dfrac{T}{2} \\ -F_0 & \dfrac{T}{2} < t < T \end{cases}$$

$f(t)$ 满足狄里赫利条件，可以有傅立叶级数展开

$$f(t) = \frac{a_0}{2} + \sum_{i=1}^{\infty}(a_i \cos i\omega_1 t + b_i \sin i\omega_1 t),\ \omega_1 = \frac{2\pi}{T}$$

$$a_0 = \frac{2}{T}\int_0^T f(t)\mathrm{d}t,\ a_i = \frac{2}{T}\int_0^T f(t)\cos i\omega_1 t\mathrm{d}t,\ b_i = \frac{2}{T}\int_0^T f(t)\sin i\omega_1 t\mathrm{d}t$$

因为一个周期内 $f(t)$ 总面积为零，故 $a_0 = 0$

$[0,T]$ 内 $f(t)$ 对 $T/2$ 反对称，而 $\cos i\omega_1 t$ 对称，则 $a_i = 0$

由 b_i 的计算表达式，可求得

$$b_i = \begin{cases} \dfrac{4F_0}{i\pi} & i = 1,3,5,\cdots \\ 0 & i = 2,4,6,\cdots \end{cases}$$

图 1-3 所示的系统的运动微分方程为

$$m\ddot{x} + c\dot{x} + kx = f(t) = \frac{a_0}{2} + \sum_{i=1}^{\infty}(a_i\cos i\omega_1 t + b_i\sin i\omega_1 t)$$

由单频谐波响应表达式和叠加原理，记 $\omega_n = \sqrt{\dfrac{k}{m}}, \zeta = \dfrac{c}{2\sqrt{km}}, \lambda_1 = \dfrac{\omega_1}{\omega_n}$，

可得

$$x = \frac{a_0}{2k} + \sum_{i=1}^{\infty}\frac{a_i\cos(i\omega_1 t - \psi_i) + b_i\sin(i\omega_1 t - \psi_i)}{k\sqrt{(1 - i^2\lambda_1^2)^2 + (2i\zeta\lambda_1)^2}} = \frac{4F_0}{\pi k}\sum_{i=1,3,5,\cdots}^{\infty}\frac{\sin(i\omega_1 t - \psi_i)}{i\sqrt{(1 - i^2\lambda_1^2)^2 + (2i\zeta\lambda_1)^2}}$$

按题意，$\lambda_1 = \dfrac{\omega_1}{\omega_n} = \dfrac{T_n}{T} = 2$，所以 $x = \dfrac{4F_0}{\pi k}\displaystyle\sum_{i=1,3,5,\cdots}^{\infty}\frac{\sin(i\omega_1 t - \psi_i)}{i\sqrt{(1 - 4i^2)^2 + (4i\zeta)^2}}$

$$\psi_i = \arctan\frac{2i\zeta\lambda_1}{1 - i^2\lambda_1^2} = \arctan\frac{4i\zeta}{1 - 4i^2}, i = 1,3,5,\cdots$$

三、对任意激励的响应

1. 单位脉冲响应

为便于描述脉冲力，引入 δ 函数又称为单位脉冲函数，它的定义为

$$\delta(t - \tau) = \begin{cases} \infty & t = \tau \\ 0 & t \neq \tau \end{cases}, \text{且有}\int_{-\infty}^{\infty}\delta(t - \tau)\mathrm{d}t = \lim_{\varepsilon\to 0}\int_{\tau-\varepsilon}^{\tau+\varepsilon}\delta(t - \tau)\mathrm{d}t = 1,$$

该函数具有“筛选”性质，即 $\displaystyle\int_{-\infty}^{\infty}y(t)\delta(t - \tau)\mathrm{d}t = y(\tau)$

对于在零时刻作用有单位脉冲函数并有零初始条件的单自由度系统，运动方程为

$$\begin{aligned} m\ddot{x} + c\dot{x} + kx &= \delta(t) \\ x_0 = 0,\quad \dot{x}_0 &= 0 \end{aligned} \tag{1-23}$$

将方程(1-23)左右两边对 $\mathrm{d}t$ 在微区间 $(-\varepsilon,\varepsilon)$ 内积分，有

$$\int_{-\varepsilon}^{\varepsilon}(m\mathrm{d}\dot{x} + c\mathrm{d}x + kx\mathrm{d}t) = \int_{-\varepsilon}^{\varepsilon}\delta(t)\mathrm{d}t$$

在脉冲作用瞬时，质量来不及运动，初位移和位移增量为零，故上述方程左边后两项积分为零。由于力脉冲的作用，速度增量不为零；考虑 ε 趋于零，上述积分等式就是 $m\lim\limits_{\varepsilon\to 0}(\dot{x}(\varepsilon) - \dot{x}(-\varepsilon)) = m\dot{x}(0^+) = 1$，故 $\dot{x}(0^+) = 1/m$。由于脉冲持续时间视为无穷小，脉冲作用时间后就成为有初始速度扰动的自由振动，其运动方程和初始条件为

$$\begin{aligned} m\ddot{x} + c\dot{x} + kx &= 0 \\ x_0 = 0,\quad \dot{x}_0 &= 1/m \end{aligned} \tag{1-24}$$

这样，方程(1-23)代表的零初始条件单位脉冲激励的强迫响应问题就转化为(1-24)代表的初始速度扰动的自由振动响应问题。

对于式(1-24)的系统，根据式(1-9)，响应为

$$x(t)=\frac{1}{m\omega_d}e^{-\zeta\omega_n t}\sin\omega_d t\equiv h(t) \tag{1-25}$$

式(1-25)也是方程(1-23)的响应表达式。由于方程(1-23)是借助于单位脉冲函数这一理想化激励函数定义的，故称式(1-25)为单位脉冲响应，以特别记法 $h(t)$ 标记。$h(t)$ 实际是系统的时域动态特性的一种表达。对于作用于时刻 $t=\tau$ 且强度为 I_0 的脉冲响应，可借助 $h(t)$ 表达为

$$h(t-\tau)=\frac{I_0}{m\omega_d}e^{-\zeta\omega_n(t-\tau)}\sin\omega_d(t-\tau)\qquad t>\tau \tag{1-26}$$

2. 任意非周期激励响应

设运动方程为

$$\begin{gathered}m\ddot{x}+c\dot{x}+kx=f(t)\\ x_0=0,\quad \dot{x}_0=0\end{gathered} \tag{1-27}$$

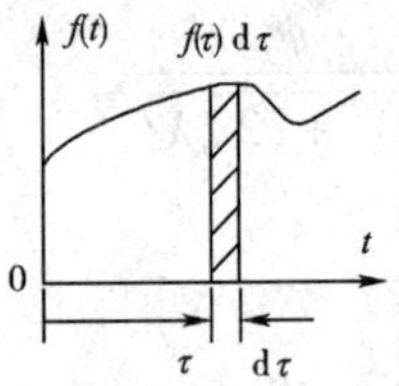

图 1-9 任意激励力函数

而 $f(t)$ 为任意非周期激励力函数，其形式示意如图 1-9 所示。

可以利用式(1-26)给出的在 $t=\tau$ 时刻脉冲响应 $h(t-\tau)$ 得到系统对任意非周期激励力的响应。把任意激励力 $f(t)$ 看作一系列冲量微元 $f(\tau)\mathrm{d}\tau$ 之和，如图 1-9 所示，$f(\tau)\mathrm{d}\tau$ 相当于在 $t=\tau$ 时作用的一个冲量微元。对于这一个冲量微元 $f(\tau)\mathrm{d}\tau$，式(1-27)系统的响应微元应为

$$\mathrm{d}x=h(t-\tau)f(\tau)\mathrm{d}\tau$$

根据叠加原理，系统对整个激励 $f(t)$ 的响应为各响应微元的叠加；而微元叠加等价于积分，即

$$x=\int_0^t h(t-\tau)f(\tau)\mathrm{d}\tau=h(t)*f(t) \tag{1-28}$$

此式表明，系统对任意激励的零初始条件下的响应等于激励与单位脉冲响应的卷积 $h(t)*f(t)$。式(1-28)又称为杜哈梅积分。将式(1-26)代入式(1-28)，得

$$x(t)=\frac{1}{m\omega_d}\int_0^t f(\tau)e^{-\zeta\omega_n(t-\tau)}\sin\omega_d(t-\tau)\mathrm{d}\tau \tag{1-29}$$

由于卷积满足交换律，式(1-29)也可写成

$$x(t)=\frac{1}{m\omega_d}\int_0^t f(t-\tau)e^{-\zeta\omega_n\tau}\sin\omega_d\tau\mathrm{d}\tau$$

上两式是零初始条件下的式(1-27)的响应，包括了激励力引起的瞬态自由振动和稳态强迫振动。如果包括非零初始条件并假设为欠阻尼系统，整个响应为

$$x(t)=e^{-\zeta\omega_n t}\left(x_0\cos\omega_d t+\frac{\dot{x}_0+\zeta\omega_n x_0}{\omega_d}\sin\omega_d t\right)+\frac{1}{m\omega_d}\int_0^t f(\tau)e^{-\zeta\omega_n(t-\tau)}\sin\omega_d(t-\tau)\mathrm{d}\tau \tag{1-30}$$

例 1.5 设激励为如图 1-10 所示半正弦脉冲，求无阻尼单自由度系统零初始条件响应。

解： 激励力表达为
$$f(t)=\begin{cases}F\sin\dfrac{\pi t}{t_1} & 0\leqslant t\leqslant t_1\\ 0 & t>t_1\end{cases}$$

由式(1-30)，有 $\zeta=0$，记 $\bar{\omega}=\pi/t_1$，对 $0\leqslant t\leqslant t_1$，有

$$x(t)=\frac{1}{m\omega_n}\int_0^t F\sin\bar{\omega}\tau\sin\omega_n(t-\tau)\,\mathrm{d}\tau$$

$$=\frac{F}{2m\omega_n}\int_0^t[\cos(\omega_n t-(\omega_n+\bar{\omega})\tau)-\cos(\omega_n t-(\omega_n-\bar{\omega})\tau)]\,\mathrm{d}\tau$$

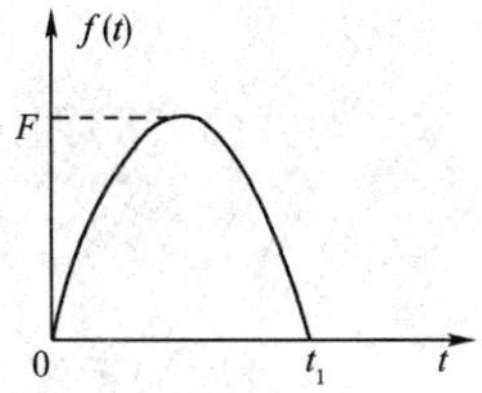

图 1-10　半正弦脉冲激励力

$$=\frac{F}{2m\omega_n}\left[\frac{\sin((\omega_n+\bar{\omega})\tau-\omega_n t)}{\omega_n+\bar{\omega}}-\frac{\sin((\omega_n-\bar{\omega})\tau-\omega_n t)}{\omega_n-\bar{\omega}}\right]\Big|_0^t$$

$$=\frac{F}{m\omega_n}\frac{\omega_n\sin\bar{\omega}t-\bar{\omega}\sin\omega_n t}{\omega_n^2-\bar{\omega}^2}$$

对于 $t>t_1$，有 $x(t)=\frac{1}{m\omega_n}\int_0^{t_1}F\sin\bar{\omega}\tau\sin\omega_n(t-\tau)\,\mathrm{d}\tau$

$$=\frac{F}{2m\omega_n}\left[\frac{\sin((\omega_n+\bar{\omega})\tau-\omega_n t)}{\omega_n+\bar{\omega}}-\frac{\sin((\omega_n-\bar{\omega})\tau-\omega_n t)}{\omega_n-\bar{\omega}}\right]\Big|_0^{t_1}$$

$$=\frac{F\bar{\omega}}{m\omega_n}\frac{1}{\bar{\omega}^2-\omega_n^2}(\sin\omega_n t+\sin\omega_n(t-t_1))$$

记 $\lambda=\bar{\omega}/\omega_n$，$X_s=F/k$，整理后有

$$x(t)=\begin{cases}\dfrac{X_s}{1-\lambda^2}(\sin\bar{\omega}t-\lambda\sin\omega_n t) & 0\leqslant t\leqslant t_1\\[2ex] \dfrac{\lambda X_s}{\lambda^2-1}\cos\dfrac{\omega_n t_1}{2}\cdot\sin\omega_n\left(t-\dfrac{t_1}{2}\right) & t>t_1\end{cases}$$

3. 频率响应函数和传递函数

对于(1-28)两边进行傅立叶变换 $\mathscr{F}(\cdots)$，记 $X(\omega)=\mathscr{F}(x(t))$，$\mathscr{F}(\omega)=\mathscr{F}(f(t))$，$H(\omega)=\mathscr{F}(h(t))$，注意卷积的傅立叶积分变换的性质，即 $\mathscr{F}(h(t)*f(t))=\mathscr{F}(h(t))\mathscr{F}(f(t))=H(\omega)\mathscr{F}(\omega)$，

则 $\mathscr{F}(x(t))=\mathscr{F}(h(t)*f(t))=\mathscr{F}(h(t))\mathscr{F}(f(t))$，即 $X(\omega)=H(\omega)\mathscr{F}(\omega)$

就有
$$H(\omega)=X(\omega)/\mathscr{F}(\omega)\tag{1-31}$$

$H(\omega)$ 就是系统的频率响应函数，它定义为系统响应的傅立叶变换与激励的傅立叶变换之比。它和系统的单位脉冲响应函数，形成傅立叶变换对，即

$$H(\omega)=\mathscr{F}(h(t))$$
$$h(t)=\mathscr{F}^{-1}(H(\omega))\tag{1-32}$$

对于图 1-3 所示的单自由度系统，对式(1-12)两边进行傅立叶变换，有

$$(k-mw^2+jcw)X(\omega)=F(\omega)$$

$$H(\omega)=X(\omega)/F(\omega)=1/(k-mw^2+jcw)=1/(\omega_n^2-\omega^2+j\,2\zeta\omega_n\omega)m\tag{1-33}$$

频率响应函数 $H(\omega)$ 的模

$$|H(\omega)|=1/\sqrt{(k-m\omega^2)^2+(c\omega)^2}=1/k\sqrt{(1-\lambda^2)^2+(2\zeta\lambda)^2}=\beta/k,$$

$H(\omega)$ 的相角　$\angle H(\omega)=\arctan\dfrac{c\omega}{k-m\omega^2}=\arctan\dfrac{2\zeta\lambda}{1-\lambda^2}=\psi$，

可见 $H(\omega)$ 的模与前述放大因子 β 只相差一个常数 $1/k$，而 $H(\omega)$ 的相角就是前述相频曲

线 ψ。

对式(1-28)两边进行拉普拉斯变换 $\mathscr{L}(\cdots)$,可导得

$$H(s)=X(s)/F(s)$$

这里 $X(s)=\mathscr{L}(x(t)),F(s)=\mathscr{L}(f(t)),H(s)=\mathscr{L}(h(t))$。

$H(s)$称为系统的传递函数,是系统响应的拉普拉斯变换与激励的拉普拉斯变换之比。它与单位脉冲响应函数形成拉普拉斯变换对,即 $H(s)=\mathscr{L}(h(t))$

$$h(t)=\mathscr{L}^{-1}(H(s))$$

不难证明,对传递函数 $H(s)$令 $s=j\omega$,就得频率响应函数 $H(\omega)$。上述两种变换和定义,都假设系统在零初始条件下。

第三节 多自由度系统

对实际系统动态特性的研究大多要深入到超出单自由度系统模型所能表达的范围。因此,需要用更复杂的数学模型来描述系统,集中参数多自由度系统就是其中一种。

一、多自由度系统运动微分方程

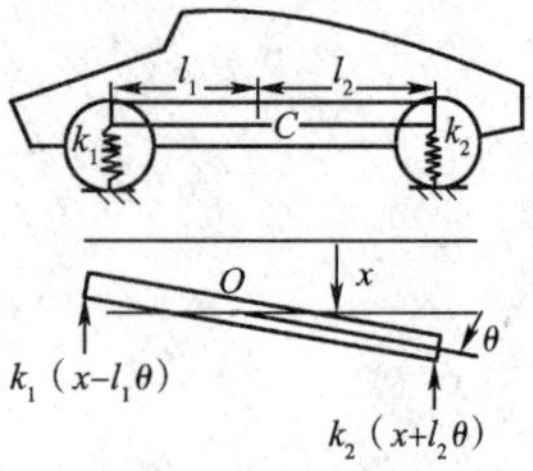

图 1-11 轿车模型

考虑如图 1-11 所示轿车模型。设要研究的是轿车车身的上下和俯仰振动,则可简化轿车车身为刚杆,其质量为 m,相对于质心 C 的转动惯量为 J_C;前后轮胎、悬架的弹性简化为弹簧,在前后轮胎处分别为 k_1、k_2;前后轮胎支承处到车辆质心的距离分别为 l_1、l_2。

利用拉格朗日方程建立系统的微分方程。n 自由度系统的拉格朗日方程的一般表达为

$$\frac{\mathrm{d}}{\mathrm{d}t}\left(\frac{\partial L}{\partial \dot{q}_i}\right)-\frac{\partial L}{\partial q_i}=Q_i \qquad i=1,2,3,\cdots,n$$

式中,$q_i(i=1,2,3,\cdots,n)$为系统的独立广义坐标;$Q_i(i=1,2,3,\cdots,n)$为系统非有势力的广义力;L 为拉格朗日函数:$L=T-U$,T 为系统动能,U 为系统势能。

对于图 1-11 所示的系统,定义刚杆随体坐标系原点 O 位于刚杆质心 C,随体坐标系原点相对大地固定坐标系的垂直位移为 x(向下为正),随体坐标系相对大地固定坐标系转角为 θ(顺时针为正),有

$$T=\frac{1}{2}m\dot{x}^2+\frac{1}{2}J_C\dot{\theta}^2,U=\frac{1}{2}k_1(x-l_1\theta)^2+\frac{1}{2}k_2(x+l_2\theta)^2$$

则有

$$\frac{\mathrm{d}}{\mathrm{d}t}\left(\frac{\partial L}{\partial \dot{x}}\right)-\frac{\partial L}{\partial x}=m\ddot{x}+(k_1+k_2)x+(k_2l_2-k_1l_1)\theta=p_x$$

$$\frac{\mathrm{d}}{\mathrm{d}t}\left(\frac{\partial L}{\partial \dot{\theta}}\right)-\frac{\partial L}{\partial \theta}=J_C\ddot{\theta}+(k_2l_2-k_1l_1)x+(k_1l_1^2+k_2l_2^2)\theta=p_\theta$$

其中 p_x、p_θ分别为对应于广义坐标 x、θ 的广义力,考虑自由振动情况时可设它们为零。

上式可写成矩阵形式

$$\begin{bmatrix} m & 0 \\ 0 & J_C \end{bmatrix}\begin{Bmatrix} \ddot{x} \\ \ddot{\theta} \end{Bmatrix}+\begin{bmatrix} k_1+k_2 & k_2l_2-k_1l_1 \\ k_2l_2-k_1l_1 & k_1l_1^2+k_2l_2^2 \end{bmatrix}\begin{Bmatrix} x \\ \theta \end{Bmatrix}=\begin{Bmatrix} p_x \\ p_\theta \end{Bmatrix} \tag{1-34}$$

简记为

$$\boldsymbol{M}\ddot{\boldsymbol{x}}+\boldsymbol{K}\boldsymbol{x}=\boldsymbol{p} \tag{1-35}$$

式(1-35)可以推广视为是 n 自由度系统无阻尼运动微分方程的一般形式。推广后 $\boldsymbol{x}$ 为 n 维广义坐标列向量,$\boldsymbol{M}$ 为 $n\times n$ 维质量矩阵,$\boldsymbol{K}$ 为 $n\times n$ 维刚度矩阵,$\boldsymbol{p}$ 为 n 维激励力列向量。

对于式(1-34),质量矩阵 $\boldsymbol{M}$ 非对角项为零,x 的加速度不会导致 θ 维的惯性力,反之亦然,称为惯性解耦;刚度矩阵 $\boldsymbol{K}$ 非对角项不为零,位移 x 会导致角位移 θ 维弹性力,反之亦然,称为弹性不解耦。

如果定义的随体坐标系原点 O 不置于刚杆质心 C,放在刚杆纵向中心线上但相距 C 的距离为 e,记此时随体坐标系原点相对大地固定坐标系的垂直位移为 x_e, 相对转角为 θ_e,并记前后轮胎支承处到此时 O 点的距离分别为 a_1、a_2,可导得运动微分方程形式为

$$\begin{bmatrix} m & me \\ me & J_C+me^2 \end{bmatrix}\begin{Bmatrix} \ddot{x}_e \\ \ddot{\theta}_e \end{Bmatrix}+\begin{bmatrix} k_1+k_2 & k_2a_2-k_1a_1 \\ k_2a_2-k_1a_1 & k_1a_1^2+k_2a_2^2 \end{bmatrix}\begin{Bmatrix} x_e \\ \theta_e \end{Bmatrix}=\begin{Bmatrix} p_{x_e} \\ p_{\theta_e} \end{Bmatrix}$$

可见惯性和弹性都不解耦。如果调节假想定义的随体坐标系原点的相对位置使得 $k_2a_2=k_1a_1$,则上式的刚度矩阵 $\boldsymbol{K}$ 非对角项为零,为弹性解耦,但此时不能保证惯性解耦,因为虽然随体坐标系原点可以相对自由地定义放置,但实际车辆的物理参数如质量、刚度和质心位置等是相对固定的。

由此可见,描述物体运动的坐标系可以任意地定义,所用坐标系的不同只是用来度量运动的参考点的不同,并且随着使用坐标系的不同使得所获描述运动的微分方程组的复杂程度不同,例如会出现惯性和弹性都不解耦或惯性解耦但弹性不解耦或惯性不解耦但弹性解耦等。

现在的问题是:能不能采用一般方法找到一个"坐标系",使得所获运动微分方程组达到一个"最简单"的形式。所谓"最简单"的形式是指其质量和刚度矩阵的非对角项同时为零,这样惯性和弹性都"解耦",微分方程组实际变成一系列单变量微分方程而类似于一个个单自由度系统。

答案是肯定的。下面就来寻找定义这样一个"坐标系"的一般方法。

二、实模态分析

1. 主振动

研究 n 自由度系统的自由振动,设方程(1-35)右端激励力向量 $\boldsymbol{p}=\boldsymbol{0}$,系统运动方程为

$$\boldsymbol{M}\ddot{\boldsymbol{x}}+\boldsymbol{K}\boldsymbol{x}=\boldsymbol{0} \tag{1-36}$$

讨论式(1-36)描述的系统在非零初始向量 $\boldsymbol{x}_0$、$\dot{\boldsymbol{x}}_0$ 扰动下的运动表现,首先考虑响应向量 $\boldsymbol{x}$ 的各分量 x_i 是否可能都与某一个形式的时域函数成比例? 如可能则需满足什么条件? 该时域函数形式应是什么?

假设响应 $\boldsymbol{x}$ 的各分量都可以与一个标量时域函数 $f(t)$ 成比例,即

$$\boldsymbol{x}=\boldsymbol{\varphi}f(t) \tag{1-37}$$

$\boldsymbol{\varphi}=[\varphi_1\varphi_2\varphi_3\cdots\varphi_n]^{\mathrm{T}}$ 为假设的表现各分量运动幅值相对大小"比值"的常数列向量。

将式(1-37)代入式(1-36)后两边左乘 $\boldsymbol{\varphi}^{\mathrm{T}}$,得 $\quad \boldsymbol{\varphi}^{\mathrm{T}}\boldsymbol{M}\boldsymbol{\varphi}\ddot{f}(t)+\boldsymbol{\varphi}^{\mathrm{T}}\boldsymbol{K}\boldsymbol{\varphi}f(t)=\boldsymbol{0}$,

可写成

$$-\frac{\ddot{f}(t)}{f(t)}=\frac{\boldsymbol{\varphi}^{\mathrm{T}}\boldsymbol{K}\boldsymbol{\varphi}}{\boldsymbol{\varphi}^{\mathrm{T}}\boldsymbol{M}\boldsymbol{\varphi}}=\kappa \tag{1-38}$$

其中 κ 为常数。因为对于实际物理系统,质量矩阵 $\boldsymbol{M}$ 正定,刚度矩阵 $\boldsymbol{K}$ 正定或半正定,所以有

$$\boldsymbol{\varphi}^{\mathrm{T}}\boldsymbol{M}\boldsymbol{\varphi}>0,\quad \boldsymbol{\varphi}^{\mathrm{T}}\boldsymbol{K}\boldsymbol{\varphi}\geqslant 0,$$

则式(1-38)中的 κ 必须大于或等于零,记 $\kappa=\omega^2$,就有

$$\ddot{f}(t)+\omega^2 f(t)=0 \tag{1-39}$$

方程(1-39)的解有两种形式。系统正定

$$\omega>0,\text{有}\ f(t)=a\sin(\omega t+\varphi) \tag{1-40}$$

当系统半正定 $\omega=0$ 时,则是

$$f(t)=at+b \tag{1-41}$$

式(1-41)代表的是弹性体内部没有弹性变形($\boldsymbol{\varphi}^{\mathrm{T}}\boldsymbol{K}\boldsymbol{\varphi}=0$ 代表弹性变形能为零),而作为一个刚体的运动,这是无足够的刚体自由度约束的半正定系统的允许运动模式;当有足够刚体自由度约束时,此模式就被消除了。

对正定系统,将式(1-40)代入式(1-37),不难理解常数 a 对确定相对"比值"的常数向量 $\boldsymbol{\varphi}$ 无影响,可见响应的各分量都表现出简谐运动。这种各分量都同步地表现出一个频率的简谐运动并且各分量的运动幅值按照某种确定的相对振幅比的振动运动模式称之为主振动,可写为

$$\boldsymbol{x}=\boldsymbol{\varphi}\sin(\omega t+\varphi) \tag{1-42}$$

式(1-42)是在式(1-37)成立的前提下由系统正定性所确定的主振动形式,但什么条件会导致主振动?主振动时各分量振动幅值的相对振幅比分布 $\boldsymbol{\varphi}$ 又服从什么规律?模态分析理论回答这些问题。

2. 实模态分析理论

将式(1-42)代入式(1-36),有

$$(\boldsymbol{K}-\omega^2\boldsymbol{M})\boldsymbol{\varphi}\sin(\omega t+\varphi)=0$$

明显 $\sin(\omega t+\varphi)$不能恒等于零,则应有

$$(\boldsymbol{K}-\omega^2\boldsymbol{M})\boldsymbol{\varphi}=0 \tag{1-43}$$

式(1-43)是线性代数中广义特征值问题的一种表达形式。根据线性代数理论,要求 $\boldsymbol{\varphi}$ 有解,必须其系数矩阵的行列式等于零,即

$$|\boldsymbol{K}-\omega^2\boldsymbol{M}|=0 \tag{1-44}$$

式(1-44)代表一个以 ω^2 为自变量元的实系数 n 次代数方程,为式(1-36)系统的特征方程。

记方程(1-44)的 n 个根为 $\omega_i^2(i=1,2,3,\cdots,n)$,设无重根,按顺序 $0<\omega_i^2<\omega_{i+1}^2(i=1,2,3,\cdots,n-1)$ 排列。对广义特征值问题,这 n 个 ω_i^2 为系统的特征值。在线性振动理论中,每个根的算数平方根 ω_i 被定义为式(1-36)系统的无阻尼固有频率。第 i 个 ω_i 称为第 i 阶的无阻尼固有频率。

ω^2 的 n 次代数方程有 n 个也仅有 n 个根(包括重根),即式(1-44)仅在这 n 个根处为零,因而式(1-43)也仅在这 n 个根 $\omega_i^2(i=1,2,3,\cdots,n)$ 处对 $\boldsymbol{\varphi}$ 有解,由此式(1-42)代表的主振动就只能在这 n 个根处出现(也说明只有 n 种主振动),最后,式(1-37)所作的假设:响应 $\boldsymbol{x}$ 各分量都可以比例于一个标量时域函数 $f(t)$,仅仅是在 n 个根处成立的。

已知 $\boldsymbol{\varphi}$ 在 n 个根处存在,但在任一 ω_i 处,这个代表各分量振动幅值的相对振幅比的 $\boldsymbol{\varphi}$ 唯一吗?齐次线性方程组的解构成理论表明,虽然作为齐次线性方程组(1-43)解的 $\boldsymbol{\varphi}_i$(对应于 ω_i 的 $\boldsymbol{\varphi}$)并不唯一,但如果 ω_i 是单根,则在表达各分量振动幅值的相对比值的意义上讲,$\boldsymbol{\varphi}_i$ 却是唯一的,因为对有降秩数为1(对应 ω_i 是单根)的系数矩阵的线性齐次方程组,其解向量只包含一个任意常数,各分量都可以相对于该任意常数比例地表出;如果 ω_i 是重根,设为 m 重

数,对应的 $\boldsymbol{\varphi}_i$ 即使在表达各分量振动幅值的相对比值的意义上不唯一,对应重根频率 ω_i 的主振动也会有 m 种互相无法通过线性变换达到的相对振幅比分布,具体达到哪一种由系统初始条件决定。

既然 $\boldsymbol{\varphi}_i$ 表达的是式(1-36)的主振动的各分量振动幅值的相对比值关系,它就是一种振动的形态,由此称为振动模态向量(也称振型向量),简称模态,对应于 ω_i 的 $\boldsymbol{\varphi}_i$ 被称为第 i 阶模态向量。

对于 ω_i 是单根,可通过将 ω_i 代入式(1-43)并用在解向量中保留一任意常数的方法求得对应 ω_i 的 $\boldsymbol{\varphi}_i$。

振动理论中的固有频率与模态向量之间的关系就是线性代数广义特征值问题的特征值与特征向量之间的关系,因而不难得到下列特征向量间的正交性关系,即

$$\boldsymbol{\varphi}_i^{\mathrm{T}}\boldsymbol{K}\boldsymbol{\varphi}_j=\begin{cases}k_i & i=j\\ 0 & i\neq j\end{cases},\boldsymbol{\varphi}_i^{\mathrm{T}}\boldsymbol{M}\boldsymbol{\varphi}_j=\begin{cases}m_i & i=j\\ 0 & i\neq j\end{cases},\quad i,j=1,2,3,\cdots,n \tag{1-45}$$

式中,k_i、m_i分别称为第 i 阶模态刚度和模态质量,它们满足 $\omega_i^2=k_i/m_i(i=1,2,3,\cdots,n)$。

式(1-45)分别称为模态对刚度和对质量的正交性。建议读者在 ω_i 都是单根的条件下进行证明。

由模态 $\boldsymbol{\varphi}_i$ 的求解过程可知,$\boldsymbol{\varphi}_i$ 中有一任意比例常数待定。确定此任意常数的过程称为模态"归一化"。从原理上说,可以利用任何方便的方法进行归一化而并不影响 $\boldsymbol{\varphi}_i$ 表达第 i 阶主振动的各分量振幅的相对比值的意义,如令 $\boldsymbol{\varphi}_i$ 中有最大绝对值的元素为 1,其余的相对于 1 来比例表达;或令某一个(如第 1 个)元素为 1 而其他的相对于此元素来比例表达;又或者利用 $|\boldsymbol{\varphi}_i|=1$ 的条件来确定该任意常数等。

一个经常被推荐的归一化方法是对质量归一化,即令式(1-45)中的模态质量 $m_i=1$ 来确定待定常数,此时有模态刚度 $k_i=\omega_i^2$。由对质量归一化方法所获的模态称之为正则模态,专门记为 $\hat{\boldsymbol{\varphi}}_i$。

由定义可推导得

$$\hat{\boldsymbol{\varphi}}_i=\boldsymbol{\varphi}_i/\sqrt{m_i} \tag{1-46}$$

由推导过程可以看出,模态 $\boldsymbol{\varphi}_i$(或 $\hat{\boldsymbol{\varphi}}_i$)由系统的质量和刚度分布决定,与系统初始条件和激励力无关。因此,结构系统的各模态以及它所对应的各主振动形态(包括各固有频率),是完全由其几何形状、材料性质和承受的边界约束所决定的客观存在,与受不受力、有没有初始运动无关系。

至此已有足够的数学工具去找到能够使式(1-35)完全解耦的方法。

将式(1-36)的各 $\omega_i^2(i=1,2,3,\cdots,n)$ 对应的模态向量 $\boldsymbol{\varphi}_i(i=1,2,3,\cdots,n)$ 排列为一 $n\times n$ 维矩阵,称为模态矩阵,记为

$$\boldsymbol{\Phi}=[\boldsymbol{\varphi}_1\ \boldsymbol{\varphi}_2\ \boldsymbol{\varphi}_3\cdots\boldsymbol{\varphi}_n] \tag{1-47}$$

由 $\boldsymbol{\varphi}_i(i=1,2,3,\cdots,n)$ 的特征向量性质,可证明 $\boldsymbol{\Phi}$ 非奇异,则可以定义线性变换

$$\boldsymbol{x}=\boldsymbol{\Phi}\boldsymbol{q}=[\boldsymbol{\varphi}_1\ \boldsymbol{\varphi}_2\ \boldsymbol{\varphi}_3\cdots\boldsymbol{\varphi}_n]\boldsymbol{q} \tag{1-48}$$

这里 $\boldsymbol{q}$ 是 n 维列向量,称为模态坐标向量。将式(1-48)代入式(1-35),并在方程两边左乘 $\boldsymbol{\Phi}^{\mathrm{T}}$,

得

$$\boldsymbol{\Phi}^{\mathrm{T}}\boldsymbol{M}\boldsymbol{\Phi}\ddot{\boldsymbol{q}}+\boldsymbol{\Phi}^{\mathrm{T}}\boldsymbol{K}\boldsymbol{\Phi}\boldsymbol{q}=\boldsymbol{\Phi}^{\mathrm{T}}\boldsymbol{p}$$

由模态对刚度和质量的正交性式(1-45),上式成为解耦的运动方程,可写为

$$\boldsymbol{M}_q\ddot{\boldsymbol{q}}+\boldsymbol{K}_q\boldsymbol{q}=\boldsymbol{p}_q \tag{1-49}$$

其中 $\boldsymbol{M}_q$、$\boldsymbol{K}_q$ 是对角化的模态质量和刚度矩阵,$\boldsymbol{p}_q$ 为模态力向量,分别为

$$\boldsymbol{M}_q=\boldsymbol{\Phi}^{\mathrm{T}}\boldsymbol{M}\boldsymbol{\Phi}=\begin{bmatrix}\ddots & & 0\\ & m_i & \\ 0 & & \ddots\end{bmatrix},\quad \boldsymbol{K}_q=\boldsymbol{\Phi}^{\mathrm{T}}\boldsymbol{K}\boldsymbol{\Phi}=\begin{bmatrix}\ddots & & 0\\ & k_i & \\ 0 & & \ddots\end{bmatrix},\quad \boldsymbol{p}_q=\begin{Bmatrix}\vdots\\ \boldsymbol{\varphi}_i^{\mathrm{T}}\boldsymbol{p}\\ \vdots\end{Bmatrix}$$

实际相当于 n 个“单自由度”的运动微分方程,即

$$m_i\ddot{q}_i+k_iq_i=\boldsymbol{\varphi}_i^{\mathrm{T}}\boldsymbol{p}\qquad i=1,2,3,\cdots,n \tag{1-50}$$

并且有

$$k_i/m_i=\omega_i^2$$

如果用于线性变换的模态矩阵由各正则模态组成,即定义 $\hat{\boldsymbol{\Phi}}=[\hat{\boldsymbol{\varphi}}_1\ \hat{\boldsymbol{\varphi}}_2\ \hat{\boldsymbol{\varphi}}_3\cdots\hat{\boldsymbol{\varphi}}_n]$,利用

$$\boldsymbol{x}=\hat{\boldsymbol{\Phi}}\boldsymbol{q}=[\hat{\boldsymbol{\varphi}}_1\ \hat{\boldsymbol{\varphi}}_2\ \hat{\boldsymbol{\varphi}}_3\cdots\hat{\boldsymbol{\varphi}}_n]\boldsymbol{q} \tag{1-51}$$

代入式(1-35),用与前类似的处理步骤,所获得的 n 个“单自由度” 运动微分方程为

$$\ddot{q}_i+\omega_i^2q_i=\hat{\boldsymbol{\varphi}}_i^{\mathrm{T}}\boldsymbol{p}\quad i=1,2,3,\cdots,n \tag{1-52}$$

设对于式(1-35)的初始条件为 $\boldsymbol{x}(0)=\boldsymbol{x}_0$,$\dot{\boldsymbol{x}}(0)=\dot{\boldsymbol{x}}_0$。由式(1-51),可将模态坐标 $\boldsymbol{q}$ 的初始条件 $\boldsymbol{q}_0$、$\dot{\boldsymbol{q}}_0$ 表示为 $\boldsymbol{q}_0=\hat{\boldsymbol{\Phi}}^{-1}\boldsymbol{x}_0=\hat{\boldsymbol{\Phi}}^{\mathrm{T}}\boldsymbol{M}\boldsymbol{x}_0$, $\dot{\boldsymbol{q}}_0=\hat{\boldsymbol{\Phi}}^{-1}\dot{\boldsymbol{x}}_0=\hat{\boldsymbol{\Phi}}^{\mathrm{T}}\boldsymbol{M}\dot{\boldsymbol{x}}_0$

这里 $\hat{\boldsymbol{\Phi}}^{-1}=\hat{\boldsymbol{\Phi}}^{\mathrm{T}}\boldsymbol{M}$。这是因为利用正则模态时根据正交关系式(1-45)有 $\boldsymbol{M}_{\mathrm{q}}=\hat{\boldsymbol{\Phi}}^{\mathrm{T}}\boldsymbol{M}\hat{\boldsymbol{\Phi}}=\boldsymbol{I}$,对该式两边右乘 $\hat{\boldsymbol{\Phi}}^{-1}$,即得 $\hat{\boldsymbol{\Phi}}^{-1}=\hat{\boldsymbol{\Phi}}^{\mathrm{T}}\boldsymbol{M}$。

记 $r_i(t)=\hat{\boldsymbol{\varphi}}_i^{\mathrm{T}}\boldsymbol{p}(i=1,2,3,\cdots,n)$,及 $\boldsymbol{q}_0$、$\dot{\boldsymbol{q}}_0$ 的第 i 行元素为 q_{0i}、$\dot{q}_{0i}$,式(1-52)解的表达式为

$$q_i(t)=q_{0i}\cos\omega_it+\frac{\dot{q}_{0i}}{\omega_i}\sin\omega_it+\frac{1}{\omega_i}\int_0^t r_i(\tau)\sin\omega_i(t-\tau)\mathrm{d}\tau \tag{1-53}$$

$$i=1,2,3,\cdots,n$$

最后,式(1-35)的物理坐标解可根据式(1-51)定义的变换得到,为

$$\boldsymbol{x}=\hat{\boldsymbol{\Phi}}\boldsymbol{q}=[\hat{\boldsymbol{\varphi}}_1\ \hat{\boldsymbol{\varphi}}_2\cdots\hat{\boldsymbol{\varphi}}_n]\begin{Bmatrix}q_1(t)\\ q_2(t)\\ \vdots\\ q_n(t)\end{Bmatrix}=\sum_{i=1}^n\hat{\boldsymbol{\varphi}}_iq_i(t) \tag{1-54}$$

上式被称为模态叠加定理。它表明 n 自由度系统的物理坐标响应,可由系统本身物理性态所决定的 n 个模态 $\hat{\boldsymbol{\varphi}}_i$(或 $\boldsymbol{\varphi}_i$),通过 n 个“权系数”$q_i(t)$而叠加得到;这 n 个“权系数”由系统初始条件和所受外激励确定。之所以 $q_i(t)$被称为模态坐标,主要来自这样一个事实:n 个模态向量之间相互独立且正交,可构成一组基向量,该组基向量张成的空间称为模态空间,而运动向量在任意一基向量方向的投影,就是该坐标方向上的坐标值;运动向量在该方向上的分量,由基向量乘以该坐标值代表;整个向量由各方向分量叠加而成;作为模态基向量 $\hat{\boldsymbol{\varphi}}_i$(或 $\boldsymbol{\varphi}_i$)的系数 $q_i(t)$,则被称为模态坐标。

注意到模态基向量 $\hat{\boldsymbol{\varphi}}_i$(或 $\boldsymbol{\varphi}_i$)实际代表系统主振动时各分量振幅的相对振幅比,解耦只是模态空间中的解耦,与前面提到的实际物理坐标系统中的解耦不完全是一回事。获得实际物理坐标系统中的解耦,在较少物理自由度的振动隔离问题中有一定实用价值;而这里模态空间中的解耦,则提供了规范、优美的解表达式及统一而有效的解决复杂大自由度振动系统问题的思路和方法。

3. 阻尼系统的实模态分析

实际的物理系统运动时总会有阻尼，包括阻尼的 n 自由度运动微分方程组为

$$M\ddot{x}+C\dot{x}+Kx=p \tag{1-55}$$

这里新出现的 C 为 $n\times n$ 维黏性阻尼系数矩阵，其元素 c_{ij} 为下标 i 及 j 两坐标方向间的黏性阻尼系数。

如果仍要运用实模态分析方法，就不得不对 C 提出某种限制。前面已看到，模态空间中运动方程的解耦是由于模态对于质量矩阵 M、刚度矩阵 K 的正交性。因此，如果假设 C 矩阵为 M 和 K 阵的线性组合，即

$$C=\alpha M+\beta K \tag{1-56}$$

就可利用前面得到的正则模态矩阵 $\hat{\Phi}$ 或一般模态矩阵 Φ 来实现式(1-55)问题的解耦。

为多熟悉一种公式形式，这次利用 Φ 来实现变换，即

$$x=\Phi q \tag{1-57}$$

由式(1-56)可知，有

$$C_q=\Phi^{T}C\Phi=\alpha\Phi^{T}M\Phi+\beta\Phi^{T}K\Phi=\alpha\begin{bmatrix}\ddots & & 0\\ & m_i & \\ 0 & & \ddots\end{bmatrix}+\beta\begin{bmatrix}\ddots & & 0\\ & k_i & \\ 0 & & \ddots\end{bmatrix}\equiv\begin{bmatrix}\ddots & & 0\\ & c_i & \\ 0 & & \ddots\end{bmatrix}$$

由上式，遵循推导式(1-50)相同的过程，可得对模态坐标的 n 个有阻尼“单自由度”系统的运动微分方程为

$$m_i\ddot{q}_i+c_i\dot{q}_i+k_iq_i=\varphi_i^{T}p \quad i=1,2,3,\cdots,n$$

定义 $\zeta_i=\dfrac{c_i}{2\sqrt{k_im_i}}=\dfrac{\alpha m_i+\beta k_i}{2\sqrt{k_im_i}}$ 为第 i 阶模态阻尼比，记 $\omega_i^2=\dfrac{k_i}{m_i}$，$R_i(t)=\dfrac{\varphi_i^{T}p(t)}{m_i}$，上式可写为

$$\ddot{q}_i+2\zeta_i\omega_i\dot{q}_i+\omega_i^2q_i=R_i(t) \quad i=1,2,3,\cdots,n \tag{1-58}$$

记式(1-58)的初始条件为 $\dot{q}_i(0)=\dot{q}_{0i}$，$q_i(0)=q_{0i}(i=1,2,3,\cdots,n)$，它们是由 x_0、$\dot{x}_0$ 通过式(1-57)定义的变换所得的量。参考单自由度系统响应表达式，模态坐标对初始条件和激励 $R_i(t)$ 的响应为

$$\begin{aligned}q_i(t)=\;&e^{-\omega_i\zeta_it}\left(q_{0i}\cos\omega_{di}t+\frac{\dot{q}_{0i}+\zeta_i\omega_iq_{0i}}{\omega_{di}}\sin\omega_{di}t\right)+\\&\frac{1}{\omega_{di}}\int_0^tR_i(\tau)e^{-\omega_i\zeta_i(t-\tau)}\sin\omega_{di}(t-\tau)\mathrm{d}\tau\end{aligned}\quad i=1,2,3,\cdots,n \tag{1-59}$$

其中 $\omega_{di}=\omega_i\sqrt{1-\zeta_i^2}$。系统的物理坐标解根据式(1-57)定义的变换得到，为

$$x=\Phi q=[\varphi_1\ \varphi_2\cdots\varphi_n]\begin{Bmatrix}q_1(t)\\q_2(t)\\\vdots\\q_n(t)\end{Bmatrix}=\sum_{i=1}^{n}\varphi_iq_i(t) \tag{1-60}$$

式(1-59)和式(1-60)是对不考虑阻尼情况的式(1-53)和式(1-54)的自然推广，注意这种推广的基础是式(1-56)成立。满足式(1-56)的阻尼称为比例阻尼。

对于比例阻尼的定义，与其说是真有这种形式的实际阻尼存在，不如说是为能利用无阻尼系统模态矩阵解耦而假设的。实际问题中经常利用比例阻尼假设，但一般并不求式(1-56)中的 α、β 是多少，而是直接将阻尼矩阵的非对角项忽略，故可直接估算或测量各阶模态阻尼比

ζ_i，然后计算模态坐标响应并利用无阻尼系统模态矩阵参照模态叠加定理求得物理坐标响应。因为无阻尼系统的模态是实数，因而这套方法被称为实模态分析法。由此，这里所指比例阻尼条件是广义的，泛指所有的阻尼矩阵 $\boldsymbol{C}$ 能够用无阻尼系统模态矩阵对角化情况。

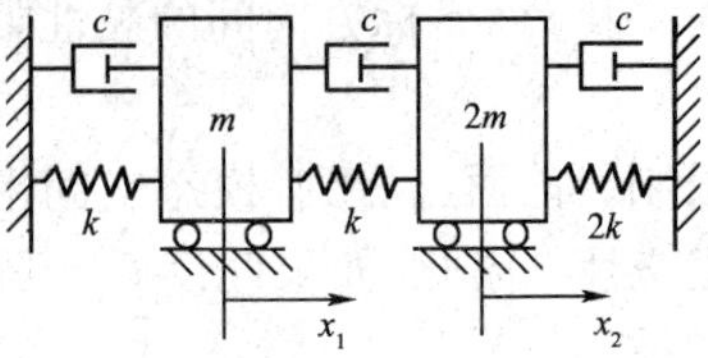

图 1-12　两自由度有阻尼振动系统

例 1.6　如图 1-12 所示的系统，设 3 个阻尼器的黏性阻尼系数相同，为 $c=0.5\sqrt{km}$，已知 $x_1(0)=x_2(0)=0$，$\dot{x}_1(0)=0$，$\dot{x}_2(0)=u$。试忽略阻尼矩阵 $\boldsymbol{C}_q$ 中的非对角项，利用实模态叠加法求系统自由振动响应。

解： 在图 1-12 所示物理坐标下，系统的自由振动方程为

$$\begin{bmatrix} m & 0 \\ 0 & 2m \end{bmatrix}\begin{Bmatrix} \ddot{x}_1 \\ \ddot{x}_2 \end{Bmatrix}+\begin{bmatrix} 2c & -c \\ -c & 2c \end{bmatrix}\begin{Bmatrix} \dot{x}_1 \\ \dot{x}_2 \end{Bmatrix}+\begin{bmatrix} 2k & -k \\ -k & 3k \end{bmatrix}\begin{Bmatrix} x_1 \\ x_2 \end{Bmatrix}=\begin{Bmatrix} 0 \\ 0 \end{Bmatrix}$$

考虑实模态不计 $\boldsymbol{C}$ 矩阵，特征值问题为

$$(\boldsymbol{K}-\omega^2\boldsymbol{M})\boldsymbol{\varphi}=\begin{bmatrix} 2k-\omega^2 m & -k \\ -k & 3k-2\omega^2 m \end{bmatrix}\begin{Bmatrix} \varphi_1 \\ \varphi_2 \end{Bmatrix}=\begin{Bmatrix} 0 \\ 0 \end{Bmatrix} \tag{a}$$

记 $\alpha=\omega^2 m/k$，特征方程为

$$\left|\begin{bmatrix} 2-\alpha & -1 \\ -1 & 3-2\alpha \end{bmatrix}\right|=2\alpha^2-7\alpha+5=0,$$

解出两特征根　$a_1=1, a_2=2.5$，

系统的两个固有频率为　$\omega_1=\sqrt{\dfrac{k}{m}}$，　$\omega_2=\sqrt{2.5\dfrac{k}{m}}=1.5811\sqrt{\dfrac{k}{m}}$

推导计算特征向量的一般表达式。

记 $\boldsymbol{B}(\omega)=(\boldsymbol{K}-\omega^2\boldsymbol{M})$，则特征问题为 $\boldsymbol{B}(\omega_i)\boldsymbol{\varphi}_i=0$，且特征方程为 $|\boldsymbol{B}(\omega_i)|=0$

$$\because\quad \boldsymbol{B}^{-1}(\omega)=\frac{adj\boldsymbol{B}(\omega)}{|\boldsymbol{B}(\omega)|}\qquad \therefore\quad |\boldsymbol{B}(\omega)|\boldsymbol{I}=\boldsymbol{B}(\omega)\,adj\boldsymbol{B}(\omega)$$

就有 $|\boldsymbol{B}(\omega_i)|\boldsymbol{I}=\boldsymbol{B}(\omega_i)\,adj\boldsymbol{B}(\omega_i)=0$，可知伴随矩阵 $adj\boldsymbol{B}(\omega_i)$ 的任一列比例于模态向量 $\boldsymbol{\varphi}_i$。

由于式(a)的伴随矩阵为 $adj\boldsymbol{B}(\omega)=\begin{bmatrix} 3k-2\omega^2 m & k \\ k & 2k-\omega^2 m \end{bmatrix}=k\begin{bmatrix} 3-2\alpha & 1 \\ 1 & 2-\alpha \end{bmatrix}$

因此有

$$\boldsymbol{\varphi}_1=\begin{Bmatrix} 3-2\alpha \\ 1 \end{Bmatrix}\Bigg|_{\alpha=\alpha_1}=\begin{Bmatrix} 1 \\ 1 \end{Bmatrix},\boldsymbol{\varphi}_2=\begin{Bmatrix} 3-2\alpha \\ 1 \end{Bmatrix}\Bigg|_{\alpha=\alpha_2}=\begin{Bmatrix} -2 \\ 1 \end{Bmatrix},\boldsymbol{\Phi}=[\boldsymbol{\varphi}_1\quad \boldsymbol{\varphi}_2]=\begin{bmatrix} 1 & -2 \\ 1 & 1 \end{bmatrix}$$

$$\boldsymbol{M}_q=\boldsymbol{\Phi}^{\mathrm{T}}\boldsymbol{M}\boldsymbol{\Phi}=\begin{bmatrix} 1 & -2 \\ 1 & 1 \end{bmatrix}^{\mathrm{T}}\begin{bmatrix} m & 0 \\ 0 & 2m \end{bmatrix}\begin{bmatrix} 1 & -2 \\ 1 & 1 \end{bmatrix}=\begin{bmatrix} 3m & 0 \\ 0 & 6m \end{bmatrix}$$

$$\boldsymbol{C}_{\mathrm{q}}=\boldsymbol{\Phi}^{\mathrm{T}}\boldsymbol{C}\boldsymbol{\Phi}=\begin{bmatrix} 2c & -c \\ -c & 14c \end{bmatrix}=\sqrt{km}\begin{bmatrix} 1 & -0.5 \\ -0.5 & 7 \end{bmatrix}$$

为了利用实模态，忽略阻尼矩阵 $\boldsymbol{C}_q$ 中的非对角项，各阶模态阻尼比有

$$\zeta_1=\frac{c_1}{2\omega_1 m_1}=\frac{\sqrt{km}}{2\cdot\sqrt{k/m}\cdot 3m}=\frac{1}{6}=0.1667,\zeta_2=\frac{c_2}{2\omega_2 m_2}=\frac{7\sqrt{km}}{2\sqrt{2.5k/m}\cdot 6m}=0.3689$$

注意到 $\boldsymbol{\Phi}^{-1}=\boldsymbol{M}_q^{-1}\boldsymbol{\Phi}^{\mathrm{T}}\boldsymbol{M}$，则 $\boldsymbol{q}_0=\boldsymbol{\Phi}^{-1}\boldsymbol{x}_0=\boldsymbol{M}_q^{-1}\boldsymbol{\Phi}^{\mathrm{T}}\boldsymbol{M}\boldsymbol{x}_0$，$\dot{\boldsymbol{q}}_0=\boldsymbol{\Phi}^{-1}\dot{\boldsymbol{x}}_0=\boldsymbol{M}_q^{-1}\boldsymbol{\Phi}^{\mathrm{T}}\boldsymbol{M}\boldsymbol{x}_0$

对于本问题，由于有 $\boldsymbol{q}_0=\begin{Bmatrix}0\\0\end{Bmatrix}$，$\dot{\boldsymbol{q}}_0=\begin{bmatrix}1/(3m) & 0\\0 & 1/(6m)\end{bmatrix}\begin{bmatrix}1 & 1\\-2 & 1\end{bmatrix}\begin{bmatrix}m & 0\\0 & 2m\end{bmatrix}\begin{Bmatrix}0\\u\end{Bmatrix}=\begin{Bmatrix}2u/3\\u/3\end{Bmatrix}$

就有

$$q_1(t)=e^{-\omega_1\zeta_1 t}\left(q_{01}\cos\omega_{d1}t+\frac{\dot{q}_{01}+\zeta_1\omega_1 q_{01}}{\omega_{d1}}\sin\omega_{d1}t\right)=0.6761ue^{-0.1667\sqrt{\frac{k}{m}}\cdot t}\sqrt{\frac{m}{k}}\sin 0.9860\sqrt{\frac{k}{m}}t$$

$$q_2(t)=0.2268ue^{-0.5833\sqrt{\frac{k}{m}}\cdot t}\sqrt{\frac{m}{k}}\sin 1.4696\sqrt{\frac{k}{m}}t$$

物理坐标响应为

$$\boldsymbol{x}(t)=\begin{Bmatrix}x_1(t)\\x_2(t)\end{Bmatrix}=\boldsymbol{\Phi q}(t)=\begin{bmatrix}1 & -2\\1 & 1\end{bmatrix}\begin{Bmatrix}q_1(t)\\q_2(t)\end{Bmatrix}=\begin{Bmatrix}q_1(t)-2q_2(t)\\q_1(t)+q_2(t)\end{Bmatrix}$$

即

$$x_1(t)=0.6761ue^{-0.1667\sqrt{\frac{k}{m}}\cdot t}\sqrt{\frac{m}{k}}\sin 0.9860\sqrt{\frac{k}{m}}t-0.4536ue^{-0.5833\sqrt{\frac{k}{m}}\cdot t}\sqrt{\frac{m}{k}}\sin 1.4696\sqrt{\frac{k}{m}}t$$

$$x_2(t)=0.6761ue^{-0.1667\sqrt{\frac{k}{m}}\cdot t}\sqrt{\frac{m}{k}}\sin 0.9860\sqrt{\frac{k}{m}}t+0.2268ue^{-0.5833\sqrt{\frac{k}{m}}\cdot t}\sqrt{\frac{m}{k}}\sin 1.4696\sqrt{\frac{k}{m}}t$$

三、复模态分析

现在考察非比例阻尼情形。重写 n 自由度线性阻尼系统的运动微分方程(1-55)

$$\boldsymbol{M\ddot{x}}+\boldsymbol{C\dot{x}}+\boldsymbol{Kx}=\boldsymbol{p}$$

其中 $\boldsymbol{M}$、$\boldsymbol{C}$、$\boldsymbol{K}$ 分别为系统的质量、阻尼和刚度矩阵，如果它们都是 $n\times n$ 阶实对称矩阵，且 $\boldsymbol{M}$ 为正定的，$\boldsymbol{K}$ 为正定或半正定，但 $\boldsymbol{C}$ 不满足广义的比例阻尼条件，对应于方程(1-55)的自由运动，有

$$\boldsymbol{M\ddot{x}}+\boldsymbol{C\dot{x}}+\boldsymbol{Kx}=0 \tag{1-61}$$

设方程(1-61)的解为

$$\boldsymbol{x}=\boldsymbol{\nu}e^{\lambda t} \tag{1-62}$$

将式(1-62)代入式(1-61)，有

$$(\boldsymbol{M}\lambda^2+\boldsymbol{C}\lambda+\boldsymbol{K})\nu=0 \tag{1-63}$$

方程(1-63)有非零解的充要条件是

$$|\boldsymbol{M}\lambda^2+\boldsymbol{C}\lambda+\boldsymbol{K}|=0$$

上式是非比例阻尼线性系统的特征方程。它是关于 λ 的 $2n$ 阶代数方程，它的根确定 $2n$ 个特征值 $\lambda_r(r=1,\cdots,2n)$。各 λ_r 可是实数，也可是复数。当阻尼矩阵 $\boldsymbol{C}$ 正定时，所有特征值都具有负实部，对应于系统衰减的固有运动。对复数的特征值，将共轭成对地出现。每一对共轭复特征值对应于系统中一个具有特定频率与衰减率的欠阻尼主振动形态。因为特征值可是复数，故由式(1-63)确定的特征向量 $\boldsymbol{\nu}_r(r=1,\cdots,2n)$ 一般也是复数。复特征向量 $\boldsymbol{\nu}_r$ 在此仍代表振动系统主振动(或称固有振动)的某种确定形态，故称为复模态。现在的问题是能否利用复模态来叠加求解系统的物理坐标响应。

将式(1-55)定义的系统转换为状态空间表达，联立恒等式 $\boldsymbol{M\dot{x}}-\boldsymbol{M\dot{x}}=0$ 和式(1-55)，并定义

$$\boldsymbol{A}=\begin{bmatrix}0 & \boldsymbol{M}\\\boldsymbol{M} & \boldsymbol{C}\end{bmatrix},\quad \boldsymbol{B}=\begin{bmatrix}-\boldsymbol{M} & 0\\0 & \boldsymbol{K}\end{bmatrix},\quad \boldsymbol{Q}(t)=\begin{Bmatrix}0\\\boldsymbol{p}(t)\end{Bmatrix},\quad \boldsymbol{y}=\begin{Bmatrix}\dot{\boldsymbol{x}}\\\boldsymbol{x}\end{Bmatrix}, \tag{1-64}$$

有状态空间方程 $$A\dot{y}+By=Q(t) \tag{1-65}$$

设方程(1-65)的解为 $$y=\psi e^{\lambda t} \tag{1-66}$$

将式(1-66)代入式(1-65),并令 $Q(t)=0$,可得状态空间定义下的广义特征值问题

$$(A\lambda+B)\psi=0 \tag{1-67}$$

对于广义特征值问题(1-67)可求得 $2n$ 个复特征值 $\lambda_r(r=1,2,\cdots,2n)$ 和对应的 $2n$ 个复特征向量 $\psi_r(r=1,2,\cdots,2n)$。通过对比(1-64)中 y 的定义及(1-62),可得 $2n$ 维复特征向量 ψ 与前 n 维复特征向量 ν 的关系为 $$\psi=\begin{Bmatrix}\lambda\nu\\ \nu\end{Bmatrix} \tag{1-68}$$

根据广义特征值问题性质,特征向量 ψ 相对于 A 和 B 矩阵正交,即设 $i\neq j$ 时 $\lambda_i\neq\lambda_j$ 有

$$\psi_i^{\mathrm{T}}A\psi_j=\begin{cases}a_i & i=j\\ 0 & i\neq j\end{cases},\psi_i^{\mathrm{T}}B\psi_j=\begin{cases}b_i & i=j\\ 0 & i\neq j\end{cases},i,j=1,\ 2,\ 3,\ \cdots,\ 2n \tag{1-69}$$

其中 $$\lambda_i=-\frac{b_i}{a_i}\quad i=1,\ 2,\ 3,\ \cdots,\ 2n \tag{1-70}$$

定义 $$\Psi=[\psi_1\ \psi_2\ \psi_3\cdots\psi_{2n}]=\begin{bmatrix}U\Lambda\\ U\end{bmatrix} \tag{1-71}$$

其中 $$U=[\nu_1\ \nu_2\ \nu_3\cdots\nu_{2n}],\Lambda=\mathrm{diag}[\lambda_1\lambda_2\lambda_3\cdots\lambda_{2n}]$$

定义线性变换 $$y=\Psi z \tag{1-72}$$

将式(1-72)代入式(1-65),两边左乘 Ψ^{T},由正交关系式(1-69),就有

$$\Psi^{\mathrm{T}}A\Psi\dot{z}+\Psi^{\mathrm{T}}B\Psi z=A_Z\dot{z}+B_Z z=\Psi^{\mathrm{T}}Q(t)$$

其中 $A_Z=\Psi^{\mathrm{T}}A\Psi=\mathrm{diag}[a_1a_2\cdots a_{2n}]$,$B_Z=\Psi^{\mathrm{T}}B\Psi=\mathrm{diag}[b_1b_2\cdots b_{2n}]$。

注意到 $\Psi^{\mathrm{T}}Q(t)=[\Lambda U^{\mathrm{T}}U^{\mathrm{T}}]\begin{Bmatrix}0\\ p(t)\end{Bmatrix}=U^{\mathrm{T}}p(t)$,就有

$$A_Z\dot{z}+B_Z z=U^{\mathrm{T}}p(t) \tag{1-73}$$

式(1-73)相应于 $2n$ 个对模态坐标 z_i 的"单自由度"一阶微分方程,计及式(1-70),有

$$\dot{z}_i-\lambda_i z_i=\frac{\nu_i^{\mathrm{T}}p(t)}{a_i}\quad i=1,\ 2,\ 3,\cdots,2n \tag{1-74}$$

对式(1-74)两边进行拉普拉斯变换 $\mathscr{L}(\cdots)$,记 $Z_i(s)=\mathscr{L}(z_i(t))$,$P(s)=\mathscr{L}(p(t))$,整理后有

$$Z_i(s)=\frac{z_i(0)}{s-\lambda_i}+\frac{\nu_i^{\mathrm{T}}\mathbf{P}(s)}{a_i(s-\lambda_i)}\quad i=1,\ 2,\ 3,\cdots,\ 2n$$

对上式两边进行拉普拉斯逆变换 $\mathscr{L}^{-1}(\cdots)$,解得

$$z_i(t)=z_i(0)e^{\lambda_i t}+\frac{1}{a_i}\int_0^t\nu_i^{\mathrm{T}}p(\tau)e^{\lambda_i(t-\tau)}\mathrm{d}\tau\quad i=1,\ 2,\ 3,\ \cdots,\ 2n \tag{1-75}$$

模态坐标 z_i 的初值 $z_i(0)$ 可以如下求得

$\because\ A_Z=\Psi^{\mathrm{T}}A\Psi\quad\therefore\ \Psi^{-1}=A_Z^{-1}\Psi^{\mathrm{T}}A$,则 $z(0)=\Psi^{-1}y(0)=A_Z^{-1}\Psi^{\mathrm{T}}Ay(0)$

其中 $z(0)$ 的第 i 行元素为

$$z_i(0)=\frac{1}{a_i}\psi_i^{\mathrm{T}}Ay(0)=\frac{1}{a_i}[\lambda_i\nu_i^{\mathrm{T}}\nu_i^{\mathrm{T}}]\begin{bmatrix}0 & M\\ M & C\end{bmatrix}\begin{bmatrix}\dot{x}_0\\ x_0\end{bmatrix}$$

$$=\frac{1}{a_i}\nu_i^{\mathrm{T}}(\lambda_i Mx_0+M\dot{x}_0+Cx_0)$$

根据式(1-75)和 $z_i(0)$ 求出 $z_i(t)$ 后，再由式(1-72)，可有

$$y = \begin{Bmatrix} \dot{x} \\ x \end{Bmatrix} = \Psi z = \begin{Bmatrix} U\Lambda \\ U \end{Bmatrix} z,$$

则 $\quad x = Uz, \qquad \dot{x} = U\Lambda z$，最后可得

$$\begin{aligned} x(t) &= Uz(t) = \sum_{i=1}^{2n} \nu_i z_i(t) \\ &= \sum_{i=1}^{2n} \frac{e^{\lambda_i t}}{a_i} \nu_i \nu_i^{\mathrm{T}} (\lambda_i M x_0 + M\dot{x}_0 + C x_0) + \sum_{i=1}^{2n} \frac{1}{a_i} \nu_i \nu_i^{\mathrm{T}} \int_0^t p(\tau) e^{\lambda_i (t-\tau)} d\tau \end{aligned} \tag{1-76}$$

式(1-76)为一般黏性阻尼系统的利用复模态叠加的包括初始条件和任意激励的响应表达式。

例 1.7 对于图 1-12 所示的系统，各参数同例 1.5，但不忽略阻尼矩阵 C_q 中的非对角项，试利用复模态叠加法求取系统的自由振动响应。

解： 首先计算复模态。由式(1-63)所示特征值问题为

$$(M\lambda^2 + C\lambda + K)\nu = 0 \tag{a}$$

由例 1.6 的矩阵参数，特征方程为

$$|M\lambda^2 + C\lambda + K| = \left| \begin{bmatrix} m\lambda^2 + 2c\lambda + 2k & -c\lambda - k \\ -c\lambda - k & 2m\lambda^2 + 2c\lambda + 3k \end{bmatrix} \right| = 0 \tag{b}$$

记 $\alpha^2 = \frac{m}{k}\lambda^2$，有 $\alpha = \sqrt{\frac{m}{k}}\lambda$。$\because \quad c = 0.5\sqrt{km}$，$\therefore \quad \frac{c}{k}\lambda = \frac{0.5\sqrt{km}}{k}\lambda = 0.5\alpha$

特征方程(b)为

$$(\alpha^2 + \alpha + 2)(2\alpha^2 + \alpha + 3) - (0.5\alpha + 1)^2 = 2\alpha^4 + 3\alpha^3 + 7.75\alpha^2 + 4\alpha + 5 = 0 \tag{c}$$

方程(c)有两对共轭的复根

$$\alpha_{1,2} = -0.1657 \pm 0.9904j, \quad \alpha_{3,4} = -0.5843 \pm 1.4622j$$

则特征值为 $\quad \lambda_{1,2} = (-0.1657 \pm 0.9904j)\sqrt{\frac{k}{m}}, \quad \lambda_{3,4} = (-0.5843 \pm 1.4622j)\sqrt{\frac{k}{m}}$

由 $(M\lambda^2 + C\lambda + K)\nu = B(\lambda)\nu = 0$，$|B(\lambda_k)|I = 0 = B(\lambda_k)\,adjB(\lambda_k)$，得知 ν_k 比例于 $adjB(\lambda_k)$ 的任一列，故有

$$\nu_{1,2} = \begin{Bmatrix} \nu_{e1} \\ \nu_{e2} \end{Bmatrix}_{1,2} = \begin{Bmatrix} 2\alpha^2 + \alpha + 3 \\ 0.5\alpha + 1 \end{Bmatrix}\Bigg|_{\alpha = \alpha_1, \alpha_2} = \begin{Bmatrix} 0.9353 \mp 0.1409j \\ 1 \end{Bmatrix} = \begin{Bmatrix} 0.9458e^{\mp j0.1495} \\ e^{j0} \end{Bmatrix}$$

$$\nu_{3,4} = \begin{Bmatrix} \nu_{e1} \\ \nu_{e2} \end{Bmatrix}_{3,4} = \begin{Bmatrix} 2\alpha^2 + \alpha + 3 \\ 0.5\alpha + 1 \end{Bmatrix}\Bigg|_{\alpha = \alpha_3, \alpha_4} = \begin{Bmatrix} -2.1853 \mp 0.5052j \\ 1 \end{Bmatrix} = \begin{Bmatrix} 2.2429e^{\mp j2.9144} \\ e^{j0} \end{Bmatrix}$$

对于复特征值，有关系 $\quad \lambda_{1,2} = -\zeta_1\omega_1 \pm j\omega_1\sqrt{1-\zeta_1^2} = -n_1 \pm j\omega_{d1}$

$$\lambda_{3,4} = -\zeta_2\omega_2 \pm j\omega_2\sqrt{1-\zeta_2^2} = -n_2 \pm j\omega_{d2}$$

可知

$$\omega_k = \sqrt{\omega_{dk}^2 + n_k^2}, \quad \zeta_k = \frac{n_k}{\sqrt{\omega_{dk}^2 + n_k^2}}, k = 1,2$$

则有

$$\omega_1 = 1.0041\sqrt{\frac{k}{m}}, \zeta_1 = 0.1650; \omega_2 = 1.5746\sqrt{\frac{k}{m}}, \zeta_2 = 0.3711$$

由正交关系有

$$a_k=\boldsymbol{\psi}_k^{\mathrm{T}}\boldsymbol{A}\boldsymbol{\psi}_k=\{\lambda_k\boldsymbol{\nu}_k^{\mathrm{T}}\quad \boldsymbol{\nu}_k^{\mathrm{T}}\}\begin{bmatrix}0 & \boldsymbol{M}\\ \boldsymbol{M} & \boldsymbol{C}\end{bmatrix}\begin{Bmatrix}\lambda_k\boldsymbol{\nu}_k\\ \boldsymbol{\nu}_k\end{Bmatrix}=2\lambda_k\boldsymbol{\nu}_k^{\mathrm{T}}\boldsymbol{M}\boldsymbol{\nu}_k+\boldsymbol{\nu}_k^{\mathrm{T}}\boldsymbol{C}\boldsymbol{\nu}_k,k=1,2,3,4$$

代入已获复特征值和特征向量，有

$$a_{1,2}=(0.4956\ \pm\ 5.6197j)\sqrt{km}=5.6415\sqrt{km}e^{\pm j1.4828}$$

$$a_{3,4}=(-6.3712\ \pm 19.2009j)\sqrt{km}=20.2304\sqrt{km}e^{\pm j1.8912}$$

响应

$$\boldsymbol{x}(t)=\begin{Bmatrix}x_1(t)\\ x_2(t)\end{Bmatrix}=\sum_{i=1}^{4}\frac{e^{\lambda_i t}}{a_i}\boldsymbol{\nu}_i\boldsymbol{\nu}_i^{\mathrm{T}}\boldsymbol{M}\dot{\boldsymbol{x}}_0=\sum_{i=1}^{4}\frac{e^{\lambda_i t}}{a_i}\boldsymbol{\nu}_i\boldsymbol{\nu}_i^{\mathrm{T}}\begin{bmatrix}m & 0\\ 0 & 2m\end{bmatrix}\begin{Bmatrix}0\\ u\end{Bmatrix}=\sum_{i=1}^{4}\frac{e^{\lambda_i t}}{a_i}\boldsymbol{\nu}_i\boldsymbol{\nu}_i^{\mathrm{T}}\begin{Bmatrix}0\\ 2mu\end{Bmatrix}$$

$$=u\sqrt{\frac{m}{k}}\left(e^{(-0.1657+0.9904j)\sqrt{\frac{k}{m}}t}\begin{Bmatrix}0.3353e^{-1.6324j}\\ 0.3545e^{-1.4828j}\end{Bmatrix}+e^{(-0.1657-0.9904j)\sqrt{\frac{k}{m}}t}\begin{Bmatrix}0.3353e^{+1.6324j}\\ 0.3545e^{+1.4828j}\end{Bmatrix}+\right.$$

$$\left.e^{(-0.5843+1.4622j)\sqrt{\frac{k}{m}}t}\begin{Bmatrix}0.2217e^{+1.4776j}\\ 0.0989e^{-1.8912j}\end{Bmatrix}+e^{(-0.5843-1.4622j)\sqrt{\frac{k}{m}}t}\begin{Bmatrix}0.2217e^{-1.4776j}\\ 0.0989e^{+1.8912j}\end{Bmatrix}\right)$$

$$=u\sqrt{\frac{m}{k}}\left(e^{-0.1657\sqrt{\frac{k}{m}}t}\begin{Bmatrix}0.6706\sin(0.9904\sqrt{\frac{k}{m}}t-0.0616)\\ 0.7090\sin(0.9904\sqrt{\frac{k}{m}}t+0.0880)\end{Bmatrix}+\right.$$

$$\left.e^{-0.5843\sqrt{\frac{k}{m}}t}\begin{Bmatrix}0.4435\sin(1.4622\sqrt{\frac{k}{m}}t+3.0484)\\ 0.1977\sin(1.4622\sqrt{\frac{k}{m}}t-0.3204)\end{Bmatrix}\right)$$

注意即使在假设物理黏性阻尼系数 C 相当大的情况下（$C=0.5\sqrt{\mathrm{km}}$），利用复模态计算的例 1.7 的响应与直接忽略模态阻尼矩阵非对角项而利用实模态计算的例 1.6 的响应相当接近，如图 1-13 所示。其中 $x_1^r(t)$、$x_2^r(t)$ 是利用实模态的响应，$x_1^c(t)$、$x_2^c(t)$ 是利用复模态的响应（计算设 $k/m=1,u=1$）。这说明实际问题分析时常常利用实模态是比较合理的，特别在系统自由度很大时，复模态分析会导致计算量大增，由此所获的计算精度的改善却相对有限。

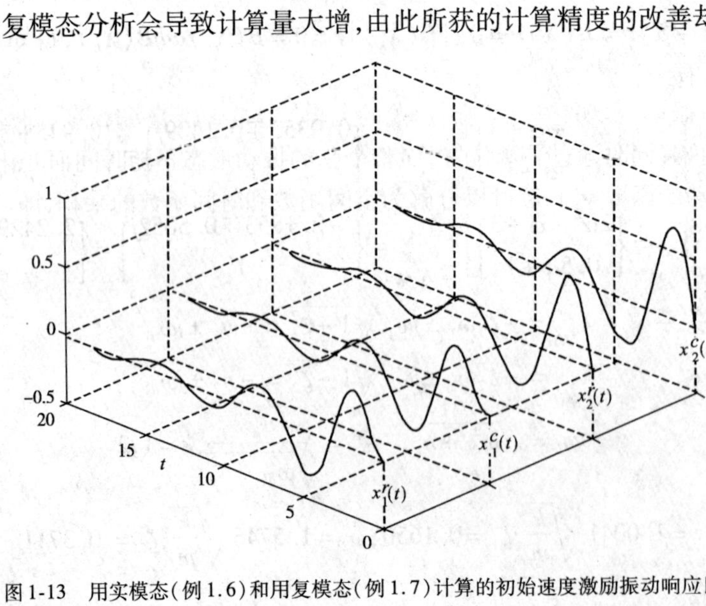

图 1-13　用实模态（例 1.6）和用复模态（例 1.7）计算的初始速度激励振动响应比较

第四节　连续系统振动

实际系统的质量和刚度在几何上都是连续分布的，如建模时希望考虑这些连续分布的性质，就需要用时间和空间的连续函数来描述。故用来描述它们振动运动状态的是一类偏微分方程——波动方程。

一、一维弹性体振动

1. 弦的横向振动

考察图 1-14 所示的受拉力为 T 的弦，其长为 l，两端固定。弦中取一微元段 $\mathrm{d}x$，其受力如图。在弦作微小振动的假设下，有 $\sin\theta \approx \tan\theta \approx \theta = \partial y/\partial x$，$\mathrm{d}s \approx \mathrm{d}x$。考虑微元在 x 方向的平衡，弦中拉力可近似看成是常量 T。由 y 方向平衡，得微元的运动微分方程为

$$\rho \mathrm{d}x \frac{\partial^2 y}{\partial t^2} = T(\theta + \frac{\partial \theta}{\partial x}\mathrm{d}x) - T\theta + p(x,t)\mathrm{d}x$$

ρ 为单位长度弦的质量，将 $\theta = \partial y/\partial x$ 代入上式，记 $a = \sqrt{\frac{T}{\rho}}$，有

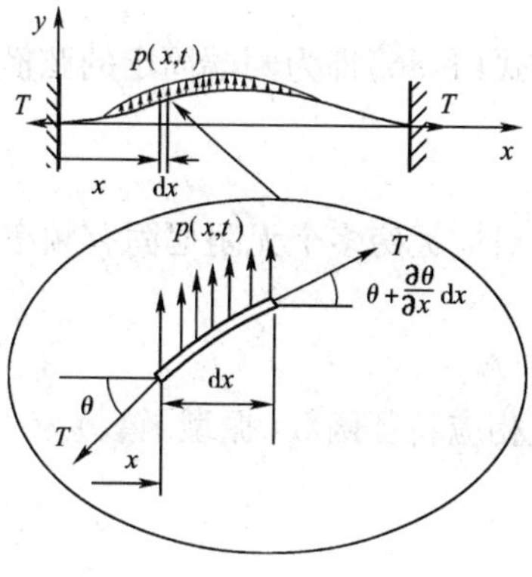

图 1-14　受拉的弦及微元受力分析

$$\frac{\partial^2 y}{\partial t^2} = a^2 \frac{\partial^2 y}{\partial x^2} + \frac{p(x,t)}{\rho} \tag{1-77}$$

讨论无阻尼自由振动的情形，此时 $p(x,t)=0$，则运动方程为

$$\frac{\partial^2 y}{\partial t^2} = a^2 \frac{\partial^2 y}{\partial x^2} \tag{1-78}$$

设系统的边界条件为

$$y(0,t) = y(l,t) = 0 \tag{1-79}$$

初始条件为

$$y(x,0) = f(x),\ \dot{y}(x,0) = g(x) \tag{1-80}$$

观察弦的自由振动，发现它呈现前面提及的无阻尼主振动形态的特征，即运动中弦的各点同时达到最大幅值，又同时通过平衡位置，而整个弦的振动形态不随时间而变化。由此可以假设，描述弦横向振动的函数 $y(x,t)$ 可以分解为空间函数和时间函数的乘积，即

$$y(x,t) = X(x)Y(t) \tag{1-81}$$

将式(1-81)代入式(1-78)得

$$a^2 \frac{1}{X(x)} \frac{\mathrm{d}^2 X(x)}{\mathrm{d}x^2} = \frac{1}{Y(t)} \frac{\mathrm{d}^2 Y(t)}{\mathrm{d}t^2}$$

上式左边仅是 x 的函数，右边仅是 t 的函数，所以要使上式对任意的 x、t 都成立，只有两者都等于同一常数。设这一常数为 α，就有

$$\frac{\mathrm{d}^2 X(x)}{\mathrm{d}x^2} - \frac{\alpha}{a^2} X(x) = 0 \tag{a}$$

以及

$$\frac{\mathrm{d}^2 Y(t)}{\mathrm{d}t^2} - \alpha Y(t) = 0 \tag{b}$$

由式(b)可见只有 a 小于零,$Y(t)$ 才能代表振动运动,故令 $a=-\omega^2$,则两式可分别写成

$$\frac{\mathrm{d}^2X(x)}{\mathrm{d}x^2}+\beta^2X(x)=0,\quad \beta=\frac{\omega}{a} \tag{1-82}$$

$$\frac{\mathrm{d}^2Y(t)}{\mathrm{d}t^2}+\omega^2Y(t)=0 \tag{1-83}$$

上两式的解分别为

$$X(x)=A\sin\beta x+B\cos\beta x \tag{1-84}$$

$$Y(t)=C\sin\omega t+D\cos\omega t \tag{1-85}$$

由式(1-84)和边界条件式(1-79)知,$X(0)=B=0$,以及 $X(l)=A\sin\beta l=0$,则有

$$\sin\beta l=0 \tag{1-86}$$

式(1-86)即为两端固定的弦横向振动的特征方程,由它可以解得无穷多个特征值

$$\beta_i=\frac{i\pi}{l},i=1,\ 2,\ 3,\ \cdots \tag{1-87}$$

对应无穷多个无阻尼固有频率为

$$\omega_i=\frac{i\pi a}{l}=\frac{i\pi}{l}\sqrt{\frac{T}{\rho}},i=1,\ 2,\ 3,\ \cdots \tag{1-88}$$

相应特征函数(振型函数)为

$$X_i(x)=\sin\beta_i x=\sin\frac{i\pi}{l}x,i=1,\ 2,\ 3,\ \cdots \tag{1-89}$$

则对应于固有频率 ω_i 的主振动为

$$y_i(x,t)=X_i(x)Y_i(t)=(C_i\sin\omega_i t+D_i\cos\omega_i t)\sin\frac{i\pi}{l}x \tag{1-90}$$

最后,弦自由振动的响应仍是主振动的叠加,现理论上要叠加无穷多项,即

$$y(x,t)=\sum_{i=1}^{\infty}(C_i\sin\omega_i t+D_i\cos\omega_i t)\sin\frac{i\pi}{l}x \tag{1-91}$$

其中的 C_i、$D_i(i=1,\ 2,\ 3,\ \cdots)$ 应由初始条件式(1-80)确定之,其过程是

∵ $$y(x,0)=f(x)=\sum_{i=1}^{\infty}D_i\sin\frac{i\pi}{l}x,\dot{y}(x,0)=g(x)=\sum_{i=1}^{\infty}C_i\omega_i\sin\frac{i\pi}{l}x$$

以及 $$\int_0^l\sin\frac{i\pi}{l}x\sin\frac{j\pi}{l}x\mathrm{d}x=\begin{cases}l/2 & i=j\\ 0 & i\neq j\end{cases}$$

∴ $$D_i=\frac{2}{l}\int_0^l f(x)\sin\frac{i\pi}{l}x\mathrm{d}x,C_i=\frac{2}{\omega_i l}\int_0^l g(x)\sin\frac{i\pi}{l}x\mathrm{d}x,i=1,\ 2,\ 3,\ \cdots$$

由上可见,连续系统的自由振动响应与集中参数系统的响应没有本质的区别,仍然适用模态叠加法,但自由度数目趋于无穷多;连续系统的模态即振型函数,成为几何坐标的连续函数,其表征各点振动的相对振幅的物理意义仍然成立。可以想,如果讨论强迫响应,也可以运用与前面类似的模态叠加的方法,以下讨论一个杆的纵向振动问题。

2. 杆的纵向振动

考察如图 1-15 所示的杆纵向振动模型。设杆横截面在振动中始终保持为平面,略去杆纵向伸缩引起的横向变形,以 $u(x,t)$ 表示杆上距原点 x 处 t 时刻的纵向位移。杆作用有纵向分布力 $p(x,t)$,在杆 x 处取微元段 $\mathrm{d}x$,受力如图所示。根据牛顿第二定律,它的运动方程为

$$\rho A\mathrm{d}x\frac{\partial^2u}{\partial t^2}=N+\frac{\partial N}{\partial x}\mathrm{d}x-N+p(x,t)\mathrm{d}x$$

因为 x 处的应变 $\varepsilon(x)=\partial u/\partial x$，所以 $N(x)=AE\varepsilon(x)=AE\partial u(x,t)/\partial x$，$A$ 为杆截面积，E 为杆材料的弹性模量，ρ 为材料质量密度。代入上式有

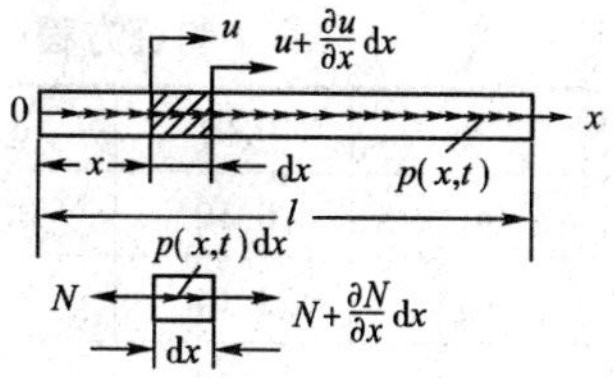

图 1-15　杆纵向振动模型

$$\rho A\frac{\partial^2 u}{\partial t^2}=\frac{\partial}{\partial x}\left(AE\frac{\partial u}{\partial x}\right)+p(x,t) \tag{1-92}$$

如 AE 为常数，有

$$\frac{\partial^2 u}{\partial t^2}=a^2\frac{\partial^2 u}{\partial x^2}+\frac{p(x,t)}{\rho A},\quad a^2=\frac{E}{\rho} \tag{1-93}$$

下面先讨论自由振动情形 $p(x,t)=0$，式(1-93)的形式同式(1-78)。仍用分离变量法求解，设

$u(x,t)=X(x)U(t)$，代入式(1-93)并记 $\beta=\omega/a$，可得

$$X(x)=A\sin\beta x+B\cos\beta x,\ U(t)=C\sin\omega t+D\cos\omega t \tag{1-94}$$

固有频率 ω 和振型函数 $X(x)$ 须由边界条件确定。典型边界条件为以下几种或它们的组合：

(1)固定端：固定端纵向位移为零，即设在 $x=\xi$ 处固定，有 $u(\xi,t)=0$，常见有 $\xi=0$ 或 $\xi=l$；

(2)自由端：自由端处轴向内力为零，即有 $\partial u(\xi,t)/\partial x=0$，常见有 $\xi=0$ 或 $\xi=l$；

(3)弹性支承：杆 $x=\xi$ 处有弹性常数为 k 的支承，则此处轴向内力等于弹性力，常见有 $\xi=0$ 或 $\xi=l$，

对于 $\xi=0$ 有 $ku(x,t)\big|_{x=0}=EA\left.\frac{\partial u(x,t)}{\partial x}\right|_{x=0}$，对于 $\xi=l$ 有 $ku(x,t)\big|_{x=l}=-EA\left.\frac{\partial u(x,t)}{\partial x}\right|_{x=l}$；

(4)惯性载荷：杆 $x=\xi$ 处附有集中质量块 M，此处杆轴向内力等于质量块惯件力，常见有 $\xi=0$ 或 $\xi=l$，

对于 $\xi=0$ 有 $M\left.\frac{\partial^2 u(x,t)}{\partial t^2}\right|_{x=0}=EA\left.\frac{\partial u(x,t)}{\partial x}\right|_{x=0}$，对于 $\xi=l$ 有 $M\left.\frac{\partial^2 u(x,t)}{\partial t^2}\right|_{x=l}=-EA\left.\frac{\partial u(x,t)}{\partial x}\right|_{x=l}$。

求杆 $x=0$ 处固定，$x=l$ 处附有集中质量块 M 的边界条件下的固有频率和振型函数 $X(x)$。

对 $x=0$ 处固定，由 $u(0,t)=0$，$X(l)=0$，得式(1-94)中 $B=0$；对 $x=l$ 处有集中质量块 M，由惯性载荷边界条件，有 $M\omega^2X(l)=EAX'(l)$，得特征方程 $M\omega^2\sin\beta l=EA\beta\cos\beta l$，定义 $\alpha=\beta l=\omega l/a$，$\gamma=\rho Al/M$，特征方程写为

$$\alpha\cdot\tan\alpha=\gamma \tag{1-95}$$

γ 为杆质量与杆端集中质量之比。设定不同的质量比 γ，用数值方法解式(1-95)得一系列 $a_i(i=1,2,\cdots)$，部分结果列于表 1-1。各阶固有频率即为

$$\omega_i=\alpha_i\frac{a}{l}=\frac{\alpha_i}{l}\sqrt{\frac{E}{\rho}}\quad i=1,2,\cdots \tag{1-96}$$

对应的各阶振型函数为　$X_i(x)=A_i\sin\frac{\omega_i}{a}x i=1,2,\cdots$　(1-97)

特征方程(1-95)对不同质量比 γ 所对应的前4阶 $a_i(i=1,2,3,4)$ 值　表1-1

γ	0.01	0.1	0.3	0.5	0.7	1.0	3.0	5.0
a_1	0.10	0.31	0.52	0.65	0.75	0.86	1.19	1.31
a_2	3.14	3.17	3.23	3.29	3.35	3.43	3.81	4.03
a_3	6.28	6.30	6.33	6.36	6.39	6.44	6.70	6.91
a_4	9.43	9.44	9.46	9.48	9.50	9.53	9.72	9.89

利用模态叠加法可求得响应,要求振型函数具有对质量和刚度的正交性,下面进行推导。记固有频率 ω_i 对应主振动为 $u_i(x,t)=X_i(x)U_i(t)$,代入式(1-92)并令 $p(x,t)=0$,有

$$(EAX_i')'=-\omega_i^2\rho AX_i \tag{a}$$

同样对固有频率 ω_j 对应的主振动有 $(EAX_j')'=-\omega_j^2\rho AX_j$　(b)

将式(a)两边乘以 $X_j(x)$ 并沿杆长积分,有

$$\int_0^l X_j(EAX_i')'\mathrm{d}x=-\omega_i^2\int_0^l X_j\rho AX_i\mathrm{d}x \tag{c}$$

注意
$$\int_0^l X_j(EAX_i')'\mathrm{d}x=X_j(EAX_i')\Big|_0^l-\int_0^l EAX_i'X_j'\mathrm{d}x$$

根据左右两端的边界条件,有 $X_j(0)=0, EAX_i'(l)=\omega_i^2MX_i(l)$,所以上式可写为

$$\int_0^l X_j(EAX_i')'\mathrm{d}x=X_j(l)EAX_i'(l)-\int_0^l EAX_i'X_j'\mathrm{d}x \tag{d}$$

$$\int_0^l X_j(EAX_i')'\mathrm{d}x=X_j(l)\omega_i^2MX_i(l)-\int_0^l EAX_i'X_j'\mathrm{d}x \tag{e}$$

将式(e)代入式(c),整理后有

$$\omega_i^2\left(\int_0^l X_j\rho AX_i\mathrm{d}x+MX_j(l)X_i(l)\right)=\int_0^l EAX_i'X_j'\mathrm{d}x \tag{f}$$

将式(b)两边乘以 $X_i(x)$ 并沿杆长积分,同样处理后有

$$\omega_j^2\left(\int_0^l X_i\rho AX_j\mathrm{d}x+MX_i(l)X_j(l)\right)=\int_0^l EAX_j'X_i'\mathrm{d}x \tag{g}$$

将式(f)减式(g),得

$$(\omega_i^2-\omega_j^2)\left(\int_0^l X_i\rho AX_j\mathrm{d}x+MX_i(l)X_j(l)\right)=0 \tag{h}$$

如果 $i\neq j$ 时 $\omega_i\neq\omega_j$,就有

$$\int_0^l X_i\rho AX_j\mathrm{d}x+MX_i(l)X_j(l)=0, i\neq j \tag{k}$$

而当 $i=j$ 时式(h)总能满足,令

$$\int_0^l X_i\rho AX_i\mathrm{d}x+MX_i(l)X_i(l)=1, i=1,2,\cdots \tag{l}$$

按式(l)确定的 $X_i(x)$ 即为对质量归一的正则振型,式(k)和式(l)可统一写为主振型对质量的正交性,即

$$\int_0^l X_i\rho AX_j\mathrm{d}x+MX_i(l)X_j(l)=\delta_{ij}=\begin{cases}1 & i=j\\0 & i\neq j\end{cases} \tag{1-98}$$

由式(1-98),及式(f)和式(d),有

$$\int_0^l EAX_i'X_j'\mathrm{d}x=\omega_i^2\delta_{ij} \tag{1-99}$$

$$\int_0^l X_j(EAX_i')'\mathrm{d}x - X_j(l)EAX_i'(l) = -\omega_i^2\delta_{ij} \tag{1-100}$$

式(1-99)和式(1-100)为正则振型对杆刚度的正交性。在正交性条件下，响应利用正则振型表示

$$u(x,t) = \sum_{i=1}^{\infty} X_i(x)U_i(t) \tag{1-101}$$

这里 $U_i(t)$ 即为对应于正则振型的正则坐标。式(1-101)是用模态叠加法求解杆各种响应的基础。

现考虑作用有纵向分布力 $p(x,t)$ 的杆强迫振动问题，其运动方程见式(1-92)。如果作用的是在 $x=\xi$ 处的集中力，有 $p(x,t)=p(t)\delta(x-\xi)$。

例 1.8 考察左端固定、右端具有质量 M 的杆。设 AE 为常数，初始条件为零，质量 M 上作用有谐波力 $F(t)=F_0\sin\omega t$。

解： 由题意有

$$\rho A\frac{\partial^2 u}{\partial t^2} = AE\frac{\partial^2 u}{\partial x^2} + F_0\sin\omega t\delta(x-l) \tag{a}$$

设主振动为

$$u_i(x,t) = X_i(x)U_i(t) = A_i\sin\frac{\omega_i}{a}x \cdot U_i(t) \quad i=1,2,\cdots \tag{b}$$

这里的 ω_i、$X_i(x)$ 分别由式(1-96)和(1-97)给出，$X_i(x)$ 中的 A_i 由式(1-98)的归一条件确定。将式(b)代入式(a)，两边乘 $X_j(x)$ 并沿杆长积分，注意式(1-98)和式(1-100)及对 δ 函数的积分性质，有

$$\ddot{U}_i + \omega_i^2 U_i + X_i(l)(-MX_i(l)\ddot{U}_i - EAX_i'(l)U_i) = X_i(l)F_0\sin\omega t \quad i=1,2,\cdots$$

因为 $-MX_i(l)\ddot{U}_i = MX_i(l)\omega^2 U_i$，而由特征方程，有 $Mw^2X(l) = EAX'(l)$，就有

$$\ddot{U}_i + \omega_i^2 U_i = X_i(l)F_0\sin\omega t = A_i\sin\frac{\omega_i}{a}l \cdot F_0\sin\omega t \quad i=1,2,\cdots$$

解得
$$U_i(t) = \frac{A_iF_0}{\omega_i^2-\omega^2}\sin\frac{\omega_i}{a}l \cdot \sin\omega t \quad i=1,2,\cdots$$

最后
$$u(x,t) = F_0\sin\omega t\sum_{i=1}^{\infty}\frac{A_i^2}{\omega_i^2-\omega^2}\sin\frac{\omega_i}{a}l \cdot \sin\frac{\omega_i}{a}x = F_0\sin\omega t\sum_{i=1}^{\infty}\frac{A_i^2}{\omega_i^2-\omega^2}\sin\alpha_i \cdot \sin\frac{\alpha_i}{l}x$$

其中 $A_i^2 = 1\Big/\left(\int_0^l \rho A\sin^2\frac{\omega_i}{a}x\mathrm{d}x + M\sin^2\frac{\omega_i}{a}l\right) = 1\Big/\left(\frac{\rho Al}{2} - \frac{\rho Al}{4\alpha_i}\sin 2\alpha_i + M\sin^2\alpha_i\right)$，$\alpha_i$ 为(1-95)的根。

3. *杆的扭转振动*

此类问题的模型如图 1-16 所示，考虑的运动自由度为相对于杆轴线的扭转角度 θ，各相关量都针对于扭转自由度定义，由图可得其运动微分方程为

$$\rho J\mathrm{d}x\frac{\partial^2\theta}{\partial t^2} = M_t + \frac{\partial M_t}{\partial x}\mathrm{d}x - M_t + n(x,t)\mathrm{d}x$$

其中 ρJ 为微段绕轴线的转动惯量，由材料力学有 $M_t = GJ\partial\theta/\partial x$，代入上式有

$$\rho J\frac{\partial^2\theta}{\partial t^2} = \frac{\partial}{\partial x}\left(GJ\frac{\partial\theta}{\partial x}\right) + n(x,t) \tag{1-102}$$

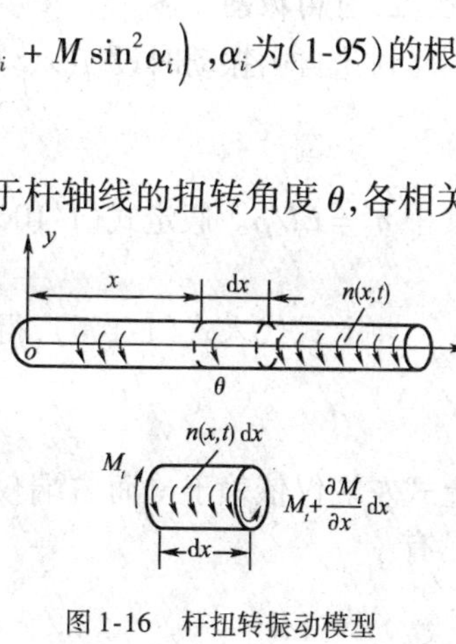

图 1-16 杆扭转振动模型

当抗扭刚度 GJ 为常数,记 $a^2 = G/\rho$ 有

$$\frac{\partial^2 \theta}{\partial t^2} = a^2 \frac{\partial^2 \theta}{\partial x^2} + \frac{n(x,t)}{\rho J} \tag{1-103}$$

式(1-102)和式(1-103)与式(1-92)和式(1-93)及式(1-77)是类同的,它们都是一维波动方程;其中的 a 就是扰动波的传播速度。由于有完全类同的运动偏微分方程,杆的扭转振动问题可以用与杆纵向振动完全类同的方法分析,只是在此各物理量的定义是针对扭转自由度的。

二、梁的横向振动

1. 梁弯曲振动方程

考察匀质细直梁(梁长度与截面高度之比大于 10)的横向弯曲振动。假定梁有纵向对称平面,所受的外力在此对称平面内,梁在此平面内作弯曲振动。模型简化时忽略剪切变形和转动惯量的影响。于是,梁上各点的运动只需用梁轴线的横向位移表示。这种梁称为欧拉-贝努利(Euler – Bernoulli)梁。

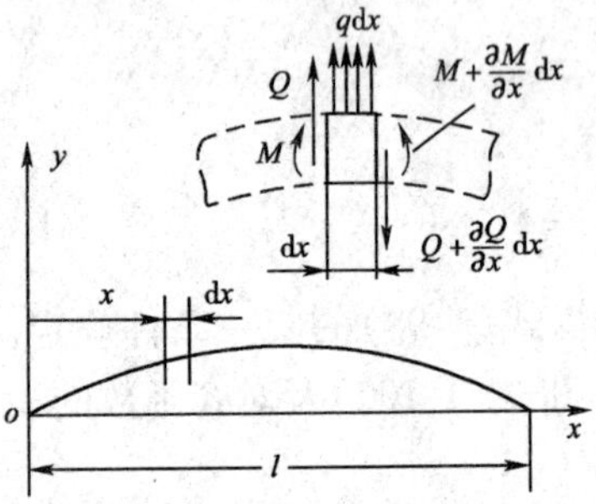

图 1-17 梁弯曲振动模型

设梁单位长度的质量为 ρ 及抗弯刚度为 EI。如图 1-17,取微元段 $\mathrm{d}x$,按其受力情况,微元段沿 y 方向的运动方程为

$$\rho \mathrm{d}x \frac{\partial^2 y}{\partial t^2} = Q - \left(\frac{\partial Q}{\partial x} + Q\right) + q(x,t)\mathrm{d}x \tag{a}$$

忽略转动惯量的影响,由微元段力矩平衡得

$$Q = \frac{\partial M}{\partial x} \tag{b}$$

由材料力学知,弯矩与挠曲线的关系为

$$M = EI \frac{\partial^2 y}{\partial x^2} \tag{c}$$

将式(b)、式(c)代入式(a),整理后得

$$\rho \frac{\partial^2 y}{\partial t^2} + \frac{\partial^2}{\partial x^2}\left(EI \frac{\partial^2 y}{\partial x^2}\right) = q(x,t) \tag{1-104}$$

上式为欧拉-贝努利梁弯曲振动运动微分方程。如设为等截面且 EI 均为常数,则有

$$\rho \frac{\partial^2 y}{\partial t^2} + EI \frac{\partial^4 y}{\partial x^4} = q(x,t) \tag{1-105}$$

2. 自由振动

讨论自由振动时设 $q(x,t)=0$,则式(1-105)转化为

$$\frac{\partial^2 y}{\partial t^2} + a^2 \frac{\partial^4 y}{\partial x^4} = 0 \tag{1-106}$$

其中 $a^2 = EI/\rho$。假定式(1-106)有解

$$y(x,t) = X(x)T(t) \tag{1-107}$$

将上式代入式(1-106),得

$$\frac{a^2}{X}\frac{\mathrm{d}^4 X}{\mathrm{d}x^4} = -\frac{1}{T}\frac{\mathrm{d}^2 T}{\mathrm{d}t^2}$$

上式左端仅依赖于 x 而右端仅依赖于 t,要使其相等应等于同一常数。取此常数为 $-\omega^2$,于是有

$$\frac{\mathrm{d}^4 X}{\mathrm{d}x^4} - \beta^4 X = 0, \qquad \beta^2 = \frac{\omega}{a} \tag{1-108}$$

$$\frac{d^2T}{dt^2}+\omega^2T=0 \tag{1-109}$$

式(1-109)的解为

$$T(t)=A\sin\omega t+B\cos\omega t \tag{1-110}$$

由四阶常系数线性微分方程(1-108)的特征方程 $s^4-\beta^4=0$,可得它的 4 个特征值为 $s_{1,2}=\pm\beta$, $s_{3,4}=\pm j\beta$,故式(1-108)的通解为

$$X(x)=c_1\text{ch}\beta x+c_2\text{sh}\beta x+c_3\cos\beta x+c_4\sin\beta x \tag{1-111}$$

其中双曲函数的定义为 $\text{sh}x=(e^x-e^{-x})/2$, $\text{ch}x=(e^x+x^{-x})/2$,特征值 β 及 $c_i(i=1,2,3,4)$由梁的边界条件来确定。因此必须通过边界条件来确定振型函数 $X(x)$的具体形式。

对于梁弯曲振动。边界条件就是以下几种基本边界条件或它们的组合:

(1)固支端:固支端的挠度和转角都为零,即在 $\eta=0$ 或 $\eta=l$,有

$$y(\eta,t)=0,\frac{\partial y(\eta,t)}{\partial x}=0 \tag{1-112}$$

(2)铰支端:铰支端的挠度与弯矩都为零,即在 $\eta=0$ 或 $\eta=l$,有

$$y(\eta,t)=0,EI\frac{\partial^2 y(\eta,t)}{\partial x^2}=0 \tag{1-113}$$

(3)自由端:自由端的弯矩与剪力都为零,即在 $\eta=0$ 或 $\eta=l$,有

$$EI\frac{\partial^2 y(\eta,t)}{\partial x^2}=0,EI\frac{\partial^3 y(\eta,t)}{\partial x^3}=0 \tag{1-114}$$

(4)梁端有弹性支承:设在梁左端或右端分别有线位移刚度为 k,角位移刚度为 k_θ的弹性支承,则有

$$\eta=0\begin{cases}EI\dfrac{\partial^2 y(\eta,t)}{\partial x^2}=k_\theta\dfrac{\partial y(\eta,t)}{\partial x}\\ EI\dfrac{\partial^3 y(\eta,t)}{\partial x^3}=ky(\eta,t)\end{cases},\text{或 }\eta=l\begin{cases}EI\dfrac{\partial^2 y(\eta,t)}{\partial x^2}=-k_\theta\dfrac{\partial y(\eta,t)}{\partial x}\\ EI\dfrac{\partial^3 y(\eta,t)}{\partial x^3}=ky(\eta,t)\end{cases} \tag{1-115}$$

(5)梁端有质量:设在梁左端或右端分别有集中质量 m,忽略转动惯量的影响,则有

$$\eta=0\begin{cases}EI\dfrac{\partial^2 y(\eta,t)}{\partial x^2}=0\\ EI\dfrac{\partial^3 y(\eta,t)}{\partial x^3}=m\dfrac{\partial^2 y(\eta,t)}{\partial t^2}\end{cases},\text{或 }\eta=l\begin{cases}EI\dfrac{\partial^2 y(\eta,t)}{\partial x^2}=0\\ EI\dfrac{\partial^3 y(\eta,t)}{\partial x^3}=m\dfrac{\partial^2 y(\eta,t)}{\partial t^2}\end{cases} \tag{1-116}$$

具体考察几种支承情况下梁弯曲振动固有频率和振型函数。

1)简支梁

简支梁的边界条件由上式(1-113)可推知,

$$X(0)=0\quad X''(0)=0 \tag{a}$$

$$X(l)=0\quad X''(l)=0 \tag{b}$$

由式(a)及式(1-111),注意 $X''(x)=\beta^2(c_1\text{ch}\beta x+c_2\text{sh}\beta x-c_3\cos\beta x-c_4\sin\beta x)$,就有

$$c_1+c_3=0,\quad c_1-c_3=0 \text{ 即 } c_1=c_3=0$$

由式(b)及 $X(l)$、$X''(l)$的表达式,有

$$c_2\text{sh}\beta l+c_4\sin\beta l=0$$

$$c_2\text{sh}\beta l-c_4\sin\beta l=0$$

因为 $\beta l\neq0$ 时,$\text{sh}\beta l\neq0$,所以 $c_2=0$;c_4不能再等于0,于是,特征方程为

$$\sin\beta l=0 \tag{1-117}$$

得特征根 $\beta_i = i\pi/l \quad i=1,2,\cdots$

因为 $\beta^2 = \omega/a$，所以系统固有频率为

$$\omega_i = \left(\frac{i\pi}{l}\right)^2 a = (i\pi)^2\sqrt{\frac{EI}{\rho l^4}} \quad i=1,2,\cdots \tag{1-118}$$

相应的振型函数为

$$X(x) = c_4 \sin\frac{i\pi}{l}x \quad i=1,2,\cdots \tag{1-119}$$

2)悬臂梁

设悬臂梁左端固支，右端自由，则有

$$X(0)=0 \quad X'(0)=0 \tag{a}$$

$$X''(l)=0 \quad X'''(l)=0 \tag{b}$$

由式(a)，有 $c_3=-c_1, c_4=-c_2$；由此并结合式(b)，有

$$\begin{aligned} c_1(\mathrm{ch}\beta l + \cos\beta l) + c_2(\mathrm{sh}\beta l + \sin\beta l) &= 0 \\ c_1(\mathrm{sh}\beta l - \sin\beta l) + c_2(\mathrm{ch}\beta l + \cos\beta l) &= 0 \end{aligned} \tag{1-120}$$

该方程对 c_1、c_2 有非零解的条件为

$$\begin{vmatrix} \mathrm{ch}\beta l + \cos\beta l & \mathrm{sh}\beta l + \sin\beta l \\ \mathrm{sh}\beta l - \sin\beta l & \mathrm{ch}\beta l + \cos\beta l \end{vmatrix} = 0 \tag{c}$$

式(c)为悬臂梁弯曲振动特征方程，可简化

$$\cos\beta l \cdot \mathrm{ch}\beta l = 0 \tag{1-121}$$

特征方程(1-121)的前5阶根 表1-2

i	1	2	3	4	5
$\beta_i l$	1.875	4.694	7.855	10.996	14.137

式(1-121)的根可通过数值方法求解，为前5阶表1-2所列。固有频率则为

$$\omega_i = \beta_i^2 a = \beta_i^2\sqrt{EI/\rho}, i=1,2,\cdots$$

将各特征根代入方程(1-120)，可确定系数 c_1 与 c_2 的比值

$$\gamma_i = \left(\frac{c_2}{c_1}\right)_i = -\frac{\mathrm{ch}\beta_i l + \cos\beta_i l}{\mathrm{sh}\beta_i l + \sin\beta_i l} = -\frac{\mathrm{sh}\beta_i l - \sin\beta_i l}{\mathrm{ch}\beta_i l + \cos\beta_i l} \quad i=1,2,\cdots$$

与 ω_i 相应的振型函数可取为

$$X_i(x) = c_{1i}[\mathrm{ch}\beta_i x - \cos\beta_i x + \gamma_i(\mathrm{sh}\beta_i x - \sin\beta_i x)] \tag{1-122}$$

以上讨论了两种基本边界条件组合的梁的固有频率和振型函数，振型函数中各有一任意常数可通过归一化条件确定。对于其他边界形式也可进行类似讨论。总之，根据梁边界条件，可确定梁的无限多个固有频率 ω_i 和相应振型函数 $X_i(x)$。因而由式(1-107)、式(1-110)，梁弯曲自由振动一般表达式为

$$y(x,t) = \sum_{i=1}^{\infty} X_i(x)T_i(t) = \sum_{i=1}^{\infty} X_i(x)(A_i\sin\omega_i t + B_i\cos\omega_i t) \tag{1-123}$$

式中 A_i、$B_i(i=1,2,\cdots)$ 由系统的初始条件 $y(x,0)$ 和 $\dot{y}(x,0)$ 确定。

3. 振型函数的正交性

振型函数对应于模态函数，如果希望运用模态叠加法解决振动响应问题，振型函数对质量和刚度的正交性是关键。和前面一维波动问题一样，梁的横向振动模态函数的正交性有其特别表达形式。特别对一些非基本边界条件，如梁端边界有弹性支承或集中质量的情景，运用其正交性更需要注意它们的特别之处。以下分别进行讨论。

1)基本边界条件下的正交性

基本边界条件是指梁端边界为固支,铰支或自由的情况。对方程(1-104),设解为式(1-107)的分离变量函数,有

$$\ddot{T}(t)+\omega^2 T(t)=0$$

$$(EIX''(x))''=\omega^2\rho X(x)$$

这里 EI 和 ρ 都可以是 x 的函数。设 ω_i 对应 $X_i(x)$、ω_j 对应 $X_j(x)$,由上式就有

$$(EIX_i''(x))''=\omega_i^2\rho X_i(x),(EIX_j''(x))''=\omega_j^2\rho X_j(x)$$

对上面左式两边同乘以 $X_j(x)$,对右式两边同乘以 $X_i(x)$,并都沿梁长积分,就有

$$\int_0^l X_j(EIX_i'')''\mathrm{d}x = \omega_i^2\int_0^l X_j\rho X_i\mathrm{d}x = X_j(EIX_i'')'\Big|_0^l - X_j'EIX_i''\Big|_0^l + \int_0^l EIX_i''X_j''\mathrm{d}x \quad \text{(a)}$$

$$\int_0^l X_i(EIX_j'')''\mathrm{d}x = \omega_j^2\int_0^l X_i\rho X_j\mathrm{d}x = X_i(EIX_j'')'\Big|_0^l - X_i'EIX_j''\Big|_0^l + \int_0^l EIX_j''X_i''\mathrm{d}x \quad \text{(b)}$$

由式(a)减式(b),有

$$(\omega_i^2-\omega_j^2)\int_0^l X_j\rho X_i\mathrm{d}x = X_j(EIX_i'')'\Big|_0^l - X_j'EIX_i''\Big|_0^l - X_i(EIX_j'')'\Big|_0^l + X_i'EIX_j''\Big|_0^l \quad \text{(c)}$$

注意式(1-112)、式(1-113)和式(1-114),只要梁的边界条件是这三种情况的任一种或其组合,式(c)右边就为零,故有

$$(\omega_i^2-\omega_j^2)\int_0^l X_j\rho X_i\mathrm{d}x = 0$$

因为当 $i\neq j$ 时有 $\omega_i\neq\omega_j$,故

$$\int_0^l X_j(x)\rho(x)X_i(x)\mathrm{d}x = 0 \quad i\neq j$$

另外,由式(a)或式(b)有 $\int_0^l EI(x)X_j''(x)X_i''(x)\mathrm{d}x = 0 \quad i\neq j$

当 $i=j$ 时,记 $\int_0^l X_i(x)\rho(x)X_i(x)\mathrm{d}x = m_i \quad i=1,2,\cdots$

以及 $\int_0^l EI(x)X_i''(x)X_i''(x)\mathrm{d}x = k_i \quad i=1,2,\cdots$

如令 $m_i=1(i=1,2,\cdots)$ 来确定 $X_i(x)$ 的任意常数,就得到正则振型,此时 $k_i=\omega_i^2$。故可总结为

$$\int_0^l X_i(x)\rho(x)X_j(x)\mathrm{d}x = \delta_{ij} \quad (1\text{-}124)$$

$$\int_0^l EI(x)X_i''(x)X_j''(x)\mathrm{d}x = \omega_i^2\delta_{ij} \quad (1\text{-}125)$$

式(1-124)、式(1-125)分别为基本边界条件下正则振型 $X_i(x)$ 对质量 $\rho(x)$ 和刚度 $EI(x)$ 的正交性。

2)非基本边界条件下的正交性

非基本边界条件是指梁端边界有弹性支承或附加集中质量情况,式(1-115)、式(1-116)给出其边界条件表达式。对于这些边界条件,利用前面推导的式(c)、式(a),将式(1-115)、式(1-116)代入,得到下列正则振型 $X_i(x)$ 对质量 $\rho(x)$ 和刚度 $EI(x)$ 的正交性的表达。

(1)梁右端有位移弹性支承 k,则根据边界条件式(1-115),对于 $x=l$ 有

$$EI(l)X''(l)=0,(EI(x)X''(x))'\big|_{x=l}=kX(l)$$

由前面的式(c)和式(a)有 $\int_0^l X_i(x)\rho(x)X_j(x)\mathrm{d}x = \delta_{ij}$

$$\int_0^l EI(x)X_i''(x)X_j''(x)\,\mathrm{d}x + kX_i(l)X_j(l) = \omega_i^2\delta_{ij} \tag{1-126}$$

(2)梁右端具有附加质量 m，$x=l$ 的边界条件为

$$EI(l)X''(l)=0,\ (EI(x)X''(x))'\big|_{x=l} = -m\omega^2X(l)$$

同样由前面的式(c)和式(a)有

$$\int_0^l X_i(x)\rho(x)X_j(x)\,\mathrm{d}x + mX_i(l)X_j(l) = \delta_{ij} \tag{1-127}$$

$$\int_0^l EI(x)X_i''(x)X_j''(x)\,\mathrm{d}x = \omega_i^2\delta_{ij}$$

同样方法可类似处理其他边界条件。

4. 梁的强迫响应

重写方程(1-104) $$\rho\frac{\partial^2 y}{\partial t^2} + \frac{\partial^2}{\partial x^2}\left(EI\frac{\partial^2 y}{\partial x^2}\right) = q(x,t)$$

设解为 $$y(x,t) = \sum_{i=1}^{\infty}X_i(x)\eta_i(t) \tag{1-128}$$

其中 $X_i(x)$ 为正则振型，而 $\eta_i(t)$ 为模态坐标。将式(1-128)代入式(1-104)，将方程两边乘以 $X_j(x)$ 并沿梁长积分，由正交性条件，有

$$\ddot{\eta}_i + \omega_i^2\eta_i = \int_0^l X_i(x)q(x,t)\,\mathrm{d}x = Q_i(t) \quad i=1,2,\cdots \tag{1-129}$$

假设梁的初始条件为 $y(x,0)=f(x),\ \left.\dfrac{\partial y(x,t)}{\partial t}\right|_{t=0} = g(x)$

利用式(1-128)，就有

$$f(x) = \sum_{i=1}^{\infty}X_i(x)\eta_i(0),\ g(x) = \sum_{i=1}^{\infty}X_i(x)\dot{\eta}_i(0)$$

在上面两个方程两边同乘以 $\rho(x)X_j(x)$ 并沿梁长积分，由于正则振型的正交性，就有

$$\left.\begin{aligned}\eta_i(0) &= \int_0^l \rho(x)X_i(x)f(x)\,\mathrm{d}x\\ \dot{\eta}_i(0) &= \int_0^l \rho(x)X_i(x)g(x)\,\mathrm{d}x\end{aligned}\right\} \quad i=1,2,\cdots \tag{1-130}$$

式(1-129)的"单自由度"方程在式(1-130)的初始条件下，其解为

$$\eta_i(t) = \eta_i(0)\cos\omega_i t + \frac{\dot{\eta}_i(0)}{\omega_i}\sin\omega_i t + \frac{1}{\omega_i}\int_0^t Q_i(\tau)\sin\omega_i(t-\tau)d\tau \quad i=1,2,\cdots \tag{1-131}$$

将式(1-131)代入式(1-128)就得到式(1-104)系统对于初始激励和任意力激励下的响应。

对于 $Q_i(t)=\int_0^l X_i(x)q(x,t)\,\mathrm{d}x$，如果激励力是作用在梁上 $x=\xi$ 点处的 $p(t)$，就有

$$Q_i(t) = \int_0^l X_i(x)p(t)\delta(x-\xi)\,\mathrm{d}x = X_i(\xi)p(t) \quad i=1,2,\cdots$$

例 1.9 均匀简支梁在 $t=0$ 时除两个端点外，其他各点有横向初速度 v，并在 $x=l/2$ 处作用有一正弦激励力 $p(t)=P\sin\omega t$，求梁的响应。

解： 由前面的分析，均匀简支梁的固有频率为

$$\omega_i = \left(\frac{i\pi}{l}\right)^2\sqrt{\frac{EI}{\rho}} \quad i=1,2,\cdots$$

记它对应的振型函数为 $X_i(x)=A_i\sin\frac{i\pi}{l}x \quad i=1,2,\cdots$

令第 i 阶振型的模态质量为 1，有 $m_i = \int_0^l \rho X_i^2(x)\mathrm{d}x = \frac{A_i^2}{2}\rho l = 1 \quad i=1,2,\cdots$

所以取 $A_i=\sqrt{\frac{2}{\rho l}}(i=1,2,\cdots)$，$X_i(x)$ 即为正则振型函数。

设梁的响应可表示为 $y(x,t)=\sum_{i=1}^{\infty}X_i(x)\eta_i(t)$

因为 $y(x,0)=0,\frac{\partial y(x,0)}{\partial t}=v \quad 0<x<l,$

就有

$$\eta_i(0)=0,\dot{\eta}_i(0)=\int_0^l \rho X_i(x)v\mathrm{d}x=\frac{v}{i\pi}\sqrt{2\rho l}[(-1)^{i+1}+1] \quad i=1,2,\cdots$$

激励力为

$$Q_i(t)=X_i(l/2)p(t)=\sqrt{\frac{2}{\rho l}}\sin\frac{i\pi}{2}\cdot P\sin\omega t \quad i=1,2,\cdots$$

模态坐标 $\eta_i(t)$ 所满足的方程为

$$\begin{cases}\ddot{\eta}_i+\omega_i^2\eta_i=P\sqrt{\frac{2}{\rho l}}\sin\frac{i\pi}{2}\cdot\sin\omega t \\ \eta_i(0)=0, \quad \dot{\eta}_i(0)=\frac{v}{i\pi}\sqrt{2\rho l}[(-1)^{i+1}+1]\end{cases} \quad i=1,2,\cdots$$

由式(1-131)，有

$$\begin{aligned}\eta_i(t) &= \frac{v}{i\pi\omega_i}\sqrt{2\rho l}[(-1)^{i+1}+1]\sin\omega_i t+\frac{1}{\omega_i}\int_0^t P\sqrt{\frac{2}{\rho l}}\sin\frac{i\pi}{2}\cdot\sin\omega\tau\sin\omega_i(t-\tau)\mathrm{d}\tau \\ &= \frac{v}{i\pi\omega_i}\sqrt{2\rho l}[(-1)^{i+1}+1]\sin\omega_i t+\frac{P}{\omega_i}\sqrt{\frac{2}{\rho l}}\sin\frac{i\pi}{2}\cdot\frac{\omega_i\sin\omega t-\omega\sin\omega_i t}{\omega_i^2-\omega^2}, i=1,2,\cdots\end{aligned}$$

则

$$y(x,t)=\sum_{i=1}^{\infty}X_i(x)\eta_i(t)=\sum_{i=1}^{\infty}\frac{2}{\omega_i}\sin\frac{i\pi}{l}x\cdot\left\{\frac{v}{i\pi}[(-1)^{i+1}+1]\sin\omega_i t+\frac{P}{\rho l}\sin\frac{i\pi}{2}\cdot\frac{\omega_i\sin\omega t-\omega\sin\omega_i t}{\omega_i^2-\omega^2}\right\}$$

注意到此问题，由于不考虑阻尼，除了以 $\sin\omega t$ 项代表的系统强迫稳态响应外，系统的初始激励振动和伴随自由振动响应（以 $\sin\omega_i t$ 项代表）也不衰减。然而，实际系统总是存在阻尼的，这些瞬态项理应随时间衰减掉，故对连续系统的数学处理中也应当考虑阻尼。

如果在连续系统模型中考虑一般阻尼，且要保持振型函数的正交性，就要求复杂的数学处理。好在从前面的分析已看到，多自由度适用于比例阻尼或无阻尼系统的实模态方法，能够在非比例阻尼的条件下保持相当高计算精度。类比到无穷多自由度的连续系统，推荐的处理方法是假设无阻尼系统所对应振型函数的对质量和刚度的正交性仍保持，因此可定义各阶模态阻尼比 $\zeta_i(i=1,2,\cdots)$ 并获解耦的有阻尼"单自由度"模态坐标运动微分方程。此时各阶模态坐标时间响应函数中就会有如 $\exp(-\zeta_i\omega_i t)$ 项出现以代表阻尼效应，最后所得就和前比例阻尼实模态叠加响应公式(1-102)、式(1-103)类似了，只是对连续系统叠加项为无穷多。这一包括阻尼的处理方法与弦、杆、梁及后面将讨论的薄板问题都类似。

三、薄板的横向振动

所谓薄板是指其厚度 h 远小于它的长、宽或直径等尺寸的板。平分板厚的板内平面称为中面。在如图 1-18 所示的坐标系中,中面为 xoy 平面。

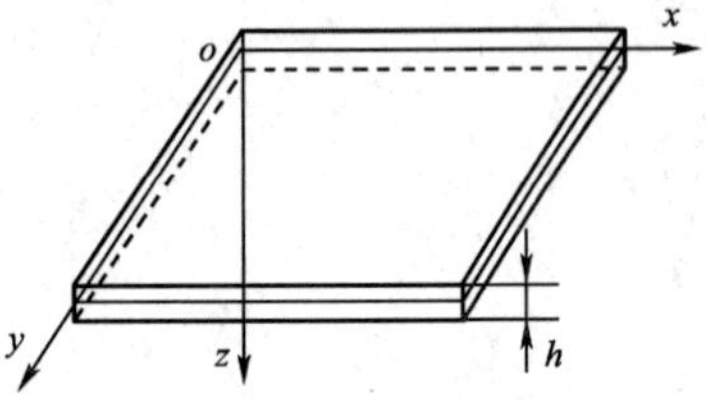

图 1-18　薄板中面及坐标系

1. 薄板横向振动微分方程

下面基于克希霍夫薄板理论进行讨论,该理论首先做出以下几个基本假设:

(1)直法线假设:变形前与中面垂直的法线在板弯曲时仍保持为直线并且与变形后的弯曲曲面垂直;

(2)板弯曲变形时主要是平面应力状态,以 σ_x、σ_y、τ_{xy} 为主,τ_{xz}、τ_{yz} 为辅,σ_z 可忽略;

(3)板弯曲变形时厚度变化不计,即有 $\varepsilon_z=0$;

(4)板的横向位移即挠度 w 相比板厚 h 为很小量,中面只有垂直于原未变形中面的位移 w。

在上述假设下,薄板模型可以看成一维的欧拉-贝努利梁模型向二维的推广。上述假设导致应力 σ_x、σ_y、τ_{xy},如图 1-19 所示,在板厚方向 z 是线性分布的。沿板厚 z 方向积分合成为弯矩 M_x、M_y 和转矩 M_{xy};由材料的平面应力—应变关系,以板的变形中面的曲率 κ_x、κ_y 和扭率 κ_{xy} 通过应变表达应力,而曲率和扭率本身与板中面的挠度 w 有二阶导数关系,最后考虑中面微分单元的包括外力 $p(x,y,t)$ 的平衡,可得薄板横向振动运动微分方程为

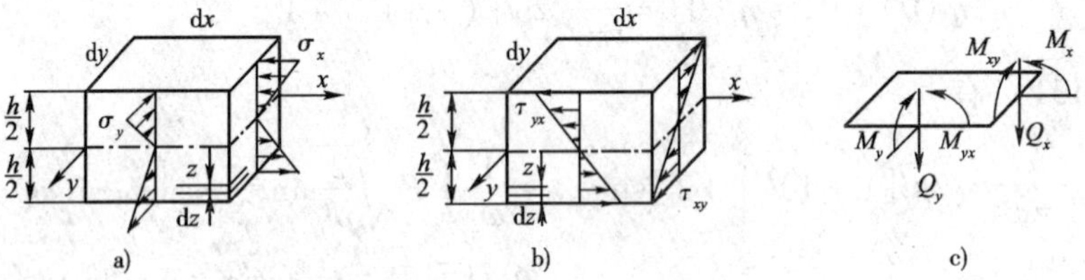

图 1-19　薄板弯曲变形下的应力分布

$$D_0\left(\frac{\partial^4 w}{\partial x^4}+2\frac{\partial^4 w}{\partial x^2\partial^2 y}+\frac{\partial^4 w}{\partial y^4}\right)+\rho h\frac{\partial^2 w}{\partial t^2}=p(x,y,t) \tag{1-132}$$

式中,$D_0=\dfrac{Eh^3}{12(1-\mu^2)}$,$E$ 为材料弹性模量,μ 为泊松比,ρ 为单位面积板质量。

式(1-132)写成算子形式

$$D_0\nabla^4 w+\rho h\frac{\partial^2 w}{\partial t^2}=p(x,y,t) \tag{1-133}$$

∇^4 称为重调和算子,在直角坐标系有 $\nabla^4=\nabla^2\nabla^2=\left(\dfrac{\partial^2}{\partial x^2}+\dfrac{\partial^2}{\partial y^2}\right)\left(\dfrac{\partial^2}{\partial x^2}+\dfrac{\partial^2}{\partial y^2}\right)$。

式(1-133)的优点在于用其他坐标系描述问题时方程形式相同。如在极坐标系里描述问题,则重调和算子的定义为 $\nabla^4=\left(\dfrac{\partial^2}{\partial r^2}+\dfrac{1}{r}\dfrac{\partial}{\partial r}+\dfrac{1}{r^2}\dfrac{\partial^2}{\partial\theta^2}\right)\left(\dfrac{\partial^2}{\partial r^2}+\dfrac{1}{r}\dfrac{\partial}{\partial r}+\dfrac{1}{r^2}\dfrac{\partial^2}{\partial\theta^2}\right)$,运动方程仍为(1-133)。

2. 薄板的自由振动

下面讨论自由振动令激励力项 $p(x,y,t)=0$:设

$$w(x,y,t) = W(x,y)e^{jwt} \tag{1-134}$$

将式(1-134)代入式(1-133),整理后得

$$\nabla^4 W - \kappa^4 W = 0 \tag{1-135}$$

式中,$\kappa^4 = \rho h\omega^2/D_0$。对式(1-135)进一步进行算子运算,有

$$(\nabla^4 - \kappa^4)W = (\nabla^2 - \kappa^2)(\nabla^2 + \kappa^2)W = 0$$

该算子方程表明 W 的解是下列两方程解的线性组合,即

$$(\nabla^2 - \kappa^2)W_1(x,y) = 0 \tag{1-136}$$

$$(\nabla^2 + \kappa^2)W_2(x,y) = 0 \tag{1-137}$$

这里∇^2为拉普拉斯算子,对平面直角坐标系为$\nabla^2 = \left(\frac{\partial^2}{\partial x^2} + \frac{\partial^2}{\partial y^2}\right)$

则 $$W(x,y) = c_1 W_1(x,y) + c_2 W_2(x,y) \tag{1-138}$$

对于式(1-136),令 $W_1(x,y) = X(x)Y(y)$,代入后,有

$$\frac{\mathrm{d}^2 X}{\mathrm{d}x^2} + \kappa_m^2 X = 0, \frac{\mathrm{d}^2 Y}{\mathrm{d}x^2} + \kappa_n^2 Y = 0$$

其中有 $\kappa^2 = \kappa_m^2 + \kappa_n^2$,上面两式的解分别为

$$X(x) = A_m \sin(k_m x) + B_m \cos(k_m x), Y(y) = A_n \sin(k_n y) + B_n \cos(k_n y),$$

所以式(1-136)和式(1-137)的解分别为

$$\begin{aligned} W_1(x,y) = {} & A_{mn}\sin(k_m x)\sin(k_n y) + B_{mn}\cos(k_m x)\sin(k_n y) + \\ & C_{mn}\sin(k_m x)\cos(k_n y) + D_{mn}\cos(k_m x)\cos(k_n y) \end{aligned} \tag{1-139}$$

$$\begin{aligned} W_2(x,y) = {} & a_{mn}\mathrm{sh}(k_m x)\mathrm{sh}(k_n y) + b_{mn}\mathrm{ch}(k_m x)\mathrm{sh}(k_n y) + \\ & c_{mn}\mathrm{sh}(k_m x)\mathrm{ch}(k_n y) + d_{mn}\mathrm{ch}(k_m x)\mathrm{ch}(k_n y) \end{aligned} \tag{1-140}$$

(1-135)的解即为 $$W(x,y) = c_1 W_1(x,y) + c_2 W_2(x,y)$$

式(1-138)为薄板振型函数的一般形式,有8个待定常数,需要通过板的不同的边界条件来确定,并导出特征方程和确定固有频率。和前面的梁问题一样,不同的边界条件,将导致不同的特征方程,由此算得不同固有频率。在板问题中,能够获得解析形式固有频率解的只有一种边界条件,为矩形薄板四边简支边界条件,下面就进行讨论。

设矩形板长为 a,宽为 b,四边简支,则4个边界边的挠度 w 和弯矩 M 都等于零,就有

$$W|_{x=0} = \left.\frac{\partial^2 W}{\partial x^2}\right|_{x=0} = 0, W|_{x=a} = \left.\frac{\partial^2 W}{\partial x^2}\right|_{x=a} = 0, W|_{y=0} = \left.\frac{\partial^2 W}{\partial y^2}\right|_{y=0} = 0, W|_{y=b} = \left.\frac{\partial^2 W}{\partial y^2}\right|_{y=b} = 0$$

由上边界条件,可确定

$$W_{mn}(x,y) = A_{mn}\sin\kappa_m x \cdot \sin\kappa_n y = A_{mn}\sin\frac{m\pi}{a}x \cdot \sin\frac{n\pi}{b}y, \quad m,n = 1,2,\cdots \tag{1-141}$$

而固有频率为

$$\omega_{mn} = \pi^2\left(\frac{m^2}{a^2} + \frac{n^2}{b^2}\right)\sqrt{\frac{D_0}{\rho h}}, \quad m,n = 1,2,\cdots \tag{1-142}$$

注意到在板问题中应利用双下标来对固有频率和振型函数进行编号。

3. 薄板的强迫振动

薄板强迫振动问题仍可以利用模态叠加法来求解,而用模态坐标解耦的基础是振型函数的正交性。

用证明梁的振型函数正交性所用的类似方法,可以推出,对由式(1-138)和各边界条件确

定的各阶正则振型函数 $W_{mn}(x,y)$ 和固有频率 ω_{mn}，有以下形式的对质量和刚度的正交性。

$$\iint_{\Omega} W_{mn}\rho h W_{ij}\mathrm{d}x\mathrm{d}y = \delta_{mi}\delta_{nj}$$

$$\iint_{\Omega} D_0\boldsymbol{\kappa}^{\mathrm{T}}(W_{mn})\boldsymbol{D}_1\boldsymbol{\kappa}(W_{ij})\mathrm{d}x\mathrm{d}y = \omega_{ij}^2\delta_{mi}\delta_{nj} \quad m,n,i,j=1,2,\cdots \tag{1-143}$$

$$\iint_{\Omega} D_0(\nabla^4 W_{mn})W_{ij}\mathrm{d}x\mathrm{d}y = \omega_{ij}^2\delta_{mi}\delta_{nj}$$

这里 $\delta_{mi}\delta_{nj}=\begin{cases}1 & m=i, \text{且 } n=j\\ 0 & m\neq i \text{ 或 } n\neq j\end{cases}$，$\Omega$ 为板所在面积域，

$$\boldsymbol{\kappa}(W)=\{\kappa_x \quad \kappa_y \quad \kappa_{xy}\}^{\mathrm{T}}=-\left\{\frac{\partial^2 W}{\partial x^2} \quad \frac{\partial^2 W}{\partial y^2} \quad 2\frac{\partial^2 W}{\partial x\partial y}\right\}^{\mathrm{T}}, \boldsymbol{D}_1=\begin{bmatrix}1 & \mu & 0\\ \mu & 1 & 0\\ 0 & 0 & (1-\mu)/2\end{bmatrix}$$

由于式(1-133)右端项 $p(x,y,t)\neq 0$，可将薄板响应 w 按正则振型展开成下列双重级数

$$w(x,y,t)=\sum_{i=1}^{\infty}\sum_{j=1}^{\infty}W_{ij}(x,y)\eta_{ij}(t) \tag{1-144}$$

将式(1-144)代入式(1-133)，所得方程两端同乘以正则振型 $W_{mn}(x,y)$，再在薄板面积域 Ω 上积分，由正交性表达式(1-143)，可得解耦的正则坐标的方程

$$\ddot{\eta}_{mn}+\omega_{mn}^2\eta_{mn}=\iint_{\Omega}W_{mn}(x,y)p(x,y,t)\mathrm{d}x\mathrm{d}y=Q_{mn}(t), \quad m,n=1,2,\cdots \tag{1-145}$$

其解 $$\eta_{mn}(t)=\eta_{mn}(0)\cos\omega_{mn}t+\frac{\dot{\eta}_{mn}(0)}{\omega_{mn}}\sin\omega_{mn}t+\frac{1}{\omega_{mn}}\int_0^t Q_{mn}(\tau)\sin\omega_{mn}(t-\tau)\mathrm{d}\tau \tag{1-146}$$

正则坐标的初值可以这样获得。设 $w(x,y,0)=f(x,y)$，$\dot{w}(x,y,0)=g(x,y)$

利用式(1-144)，就有 $f(x,y)=\sum_{i=1}^{\infty}\sum_{j=1}^{\infty}W_{ij}(x,y)\eta_{ij}(0)$，$g(x,y)=\sum_{i=1}^{\infty}\sum_{j=1}^{\infty}W_{ij}(x,y)\dot{\eta}_{ij}(0)$

在上面两方程两边同乘以 $\rho h W_{mn}(x,y)$ 并在板面积域积分，由于正则振型的正交性，就有

$$\left.\begin{aligned}\eta_{mn}(0)&=\iint_{\Omega}\rho h W_{mn}(x,y)f(x,y)\mathrm{d}x\mathrm{d}y\\ \dot{\eta}_{mn}(0)&=\iint_{\Omega}\rho h W_{mn}(x,y)g(x,y)\mathrm{d}x\mathrm{d}y\end{aligned}\right\}, \quad m,n=1,2,\cdots \tag{1-147}$$

如果薄板上的激励力不是分布力而是在 (x_0,y_0) 处的集中力 $p(t)$。引入二维 $\delta(x,y)$ 函数满足

$$\iint_{\Omega}f(x,y)\delta(x-x_0,y-y_0)\mathrm{d}x\mathrm{d}y=f(x_0,y_0)$$

则正则广义力为

$$Q_{mn}(t)=\iint_{\Omega}W_{mn}(x,y)p(t)\delta(x-x_0,y-y_0)dxdy=W_{mn}(x_0,y_0)p(t) \tag{1-148}$$

例 1.10 设四边简支矩形薄板在中央点 $(a/2,b/2)$ 受常力 p_0 作用，求常力突然移去后薄板自由响应。

解： 所加静载可写为 $p_s(x,y)=p_0\delta(x-a/2,y-b/2)$

加静载时，薄板加速度为零，由方程(1-133)有 $D_0\nabla^4 w|_{t=0}=p_s(x,y)$

将式(1-144)在 $t=0$ 时刻的表达式代入上式，有 $D_0\sum_{i=1}^{\infty}\sum_{j=1}^{\infty}\nabla^4 W_{ij}\eta_{ij}(0)=p_s(x,y)$

上式两边同乘以 W_{mn} 并在板面积域积分，由于正则振型的正交性，再代入 $p_s(x,y)$，整理后有

$$\eta_{mn}(0) = \frac{1}{\omega_{mn}^2}\iint_{\Omega} W_{mn}(x,y)p_s(x,y)\mathrm{d}x\mathrm{d}y = \frac{p_0}{\omega_{mn}^2}W_{mn}(a/2,b/2)$$

原为静载，故常力突然移去时刻有 $\dot{\eta}_{mn}(0)=0$

由式(1-142)，固有频率为 $$\omega_{mn} = \pi^2\left(\frac{m^2}{a^2}+\frac{n^2}{b^2}\right)\sqrt{\frac{D_0}{\rho h}},\quad m,n=1,2,\cdots$$

振型函数为 $$W_{mn}(x,y) = A_{mn}\sin\frac{m\pi}{a}x\cdot\sin\frac{n\pi}{b}y,\quad m,n=1,2,\cdots$$

由对质量归一化条件，有

$$\iint_{\Omega}\rho h W_{mn}^2(x,y)\mathrm{d}x\mathrm{d}y = \int_0^a\int_0^b \rho h\left(A_{mn}\sin\frac{m\pi}{a}x\cdot\sin\frac{n\pi}{b}y\right)^2\mathrm{d}x\mathrm{d}y = \rho h A_{mn}^2\frac{ab}{4} = 1$$

则取常数 $A_{mn}=2/\sqrt{\rho hab}$，$W_{mn}(x,y)$ 即为正则振型。由此有

$$\eta_{mn}(0) = \frac{p_0}{\omega_{mn}^2}W_{mn}(a/2,b/2) = \frac{p_0}{\omega_{mn}^2}A_{mn}\sin\frac{m\pi}{2}\sin\frac{n\pi}{2}$$

由式(1-146)，得 $\eta_{mn}(t)=\eta_{mn}(0)\cos\omega_{mn}t = \dfrac{p_0}{\omega_{mn}^2}A_{mn}\sin\dfrac{m\pi}{2}\sin\dfrac{n\pi}{2}\cos\omega_{mn}t$，最后整理得

$$\begin{aligned} w(x,y,t) &= \sum_{i=1}^{\infty}\sum_{j=1}^{\infty}W_{ij}(x,y)\eta_{ij}(t) \\ &= \frac{4a^3b^3p_0}{\pi^4D_0}\sum_{m=1}^{\infty}\sum_{n=1}^{\infty}\frac{1}{(b^2m^2+a^2n^2)^2}\sin\frac{m\pi}{2}\sin\frac{n\pi}{2}\sin\frac{m\pi}{a}x\sin\frac{n\pi}{b}y\cos\omega_{mn}t \end{aligned}$$

四、模态截断法

从上面分析已经看到，在线性振动系统的响应求取过程中，模态叠加法的运用贯穿始终。而对多自由度系统使用模态叠加法求取系统响应，要求的叠加项数为 n(设系统自由度数为 n)；对于连续系统模态叠加项数甚至要求无穷多项。因此，如果理论的正确性要求一定要叠加够这么多项的话，要么可能导致计算量非常之大(如果集中参数系统自由度数很高)；要么根本不可能做到(连续系统理论上的无穷多项无论如何是不可能完成的)。因此，是不是模态叠加法在实际工程中应用有限或精度较差呢?

答案恰恰相反！模态叠加法是工程中最常用和有很高计算效率和计算精度的方法。具有这些优点的原因是：计算模态叠加时并不一定要叠加完整自由度数那么多项，常常是较少的低阶几项的叠加就能够足够精确地代表很大自由度数的系统乃至连续系统的响应。比较严格的写法是：

设系统自由度数为 n(n 可以是无穷大，如果是连续系统的话)，系统响应可以是

$$y(x,t) = \sum_{i=1}^{n}X_i(x,\omega_i)\eta_i(t) \approx \sum_{i=n_1}^{n_1+m-1}X_i(x,\omega_i)\eta_i(t) \tag{1-149}$$

这里 $\boldsymbol{X}_i(x,\omega_i)$ 一般代表模态向量，$\eta_i(t)$ 代表模态坐标。上式指明近似求解只需叠加 m 项，而 $m\leqslant n$；一般自由振动情况下取 $n_1=1$，即从最低阶模态叠加起。但也不排除在强迫振动时，选择其固有频率是在激励力频段内或附近的 m 个模态参与叠加。式(1-149)中的近似等式说明在原 n 个模态基矢量的完备模态空间中，只选取了 m 个来构成模态子空间，m 维模态子空间相对于原系统是不完备的，原模态空间被“截断”了，故利用式(1-149)中的近似等式求取系统

响应被称为模态截断法。

有限自由度集中参数模型,原理上等价于对实际是连续的物理系统应用了模态截断法。

例 1.11 图 1-20 所示为 11 层建筑结构,求系统对水平风载激振力 $f(x,\ t)$ 的水平位移响应 $w(x,\ t)$。

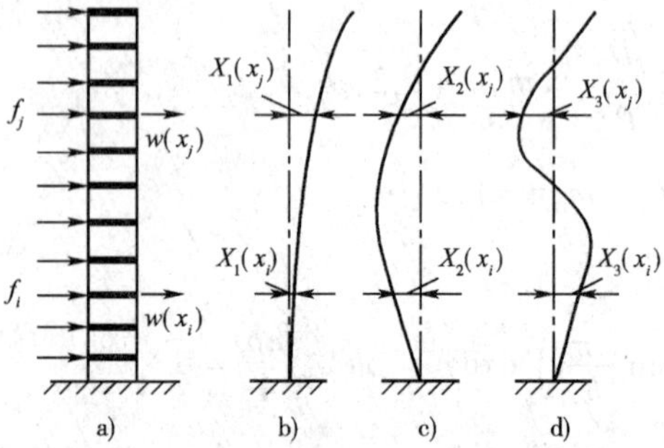

图 1-20 建筑结构模型及前 3 阶模态形状

a)建筑结构模型;b)第 1 阶模态;c)第 2 阶模态;d)第 3 阶模态;

解: 根据振动理论的建模思路,可先将建筑结构简化为一悬臂梁,分布质量转化为集中质量集中于各层楼板高度处,分布刚度由梁段来代表,由此求出系统在物理坐标系($\boldsymbol{x},\boldsymbol{w}$)中的质量矩阵 $\boldsymbol{M}$,刚度矩阵 $\boldsymbol{K}$。通过前面对悬臂梁系统的分析可得前 3 阶的振型函数 $X_i(x)\ (i=1,2,3)$,分别如图 1-20 中所示。其中水平位移 $\boldsymbol{w}$、高度坐标 $\boldsymbol{x}$ 及水平激振力 $\boldsymbol{f}$ 皆为 11 阶列向量,物理坐标系中的 $\boldsymbol{M}$ 和 $\boldsymbol{K}$ 均为 11 × 11 阶对称矩阵。运用模态截断法,第 i 层楼板的位移响应可近似表为

$$w(x_i,t)=\sum_{j=1}^{3}X_j(x_i)q_j(t)\quad i=1,2,\cdots,11 \tag{a}$$

这里模态函数可近似取为悬臂梁的振型函数的形式(1-122),并其中取待定常数为 1,则有

$$X_i(x)=\mathrm{ch}\beta_i x-\cos\beta_i x+\gamma_i(\mathrm{sh}\beta_i x-\sin\beta_i x)$$

记 $\boldsymbol{q}=\{q_1(t)\quad q_2(t)\quad q_3(t)\}^{\mathrm{T}}, w=\{w(x_1,t)\quad w(x_2,t)\quad \cdots\quad w(x_{11},t)\}^{\mathrm{T}}$,

$$\boldsymbol{X}=\begin{bmatrix}X_1(x_1) & X_2(x_1) & X_3(x_1)\\ \vdots & \vdots & \vdots\\ X_1(x_{11}) & X_2(x_{11}) & X_3(x_{11})\end{bmatrix},\text{就有 } \boldsymbol{w}=\boldsymbol{X}\cdot\boldsymbol{q} \tag{b}$$

可以有 $\boldsymbol{M}_r=\boldsymbol{X}^{\mathrm{T}}\boldsymbol{M}\boldsymbol{X}=\begin{bmatrix}m_1 & 0 & 0\\ 0 & m_2 & 0\\ 0 & 0 & m_3\end{bmatrix},\boldsymbol{K}_r=\boldsymbol{X}^{\mathrm{T}}\boldsymbol{K}\boldsymbol{X}=\begin{bmatrix}k_1 & 0 & 0\\ 0 & k_2 & 0\\ 0 & 0 & k_3\end{bmatrix}$,

广义模态力为 $\boldsymbol{Q}=\boldsymbol{X}^{\mathrm{T}}\boldsymbol{f}=\begin{Bmatrix}Q_1(t)\\ Q_2(t)\\ Q_3(t)\end{Bmatrix}=\begin{bmatrix}X_1(x_1) & \cdots & X_1(x_{11})\\ X_2(x_1) & \cdots & X_2(x_{11})\\ X_3(x_1) & \cdots & X_3(x_{11})\end{bmatrix}\begin{Bmatrix}f(x_1,t)\\ \vdots\\ f(x_{11},t)\end{Bmatrix}=\begin{Bmatrix}\sum_{k=1}^{11}X_1(x_k)f_k\\ \sum_{k=1}^{11}X_2(x_k)f_k\\ \sum_{k=1}^{11}X_3(x_k)f_k\end{Bmatrix}$

该系统的模态方程为 $$m_r\ddot{q}_r+k_rq_r=Q_r(t)\quad r=1,2,3 \tag{c}$$

解式(c)得模态坐标 $q_r(r=1,2,3)$,最后通过式(a)即可得到在给定激励力下各楼层高度的水平响应了。

本例在物理坐标系统中,是简化为另外附加有 11 个集中质量的分布参数结构系统。但应用模态截断法求解时,只取 3 个模态坐标自由度进行处理。实际上,即使是 100 层建筑结构,往往也只需取前几阶,而且精度还相当高。由此可见,模态截断法在具体应用时,并不需要计算出全部模态参数,即使是一个很复杂的,具有成千上万甚至更多自由度的振动结构,往往也只需在感兴趣的频率范围内,选取对应几阶模态参数来描述振动系统的动态特性。这就大大减缩了分析自由度数和计算工作量。

模态截断法是线性振动理论能够在复杂大规模系统的动态分析中广泛运用的重要基础。

第五节 随机振动分析基础

一、随机振动的特点

车辆在行驶运行中产生的振动,其规律显示出相当的随机性,不能用确定性的函数描述,因此只能用概率和统计的方法进行描述,这种振动被称为随机振动。随机振动可以由系统构成参数本身的随机性而导致,但在多数情况下主要由激振源的随机性所引起。本节主要研究的是后一种情况,即确定性系统在随机激励下的振动响应。汽车方面的典型例子是:路面的随机凹凸不平使得行驶的汽车产生随机振动。其他领域的例子有被切削工件表层软硬不均使车刀及刀架产生随机振动;风对建筑结构的随机激励;地震对结构的随机激励;浪使船舶产生随机振动;大气湍流使机翼产生随机振动等。

图 1-21 为一随机振动的时间历程样本函数表示。所谓样本函数是指随机振动本身是以时间 t 为过程参变量的函数过程;而从随机性的物理性质出发,这样各不相同的函数应有无穷多个,每一个只是一个样本,最后构成集合 $\{x_i(t), i=1,2,3,\cdots, t\in[0,\infty)\}$。取尽各种可能性的无穷多个样本函数的集合称为样本函数空间。

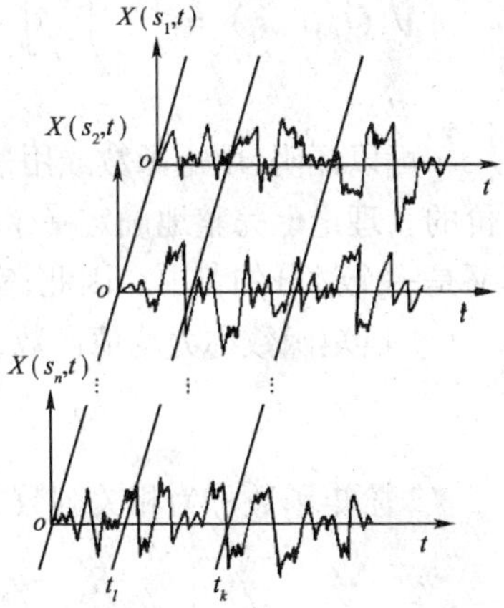

图 1-21 随机振动时间历程样本函数

取 $t=t_k$ 时刻各样本函数瞬时值构成一个序列 $X(s,t_k)=\{x_i(t_k), i=1, 2, 3, \cdots, t_k\in[0,\infty)\}$;$s$ 用于表示对应不同的样本函数。其中的 $x_i(t_k)$ 是 t_k 时刻的瞬时振动幅值,称为随机变量 $X(s,t_k)$ 当 $s=s_i$ 时的一个样本点;所有样本点的集合 $S=\{s_i\}$ 就构成随机变量 $X(s,t_k)$ 的样本空间;随机变量 $X(s,t_k)$ 随样本点的不同随机地取不同的值,即 $X(s,t_k)$ 是样本点 $s\in S$ 的函数。同时它也是过程参变量 $t_k\in[0, \infty]$ 的函数。当随机变量蕴含的是样本点函数的意义明显且希望强调它是过程参变量 t 的函数时,简记此随机变量为 $X(t)$。

当 t_k 取不同值时,可以得到不同时刻的随机变量 $X(t_k)$;从原理上讲,对于各样本函数均是时间的连续函数的随机振动,只有 t 连续变化为无穷多个时刻而得出无穷多组随机变量 $X(t)$ 才能完整地描述一个随机振动。这样实际形成的是以时间为过程参数的一族随机变量,这个随机变量族就被称为随机过程。随机振动是一种典型的随机过程。另外,随机过程也可以选用其他参数做为过程参数。

二、相关函数和功率谱密度函数

1. 相关函数

掌握随机变量的性质必须首先弄清楚它的概率结构,也就是它的概率密度函数 $p(x)$ 或概率分布函数 $P(x)$。完整地掌握 $p(x)$ 或 $P(x)$ 通常比较困难,因此常采用的讨论随机变量的各低阶矩数字特征,如数学期望(均值)、均方值和方差等。而随机过程是增加了过程参数 t 的随机变量族,可通过对随机变量,数字特征(矩函数)对过程参数的扩展定义来研究其统计特性。

对于图 1-21 所示的随机振动,取离散时刻 $t_1, t_2, \cdots, t_n$ 可得到一族随机变量 $X_1, X_2, \cdots, X_n$。

这些随机变量的概率结构可用概率密度函数及不同时刻的随机变量间的联合概率密度函数表示为

$$\begin{aligned}&p(x_1,t_1),p(x_2,t_2),\cdots\\&p(x_1,t_1;x_2,t_2),p(x_2,t_2;x_3,t_3),\cdots\\&\cdots\\&p(x_1,t_1;x_2,t_2;x_3,t_3;\ \cdots;x_n,t_n)\end{aligned}\tag{1-150}$$

显然,上述表达的 n 维概率密度函数能够近似描述原连续的随机过程的统计特性,n 越大近似程度越高,当 n 趋于无穷大时,式(1-150)就完全表现了该随机过程的统计特性。

类似于研究随机变量统计性质时对各阶矩的定义,可定义随机过程的各阶矩函数如下:

$$\begin{aligned}&M_1(t_k)=\int_{-\infty}^{\infty}x_kp(x_k,t_k)\mathrm{d}x_k,k=1,2,3,\cdots,n\\&M_2(t_k,t_j)=\int_{-\infty}^{\infty}\int_{-\infty}^{\infty}x_kx_jp(x_k,t_k;x_j,t_j)\mathrm{d}x_k\mathrm{d}x_j,k,j=1,2,3,\cdots,n\\&M_3(t_k,t_i,t_j)=\int_{-\infty}^{\infty}\int_{-\infty}^{\infty}\int_{-\infty}^{\infty}x_kx_ix_jp(x_k,t_k;x_i,t_i;x_j,t_j)\mathrm{d}x_k\mathrm{d}x_i\mathrm{d}x_j,k,i,j=1,2,3,\cdots,n\\&\cdots\end{aligned}\tag{1-151}$$

可以证明,用矩函数或用概率密度函数(或概率分布函数)来描述随机过程在数学上是等价的。理论上完整地确定一个随机过程,需要确定所有各阶矩函数,显然,这对实际应用来说又是一个过分的苛求。因此,实践上特别强调运用低阶矩即1、2阶矩函数。

1阶矩函数称为均值函数,定义为

$$\mu(t)=\int_{-\infty}^{\infty}xp(x,t)\mathrm{d}x\tag{1-152}$$

2阶矩函数称为相关函数,定义为

$$R_{xx}(t_1,t_2)=\int_{-\infty}^{\infty}\int_{-\infty}^{\infty}x_1x_2p(x_1,t_1;x_2,t_2)\mathrm{d}x_1\mathrm{d}x_2\tag{1-153}$$

式(1-153)针对的是一个随机过程,因而可更细分地称为自相关函数,用双下标 xx 表示;如果研究的对象包括有两个随机过程 $X(t)$、$Y(t)$,可以类似地定义出互相关函数如

$$R_{xy}(t_1,t_2)=\int_{-\infty}^{\infty}\int_{-\infty}^{\infty}x_1y_2p(x_1,t_1;y_2,t_2)\mathrm{d}x_1\mathrm{d}y_2\tag{1-154}$$

均值函数和相关函数虽然只是随机过程的矩函数表达系列中的两个低阶矩函数,但它们却表征了随机过程的许多重要统计特征。特别对一类实际上很常见的高斯随机过程,其高阶矩函数可以由1、2阶矩函数表示,因此,对于高斯随机过程,均值函数和相关函数完全表征了它的概率结构。而对于非高斯过程,这两个矩函数也代表了其统计性质中非常重要的一大部分。

高斯随机过程,又称为正态随机过程,是这样一种随机过程:它在任意时刻 t_k 的状态都服从正态分布,即是高斯随机变量。其定义为:对于任意 n,$X(t)$ 的 n 个样本为 $X(t_1),X(t_2),\cdots,X(t_n)$,记 $\boldsymbol{x}=\{x_1,x_2,\cdots,x_n\}^{\mathrm{T}}$,$\boldsymbol{\mu}_X=\{\mu_X(t_1),\mu_X(t_2),\cdots,\mu_X(t_n)\}^{\mathrm{T}}$,$X(t)$ 的 n 维联合概率密度函数为

$$p_X(x_1,t_1;\cdots;x_n,t_n)=\frac{1}{(2\pi)^{n/2}|\boldsymbol{C}|^{1/2}}\exp\left[-\frac{1}{2}(\boldsymbol{x}-\boldsymbol{\mu}_X)^{\mathrm{T}}\boldsymbol{C}^{-1}(\boldsymbol{x}-\boldsymbol{\mu}_X)\right]$$

其中 $\boldsymbol{C}$ 为协方差矩阵,记 $C_X(t_i,t_j)=E[(X(t_i)-\mu_X(t_i))(X(t_j)-\mu_X(t_j))]$,$i,j=1,2,\cdots,n$,$E[\cdots]$ 为数学期望运算,有表达式为

$$C = \begin{bmatrix} C_X(t_1, t_1) & \cdots & C_X(t_1, t_n) \\ \vdots & \ddots & \vdots \\ C_X(t_n, t_1) & \cdots & C_X(t_n, t_n) \end{bmatrix}$$

高斯随机过程是最常见的随机过程之一。这是因为根据中心极限定理，当某随机变量是有大量相互独立的随机因素的综合影响而形成，且每个因素所起作用都相对微小时，该随机变量往往近似服从正态分布。实际中满足中心极限定理条件的随机现象很多，当现象也是过程参数 t 的函数时即形成高斯随机过程。高斯随机过程的高阶统计函数可以由 1、2 阶函数表示的性质以及线性变换不改变其高斯分布特性的性质使它在理论和实践上都有很大重要性。

在常见的均值函数为常数(或简单函数)的情况下，习惯通过线性位移变换将考虑的运动静态工作点移到零，这导致均值函数为零，称为零均值化。因此最关心的系统动态特性的统计特征就主要由 2 阶矩函数——相关函数代表，这更加突出了相关函数在随机振动分析中的作用。

2. 平稳随机过程

如果一随机过程与过程参数 t 的起点无关，该随机过程就称为平稳随机过程；反之，如果随机过程与过程参数 t 的起点有关，该随机过程则称为非平稳随机过程。平稳随机过程的概率结构可表为

$$\begin{aligned} & p(x_1, t_1) = p(x_1, t_1 + \tau), \cdots \\ & p(x_1, t_1; x_2, t_2) = p(x_1, t_1 + \tau; x_2, t_2 + \tau), \cdots \\ & \cdots \\ & p(x_1, t_1; x_2, t_2; \cdots; x_n, t_n) = p(x_1, t_1 + \tau; x_2, t_2 + \tau; \cdots; x_n, t_n + \tau) \end{aligned} \tag{1-155}$$

其中 τ 为任意常数。如果式(1-155)中各式都成立，随机过程称为强平稳；如果只有前两式成立，则称为弱平稳。一般情况下，判断是否强平稳非常困难，所谓平稳指的是弱平稳，简称平稳。对于高斯随机过程，因为高阶概率密度函数可由 1、2 阶概率密度函数表达，弱平稳即为强平稳。

对平稳随机过程，1 阶概率密度函数与参数 t 无关，可记为 $p(x)$。由式(1-152)可知它的均值函数与时间无关，记为 μ_x。2 阶概率密度函数只与时间差 $\tau = t_2 - t_1$ 有关，可记为 $p(x_1, x_2, \tau)$。平稳随机过程的 2 阶矩函数——相关函数，具有如下性质：

(1) $R_{xx}(t_1, t_2) = R_{xx}(\tau)$，$R_{xy}(t_1, t_2) = R_{xy}(\tau)$，$\tau = t_2 - t_1$。

(2) $R_{xx}(\tau) = R_{xx}(-\tau)$。当 $\tau = 0$ 时，有 $R_{xx}(0) = E[x(t)x(t)] = \sigma_{xx}^2$，其中 σ_{xx}^2 为均方值且与时间无关。

(3) $R_{xy}(\tau) = R_{yx}(-\tau)$。

(4) $|R_{xx}(\tau)| \leqslant R_{xx}(0) = \sigma_{xx}^2$。

(5) $|R_{xy}(\tau)| \leqslant \sqrt{R_{xx}(0) R_{yy}(0)} = \sigma_{xx}\sigma_{yy}$。

(6) $\dfrac{\mathrm{d}^{(m+n)} R_{xx}(\tau)}{\mathrm{d}\tau^{(m+n)}} = (-1)^m R_{x^{(m)}x^{(n)}}(\tau)$。具体为：$R_{x\dot{x}}(\tau) = R'_{xx}(\tau)$；$R_{\dot{x}\dot{x}}(\tau) = -R''_{xx}(\tau)$；$R_{\ddot{x}\dddot{x}}(\tau) = R''''_{xx}(\tau)$；特别地 $R_{x\dot{x}}(0) = R'_{xx}(0) = 0$。

(7) 如果 $R_{xx}(\tau)$ 是关于 τ 的衰减函数，且均值函数 $\mu_x = 0$，则有 $\lim\limits_{|\tau| \to \infty} R_{xx}(\tau) = 0$；

如果 μ_x 不等于零，则 $\lim\limits_{|\tau| \to \infty} R_{xx}(\tau) = \mu_x^2$。

(8)设 $z(t)=X(t)+Y(t)$ 为两个平稳随机过程 $X(t)$ 和 $Y(t)$ 之和,则有

$$R_{zz}(\tau)=R_{xx}(\tau)+R_{yy}(\tau)+R_{xy}(\tau)+R_{yx}(\tau)$$

如果 $X(t)$ 和 $Y(t)$ 不相关,则有

$$R_{zz}(\tau)=R_{xx}(\tau)+R_{yy}(\tau)$$

3. 各态历经性

上述概率密度函数或矩函数都是在样本函数空间中定义的。即使计算低阶矩函数也要在样本函数空间中求平均。理论上,样本函数空间要求无穷多个样本函数才算完备。而实际上可以获取的试验样本函数的个数通常是非常有限的,这就给实际数字特征量计算要求的样本平均带来了困难。为解决这个问题,通过对实际随机过程的大量观察分析,提出了对某些随机过程有各态历经性的假设。

所谓各态历经假设,是建立在这样的物理观察和总结基础上的:如果某一随机过程的概率结构与时间 t 的起点无关,对于它的一个样本函数,如果演进时间无穷长,该样本函数可取得其样本函数空间所包含的所有概率可能性,即它可经历系统所有的可能状态,该随机过程就被称为有各态历经性。在此假设下,各数字特征计算所要求的多个样本函数的样本平均就转化为只要求一个样本函数的时域平均。

建立数字特征量的时间平均表达。对考察长度为 T 的一段样本函数 $x(t)$ 进行时间平均,各阶矩函数的表达式为

$$\begin{aligned}
\mu_T(s) &= \frac{1}{T}\int_0^T x(t)\,\mathrm{d}t \\
R_T(s,\tau) &= \frac{1}{T-\tau}\int_0^{T-\tau} x(t)x(t+\tau)\,\mathrm{d}t \\
M_{3T}(s,\tau) &= \frac{1}{T-\tau}\int_0^{T-\tau} x^2(t)x(t+\tau)\,\mathrm{d}t \\
&\cdots
\end{aligned} \tag{1-156}$$

式(1-156)各式中的 s 表明它们都是随所用样本函数不同而不同的随机变量,它们也与考察时间长度 T 有关。如果有

$$\begin{aligned}
&\lim_{T\to\infty}\mu_T(s) = \lim_{T\to\infty}\frac{1}{T}\int_0^T x(t)\,\mathrm{d}t = \mu(s) = \mu \\
&\lim_{T\to\infty}R_T(s,\tau) = \lim_{T\to\infty}\frac{1}{T-\tau}\int_0^{T-\tau} x(t)x(t+\tau)\,\mathrm{d}t = R(s,\tau) = R(\tau) \\
&\lim_{T\to\infty}M_{3T}(s,\tau) = \lim_{T\to\infty}\frac{1}{T-\tau}\int_0^{T-\tau} x^2(t)x(t+\tau)\,\mathrm{d}t = M_3(s,\tau) = M_3(\tau) \\
&\cdots
\end{aligned} \tag{1-157}$$

即式(1-156)中的各式当 T 趋于无穷大时都有极限存在,并且这些极限都与选用哪一个样本函数无关,则此随机过程 $X(t)$ 是严格各态历经的;如果式(1-156)中只有前两式成立,则称此随机过程 $X(t)$ 是 2 阶各态历经。一般情况下所讲的各态历经性,指的就是 2 阶各态历经。

很明显,各态历经随机过程一定是平稳随机过程;反之则不一定成立。

4. 功率谱密度函数

设平稳随机过程 $X(t)$ 的自相关函数为 $R_{xx}(\tau)$,如果 $R_{xx}(\tau)$ 的傅立叶变换存在,记为

$$S_{xx}(\omega) = \frac{1}{2\pi}\int_{-\infty}^{\infty} R_{xx}(\tau) e^{-j\omega\tau} d\tau \tag{1-158}$$

则 $S_{xx}(\omega)$ 称为 $X(t)$ 的自功率谱密度函数，是 ω 的非负实偶函数，ω 为圆频率。$S_{xx}(\omega)$ 与 $R_{xx}(\tau)$ 形成傅立叶变换对，则又有

$$R_{xx}(\tau) = \int_{-\infty}^{\infty} S_{xx}(\omega) e^{j\omega\tau} d\omega \tag{1-159}$$

要式(1-158)和式(1-159)的傅立叶变换对存在，对变换函数要有一定数学性质的要求。根据傅立叶变换存在性的绝对可积条件，可以证明，式(1-158)存在的要求是

$$\int_{-\infty}^{\infty} |\tau R_{xx}(\tau)| d\tau < \infty \tag{1-160}$$

式(1-160)成立的要求为 $\lim\limits_{|\tau|\to\infty} R_{xx}(\tau) = 0$，这就要求过程 $X(t)$ 的均值 $\mu_x = 0$。这对一般平稳随机过程成立（或可以通过零均值化成立），其物理基础是：随着两时刻间隔 τ 趋于无穷大，两时刻对应的随机过程值之间的相关性应趋于零。如果均值不等于零，则可通过线性变换 $Y(t) = X(t) - \mu_x$ 进行零均值化。可以对照的是，对一般平稳随机过程 $X(t)$，由于平稳性的要求，肯定没有 $\lim\limits_{t\to\infty} x(t) = 0$，因此不满足绝对可积条件，使得 $X(t)$ 的傅立叶变换并不存在。因此直接对 $X(t)$ 作傅立叶变换以讨论其频谱是要非常慎重的。

对于工程常用的以赫兹计的频率变量 f，因为 $\omega = 2\pi f$，并考虑到 $e^{-jwt} = \cos\omega t - j\sin\omega t$ 以及自相关函数的偶函数性质，有

$$S_{xx}(f) = \int_{-\infty}^{\infty} R_{xx}(\tau) e^{-j2\pi f\tau} d\tau = 2\int_{0}^{\infty} R_{xx}(\tau) \cos 2\pi f\tau \, d\tau \tag{1-161}$$

$$R_{xx}(\tau) = 2\int_{0}^{\infty} S_{xx}(f) \cos 2\pi f\tau \, df \tag{1-162}$$

可以证明，有

$$S_{xx}(f) = 2\pi S_{xx}(\omega) \tag{1-163}$$

由于工程上负频率无意义，故分析中有时要使用单边谱密度，其定义为

$$G_{xx}(f) = 2S_{xx}(f) = 4\int_{0}^{\infty} R_{xx}(\tau) \cos 2\pi f\tau \, d\tau, \quad f \geq 0 \tag{1-164}$$

对自相关函数有

$$R_{xx}(\tau) = \int_{0}^{\infty} G_{xx}(f) \cos 2\pi f\tau \, df \tag{1-165}$$

下面讨论一下自功率谱密度函数的物理意义。

在式(1-162)中令 $\tau = 0$，则

$$R_{xx}(0) = \sigma_{xx}^2 = E[x^2(t)] = 2\int_{0}^{\infty} S_{xx}(f) df = \int_{-\infty}^{\infty} S_{xx}(f) df = \int_{0}^{\infty} G_{xx}(f) df$$

因此过程 $X(t)$ 的平均能量 σ_{xx}^2 可由 $S_{xx}(f)$ 在全频带 $(-\infty, \infty)$（或单边谱 $G_{xx}(f)$ 在正频带 $(0, \infty)$）上积分得到，这说明 $S_{xx}(f)$ 代表了随机振动过程 $X(t)$ 的平均能量在频率域上的分布情况。

考察平稳随机振动位移 $X(t)$ 功率谱密度函数与对速度 $\dot{x}(t)$ 和加速度 $\ddot{x}(t)$ 的功率谱密度函数的关系。设对 $X(t)$ 功率谱密度函数为 $S_{xx}(\omega)$，则由自相关函数的微分性质，有

$$R_{\dot{x}\dot{x}}(\tau) = -R''_{xx}(\tau) = -\frac{d^2}{d\tau^2}\left[\int_{-\infty}^{\infty} S_{xx}(\omega) e^{j\omega\tau} d\omega\right] = -\int_{-\infty}^{\infty} \frac{d^2}{d\tau^2}\left[S_{xx}(\omega) e^{j\omega\tau}\right] d\omega$$

$$= \int_{-\infty}^{\infty} \omega^2 S_{xx}(\omega) e^{j\omega\tau} d\omega$$

又根据定义有

$$R_{\dot{x}\dot{x}}(\tau) = \int_{-\infty}^{\infty} S_{\dot{x}\dot{x}}(\omega) e^{j\omega\tau} d\omega$$

所以 $$S_{\dot{x}\dot{x}}(\omega)=\omega^2 S_{xx}(\omega) \tag{1-166}$$

同理 $$S_{\ddot{x}\ddot{x}}(\omega)=\omega^4 S_{xx}(\omega) \tag{1-167}$$

对应于考虑两个平稳随机过程 $X(t)$ 和 $Y(t)$ 的互相关函数,可以定义互功率谱密度函数为

$$S_{xy}(\omega)=\frac{1}{2\pi}\int_{-\infty}^{\infty}R_{xy}(\tau)e^{-j\omega\tau}\mathrm{d}\tau \tag{1-168}$$

其逆傅立叶变换为 $$R_{xy}(\tau)=\int_{-\infty}^{\infty}S_{xy}(\omega)e^{j\omega\tau}\mathrm{d}\omega \tag{1-169}$$

注意到 $$S_{xy}(\omega)=S_{yx}^{*}(\omega)=S_{yx}(-\omega) \tag{1-170}$$

即 $S_{yx}(\omega)$ 是 $S_{xy}(\omega)$ 的复共轭(上标"∗"表示复共轭)

可以证明 $$S_{xy}(\omega)S_{xy}^{*}(\omega)=|S_{xy}(\omega)|^2\leqslant S_{xx}(\omega)S_{yy}(\omega) \tag{1-171}$$

5.平稳随机过程的谱特性分类

由于自功率谱密度函数 $S_{xx}(f)$(或 $G_{xx}(f)$)反映了平稳随机过程的平均能量随频率分布的特性,所以可以根据它对一些典型平稳随机振动过程进行分类,以便把握它们的本质特征。

1)窄带平稳过程

典型谱密度函数、相关函数和时域样本函数分别如图1-22a)、图1-22b)和图1-22c)所示。谱带宽与它的中心频率 ω_c 相比大概要小一个数量级。谱分量主要集中在中心频率附近,说明振动能量主要在 ω_c 附近。

一般随机振动经过缓冲系统后,响应往往是窄带随机振动。例如汽车在凹凸不平的道路上行驶时,车身的振动即为窄带随机振动。这是因为汽车具有缓冲系统,只有车身部件的固有频率附近频带的振动才能传至车身,使车身在比较窄的频带范围振动。

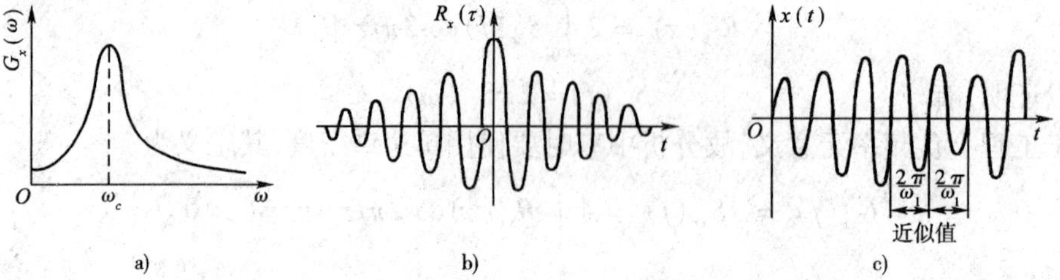

图1-22　窄带平稳过程

a)窄带过程单边谱;b)窄带过程相关函数;c)时域样本函数

观察窄带随机振动的时域历程曲线可以发现,它的峰值变化是随机的,却近似具有周期性,好像是峰值随时间随机变化的正弦振动,所以它有时也称为准正弦振动。

2)宽带平稳过程

宽带平稳过程的谱带宽分布于较宽的范围,带宽与中心频率相比是同数量级的,或更大。其典型谱密度函数,相关函数和时域样本函数分别如图1-23a)、图1-23b)和图1-23c)所示。

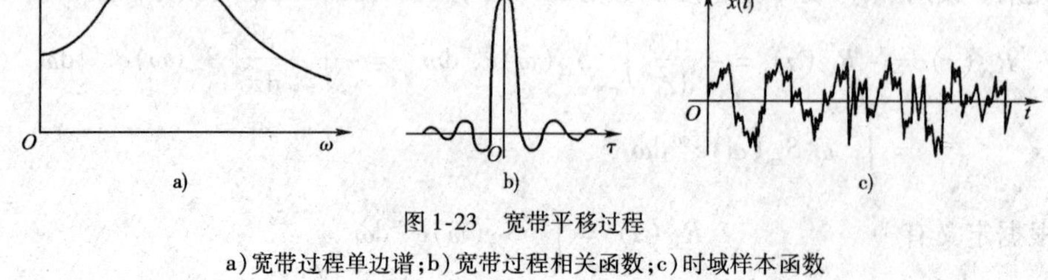

图1-23　宽带平移过程

a)宽带过程单边谱;b)宽带过程相关函数;c)时域样本函数

3)理想白噪声过程

白噪声过程是宽带平稳过程的极限特例。对此过程有 $S_{xx}(f)=S_0$(或 $G_{xx}(f)=2S_0$),S_0为常数。谱密度在整个频率轴$f\in(-\infty,+\infty)$上均匀分布,即频带宽达整个频率轴。而白噪声过程的自相关函数为 $R_{xx}(\tau)=2\pi S_0\delta(\tau)$,是集中在 $\tau=0$ 处强度为 $2\pi S_0$的脉冲函数。而 $\tau=0$ 处等于无穷大,$\tau\neq 0$ 处都等于零的 δ 函数性质说明白噪声过程“自己”与“自己”的相关性为无穷大,任何不是“自己”的两点间的相关性为零。由于能量被要求均匀分布于整个频率轴,白噪声过程的均方值为 $\sigma_{xx}^2=E[x^2(t)]=R_{xx}(0)=\infty$。这表示要求其平均能量为无穷大,这在物理上是不可实现的。因此理想白噪声只有理论上的意义。

在某一有限频带内有常数谱密度 S_0的有限带宽白噪声过程物理上是可能实现;如果该有限频带带宽“相对”较大,可以一定程度上视为理想白噪声过程。

三、线性系统在平稳随机激励下的响应

1. 单自由度系统

设系统是确定性的,激励为随机性的,对应的随机运动微分方程为

$$\ddot{x}+2\zeta\omega_n\dot{x}+\omega_n^2X=F_r(t) \tag{1-172}$$

设 $F_r(t)$为平稳随机激励力过程,X 为随机位移响应过程,ζ 和 ω_n 如前定义为确定的系统特征参数。假定初始时刻系统处于静止,即

$$X(0)=\dot{x}(0)=0 \tag{1-173}$$

线性系统随机响应分析研究的是随机微分方程的均方意义下解的过程,要获得该解过程的概率结构及建立它们与激励随机过程的概率结构之间的联系。根据线性随机常微分方程解的构成理论,在线性情况下,对确定性系统,随机激励的均方解与确定性激励的解有相同的形式。由此,根据零初始条件下响应的杜哈梅积分表达式,有

$$X(t)=\int_0^t h(t-s)F_r(s)\mathrm{d}s \tag{1-174}$$

$h(t)$为式(1-174)定义的系统的单位脉冲响应函数。考察响应过程的数字特征,如前所述,仍主要关心其1、2阶矩函数。

响应均值函数为

$$\mu_X(t)=E[X(t)]=\int_0^t h(t-s)E[F_r(s)]\mathrm{d}s=\mu_{F_r}\int_0^t h(t-s)\mathrm{d}s$$

将式(1-174)代入上式,有

$$\mu_X(t)=\frac{\mu_{F_r}}{\omega_n^2}\left[1-e^{-\zeta\omega_n t}\left(\frac{\zeta}{\sqrt{1-\zeta^2}}\sin\omega_d t+\cos\omega_d t\right)\right] \tag{1-175}$$

考虑稳态响应,令 $t\to\infty$,有

$$\mu_X=\lim_{t\to\infty}\mu_X(t)=\frac{\mu_{F_r}}{\omega_n^2}=\mu_{F_r}H(0) \tag{1-176}$$

其中 $H(0)=H(\omega)|_{\omega=0}$,参考式(1-33),式(1-172)的频率响应函数 $H(\omega)$为

$$H(\omega)=\frac{1}{\omega_n^2-\omega^2+j2\zeta\omega_n\omega} \tag{1-177}$$

式中 μ_{F_r}为激励的均值,如果它为零,则响应均值亦为零;否则,稳态响应的均值将以 $H(0)$为乘数放大;对瞬态情况,式(1-175)表明响应均值函数和时间有关,因此是非平稳的。

响应自相关函数为 $R_{XX}(t_1,t_2)=E[X(t_1)X(t_2)]$

$$=\int_0^{t_1}\int_0^{t_2}h(t_1-s_1)h(t_2-s_2)R_{F_rF_r}(s_2-s_1)\mathrm{d}s_1\mathrm{d}s_2 \quad (1\text{-}178)$$

由式(1-178)可见,即使激励是平稳随机过程,响应一般也不是平稳随机过程。这会给计算响应的数字特征带来麻烦,所幸的是可以通过考虑稳态情况使问题相对简化。

由定义可知 $R_{F_rF_r}(s_2-s_1)=\int_{-\infty}^{\infty}S_{F_rF_r}(\omega)e^{j\omega(s_2-s_1)}\mathrm{d}\omega$

将上式代入相关函数式(1-178),有

$$R_{XX}(t_1,t_2)=\int_0^{t_1}\int_0^{t_2}h(t_1-s_1)h(t_2-s_2)\int_{-\infty}^{\infty}S_{F_rF_r}(\omega)e^{j\omega(s_2-s_1)}\mathrm{d}\omega\mathrm{d}s_1\mathrm{d}s_2$$

$$=\int_{-\infty}^{\infty}H^*(\omega,t_1)S_{F_rF_r}(\omega)H(\omega,t_2)e^{j\omega(t_2-t_1)}\mathrm{d}\omega \quad (1\text{-}179)$$

其中 $H^*(\omega,t_1)=\int_0^{t_1}h(u)e^{j\omega u}\mathrm{d}u,H(\omega,t_2)=\int_0^{t_2}h(u)e^{-j\omega u}\mathrm{d}u$ (1-180)

将式(1-25)的 $h(t)$ 代入式(1-180),所得再代入式(1-179),整理后考虑稳态情况令 t_1、$t_2\to\infty$,有

$$\lim_{t_1,t_2\to\infty}R_{XX}(t_1,t_2)=R_{XX}(t_2-t_1)=\int_{-\infty}^{\infty}H^*(\omega)S_{F_rF_r}(\omega)H(\omega)e^{j\omega(t_2-t_1)}\mathrm{d}\omega \quad (1\text{-}181)$$

令 $\tau=t_2-t_1$,对照定义 $R_{XX}(\tau)=\int_{-\infty}^{\infty}S_{XX}(\omega)e^{j\omega\tau}\mathrm{d}\omega$

有

$$S_{XX}(\omega)=H^*(\omega)S_{F_rF_r}(\omega)H(\omega)=|H(\omega)|^2S_{F_rF_r}(\omega) \quad (1\text{-}182)$$

式(1-182)是平稳随机激励与响应的功率谱密度函数之间的关系。注意:它只适用于稳态情况。

用类似的方法可以推导出响应和激励的自谱及互谱密度函数之间的关系,有

$$S_{F_rX}(\omega)=S_{F_rF_r}(\omega)H(\omega) \quad (1\text{-}183)$$

以及

$$S_{XX}(\omega)=H^*(\omega)S_{F_rX}(\omega) \quad (1\text{-}184)$$

2. 多自由度系统

对于线性振动多自由度系统,随机运动微分方程扩展为矩阵方程,即

$$\boldsymbol{M}\ddot{\boldsymbol{x}}+\boldsymbol{C}\dot{\boldsymbol{x}}+\boldsymbol{KX}=\boldsymbol{F}_r(t) \quad (1\text{-}185)$$

其中 $\boldsymbol{F}_r=\{F_1(t)F_2(t)\cdots F_n(t)\}^{\mathrm{T}}$ 和 $\boldsymbol{X}=\{X_1(t)X_2(t)\cdots X_n(t)\}^{\mathrm{T}}$ 为 n 维平稳随机激励力向量和随机响应向量。由于考虑的系统本身是确定性的,质量、阻尼及刚度矩阵与式(1-55)中定义的一样。和单自由度系统解法类似,随机响应向量的解法可以利用对确定性的线性多自由度系统的模态分析法。

设系统本身满足利用实模态分析法的条件,令

$$\boldsymbol{X}=\boldsymbol{\Phi Y} \quad (1\text{-}186)$$

$\boldsymbol{\Phi}=[\boldsymbol{\varphi}_1\ \boldsymbol{\varphi}_2\cdots\boldsymbol{\varphi}_n]$为系统的正则化实模态矩阵;$\boldsymbol{Y}$ 即为对应的随机模态坐标响应向量。将式(1-186)代入式(1-185),左乘 $\boldsymbol{\Phi}^{\mathrm{T}}$,由正交性得解耦的随机模态响应坐标方程为

$$\ddot{Y}_i+2\zeta_i\omega_i\dot{Y}_i+\omega_i^2Y_i=Q_i(t),\quad i=1,2,3,\cdots,n \quad (1\text{-}187)$$

其中 $Q_i(t)=\boldsymbol{\varphi}_i^{\mathrm{T}}\boldsymbol{F}_r(t)$。假设系统初始条件为零,则各随机模态坐标响应的初始条件都为零。

对杜哈梅积分形式式(1-28)(或式(1-174)),可以证明它的一个等价形式为

$$x(t)=\int_{-\infty}^{\infty}h(t-\tau)f(\tau)\mathrm{d}\tau \quad (1\text{-}188)$$

在随机响应分析时,认为式(1-188)与式(1-174)是有差别的。差别在于式(1-188)的积分上下限扩展到正负无穷大是对应于系统的稳态响应;而式(1-174)积分上下限在$[0,t]$之间

而对应瞬态响应情况。用式(1-188)求取随机模态坐标响应 $Y_i(t)$ 的稳态解,为

$$Y_i(t) = \int_{-\infty}^{\infty} h_i(t-\tau)Q_i(\tau)\mathrm{d}\tau, \quad i = 1,2,3,\cdots,n \tag{1-189}$$

其中脉冲响应函数为 $h_i(t-\tau) = \dfrac{1}{\omega_i\sqrt{1-\zeta_i^2}}e^{-\zeta_i\omega_i(t-\tau)}\sin\omega_{di}(t-\tau), \qquad t \geqslant \tau$

利用式(1-189)可求得各 $Y_i(t)$ 的均值函数,进而通过式(1-186)求得各 $X_i(t)$ 的均值函数。计算对 $\boldsymbol{Y} = \{Y_1(t)Y_2(t)\cdots Y_n(t)\}^{\mathrm{T}}$ 的相关函数矩阵。由定义有

$$\begin{aligned}\boldsymbol{R}_{\mathrm{YY}}(\tau) &= E[\boldsymbol{Y}(t)\boldsymbol{Y}^{\mathrm{T}}(t+\tau)] \\ &= \int_{-\infty}^{\infty}\int_{-\infty}^{\infty}\boldsymbol{h}_{\Phi}(t_1)E[Q(t-t_1)\boldsymbol{Q}^{\mathrm{T}}(t+\tau-t_2)]\boldsymbol{h}_{\Phi}^{\mathrm{T}}(t_2)\mathrm{d}t_1\mathrm{d}t_2 \\ &= \int_{-\infty}^{\infty}\int_{-\infty}^{\infty}\boldsymbol{h}_{\Phi}(t_1)\boldsymbol{R}_{\mathrm{QQ}}(\tau+t_1-t_2)\boldsymbol{h}_{\Phi}^{\mathrm{T}}(t_2)\mathrm{d}t_1\mathrm{d}t_2\end{aligned} \tag{1-190}$$

其中:$\boldsymbol{h}_{\Phi}(t) = \mathrm{diag}[h_1(t)h_2(t)\cdots h_n(t)]$,为 $n\times n$ 维对角矩阵。$\boldsymbol{Q}(t) = \{Q_1(t)Q_2(t)\cdots Q_n(t)\}^{\mathrm{T}}$。

对式(1-190)两边进行傅立叶变换 $\mathscr{F}(\cdots)$,有

$$\boldsymbol{S}_{\mathrm{YY}}(\omega) = \boldsymbol{H}_{\Phi}^{*}(\omega)\boldsymbol{S}_{\mathrm{QQ}}(\omega)\boldsymbol{H}_{\Phi}^{\mathrm{T}}(\omega) \tag{1-191}$$

其中:$\boldsymbol{H}_{\Phi}(\omega) = \mathscr{F}(\boldsymbol{h}_{\Phi}(t))$。对于 $\boldsymbol{S}_{QQ}(\omega)$,

因为 $\boldsymbol{Q}(t) = \boldsymbol{\Phi}^{\mathrm{T}}\boldsymbol{F}_r(t)$,所以 $\boldsymbol{S}_{QQ}(\omega) = \boldsymbol{\Phi}^{\mathrm{T}}\boldsymbol{S}_{F_rF_r}(\omega)\boldsymbol{\Phi}$

同时,由 $\boldsymbol{X} = \boldsymbol{\Phi}\boldsymbol{Y}$,则 $\boldsymbol{R}_{XX}(\tau) = E[\boldsymbol{X}(t)\boldsymbol{X}^{\mathrm{T}}(t+\tau)] = \boldsymbol{\Phi}E[\boldsymbol{Y}(t)\boldsymbol{Y}^{\mathrm{T}}(t+\tau)]\boldsymbol{\Phi}^{\mathrm{T}} = \boldsymbol{\Phi}\boldsymbol{R}_{YY}\boldsymbol{\Phi}^{\mathrm{T}}$

就有

$$\begin{aligned}\boldsymbol{S}_{XX}(\omega) &= \boldsymbol{\Phi}\boldsymbol{S}_{YY}(\omega)\boldsymbol{\Phi}^{\mathrm{T}} = \boldsymbol{\Phi}\boldsymbol{H}_{\Phi}^{*}(\omega)\boldsymbol{\Phi}^{\mathrm{T}}\boldsymbol{S}_{F_rF_r}(\omega)\boldsymbol{\Phi}\boldsymbol{H}_{\Phi}^{\mathrm{T}}(\omega)\boldsymbol{\Phi}^{\mathrm{T}} \\ &= \boldsymbol{H}^{*}(\omega)\boldsymbol{S}_{F_rF_r}(\omega)\boldsymbol{H}^{\mathrm{T}}(\omega)\end{aligned} \tag{1-192}$$

其中

$$\boldsymbol{H}(\omega) = \boldsymbol{\Phi}\boldsymbol{H}_{\Phi}(\omega)\boldsymbol{\Phi}^{\mathrm{T}} \tag{1-193}$$

由类似的推导,对互谱矩阵,有 $\boldsymbol{S}_{F_rX}(\omega) = \boldsymbol{S}_{F_rF_r}(\omega)\boldsymbol{H}^{\mathrm{T}}(\omega)$ (1-194)

可以利用复模态方法推导有非比例阻尼的线性多自由度系统的随机激励功率谱与随机稳态响应功率谱之间的关系,它们也有式(1-192)和式(1-194)的形式。但如前所述,实模态分析法在大多数情况下,已满足实际应用的需求。

例 1.12 考虑如图 1-11 所示的轿车模型,并增加 C_1、C_2 以代表轮胎和悬架的阻尼效应,设前后轮与地面接触处的不平度激励 $X_1(t)$、$X_2(t)$ 为零均值平稳随机过程,求随机响应 X、Θ 的稳态统计特征。

解: 参考式(1-132),增加了阻尼效应的对随机基础激励的运动微分方程为

$$\begin{bmatrix} m & 0 \\ 0 & J_C \end{bmatrix}\begin{Bmatrix} \ddot{x} \\ \ddot{\Theta} \end{Bmatrix} + \begin{bmatrix} C_1 + C_2 & C_2l_2 - C_1l_1 \\ C_2l_2 - C_1l_1 & C_1l_1^2 + C_2l_2^2 \end{bmatrix}\begin{Bmatrix} \dot{x} \\ \dot{\Theta} \end{Bmatrix} + \begin{bmatrix} k_1 + k_2 & k_2l_2 - k_1l_1 \\ k_2l_2 - k_1l_1 & k_1l_1^2 + k_2l_2^2 \end{bmatrix}\begin{Bmatrix} X \\ \Theta \end{Bmatrix} = \begin{Bmatrix} P_x \\ P_\theta \end{Bmatrix} \tag{a}$$

其中

$$\begin{Bmatrix} P_x \\ P_\theta \end{Bmatrix} = \begin{bmatrix} C_1 & C_2 \\ C_2l_2 & -C_1l_1 \end{bmatrix}\begin{Bmatrix} \dot{x}_1 \\ \dot{x}_2 \end{Bmatrix} + \begin{bmatrix} k_1 & k_2 \\ k_2l_2 & -k_1l_1 \end{bmatrix}\begin{Bmatrix} X_1 \\ X_2 \end{Bmatrix} \tag{b}$$

对式(a)、式(b)两边作傅立叶变换,可整理出频率响应函数矩阵 $\boldsymbol{H}(\omega)$ 为

$$\boldsymbol{H}(\omega) = \begin{bmatrix} H_{11}(\omega) & H_{12}(\omega) \\ H_{21}(\omega) & H_{22}(\omega) \end{bmatrix}$$

其中各量定义为 $H_{11}(\omega)=\dfrac{X(\omega)}{X_1(\omega)}$，$H_{12}(\omega)=\dfrac{X(\omega)}{X_2(\omega)}$，$H_{21}(\omega)=\dfrac{\Theta(\omega)}{X_1(\omega)}$，$H_{22}(\omega)=\dfrac{\Theta(\omega)}{X_2(\omega)}$，不难通过(a)、(b)两式整理出它们的具体形式。

记 $\boldsymbol{Z}(\omega)=\{X(\omega)\Theta(\omega)\}^{\mathrm{T}}$，$\boldsymbol{P}(\omega)=\{X_1(\omega)X_2(\omega)\}^{\mathrm{T}}$，由上式有 $\boldsymbol{Z}(\omega)=\boldsymbol{H}(\omega)\boldsymbol{P}(\omega)$ (c)

由式(c)并参照式(1-192)，有

$$\boldsymbol{S}_{ZZ}(\omega)=\boldsymbol{H}^*(\omega)\boldsymbol{S}_{PP}(\omega)\boldsymbol{H}^{\mathrm{T}}(\omega) \tag{d}$$

设路面不平度激励 $X_1(t)$、$X_2(t)$ 为零均值平稳高斯随机过程，所以 $X_1(t)$ 与 $X_2(t)$ 之间仅相差一时差 $\tau_0=l/v$，v 为车速，l 为轮距，则路面激励的功率谱矩阵为

$$\boldsymbol{S}_{PP}(\omega)=\begin{bmatrix} S_{X_1X_1}(\omega) & S_{X_1X_2}(\omega) \\ S_{X_2X_1}(\omega) & S_{X_2X_2}(\omega) \end{bmatrix}=S_{X_1X_1}(\omega)\begin{bmatrix} 1 & e^{j\omega\tau_0} \\ e^{-j\omega\tau_0} & 1 \end{bmatrix} \tag{e}$$

$\boldsymbol{S}_{zz}(\omega)$ 的对角线元素分别为随机响应 X、Θ 的自功率谱密度函数。由式(d)有

$$S_{XX}(\omega)=|H_{11}(\omega)|^2S_{X_1X_1}(\omega)+H_{11}^*(\omega)H_{12}(\omega)S_{X_1X_2}(\omega)+$$
$$H_{12}^*(\omega)H_{11}(\omega)S_{X_2X_1}(\omega)+|H_{12}(\omega)|^2S_{X_2X_2}(\omega)$$
$$S_{\Theta\Theta}(\omega)=|H_{21}(\omega)|^2S_{X_1X_1}(\omega)+H_{21}^*(\omega)H_{22}(\omega)S_{X_1X_2}(\omega)+$$
$$H_{22}^*(\omega)H_{21}(\omega)S_{X_2X_1}(\omega)+|H_{22}(\omega)|^2S_{X_2X_2}(\omega)$$

响应的互谱密度为

$$S_{X\Theta}(\omega)=S_{\Theta X}^*(\omega)=H_{11}^*(\omega)H_{21}(\omega)S_{X_1X_1}(\omega)+H_{11}^*(\omega)H_{22}(\omega)S_{X_1X_2}(\omega)+$$
$$H_{12}^*(\omega)H_{21}(\omega)S_{X_2X_1}(\omega)+H_{12}^*(\omega)H_{22}(\omega)S_{X_2X_2}(\omega)$$

考虑式(e)，整理后有

$$S_{XX}(\omega)=|H_{11}(\omega)+H_{12}(\omega)e^{j\omega\tau_0}|^2S_{X_1X_1}(\omega)$$
$$S_{\Theta\Theta}(\omega)=|H_{21}(\omega)e^{-j\omega\tau_0}+H_{22}(\omega)|^2S_{X_1X_1}(\omega)$$

上面两式说明，当两个激励只相差一个时差 τ_0 时，系统两个自由度的响应相当于每个自由度在一个激励下的响应；其频率响应函数，分别为 $H_{11}(\omega)+H_{12}(\omega)e^{j\omega\tau_0}$ 和 $H_{21}(\omega)e^{-j\omega\tau_0}+H_{22}(\omega)$。这是在考虑简化车辆动力学模型时，近似地将车身的垂直自由度运动和俯仰自由度运动分别考虑的基础。

练　习　题

1.1　已知一弹簧质量系统的振动规律为 $x(t)=1.0\sin\omega t+0.6\cos\omega t$ (cm)，式中，$\omega=10\pi$ (1/s)。

(1)求其振幅、最大速度、最大加速度和初相位；

(2)以旋转矢量表示出它们之间的关系。

1.2　如题图 1-1 所示，一弹簧质量系统沿光滑斜面作自由振动，求其振动微分方程及固有频率。

1.3　一均质直杆，长为 l，重力 W，用 2 根长为 h 的铅直线挂成水平位置，见题图 1-2。试求此杆绕铅直轴 OO_1 微幅振动的微分方程和它的固有周期。

1.4　如题图 1-3 所示，质量 m_1 自高度 l 下落碰撞原在弹簧 k 下平衡的质量 m_2，为完全塑性碰撞，求碰撞后两质量的振动运动。

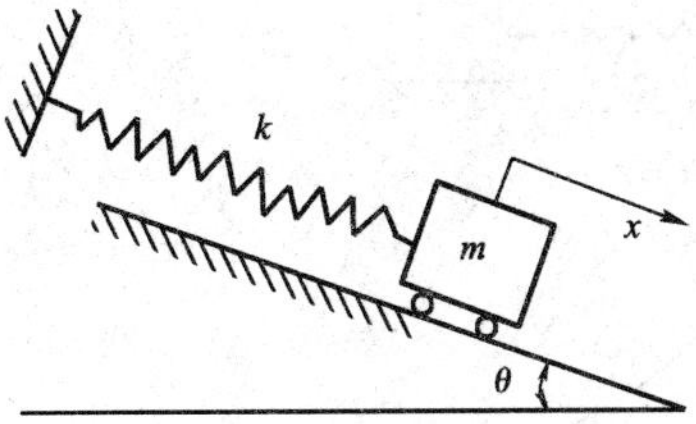

题图 1-1

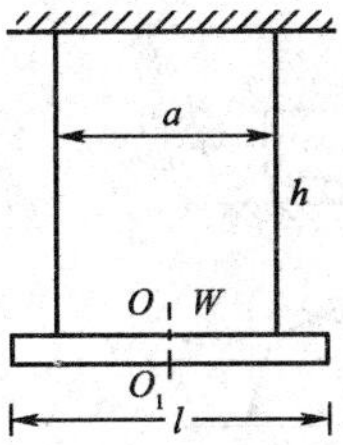

题图 1-2

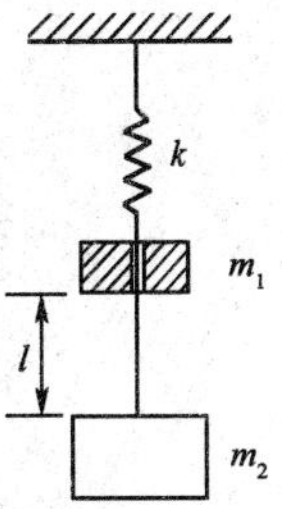

题图 1-3

1.5　如题图 1-4 所示，惯性矩为 J 的轮和轴，轴中心线与铅垂线有夹角 α，盘上半径 r 处有一附加质量 m，求轮和盘系统的固有振动周期。

1.6　利用等效质量与刚度的概念求解题图 1-5 所示系统的固有频率。AB 杆为刚性，本身质量不计。

1.7　两缸发动机的曲轴臂及飞轮如题图 1-6 所示，曲轴相当于在半径 r 处有偏心质量 m_e，为平衡这一质量将平衡配重放在飞轮上，设所在位置同样距轴心 r，求平衡配重所需质量。

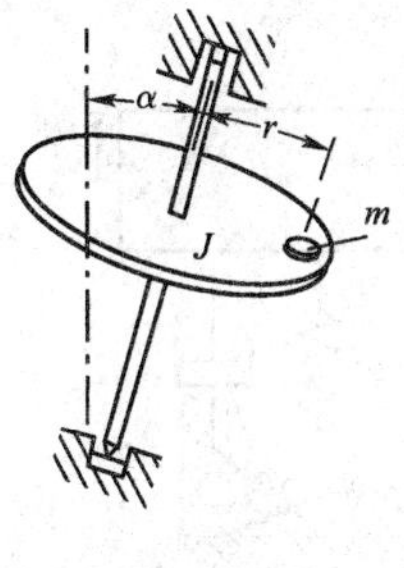

题图 1-4

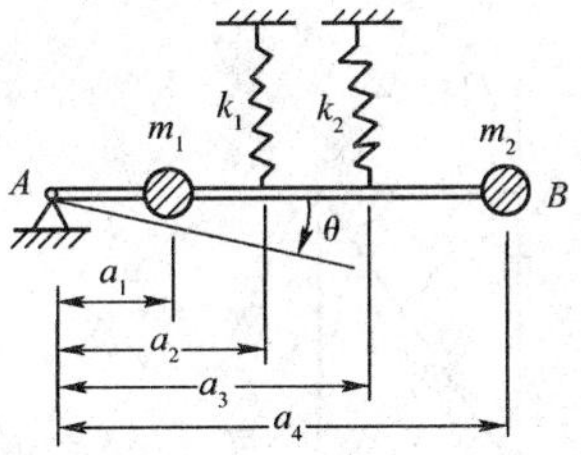

题图 1-5

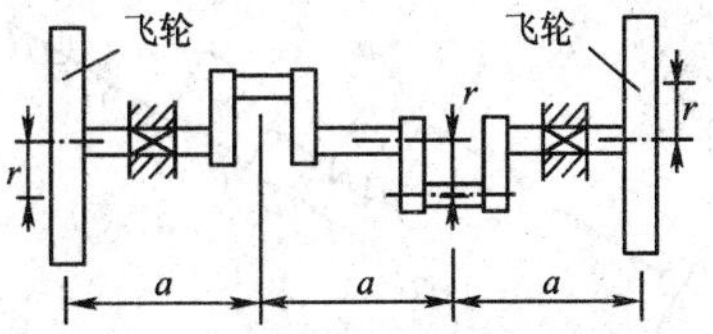

题图 1-6

1.8　用衰减振动法测定某系统的阻尼系数时，测得在 40 周内振幅由 0.268mm 减少到 0.14mm。求此系统的相对阻尼系数 ζ。

1.9　某洗衣机滚筒部分重 14kN，用 4 个弹簧对称支承，每个弹簧的刚度为 $k = 80\text{N/mm}$。

(1) 试计算该系统的临界阻尼系数 c_c；

(2) 这个系统装有 4 个阻尼缓冲器，每个阻尼系数 $c = 1.8\text{N}\cdot\text{s/mm}$。试问此系统自由振动时经过多少时间后，振幅衰减到 10%？

(3) 衰减振动的周期是多少？与不安装缓冲器时的振动周期作比较。

1.10　如题图 1-7 所示，展开周期半正弦函数 $F(t)$ 成傅立叶级数，求出所示弹簧质量系统在该 $F(t)$ 作用下的响应。

1.11　求如题图 1-8 所示初始时静止的弹簧质量系统在力 $F(t) = F_o e^{-bt}$ 作用下的瞬态响应。

1.12　试求在 $t = 0$ 时，有冲量 F 作用下，有阻尼弹簧质量系统的瞬态响应峰值 x_m 及其出现时间 t_m。

1.13　弹簧质量系统 30°光滑斜面降落，如题图 1-9 所示。自弹簧开始接触底面到离开为止，求所需的时间为多少？

1.14　无阻尼单自由度质量弹簧 m-k 系统，受题图 1-10 所示力的作用，记 $x_s = F_0/k$，$\omega_n^2 = k/m$，求证，在 $t < t_0$ 内，有

$$\frac{x(t)}{x_s} = \frac{1}{\omega_n t_0}(\omega_n t - \sin\omega_n t)$$

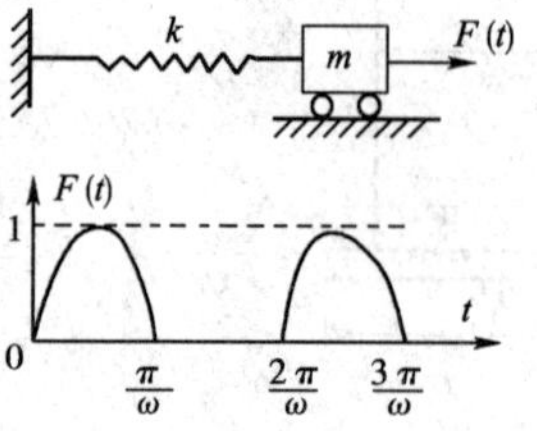

题图 1-7

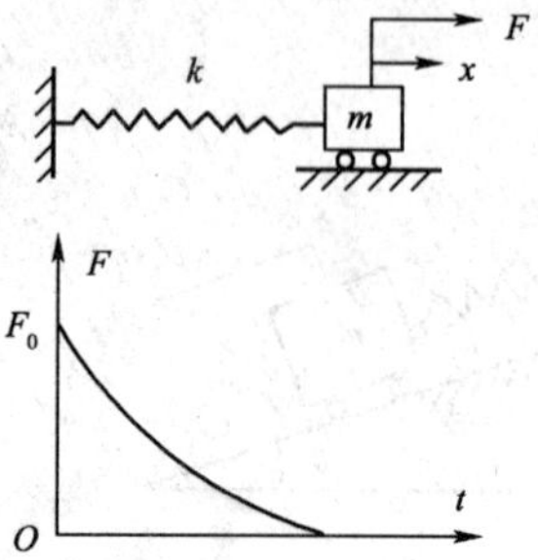

题图 1-8

在 $t>t_0$ 内，有 $\dfrac{x(t)}{x_s}=\dfrac{1}{\omega_n t_0}[\sin\omega_n(t-t_0)-\sin\omega_n t]+\cos\omega_n(t-t_0)$

1.15 题图 1-11，为车辆行驶通过曲线路面模型，设道路曲面方程为：$y_s=a\left(1-\cos\dfrac{2\pi}{l}x\right)$，求：

(1)车辆通过曲线路面时的振动；

(2)车辆通过曲线路面后的振动。

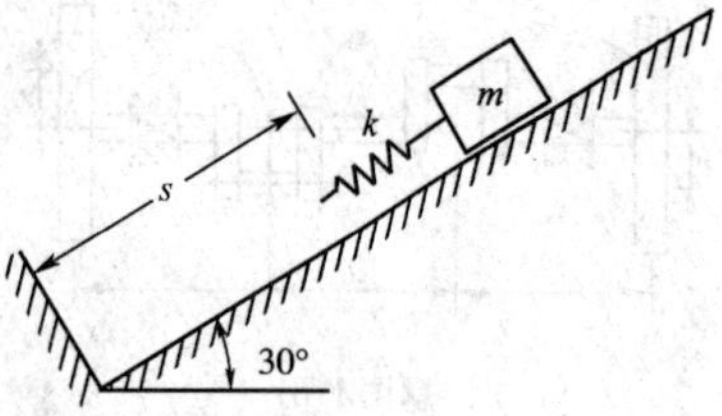

题图 1-9

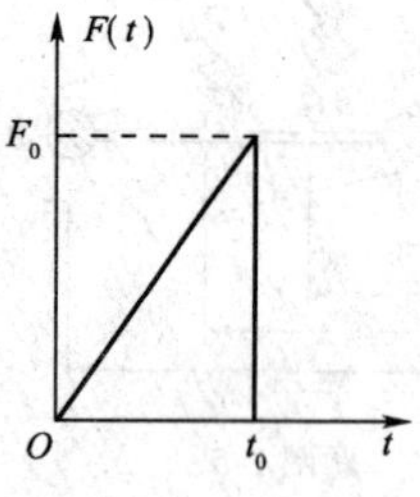

题图 1-10

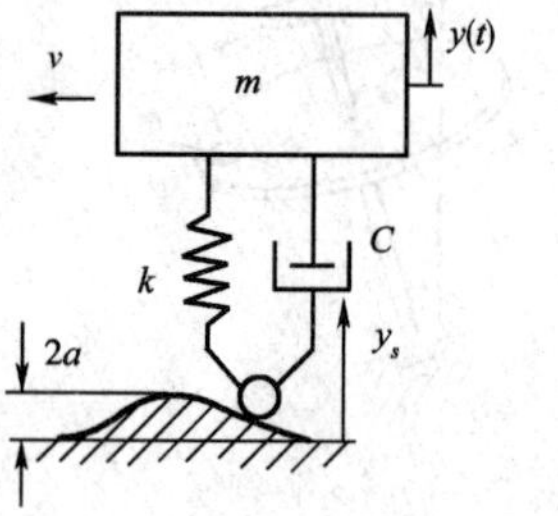

题图 1-11

1.16 如题图 1-12 所示，质量 m_1、m_2 被无质量弦牵引，求所示质量的微幅振动微分方程和固有频率，分别给各阶模态形状，设张力 T 不变。

1.17 求如题图 1-13 所示系统的固有频率，并分别给出 $n=1$、$n=2$ 时的模态形状。

1.18 求如题图 1-14 所示的扭转系统在扭转刚度 $k_1=k_2$、转动惯量 $J_1=2J_2$ 时的固有频率和正则模态。

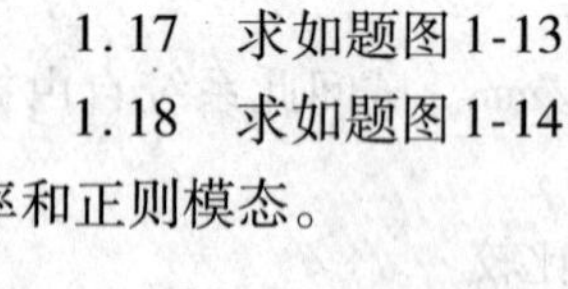

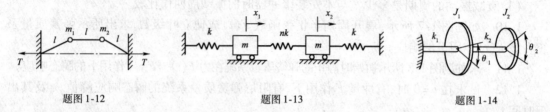

题图 1-12

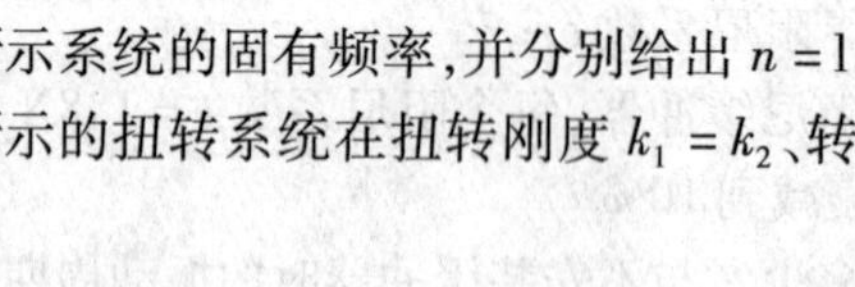

题图 1-13

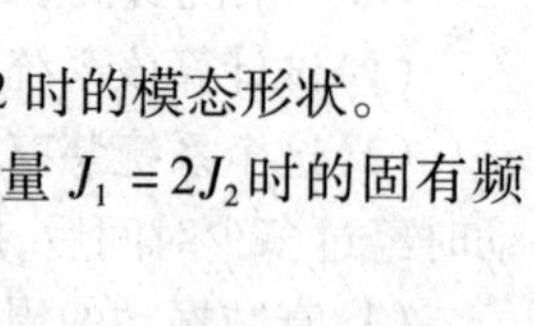

题图 1-14

1.19 在题图 1-14 中，若 $k_1=0$、$k_2\neq0$ 则成为二自由度退化系统，具有一个零固有频率和一个非零固有频率，求其正则模态。讨论此系统对应的移动位移运动的弹簧质量 **M - K** 系统的形式。求证当使用 $\varphi=\theta_1-\theta_2$ 为坐标时，系统可被看成单自由度系统。

1.20 设 n 自由度无阻尼系统自由运动方程为 $\boldsymbol{M}\ddot{\boldsymbol{x}}+\boldsymbol{K}\boldsymbol{x}=0$，设它的 n 个固有频率 $\omega_i(i=1,2,\cdots,n)$ 互不相同，求证系统模态向量 $\varphi_i(i=1,2,\cdots,n)$ 对质量矩阵 $\boldsymbol{M}$ 和刚度矩阵 $\boldsymbol{K}$ 的正交性，即证明

$$\varphi_i^{\mathrm{T}}\boldsymbol{M}\varphi_j=\begin{cases}m_i & i=j\\ 0 & i\neq j\end{cases},\varphi_i^{\mathrm{T}}\boldsymbol{K}\varphi_j=\begin{cases}k_i & i=j\\ 0 & i\neq j\end{cases},\quad i,j=1,2,3,\cdots,n$$

1.21　如题图 1-15 所示,为滑块 + 单摆系统,设 $x(t)=a\sin\omega t$,其中 $\omega=\sqrt{k/m}$。求:(1)单摆的最大摆角;(2)系统的固有频率。

1.22　如题图 1-16 所示,其中 $c=\sqrt{3km/2}$,$m_1=m_2=m$,m_1上受阶跃力 F_1,求零初始条件下系统响应。

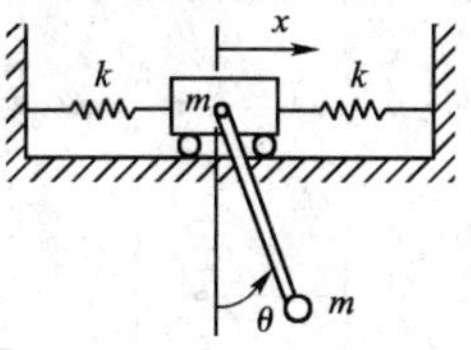

题图 1-15

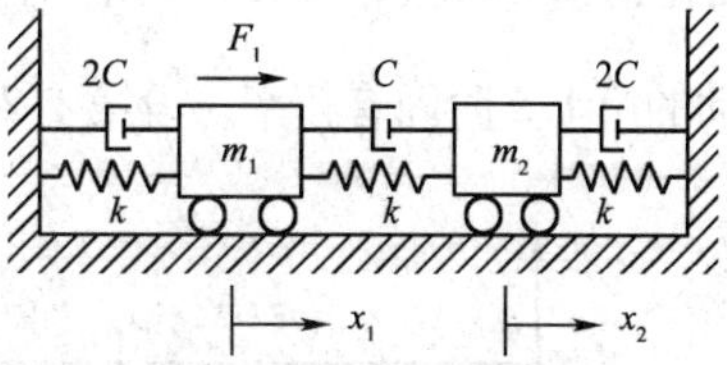

题图 1-16

1.23　如题图 1-17 所示,各质量上的激励力 $F_1=F_2=F_3=F\sin\omega t$,其中 $\omega=1.25\sqrt{k/m}$,各阶模态阻尼比为 $\zeta_1=\zeta_2=\zeta_3=0.01$,求各质量的稳态响应。

1.24　如题图 1-18 所示简支梁,三等分处各有质量 $m_1=m_2=m$,各质量下有阻尼器,阻尼系数为 $C_1=C_2=\sqrt{k_0m/30}$,其中 $k_0=486EJ/l^3$,EJ 为梁的抗弯刚度,l 为梁长度,设梁的质量不计。求:

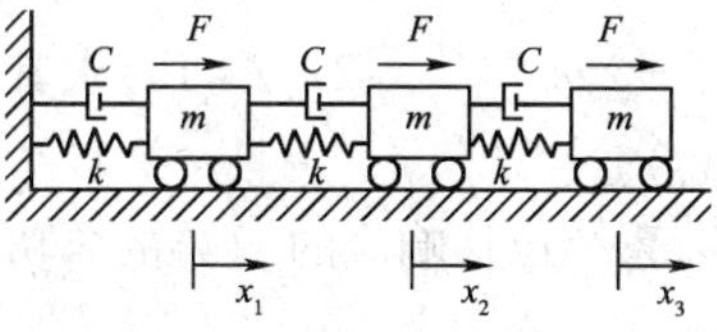

题图 1-17

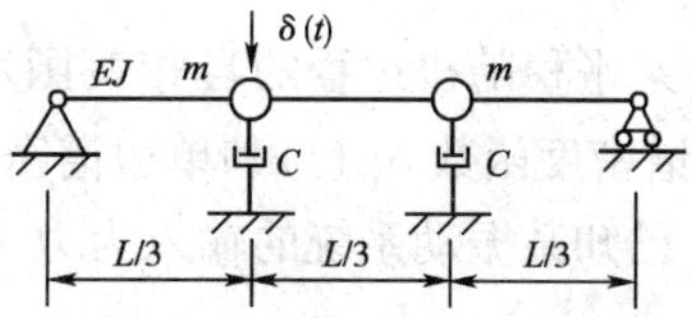

题图 1-18

(1)各阶相对阻尼系数 ζ_1、ζ_2;(2)质量 m_1上受到一单位脉冲力 $\delta(t)$作用,m_1、m_2的运动规律。

1.25　设一等直杆在左端自由,右端固定,求它的纵向振动的表达式。

1.26　求如题图 1-19 所示的阶梯杆的纵向振动的特征方程,有 $\rho_1=\rho_2=\rho$。提示:杆的连续条件是当 $x_1=l_1$,$x_2=0$ 时,$u_1=u_2$,$EA_1\dfrac{\partial u_1}{\partial x_1}=EA_2\dfrac{\partial u_2}{\partial x_2}$。

1.27　如题图 1-20 所示,长为 l 的等直圆杆以等角速度 ω 转动。某瞬时左端突然固定,求杆扭转振动的响应。

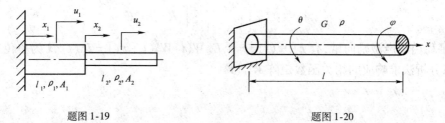

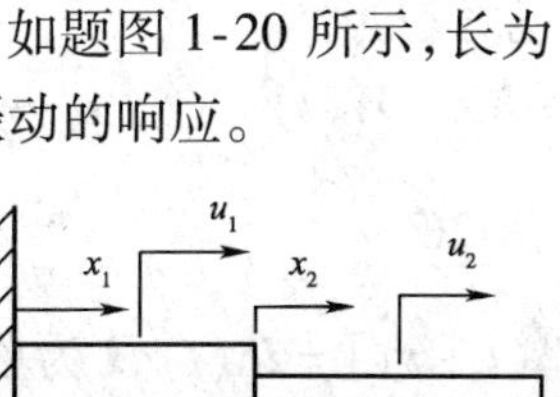

题图 1-19

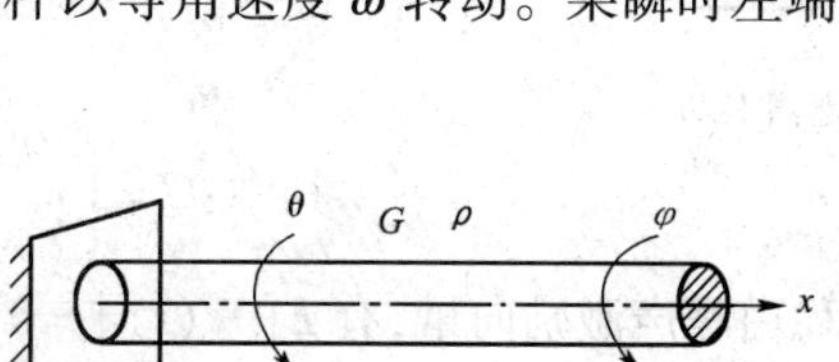

题图 1-20

1.28　一根重的柔性钢索,长度为 l,单位长度的质量为 ρ,上端悬挂,在平面内作自由振动,如题图 1-21 所示,试推导钢索横向运动微分方程,并证明可分离成两个常微分方程。

1.29　如题图 1-22 所示，等截面悬臂梁的自由端有一弹性支承，其刚度系数为 k，求特征方程和主振型的正交性条件。

1.30　一等截面梁，$x=0$ 端自由，$x=l$ 端简支，若简支端有横向运动 $y_l(t)=Y_l\sin\omega t$，证明简支端与自由端的振幅比为 $\frac{Y_l}{Y_0}=\frac{sh\beta l\cos\beta l-ch\beta l\sin\beta l}{sh\beta l-\sin\beta l}$，其中 $\beta^4=\frac{\omega^2\rho A}{EJ}$。

1.31　如题图 1-23 所示，一根矩形截面杆一端固定一端自由，其长度为 l，厚度为 b，横截面积 A 按直线规律变化：$A(x)=A_0(1+x/l)$，其中 A_0 为自由端的截面积，试用里兹法运用模态截断的思路求杆纵向振动的第 1、2 阶固有频率。设第 1、2 阶振型函数为：$\varphi_1(x)=1-\frac{x^2}{l^2}$，$\varphi_2(x)=1-\frac{x^3}{l^3}$。

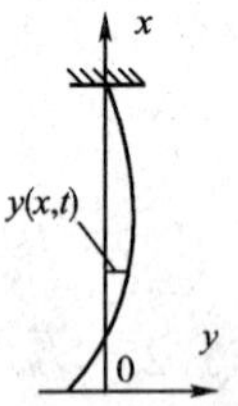

题图 1-21

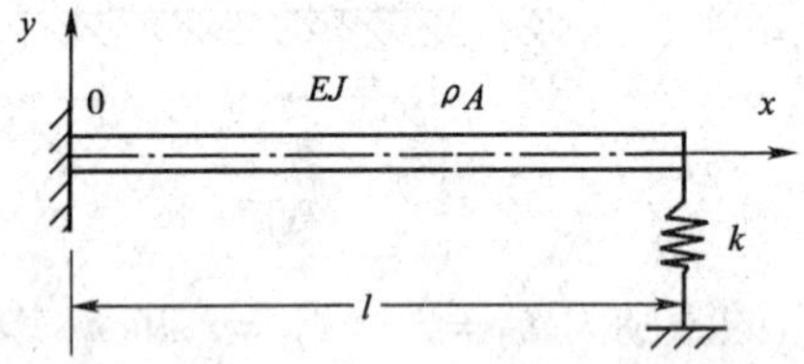

题图 1-22

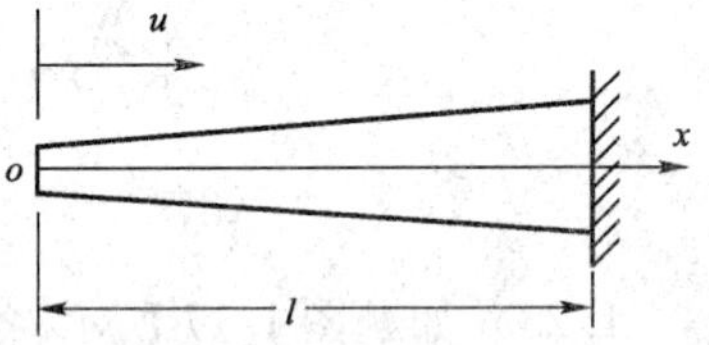

题图 1-23

1.32　随机过程 $X[t]$ 的样本函数为：$x(t)=a_1\sin(\omega_1 t+\varphi_1)+a_2\sin(\omega_2 t+\varphi_2)$，式中 a_1、a_2、ω_1、ω_2 是常数，φ_1、φ_2 为统计独立的在 $[0,2\pi]$ 上均匀分布的随机变量，求自相关函数 $R_{xx}(\tau)$。

1.33　某平稳随机过程的自相关函数为：$R_{xx}(\tau)=25e^{-4|\tau|}\cos 2\pi f\tau+16$，求其均值 μ_x，方差 ε_x^2，功率谱密度函数 $S_{xx}(f)$ 和单边谱密度函数 $G_{xx}(f)$。

1.34　已知某振动系统的输入为力，输出为位移，系统位移响应的 $y(t)$ 的自功率谱为：

$S_{yy}(\omega)=\frac{a}{(\omega_0^2-\omega^2)^2+4\zeta^2\omega_0^2\omega^2}$　$(-\infty<\omega<\infty)$，求响应 $y(t)$ 的自相关函数和均方值。

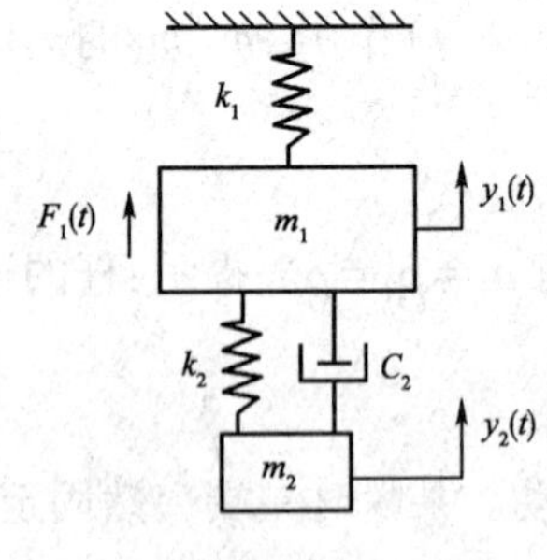

题图 1-24

1.35　系统示意图如题图 1-16 所示，设 $F_1(t)$ 为均值为零的白噪声，其自功率谱密度函数为 $S_{FF}(\omega)$，求稳态情况下响应的自功率谱密度函数，互功率谱密度函数及各响应的均方值。

1.36　如题图 1-24 所示，系统由主系统 (m_1, k_1) 和副系统 (m_2, C_2, k_2) 组成，设作用在 m_1 上的 $F_1(t)$ 为零均值白噪声，试以响应 $y_1(t)$ 的均方值最小为条件确定副系统的 m_2、C_2、k_2。

1.37　设线性系统随机运动方程为

$$\ddot{\boldsymbol{x}}+\boldsymbol{C}\dot{\boldsymbol{x}}+\boldsymbol{KX}=\boldsymbol{W}(t)$$

其中：$\boldsymbol{C}=\begin{bmatrix}9 & -1\\ -1 & 1.5\end{bmatrix}$；$\boldsymbol{K}=100\boldsymbol{C}$

$\boldsymbol{W}(t)$ 为平稳白噪声激励向量，有 $E[\boldsymbol{W}(t)]=0$，$E[\boldsymbol{W}(t)\boldsymbol{W}^{\mathrm{T}}(t+\tau)]=\boldsymbol{I}\delta(t)$，$\boldsymbol{I}$ 为单位矩阵，试用实模态分析法求响应的相关函数矩阵 $\mathbf{R}_{XX}(t)$。

第二章　声学理论基础

【主要内容】 了解声波的特性及其传播规律是对噪声研究及控制的基础，本章从最基本的声波波动方程入手，着重讨论了声源及其声辐射特性。对声波传播过程中的反射、折射、透射及能量传递等物理现象进行分析。介绍了声学中常用测试分析相关概念和方法。最后给出了噪声的定义和描述，并详细阐述了噪声源的识别以及噪声被动控制的基本原理。

第一节　波动方程与声的基本性质

一、理想介质中的声场波动方程

声的传播是通过周围媒质来进行的，当声源振动时，就会引起声源周围弹性媒质的振动，产生声波。这样，声源产生的振动就以波的形式向外传播。声波可以在气体（空气）、液体和固体中传播，但不能在真空中传播，因为在真空中不存在能够产生振动的弹性媒质。根据传播媒质的不同，可将声分成空气声、水声和固体（结构）声等类型。

当声波在空气中传播时，空气可以看成若干彼此相连的微小体积单元，如果没有声的传播，各体积单元内的空气压强、密度都相等，而在声传播的过程中，空气分子微粒产生有规律的振动，造成一部分单元内空气的压强和密度增加，另一部分单元内空气的压强和密度降低，对于整个媒质来说，将出现稠密和稀疏状态交替变化的现象，从而形成声的传播，声传播经过的媒质空间称为声场。

理论上静态大气压设定为 p_0，媒质受声传播扰动后的压强 p_d这种压强的改变量被定义为声压 p

$$p = p_d - p_0 \tag{2-1}$$

声压的大小反映了声波的强弱，声压的单位是 Pa（帕）。

由上可知声波实际是声场空间内媒质的状态量随时间的扰动量变化和传递，如果这种变化是时间的谐波函数形式，则称为简谐声波。

声场的特征可以通过媒质中的声压 p、质点速度 u 以及密度 ρ 来描述，从而上述三个物理变量是和空间的位置及时间相关的。在声学领域，人们主要关心的是声压随空间的位置及时间而变化的特性。因此根据声波过程的物理性质，建立声压和空间位置及时间的联系并用数学表示就是声波动方程。

声振动作为一个物理现象，必然要满足三个基本的物理定律，即牛顿第二定律、质量守恒定律及描述压强、温度与体积等状态参数关系的物态方程，运用这些基本定律，可以得到描述声振动现象的波动方程。

本书主要讨论基于小振幅状态下的线性声学，在推导波动方程时作了如下假设：

（1）媒质为理想流体，即媒质中不存在黏滞性，声波在这种理想媒质中传播时没有能量的耗损。

(2)没有声扰动时,媒质在宏观上是静止的,即初速度为零,而且媒质是均匀的,因此媒质中静态压强 p_0,静态密度 ρ_0 都是常数。

(3)声波传播时,媒质中稠密和稀疏的过程是绝热的,即媒质与相邻部分不会由于声过程引起的温度差而产生热交换,整个过程为绝热过程。

下面通过建立声波的一维波动方程,来进一步理解声传播的物理特性。

如果在声场中取一个体积单元,如图 2-1 所示。

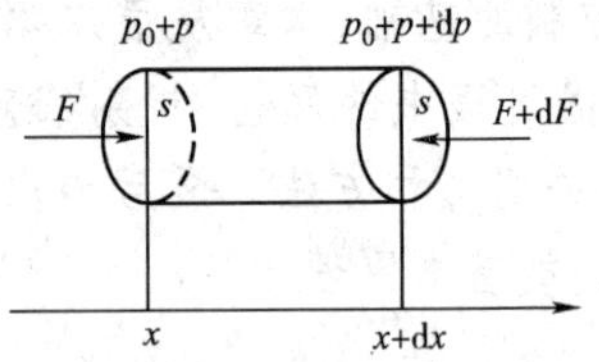

图 2-1　媒质中的体积单元

对于该体积单元,由牛顿第二定律可以写出相应的运动方程。设其截面积为 s,体积可以表达为 $s\mathrm{d}x$。体积单元两边的作用力分别为 $(p_0+p)s$ 和 $(p_0+p+\mathrm{d}p)s$,其中 $\mathrm{d}p=\dfrac{\partial p}{\partial x}\mathrm{d}x$,它表示了声压从 x 变化到 $x+\mathrm{d}x$ 时声压的变化量。该体积单元在外力作用下的加速度为 $\dfrac{\mathrm{d}u}{\mathrm{d}t}$。

对于该体积单元根据牛顿运动定律有:

$$\rho\frac{\mathrm{d}u}{\mathrm{d}t}=-\frac{\partial p}{\partial x} \tag{2-2}$$

该方程描述了声场中声压与质点速度之间的数学关系。

上述方程中,体积单元的密度 $\rho=\rho_0+\rho_\nabla$ 是变量,式中 ρ_0 表示媒质静态密度,ρ_∇ 是密度改变量,在小振幅波动条件下,相对 ρ_0 来说,ρ_∇ 是微小量。

加速度 $\dfrac{\mathrm{d}u}{\mathrm{d}t}$ 应当是体积单元本身运动产生的加速度和单元变形加速度的合成,因此,$\dfrac{\mathrm{d}u}{\mathrm{d}t}=\dfrac{\partial u}{\partial t}+\dfrac{\partial u}{\partial x}\dfrac{\mathrm{d}x}{\mathrm{d}t}=\dfrac{\partial u}{\partial t}+u\dfrac{\partial u}{\partial x}$,速度 u 也是微小量。

方程(2-2)可以写为

$$(\rho_0+\rho_\nabla)\left(\frac{\partial u}{\partial t}+u\frac{\partial u}{\partial x}\right)=-\frac{\partial p}{\partial x}$$

整理并略去二阶以上的微量,运动方程成为

$$\rho_0\frac{\partial u}{\partial t}=-\frac{\partial p}{\partial x} \tag{2-3}$$

由质量守恒定律,应当知道单位时间内流入体积单元内的媒质质量与流出的媒质质量之差应等于该体积内媒质质量的变化量。

在 x 截面处,流入量为 $(\rho u)_x s$,在 $x+\mathrm{d}x$ 截面处,流出量为 $-(\rho u)_{x+\mathrm{d}x}s$。取流出量的泰勒级数展开的前两项 $-\left[(\rho u)_x+\dfrac{\partial(\rho u)_x}{\partial x}\mathrm{d}x\right]s$ 作为流出量的近似,则流入体积单元的净质量为 $-s\dfrac{\partial(\rho u)_x}{\partial x}\mathrm{d}x$。因为质量的流入必然导致密度 ρ 随时间变化,其变化率为 $\dfrac{\partial\rho}{\partial t}$,故体积单元内质量的增量可以写为 $\dfrac{\partial\rho}{\partial t}s\mathrm{d}x$。

因为体积单元内的质量增量和流入体积单元的净质量一定相等,得到系统的连续性方程

$$-\frac{\partial}{\partial x}(\rho u)=\frac{\partial\rho}{\partial t} \tag{2-4}$$

和上运动方程一样,将 $\rho=\rho_0+\rho_\nabla$ 代入式(2-4)略去二阶以上的微量,有系统的连续性方程

$$-\rho_0\frac{\partial u}{\partial x}=\frac{\partial \rho_\nabla}{\partial t} \tag{2-5}$$

在声传播的过程中，还必须满足物态方程，体积单元内的状态可以用压强 p，密度 ρ 和温度 T 来描述。由于声传播速度远快于热传导速度，因此可以认为，声波传播过程是绝热过程。压强 P 仅仅是密度 ρ 的函数，不同状态下压强的微变化和密度微变化应满足：

$$\left(\frac{\mathrm{d}P}{\mathrm{d}\rho}\right)_0=\left(\frac{\mathrm{d}P}{\mathrm{d}\rho}\right)_1=c^2 \tag{2-6}$$

其中，c 为声波在媒质中的速度。下标"0"和"1"分别表示两个不同的状态。

由于压强的变化即是声压值，因此有 $p=c^2\rho_\nabla$ (2-7)

根据式(2-3)、式(2-5)及式(2-7)三个方程得波动方程为

$$\frac{\partial^2 p}{\partial x^2}=\frac{1}{c^2}\frac{\partial^2 p}{\partial t^2} \tag{2-8}$$

上式中，c 为声波在媒质中的传播速度。声在空气中的传播速度被定义为 c_0。

利用类似的推导方法，声波的三维声波方程可以写为

$$\nabla^2 p=\frac{1}{c^2}\frac{\partial^2 p}{\partial t^2} \tag{2-9}$$

式中，$\nabla^2 p=\frac{\partial^2}{\partial x^2}+\frac{\partial^2}{\partial y^2}+\frac{\partial^2}{\partial z^2}$为拉普拉斯算子。

上面导出的声波方程的过程是基本物理现象的数学表达。下面再通过一个例题加深对上述概念的理解。

例 2.1 在声场中要直接测得某质点的速度是比较困难的，试根据式(2-3)，采用测试该点邻近两点声压的方法，获得该质点的运动速度。

解： 设围绕该质点附近的两点相距很近，则局部可以近似为平面声波，对于稳态谐波，该质点速度为：$u=u_A e^{j(\omega t-kx)}$，则加速度可以写为：$\frac{\mathrm{d}u}{\mathrm{d}t}=j\omega u_A e^{j(\omega t-kx)}=j\omega u$，

其中 ω 为声源的振动圆频率，而 $k=\omega/c$ 称为声波波数。

根据式(2-3) $\rho_0 j\omega u_A e^{j(\omega t-kx)}=\rho_0 j\omega u=-\frac{\partial p}{\partial x}$

故该点的速度可以写为

$$u=\frac{j}{\rho_0\omega}\frac{\partial p}{\partial x} \tag{2-10}$$

其中，∂p 和∂x 可理解为围绕该点的两点间声压差和距离；而 ρ_0是媒质静态密度，由于假设密度 ρ 的变化量 ρ_∇ 是高阶小量，后面在不引起混淆的地方一般可设 $\rho=\rho_0$。

上述推导过程就是后面要叙述的声强测试方法的理论基础。

二、声波与声源

声学中常用波阵面来形象地描述声波在三维空间的传播。所谓波阵面是指声传播过程中，运动状态在某瞬时完全相同的媒质质点形成的面。根据声波传播时波阵面的形状不同可以将声波分成平面声波、球面声波和柱面声波等类型，下面分别对它们进行讨论。

(一)典型声波形式

1. *平面声波*

当波阵面是垂直于传播方向的一系列平面时，该声波被称为平面声波。

例如活塞在无限长均匀直管中激发的声波就是平面声波。各种远离声源的声波也可近似地看成平面声波。平面声波在数学上是一维问题。

在均匀理想流体媒质中，小振幅平面声波的波动方程(2-8)的解为

$$p(x,t)=p_A e^{j(\omega t-kx)} \tag{2-11}$$

式中，$k=\omega/c$ 为声波波数，声压幅值 $p_A=u_a\rho c$，u_a是振源表面振速，ρc 称为媒质的特性阻抗。

平面声波一个最重要的物理特性是声压幅值不随距离 x 变化，医用听诊器是一个很好的应用例子。

2. *球面声波*

当波阵面是球面时，该声波被称为球面声波。

通常当声源的几何尺寸比声波波长小得多时，或者测量点离开声源相当远时，可以将声源看成一个点，称为点声源。而点声源发出的声波是球面声波，定义于球坐标系，球面声波的波动方程为

$$\frac{\partial^2 p}{\partial r^2}+\frac{2}{r}\frac{\partial p}{\partial r}=\frac{1}{c^2}\frac{\partial^2 p}{\partial t^2} \tag{2-12}$$

解上述方程，设变量 $Y=pr$，代入式(2-12)方程，整理后有

$$\frac{\partial^2 Y}{\partial r^2}=\frac{1}{c^2}\frac{\partial^2 Y}{\partial t^2} \tag{a}$$

这是一个二阶线性偏微分方程，可以得到其一般解的形式

$$p=\frac{p_A}{r}e^{j(\omega t-kr)}+\frac{p_B}{r}e^{j(\omega t+kr)} \tag{b}$$

上式的第一项表明球面声波向外辐射声波，而第二项表明向球心的反射球面波。通常人们关心研究的是球面声源向外的声辐射，因此有

$$p(r,t)=\frac{p_A}{r}e^{j(\omega t-kr)} \tag{2-13}$$

式中的 p_A由初始条件确定。如果已知球面的振动速度 u_a和球声源的半径 r_0则声压幅值为

$$p_A=\frac{\rho c k r_0^2}{1+(kr_0)^2}u_a(kr_0+j)$$

从式(2-13)中可以看出空间声压随声源的面积增大而增加，例如乐器的弦振动就是通过耦合带动助声膜和助声板来提高辐射的声压的。球面声波的另一个重要特点是，声压随传播距离 r 的增加而减少，二者成反比关系。

3. *柱面声波*

波阵面是同轴圆柱面的声波称为柱面声波，工程中的列车、潜艇的声辐射都可以简化为柱面声波，其在柱坐标系下的波动方程为

$$\frac{1}{r}\frac{\partial}{\partial r}\left(r\frac{\partial p}{\partial r}\right)=\frac{1}{c^2}\frac{\partial^2 p}{\partial t^2} \tag{2-14}$$

求解上方程并略去高阶项，可求的对于远场（即所考虑的点距离声源的距离远大于声波波长）的简谐柱面声波为

$$p(r,t)\approx p_A\sqrt{\frac{2}{kr\pi}}e^{j(\omega t-kr)} \tag{2-15}$$

其幅值与距离的平方根成反比。

(二)声场的能量

设声场中的微小体积单元 V_0受声波的扰动后产生运动,速度 u,则该体积单元的动能为

$$E_k = \frac{1}{2}\rho_0 V_0 u^2 \tag{2-16}$$

同样,由于声扰动,该体积单元的压强将从 P_0变为 $P_0 + p$,产生了位能

$$E_p = \frac{V_0}{2\rho_0 c_0^2}p^2 \tag{2-17}$$

则体积单元里由声扰动产生的总声能量为动能和位能之和,为

$$E = E_k + E_p = \frac{V_0}{2}\rho_0\left(u^2 + \frac{1}{\rho_0^2 c_0^2}p^2\right) \tag{2-18}$$

式(2-18)是适用于各种类型声波的普遍表达式。

对于平面声波,由式(2-10)、式(2-11)可求得

$$u = \frac{j}{\rho_0\omega}\frac{\partial p}{\partial x} = \frac{p_A}{\rho_0 c_0}e^{j(\omega t - kx)}$$

则

$$E = \frac{V_0 p_A^2}{\rho_0 c_0^2}\cos^2(\omega t - kx) \tag{2-19}$$

单位体积内的声能量称为声能密度 ε,由式(2-18),有

$$\varepsilon = \frac{E}{V_0} = \frac{1}{2}\rho_0\left(u^2 + \frac{1}{\rho_0^2 c_0^2}p^2\right) \tag{2-20}$$

式(2-20)表示的还是声扰动在单位体积内的瞬时值,如果对它在一个时间周期内平均,就得到平均声能密度,其定义为

$$\bar{\varepsilon} = \frac{1}{T}\int_0^T \varepsilon \mathrm{d}t \tag{2-21}$$

如对于平面声波,由式(2-19)和式(2-21)有

$$\bar{\varepsilon} = \frac{p_A^2}{2\rho_0 c_0^2} = \frac{p_e^2}{\rho_0 c_0^2} \tag{2-22}$$

其中 $p_e = p_A/\sqrt{2}$定义为有效声压。

(三)声波的干涉

1. 叠加原理

现实中的声场,如机器的运转、音乐等往往是一个多声源、非单一频率的声场。因此先假定两列声波,在声场某点处的声压分别为 p_1和 p_2对应的波动方程可以写为:

$$\nabla^2 p_1 = \frac{1}{c_0^2}\frac{\partial^2 p_1}{\partial t^2}$$

$$\nabla^2 p_2 = \frac{1}{c_0^2}\frac{\partial^2 p_2}{\partial t^2}$$

这里$\nabla^2 = \frac{\partial^2}{\partial x^2} + \frac{\partial^2}{\partial y^2} + \frac{\partial^2}{\partial z^2}$是拉普拉斯算子。$p_1$和 p_2是对应点的声压。c_0是声波速度。

当两声波在空间叠加时有

$$\nabla^2(p_1 + p_2) = \frac{1}{c_0^2}\frac{\partial^2(p_1 + p_2)}{\partial t^2}$$

由于这里讨论的问题在线性范围内，因此两个点声源在空间合成时的声压 p 可以写为

$$p = p_1 + p_2$$

很明显，如果 n 个点声源合成时有

$$p = p_1 + p_2 + \cdots + p_n \tag{2-23}$$

这就是声波的叠加原理，它只在小振幅的线性声学范围成立。

如果，两个声波频率相同、振动方向相同，且存在恒定的相位差

$$p_1 = p_{1A}\cos(\omega t - \varphi_1) = p_{1A}\cos(\omega t - kx_1)$$

$$p_2 = p_{2A}\cos(\omega t - \varphi_2) = p_{2A}\cos(\omega t - kx_2)$$

由叠加原理得：

$$p = p_1 + p_2 = p_A\cos(\omega t - \varphi) \tag{2-24}$$

式中，$p_A^2 = p_{1A}^2 + p_{2A}^2 + 2p_{1A}p_{2A}\cos(\varphi_1 - \varphi_2)$；$\varphi = \arctan\dfrac{p_{1A}\sin\varphi_1 + p_{2A}\sin\varphi_2}{p_{1A}\cos\varphi_1 + p_{2A}\cos\varphi_2}$。

上式表明，对于两个频率相同、振动方向相同。相位差恒定的声波，合成声仍是一个同频率的声振动。它们之间的相位差：

$$\delta\varphi = \varphi_2 - \varphi_1 = k(x_2 - x_1) \tag{2-25}$$

从式(2-25)可见，相位差 $\delta\varphi$ 与时间 t 无关，仅与空间位置 x_1 和 x_2 有关。合成声波的声压幅值 p 随相位变化。合成波在空间某些位置振动始终加强，在另一些位置振动始终减弱，此现象称为干涉现象。这种具有相同频率、相同振动方向和恒定相位差的声波称为相干波。

当 $\delta\varphi$ 为 $0, \pm 2\pi, \pm 4\pi, \cdots$ 时，p_A 为极大值。在另外一些位置，当 $\delta\varphi$ 为 $\pm\pi, \pm 3\pi, \cdots$ 时，p_A 为极小值。这种声压值随空间不同位置有极大值和极小值分布的周期波为驻波，其声场称为驻波声场。驻波的极大值和极小值分别称为波腹和波节。

2. 不相干声波

如果声场中多个声波的频率互不相同，或者相互之间并不存在固定的相位差，这些声波是互不相干的。这样对于空间某定点，叠加后的合成声场不会出现驻波现象。对于这样的声场，可利用声场的能量来讨论，一般是用平均声能密度和有效声压来表示不相干声波的合成特性。

此时 n 个声波的平均声能密度

$$\bar{\varepsilon} = \bar{\varepsilon}_1 + \bar{\varepsilon}_2 + \cdots + \bar{\varepsilon}_n \tag{2-26}$$

声场中任一点有效声压可以写为

$$p_e^2 = p_{1e}^2 + p_{2e}^2 + \cdots + p_{ne}^2 \tag{2-27}$$

(四)常见声源

声一般都是由于物体的振动而产生的。凡能产生声的振动物体统称为声源。所谓声源的振动就是物体在其平衡位置附近进行的往复运动。

1. 球面声源

一个表面均匀胀缩的脉动球面声源，即其球面沿半径方向作同振幅、同相位的振动，球面振动速度为 u_a，则在离球心 r 处向外辐射的声压可以写为方程(2-13)。

当 $ka \leqslant 1$，即声波波长远大于声源半径 a 时，有

$$p(r,t) = \frac{p_A}{r}e^{j(\omega t - kr)} \approx \frac{\rho ck}{4\pi r}Qe^{j(\omega t - kr)} \tag{2-28}$$

式中，$Q = su_a = 4\pi\alpha^2 u_a$，称为声源强度。

对于其他非球形的声源，只要满足 $ka \leqslant 1$ 的条件，则可视为点声源，s 是等效声源包络面积。工程中许多此类问题可以简化为点声源来处理。

2. 声偶极子

两个相距很近的点声源 s_1 和 s_2，它们的振动幅值相同，但相位相反，如图 2-2 所示。由这两个点声源合成的声源称为声偶极子。例如，纸盆扬声器正反两面同时振动发声，可近似看成声偶极子。

从前面的声场的叠加特性可知远离偶极子的空间声压可以写为

$$p = \frac{p_A}{r_1}e^{j(\omega t - kr_1)} - \frac{p_A}{r_2}e^{j(\omega t - kr_2)} \tag{2-29}$$

由于两个点声源相距很近，$r \geq l$ 有

$$r_1 \approx r + \frac{l}{2}\cos\theta, r_2 \approx r - \frac{l}{2}\cos\theta$$

从而有

$$p \approx \frac{p_A}{r}e^{j(\omega t - kr)}\left(e^{\frac{kl\cos\theta}{2}j} + e^{-\frac{kl\cos\theta}{2}j}\right) = \frac{p_A}{r}e^{j(\omega t - kr)}\left(-2j\sin\frac{kl\cos\theta}{2}\right)$$

因为两球相距很近，当频率不是很高时 $kl \leq 1$，则

$$p \approx -j\frac{kp_A l}{r}\cos\theta e^{j(\omega t - kr)} \tag{2-30}$$

和点声源相比，偶极子的声辐射能力低，并具有强烈的指向性。例如，扬声器正反两面都辐射声音，但当一面压缩媒质时，另一方媒质正好膨胀。两面相位相反，形成正负声压相当于一个偶极子声源。这时两边媒质疏密波来回反馈，使得大部分声能量不能向外辐射。为了提高辐射效率可将扬声器的前后隔开，如装在一个音箱内，使正反两面的振动空气不能产生反馈，形成一个近似点声源。

3. 线声源

现实中许多发声体的结构是呈现线状或类线状，例如远处的一列较长的列车、各种长管道以及公路上的车队等均可以近似地看成线声源。这种声源形成的声场声压计算同样可以按照前述的声波的叠加原理，将线声源上各点对空间的求解点 R 所产生的声压进行叠加。

如图 2-3 所示，设线声源单位长度的声功率为 w，空间点到线声源垂直距离为 h，与声源两端的连线夹角分别为 θ_1 和 θ_2。

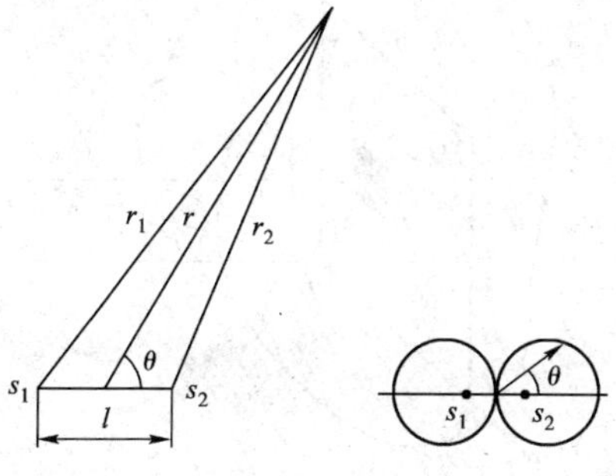

图 2-2 偶极子声源

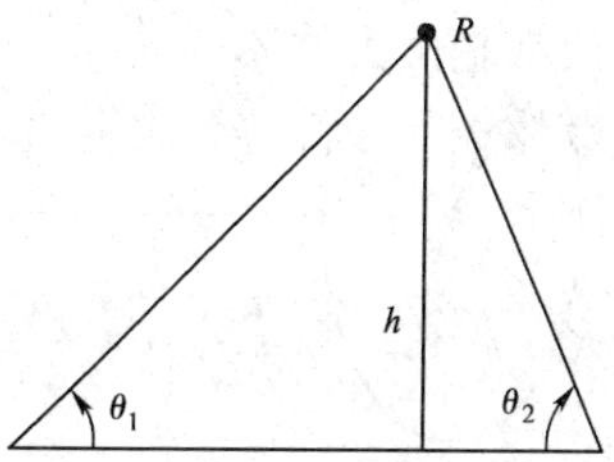

图 2-3 线声源

线声源对空间点 R 的声压为

$$p^2 = \frac{w\rho c}{2\pi h}(\theta_2 - \theta_1) \tag{2-31}$$

线声源的辐射声压平方与目标点 R 的距离成反比，当 R 点距离线声源的距离 h 远大于线

声源的长度时，此时式(2-31)线声源的表达形式将与点声源一样，声源的辐射声压将变为与目标点 R 的距离 h 成反比。

4. *面声源*

1)无限大障板上圆形活塞

活塞声源是一个平面振子其面上各点法向振动速度 u_a 和相位都相同，例如，扬声器、共鸣器等。现实中只要障板的尺寸比声波在媒介中的波长大很多，就可以认为是无限障板。

图 2-4 是镶嵌在无限大障板上的圆形活塞，取圆心为坐标原点，各尺寸如图所示。其上点单元有声源强度为 $\mathrm{d}Q = u_a \mathrm{d}s$，该点元对空间点 R 的声压可写为

$$\mathrm{d}p = j\frac{k\rho c}{2\pi h}u_a \mathrm{d}s e^{j(\omega t - kh)} \tag{2-32}$$

将活塞面上所有点辐射的声波在面积 s 上积分，即得空间点上的声压值

$$p = \iint \mathrm{d}p = \iint_s j\frac{k\rho c}{2\pi h}u_a e^{j(\omega t - kh)}\mathrm{d}s \tag{2-33}$$

其中 $\mathrm{d}s = \alpha \mathrm{d}\alpha \mathrm{d}\varphi$。

当考虑的点 R 到板的距离 r 远大于活塞半径 a 时，参考图 2-4，近似有

$$h \approx r - \alpha\cos(\boldsymbol{\alpha}, \boldsymbol{r}) = r - \alpha\sin\theta\cos\varphi \tag{2-34}$$

将式(2-34)代入式(2-33)，积分后可得

$$p = j\omega\frac{\rho u_a a^2}{2r}\left[\frac{2J_1(ka\sin\theta)}{ka\sin\theta}\right]e^{j(\omega t - kr)} \tag{2-35}$$

上式中 a 是圆形活塞半径；J_1 为柱 Bessel 函数，是将式(2-34)的 h 代入式(2-33)积分得到的，它是一类特殊函数，其定义是：设 $J_0(x) = \frac{1}{2\pi}\int_0^{2\pi} e^{jx\cos\varphi}\mathrm{d}\varphi$，有 $xJ_1(x) = \int xJ_0(x)\mathrm{d}x$。

2)无限大障板上一般面声源

已知振动的板平面上各点的速度和相位是不同的。对于一个如图 2-5 所示的镶嵌在无限大障板上的有限矩形板，该结构对空间任一点的声压可以用式(2-33)来表示，法向速度 u_a 由板本身结构特征以及激励特征确定。

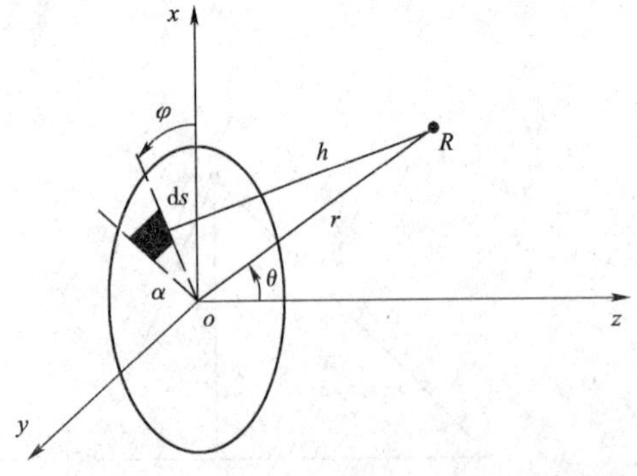

图 2-4　无限大障板上圆形活塞

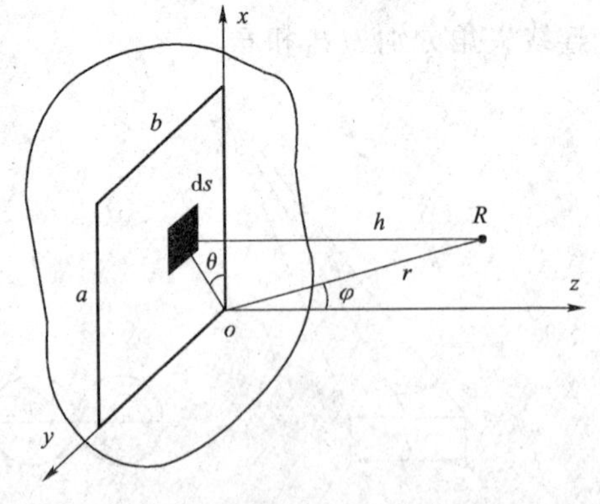

图 2-5　镶嵌在无限大障板上的矩形板

如果该矩形板的四边支撑形式是四边简支，由第一章薄板横向振动分析给出的四边简支薄板的特征函数形式(1-65)，可得该矩形板在(m, n)阶模态下的表面振动速度分布为

$$u = u_{m,n}\sin\left(\frac{m\pi x}{a}\right)\sin\left(\frac{n\pi y}{b}\right) \tag{2-36}$$

由式(2-33)的积分,空间任一点处由(m, n)阶振动模态产生的声压为

$$p_{mn} \approx -j\frac{\omega\rho u_{m,n}e^{j(\omega t-kr)}}{2\pi r}\int_0^a\int_0^b \sin\left(\frac{m\pi x}{a}\right)\sin\left(\frac{n\pi y}{b}\right)e^{j\left(\frac{\alpha x}{a}+\frac{\beta y}{b}\right)}\mathrm{d}x\mathrm{d}y$$

式中,$\alpha = ka\sin\theta\cos\varphi$,$\beta = kb\sin\theta\sin\varphi$。

对于一般振动情况下,结构振动模态是多模态的,空间任一点处的声压为各模态声压的叠加

$$p \approx \sum_{m=0}^{\infty}\sum_{n=0}^{\infty}\left[-j\frac{\omega\rho u_{m,n}e^{j(\omega t-kr)}}{2\pi r}\int_0^a\int_0^b \sin\left(\frac{m\pi x}{a}\right)\sin\left(\frac{n\pi y}{b}\right)e^{j\left(\frac{\alpha x}{a}+\frac{\beta y}{b}\right)}\mathrm{d}x\mathrm{d}y\right]$$

从上式可以看出结构振动产生的声辐射,与结构振动的模态是密切相关的,不同的结构模态其辐射能力也是不同的,一般用模态声辐射效率这个概念来描述结构的该特性。模态声辐射效率指单模态结构振动表面声辐射功率与等面积活塞声辐射功率之比。

对于简单的梁结构、板结构,可以通过理论证明:奇数—奇数模态的低频辐射效率最高;奇数—偶数模态的低频辐射效率次之;偶数—偶数模态的低频辐射效率最低。

第二节 声传播及结构声辐射

一、声波的反射、折射、透射

声波在空间传播时会遇到各种障碍物,或者从一种媒质进入另一种媒质时,会产生声波的反射、透射、折射。声波的这些现象是声传播过程中的一个重要特征。

1. 垂直入射声波的反射和透射

当声波从一种媒质进入另一种媒质时在两媒质的界面,一部分会经界面反射返回到原来的媒质该部分声波称为反射声波,一部分将进入另一种媒质中成为透射声波。

首先以平面声波的传播过程来说明此过程,设有媒质1其特性阻抗为ρ_1c_1和媒质2其特性阻抗为ρ_2c_2,如图2-6所示。

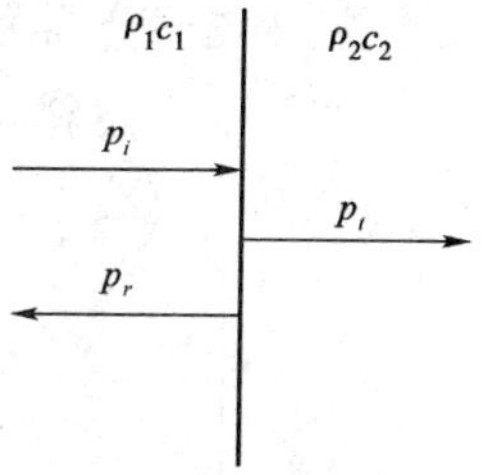

图2-6 垂直入射声波的反射和透射

当入射声波$p_i = p_{in}e^{j(\omega t-k_1x)}$垂直入射到分界面时,由于一部分声波反射回媒质1形成反射波$p_r = p_{re}e^{j(\omega t-k_1x)}$,而另一部分进入媒质2形成透射波$p_t = p_{tr}e^{j(\omega t-k_2x)}$。在媒质1中的声压值可以写为

$$p_1 = p_{in}e^{j(\omega t-k_1x)} + p_{re}e^{j(\omega t-k_1x)}$$

在媒质1中的质点速度根据$p = u\rho c$关系

$$u_1 = \frac{p_1}{\rho_1c_1} = (p_{in}+p_{re})\frac{e^{j(\omega t-k_1x)}}{\rho_1c_1} = u_i + u_r \tag{2-37}$$

在媒质2中的声压值

$$p_2 = p_t = p_{tr}e^{j(\omega t-k_2x)} \tag{2-38}$$

在媒质2中的质点速度

$$u_2 = \frac{p_2}{\rho_2c_2} = \frac{p_{tr}e^{j(\omega t-k_2x)}}{\rho_2c_2} = u_t \tag{2-39}$$

在分界面的声压和速度应当是连续相等的

$$p_1 = p_i + p_r = p_t = p_2$$
$$u_1 = u_i + u_r = u_t = u_2$$

因此，只要知道两种媒质的特性阻抗 $\rho_1 c_1$ 和 $\rho_2 c_2$，以及入射声波，就能由上述两式求出反射声波声压和透射声波声压值。通常，用声压的反射系数 r_p 和透射系数 τ_p 来表述界面处的声波反射、透射特性。由上述两式可以得到

$$r_p = \frac{p_r}{p_i} = \frac{\rho_2 c_2 - \rho_1 c_1}{\rho_2 c_2 + \rho_1 c_1} \tag{2-40}$$

$$\tau_p = \frac{p_t}{p_i} = \frac{2\rho_2 c_2}{\rho_2 c_2 + \rho_1 c_1} \tag{2-41}$$

由上式可看出，垂直入射声波的反射特性、透射与媒质的阻抗特性密切相关。

下面对两种情况媒介进行分析讨论：

1）当 $\rho_2 c_2 \geqslant \rho_1 c_1$ 时

在这种情况下，相当于声波从一个非常软的媒质进入另一个非常硬的媒质。此时 $r_p \approx 1$，$r_p \approx 2$，声波在界面上产生全反射，反射波的速度和入射波的速度大小相等，方向相反，结果在界面上的速度合成值为零。反射波的声压和入射波的声压大小相等，方向相同，结果在界面上的声压合成值为入射波声压的两倍。入射波和反射波在媒质 1 中叠加形成驻波。例如空气中的声波入射到空气与水的界面上时，就相当于这种情况。

2）当 $\rho_2 c_2 \leqslant \rho_1 c_1$ 时

在这种情况下，相当于声波从一个非常硬的媒质进入另一个非常软的媒质。此时 $r_p \approx -1$，$r_p \approx 0$，很明显声波在界面上同样产生全反射，不同的是此时反射波的速度和入射波的速度大小相等，方向相同，结果在界面上的速度合成值为入射波的两倍。反射波的声压和入射波的声压大小相等，方向相反，结果在界面上的声压合成值为零。入射波和反射波在媒质 1 中叠加形成驻波。可见当水中的声波入射到空气与水的界面上或固体中声波入射到空气的界面上时，属于这种情况。

2. 平面声波斜入射时的反射和透射

当平面声波斜入射到两媒质的界面时，部分声波反射回媒质 1，反射波传播方向与入射波不再在同一直线上，另一部分声波透射到媒质 2 中，此时透射声波与入射声波不再保持同一传播方向，形成声波的折射，如图 2-7 所示。而入射声波、反射声波与折射（透射）声波的传播方向应满足 Snell 定律，即

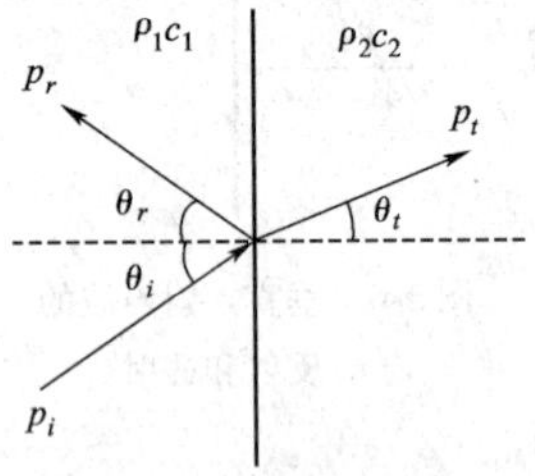

图 2-7　声波斜入射的反射和透射

$$\begin{cases} \theta_i = \theta_r \\ \dfrac{\sin\theta_i}{\sin\theta_t} = \dfrac{k_2}{k_1} = \dfrac{c_1}{c_2} \end{cases} \tag{2-42}$$

上式表明声波在两种不同媒质传播时，如果入射角达到一个临界角度 θ_{ic}，使得折射角 $\theta_t \geqslant \dfrac{\pi}{2}$，则声波不会传到媒质 2 中从而形成声波的全反射。

关于入射声波、反射声波及折射声波之间的关系，仍可根据界面上的边界条件求得。在两媒质界面上，两边的声压与质点法向速度（即垂直于界面的质点速度分量）应连续，即

$$p_i + p_r = p_t$$

$$u_i \cos\theta_i + u_r \cos\theta_r = u_t \cos\theta_t$$

于是，可以得到

$$r_p = \frac{p_r}{p_i} = \frac{\rho_2 c_2 \cos\theta_i - \rho_1 c_1 \cos\theta_t}{\rho_2 c_2 \cos\theta_i + \rho_1 c_1 \cos\theta_t} \tag{2-43}$$

$$\tau_p = \frac{p_t}{p_i} = \frac{2\rho_2 c_2 \cos\theta_i}{\rho_2 c_2 \cos\theta_i + \rho_1 c_1 \cos\theta_t} \tag{2-44}$$

例 2.2 已知某液体的密度是 800kg/m^3,声波在其中的声速是 1300m/s,试求平面声波从该液体进入水中的临界入射角。

解: 设临界入射角为 θ_{ic},此时 $\theta_t = \pi/2$,$\sin\theta_t = 1$,按 Snell 定律第一式,有

$$\sin\theta_{ic} = \frac{c_L}{c_w}$$

其中 c_L为声波在该液体中的传播速度。已知声波在水中速度 $c_w = 1483\text{m/s}$,则

$$\theta_c = \arcsin\frac{1300}{1483} = 61.5°$$

对于声波从一个媒质传播到另一个媒质的特性,还可以用吸声系数 α 这个概念来描述

$$\alpha = 1 - |r_p|^2 \tag{2-45}$$

吸声系数越大表示了声波透射越大。当 $\alpha = 1$ 时,垂直入射声波将从一种媒质完全进入到另一种媒质,只要两种媒质的特性阻抗相同时,垂直入射声波都会有 $\alpha = 1$ 的全透射。当 $\alpha = 0$ 时,表示垂直入射声波将产生全反射。

二、振动结构的声辐射

结构声辐射是一个复杂的问题,它涉及结构动力学、理论声学、流体力学等诸多领域。结构振动和声之间的关系问题很早就有人研究,但直到今天许多问题尚未解决。尤其是对于复杂结构的振动和声辐射,还处在研究和探讨阶段。这里,主要介绍矩形薄板的振动和声辐射的关系,从而帮助理解一般结构振动和声辐射的特性。

如式(2-36),四边简支矩形薄板在(m,n)阶模态下的法向振动速度可以写成

$$u(x,y) = u_{m,n}\sin\left(\frac{m\pi x}{a}\right)\sin\left(\frac{n\pi y}{b}\right)$$

通过运用前结构振动表面产生的空间任一点的声压的普遍公式(2-33),利用球坐标系并计算积分,空间内任一点的远声场声压可写为

$$p_{m,n}(r,\theta,\varphi) = -u_{m,n}k\rho c\frac{e^{-jkr}}{2\pi r}\cdot\frac{ab}{mn\omega\pi^2}\left[\frac{(-1)^m e^{-j\alpha}-1}{\left(\frac{\alpha}{m\pi}\right)^2-1}\right]\left[\frac{(-1)^n e^{-j\beta}-1}{\left(\frac{\beta}{n\pi}\right)^2-1}\right] \tag{2-46}$$

式中,$\alpha = ka\sin\theta\cos\varphi$,$\beta = kb\sin\theta\cos\varphi$。

这里声压是由结构振动所导致的,由第一章已经知道,结构振动可以用振动模态来表达。如果结构作主振动就是它采取某 1 阶固有模态振型来振动,结构按各阶模态振动时其辐射声的能力是否一样?从物理上讲,由于模态振型的不同,结构不同的位置的振动所导致的空间中任一点处的声场相位是不同的,一些情况下会在该点叠加而增强,一些情况会抵消而减弱。因此,不同的模态振动的声辐射的能力是不同的。为了准确说明结构振动模态和声辐射之间的关系,要定义结构振动模态声辐射效率的概念,简称模态辐射效率。对于单模态系统,半自由空间结构辐射声功率可以写为

$$W_{m,n} = \iint_{S_1}\frac{|P_{m,n}|^2}{\rho c}\text{d}S_1 \tag{2-47}$$

结构模态声辐射效率定义为：该模态振动表面声辐射功率 $W_{m,n}$ 与等面积活塞声辐射功率 $W_{om,n}$ 之比，即

$$\sigma_{m,n}=\frac{W_{m,n}}{W_{om,n}} \tag{2-48}$$

模态辐射效率 $\sigma_{m,n}$ 在固定介质中与外界的激励等因素无关，只与结构振动的模态和结构形式有关，它准确、细致地反映了结构声辐射的内在能力。

四边简支矩形板的模态辐射效率可写为

$$\sigma_{m,n}=\frac{64k^2ab}{\pi^6m^2n^2}\int_0^{2\pi}\int_0^{\frac{\pi}{2}}\left\{\frac{\cos\left(\frac{\alpha}{2}\right)}{\sin\left(\frac{\alpha}{2}\right)}\cdot\frac{\cos\left(\frac{\beta}{2}\right)}{\sin\left(\frac{\beta}{2}\right)}\cdot\frac{1}{\left[\left(\frac{\alpha}{m\pi}\right)^2-1\right]\left[\left(\frac{\beta}{n\pi}\right)^2-1\right]}\right\}^2\sin\theta\mathrm{d}\theta\mathrm{d}\varphi \tag{2-49}$$

当 $ka\leqslant m\pi$，$kb\leqslant n\pi$ 时，上式可以进行简化。

（1）当 m,n 均为奇数时

$$\sigma_{m,n}\approx\frac{32(ka)(kb)}{m^2n^2\pi^5}\left\{1-\frac{k^2ab}{12}\left[\left(1-\frac{8}{(m\pi)^2}\right)\frac{a}{b}+\left(1-\frac{8}{(n\pi)^2}\right)\frac{b}{a}\right]\right\} \tag{2-50}$$

（2）当 m,n 均为偶数时

$$\sigma_{m,n}\approx\frac{2(ka)^3(kb)^3}{15m^2n^2\pi^5}\left\{1-\frac{5k^2ab}{64}\left[\left(1-\frac{24}{(m\pi)^2}\right)\frac{a}{b}+\left(1-\frac{24}{(n\pi)^2}\right)\frac{b}{a}\right]\right\} \tag{2-51}$$

（3）当 m 为奇数，n 为偶数时

$$\sigma_{m,n}\approx\frac{8(ka)(kb)^3}{3m^2n^2\pi^5}\left\{1-\frac{k^2ab}{20}\left[\left(1-\frac{8}{(m\pi)^2}\right)\frac{a}{b}+\left(1-\frac{24}{(n\pi)^2}\right)\frac{b}{a}\right]\right\} \tag{2-52}$$

（4）当 n 为奇数，m 为偶数时

$$\sigma_{m,n}\approx\frac{8(ka)^3(kb)}{3m^2n^2\pi^5}\left\{1-\frac{k^2ab}{20}\left[\left(1-\frac{24}{(m\pi)^2}\right)\frac{a}{b}+\left(1-\frac{8}{(n\pi)^2}\right)\frac{b}{a}\right]\right\} \tag{2-53}$$

当 $ka\geqslant1$，$kb\geqslant1$ 时　　$\sigma_{m,n}\approx1$

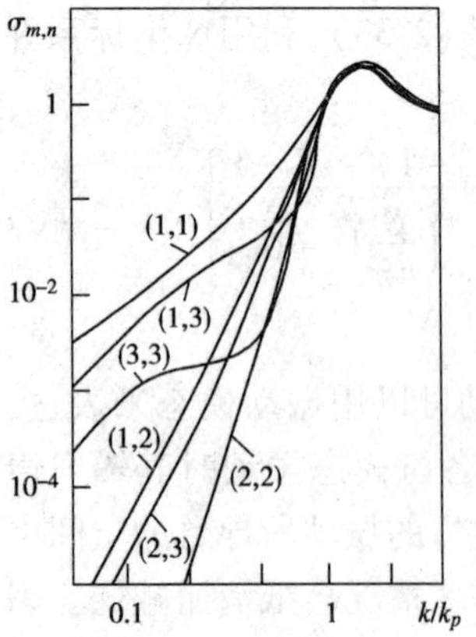

图 2-8　四边简支矩形板的模态声辐射效率

图 2-8 表示了四边简支矩形板结构的声辐射效率与波数之间的关系，横坐标为声波波数同结构波数之比（k/k_p），其中 $k_p^2=\left(\frac{m\pi}{a}\right)^2+\left(\frac{n\pi}{b}\right)^2$。

从上面对四边简支矩形板的结构声辐射模态推导中可以总结出以下几个结论：

（1）结构声辐射效率同声波波数和结构尺寸有着密切的关系。上面 $ka\leqslant1$，$kb\leqslant1$ 中的 k 是声波波数（$k=2\pi/\lambda$），λ 为声波波长。因此 $ka\leqslant1$，$kb\leqslant1$ 的具体含义是指声波波长大于结构尺寸，在这种条件下各种不同性质的模态其辐射效率各不相同。换一个角度来说，$ka\leqslant1$，$kb\leqslant1$ 即指声频率相对于结构来说是低频声，此时模态其辐射效率各不相同；反之当 $ka\geqslant1$，$kb\geqslant1$ 时，也就是说声频率相对结构来说是高频声时，结构模态辐射效率之间几乎没有区别均趋于 1。

（2）模态辐射效率在低频阶段，不同性质的模态辐射效率有着一定区别，从式（2-50）到式（2-53）可看出模态辐射效率以奇—奇模态最强，奇—偶（偶—奇）模态次之，偶—偶模态最弱。

(3)通常结构形状规范的梁、板等结构声辐射均具有类似上述的特性。

三、封闭空间的声场分析——统计能量法

在工程中,如何描述一个封闭空间或部分封闭空间内,以及这些空间内声场之间的声传播是常常遇到的问题。例如轿车的车厢内声场、发动机舱腔内声场以及这两声场间的声传播。

声波在此类空间内传播时,会不断碰撞到壁面反射,使得腔内声传播处于无规则状态,形成腔内的声场平均能量密度分布处于近似均匀的状况。采用如下统计能量法能够估算各封闭空间的等效声压。

已知腔内声能密度 ε 可以定义为

$$\varepsilon=\frac{E}{V}=\frac{p_e^2}{\rho c^2} \tag{2-54}$$

式中,E 为腔体内的声能量;V 为空腔体积;$\rho_e=p/\sqrt{2}$是腔体内的等效声压;ρc 为腔体内媒质的特性阻抗。

由于腔内声的传播处于无规则状态,尤其是声波在高频段时,系统将表现明显的统计特性。统计能量法(SEA,Statistical Energy Analysis)从系统的能量角度出发,描述了声场在这种条件下,各子系统之间的能量传递和守恒原理。

下面通过图 2-9 所示的系统来说明统计能量法的原理。

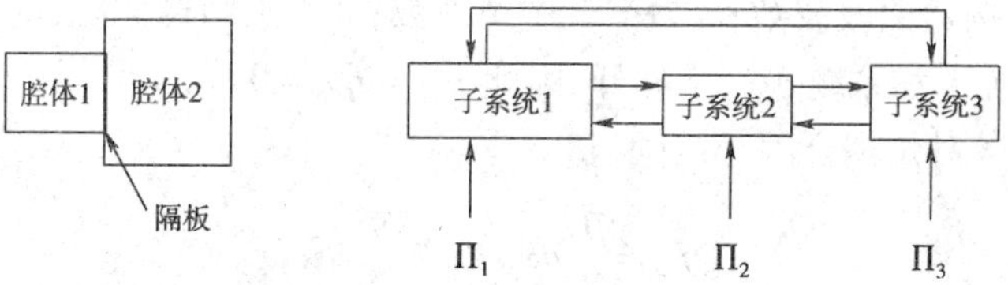

a)　　　　b)

图 2-9　声场间能量传递

a)封闭空间声场示意;b)传递 SEA 模型

设两个独立的腔体 1 和腔体 2,两腔体之间由隔板连接。在这样的系统中,有三个子系统。

子系统 1 是左边的腔体,其中的能量为 E_1,声压是 p_1,损耗因子 η_1,体积 V_1,Π_1是外界对子系统输入的功率;

子系统 2 是隔板,其面积是 A_b,其中的能量为 E_2,板密度 ρ_b,板厚 h,损耗因子 η_2,Π_2是外界对该系统的输入的功率;

右边腔体为子系统 3,其中的能量为 E_3,声压是 p_3,损耗因子 η_3,体积 V_3,Π_3是外界对子系统 3 输入的功率。

对于其中一个子系统,例如左边腔体即子系统 1 的能量变化可以写出下列方程

$$\prod\nolimits_1=\omega(E_1\eta_{tot1}-E_2\eta_{21}-E_3\eta_{31}) \tag{2-55}$$

式中,$\eta_{tot1}=\eta_1+\sum_{j=1}^{3}\eta_{1j}$;$\eta_{ij}$为能量耦合因子,表示了能量从系统 i 传递到系统 j 的传递能力系数;ω 是所考虑声频带的带宽频率的中心角频率。

式(2-55)中的 $E_1\eta_{tot1}$ 表示腔体内本身的能量耗散和向其他两子系统的能量传递,而 $\omega E_1\eta_{tot1}$ 的物理含义是功率流,它表示了系统间能量在单位时间内的传递情况。$E_2\eta_{21}$ 和 $E_3\eta_{31}$

表示了子系统 2 和系统 3 传入左边腔体的能量，同样功率流 $\omega E_2\eta_{21}$ 和 $\omega E_3\eta_{31}$ 表示了系统 2 和系统 3在单位时间内传入左边腔体的能量。

同理对子系统 2 和系统 3，可写出其对应的能量平衡方程，则整个系统的能量平衡方程可写为

$$\begin{bmatrix}\Pi_1\\ \Pi_2\\ \Pi_3\end{bmatrix}=\omega\begin{bmatrix}\eta_{tot1} & -\eta_{21} & -\eta_{31}\\ -\eta_{12} & \eta_{tot2} & -\eta_{32}\\ -\eta_{13} & -\eta_{23} & \eta_{tot3}\end{bmatrix}\cdot\begin{bmatrix}E_1\\ E_2\\ E_3\end{bmatrix} \tag{2-56}$$

式中，$\eta_{toti}=\eta_i+\sum_{k=1}^{j}\eta_{ik}$，这里 $j=3$。其中各损耗因子 η_i 由结构参数确定。

这里板对两腔的能量耦合因子为 η_{21} 和 η_{23}，有

$$\eta_{21}=\eta_{23}=\frac{\rho c\sigma_{rad}}{\rho_b h\omega}$$

式中，σ_{rad} 是板结构的声辐射效率，所谓声辐射效率指的是结构振动辐射的声功率与同等面积，相同振速的活塞辐射声功率之比

$$\sigma_{rad}=\frac{2}{\pi}\frac{L_s}{A_b}\frac{k_0^2}{k_b^3\left(1+\frac{\pi}{2}\frac{k_0^2}{k_b^2}\right)}+\frac{1}{\left[\left(\frac{k_b^2}{k_0^2}-1\right)^2\left(\frac{\pi k_b^4}{k_0^4}+1\right)^2+\frac{2\pi}{k_bA_b^{1/2}}\right]^{1/2}}$$

式中，k_b 为板结构弯曲波波数；k_0 为空气中声波数；A_b 为板结构面积；L_s 为板结构接触周长。

由于隔板将系统 1 和系统 3 完全隔开，因此 $\eta_{31}=\eta_{13}=0$。

在式(2-56)中各对角耦合因子之间有

$$\eta_{12}=\frac{\eta_2}{\eta_1}\eta_{21},\ \eta_{32}=\frac{\eta_2}{\eta_3}\eta_{23}$$

$$\eta_1=\frac{2.2}{fT_{R1}},\ \eta_3=\frac{2.2}{fT_{R3}}$$

式中，f 为带宽频率的中心角频率，$f=2\pi\omega$；T_{Ri} 表示第 i 腔体的混响时间，所谓混响时间是指在扩散声场中，当声源停止后，声压值从初始值下降 60dB 所用的时间；而板结构的损耗因子 η_2 则可以通过测试或近似计算获得，也可以在相关手册中查得。

通过实际工况确定对声系统的能量输入 Π_1、Π_2、Π_3，解方程(2-56)得 E_1、E_2、E_3 后，左边腔体和右边内有效声压可以利用 E_1、E_3 写为

$$p_{e1}^2=\frac{E_1\rho c^2}{V_1},\ p_{e3}^2=\frac{E_3\rho c^2}{V_3}$$

第三节　声阻抗、声强及声功率

一、声阻抗、声强和声功率的定义

1. 声阻抗

描述声辐射和声场特性的一个重要概念是声阻抗。对于一个声源来说，如果它的表面振速是 u，表面积是 S，则 uS 称为体积速度 U。该声源表面声压与声源体积速度之比称为声阻抗 Z。

$$Z = \frac{p}{U} \tag{2-57}$$

通常,声阻抗 Z 是复数,其实部称为声阻 R,虚部为声抗 X。声阻抗的实部表示能量的"损耗",这个损耗表示声能从一个地方传播到另一个地方,也就是声源对外辐射的过程。声阻抗的虚部反映的是声源部分能量激发周围介质的振荡,它是一个类似弹簧振动的过程,只是将能量储存然后再释放回声源,因此这部分能量不对外辐射声能。

对于开放空间声场,由于体积速度概念变得不很明确,此时通常采用声阻抗率这个概念来描述声场概念。声阻抗率定义为声场中某点的声压值与该点速度的比值

$$Z = \frac{p}{u} \tag{2-58}$$

平面声波在媒质中传播时的声阻抗率为

$$Z = \rho c$$

由此可见,在平面声场中,各位置的声阻抗都相同,并且是实数,说明声能可以完全从一个位置传递到下一个位置。由于 ρc 是媒质的固有参数,所以称其为媒质的特性阻抗。

例 2.3 一个点声源发射出频率为 125Hz 的球面声波,求在离声源径向距离 1.5m 处的声阻抗率幅值。设媒介为空气,其在标准大气压 $P_0 = 1.013 \times 10^{-5}\text{Pa}$ 和温度为 0℃时,静态密度 $\rho_0 = 1.293\text{kg/m}^3$,$c_0 = 331.6\text{m/s}$。

解: 根据式(2-12),$p(r,t) = \frac{p_A}{r}e^{j(\omega t - kr)}$,利用例 2.1 的结果有 $u = \frac{j}{\rho_0\omega}\frac{\partial p}{\partial r}$,对变量 r 求导后,得质点运动速度为

$$u = \frac{p}{\rho_0\omega}\left(k - \frac{j}{r}\right)$$

则阻抗率为

$$Z = \frac{p}{u} = \rho_0 c_0 kr\left(\frac{kr + j}{1 + r^2k^2}\right)$$

$r = 1.5\text{m}$ 处的阻抗幅值

$$|Z| = \left|\frac{p}{u}\right| = \rho_0 c_0 kr\frac{1}{\sqrt{1 + r^2k^2}} = 412.7(\text{瑞利})$$

上式中 $k = \omega/c_0$。

2. *声强和声功率*

声场中某点处,与质点速度方向垂直的单位面积 S 在单位时间内通过的声能称为瞬时声强,它是一个矢量。对于稳态声场,声强是指瞬时声强在一定时间 T 内的平均值。声强的符号为 I,单位为瓦特每平方米(W/m^2)。而单位时间内通过某一面积的声能称为声功率,单位为瓦(W)。

声强的一般表达形式为

$$I = \frac{1}{T}\int_0^T p(t)u(t)_d \mathrm{d}t \tag{2-59}$$

式中,$p(t)$ 为 t 时刻的瞬态声压,$u(t)_d$ 表示沿 d 方向上质点瞬态速度。T 是声波周期的整数倍。

声强是一个矢量,它的方向和声场中的质点运动速度一致。由于声强是一个矢量,因此它可以清楚地描述声场中能量的分布和走向,故这种矢量特性帮助准确地对声源进行识别和定位。基于声强矢量特性的声强测试技术目前被广泛用于噪声源识别和分析的工程实践中。

从方程(2-59)可以知道,如果要得到空间点的声强值,必须知道该点的声压和该点的运动速度,声场中的声压值易于获得,但速度值较难得到,在实际测试中采用测两相近点(两点的距离远小于声波的波长)的声压,获得声压梯度来计算质点速度 u

$$u \cong \frac{p_1 - p_2}{\rho_0 d_s} \tag{2-60}$$

式中,d_s是两测点的距离。

对于在自由空间中传播的平面声波,单位时间平均声强可以写为

$$\bar{I} = \frac{p_e^2}{\rho c} \tag{2-61}$$

单位时间平均声功率为

$$\bar{W} = \bar{I} S \tag{2-62}$$

二、声压级、声强级、声功率级测量及声谱分析

为了表现声音的强弱,声学中采用"级"这个概念来表述。声音的强度变化范围是相当宽的,人们正常说话的声功率约 10^{-5}W,强力火箭发射时的声功率高达 10^9W,两者相差十几个数量级。由于早期的图形描述是基于手工绘制的基础上的,如直接使用声功率和声压的数值来表示很不方便。另一方面人耳对声音强度的感觉并不正比于强度的绝对值,而更接近正比于其对数值。因此在声学中普遍使用对数标度。使用对数标度时必须先选定基准量(或称参考量),然后对被量度量与基准量的比值求对数,这个对数值称为被量度量的"级",例如声压级、声功率级,其单位用 dB(分贝)来表示。

1. 声压级

声压级常用 L_p(dB)表示,定义为

$$L_p = 10\log_{10}\frac{p_e^2}{p_{ref}^2} = 20\log_{10}\frac{p_e}{p_{ref}} \tag{2-63}$$

式中,p_e为被测量声压的有效值;p_{ref}为参考声压。

在空气中参考声压 p_{ref}为 2×10^{-5}Pa,即为正常人耳朵对 1kHz 的声音刚能听到声压值。人耳的感觉特性,从刚能听到的 2×10^{-5}Pa 到引起疼痛的 2 Pa,两者相差 100 万倍。用声压级来表示其变化范围为 0～120dB。一般人耳对声音强弱的分辨能力约为 0.5dB。

进行声压级测量时,首先应对将测量的噪声作大致了解,根据噪声特性对测试仪器声级计选择适当测试方式和声级计种类。例如对于稳态噪声可选择普通声级计或精密声级计,对于非平稳的或脉冲噪声可选择脉冲声级计或普通声级计的脉冲挡,对于波动的或定常断续的噪声可选择积分声级计。

另外应考虑测试过程中的背景噪声的影响。在进行正式测量之前必须先测量背景噪声,然后与测量试验对象的噪声进行比较,若声压级相差 10dB 以上,可忽略背景噪声的影响;若声压级相差在 3～10dB 之间,则应进行背景噪声修正;若声压级相差低于 3dB,说明对象噪声与背景噪声接近,应采取适当措施提高信噪比。还应考虑风的影响,若测量现场有风,则会严重影响测量精度。在低速风时可使用防风罩,在固定方向的高速风时可使用鼻锥。

2. 声强级

声强级常用 L_I(dB)表示,定义为

$$L_I = 10\ \log_{10}\frac{I}{I_{ref}} \tag{2-64}$$

式中，I 为被量度的声强；I_{ref}为基准声强，在空气中，参考声强 I_{ref}取为 10^{-12}W/m^2。

对于空气中的平面声波

$$I = \frac{p^2}{\rho c} \tag{2-65}$$

则

$$L_I = 10\ \log_{10}\frac{I}{I_{ref}} = 10\ \log_{10}\frac{\left(\frac{p^2}{\rho c}\right)}{I_{ref}} = 10\ \log_{10}\frac{p^2}{p_{ref}^2} + 10\ \log_{10}\frac{p_{ref}^2}{\rho c I_{ref}} = L_p + 10\ \log_{10}\frac{400}{\rho c} \tag{2-66}$$

在一个大气压下，38.9℃空气特性阻抗 $\rho c = 400\text{Pa}\cdot\text{s/m}$。因此，在这个条件下对于空气中传播的平面声波有：$L_p = L_I$。因此，对于空气中的平面声波或球面波，一般可以认为 $L_p \approx L_I$。

理论上讲，用声强法测量机器声功率不受环境影响，可在现场测定运转机器的声功率。由于声强是矢量，采用声强探头及分析系统进行声强测量较方便，不需要特殊的声学环境，适宜作现场测量，所以声强测量在汽车噪声及其他机器噪声分析中得到日益广泛的应用。

根据声强的定义，沿机器的任意封闭包络面对法向声强积分便得到机器总的辐射声功率。声强测试另一个重要的方面是在现场直接进行噪声源的识别。用声强法进行声场能量流的测量分析，即可测量机器结构对声音的传递特性和吸声性能。对于常规需在消声室和混响室进行的结构吸声系数、传递损失和隔声量等，可采用声强技术直接测量。

当然，声强探头及分析系统相对声压测量系统要昂贵得多，测试方法也要麻烦一些。

3. 声功率级

声功率级直接反映了噪声源辐射声音的强度，因此在实际应用中占有重要的地位。

声功率级常用 L_W表示，定义为

$$L_W = 10\ \log_{10}\frac{W}{W_{ref}}(\text{dB}) \tag{2-67}$$

式中，W 为测量的声功率的平均值，对于空气媒质，参考声功率 $W = 10^{-12}$(瓦)。

考虑到声强与声功率之间的关系　$I = W/S$

式中，S 为垂直声传播方向的面积。

则声强与声功率之间的关系

$$L_I = L_W - 10\ \log_{10}S \tag{2-68}$$

对于确定的声源，其空间各处的声压级和声强级是会变化的，但声功率是不变的。

传统的声功率级的测量通常在消声室或混响室中进行，有时对测试要求不高或无法在上述理想环境测试时，也可在现场进行近似测试。一般测试时对声源的球面或半球面包络面进行声压值测试，然后计算出声功率级。

对于在消声室测试时的声功率计算公式为

$$L_W = L_p - 10\ \log_{10}\frac{Q}{4\pi r^2} \tag{2-69}$$

式中，Q 是指向性因数，r 是测试包络面半径。当声源是点声源时 $Q = 1$。

$$L_W = L_p + 20\ \log_{10}r + 11 \tag{2-70}$$

对于半消声室则指向性因数 $Q = 2$，有

$$L_W = L_p + 20\ \log_{10}r + 8 \tag{2-71}$$

对于混响室

$$L_W = L_p + 10\ \log_{10}S_e - K \tag{2-72}$$

式中，$K=10\log_{10}\left(Q+\frac{4S_e}{\alpha S}\right)$；其中$K$为环境修正系数，$S_e$为测试面积，$S$是声源表面积，$\alpha$为平均吸声系数。

当然也可采用前述的声强测试法来获得声功率级。

例 2.4 已知一点声源，距离其1m处测得声压值是80dB，试估算距离为10m处的声压级值，对于一般情况如果距离增加一倍，试计算其声压级值将如何变化。

解： 对于这个问题，首先可设声源的功率为W，则距离r处的声强为

$$I=\frac{W}{4\pi r^2}$$

任意两点r_1和r_2的声强可以写为

$$I_1=\frac{W}{4\pi r_1^2}, I_2=\frac{W}{4\pi r_2^2}$$

对应的声强级差为

$$\nabla L_I=L_{I1}-L_{I2}=10\log_{10}\frac{I_1}{I_o}-10\log_{10}\frac{I_2}{I_o}=10\log_{10}\frac{W}{4\pi r_1^2}-10\log_{10}\frac{W}{4\pi r_2^2}$$

$$\nabla L_I=20\log_{10}\frac{r_2}{r_1}$$

由于空气中的平面声波或球面波，一般可以认为$L_p\approx L_I$，因此声压级差为

$$\nabla L_p=20\log_{10}\frac{r_2}{r_1}$$

所以，从1m到10m声压级降低 $\nabla L_p=20\log_{10}\frac{10}{1}=20(\text{dB})$

则在10m处的声压值为 $80-20=60(\text{dB})$

从这里可以清楚得出当距离增加一倍时声压级降低为

$$\nabla L_p=20\log_{10}\frac{2r_1}{r_1}=6(\text{dB})$$

4. 声频谱分析

现实中的声音很少是单个频率的纯音，一般多是由多个频率组合而成的复合声。因此，常需要对声音进行频谱分析。所谓声频谱分析就是确定声波参量（包括声压、声强及声功率等）在各个频率或频带上对应的量值，即以频率为横坐标，以声波参量为纵坐标描述声能随频率变化的分布关系。

声谱分析的理论基础就是傅立叶变换，其物理意义是将声信号表述为各频率或频带上声信号分量之和，从而揭示声信号的频率特征。进行声谱分析与进行其他信号的谱分析在本质上是一样的，只不过分析的对象是声信号。

在声谱分析中一个常用的分析是倍频程分析，所谓倍频程分析是将连续频率分成一系列相连的频带，同时假定每一频带内的声能量是均匀分布的，常用的倍频程有1倍频程，1/2倍频程和1/3倍频程。在音乐中一个倍频程称为一个8度。

测试时将声音信号经过一定的带通滤波器后进行声谱分析，当带通频率满足$\log_2(f_2/f_1)=1$时称为1倍频程，$\log_2(f_2/f_1)=1/2$称为1/2倍频程，$\log_2(f_2/f_1)=1/3$称为1/3倍频程，式中f_1和f_2称为带通滤波器的上下截止频率。

第四节　噪声及其控制技术

一、噪声的概念

前面介绍了有关声学的基本知识，那么噪声与一般意义上的声音又有何不同？实际上噪声的定义主要是从主观需要的角度认为一切不希望存在的声就是噪声。众所周知，噪声对人的心理和生理都有严重的危害，它和大气污染、水污染并称为现代社会的"三大公害"，各国都制定了噪声允许标准。对于噪声的评价量有许多，这里只介绍下面两个。

1. 响度级，等响曲线和响度

人耳能接收声波的频率大约在20Hz到20kHz，低于20Hz的声波称为次声波，高于20kHz的声波称为超声波。人们通常用"响"与"不响"来描述对声音的感受，这种感觉同声波的强度和频率密切相关。也就是说相同声压级单频率不同的声波，人耳听起来会不一样。为了定量描述声音的这种特性，通常采用1000Hz纯音为标准，定义其声压为响度级，其符号是L_N，单位为"方"（phon）。其他频率的声音响度级通过与1000Hz纯音相比较来确定。例如某60Hz声源的声音听起来与70dB的1000Hz纯音一样，则该声源的响度级是70phon。对各个频率的声音作同样的试听比较得到同样响度级时频率与声压级的关系曲线，称为等响曲线，如图2-10所示。

由于响度级仍然是一种对数表度单位，不能线性表述响度级与人的主观听觉的轻响程度，因此用一个"响度"参量N来描述主观听觉与轻响程度的线性关系，其单位为"宋"（sone）。响度级与响度之间的关系

$$L_N = 40 + 10\log_2 N \tag{2-73}$$

2. 计权声级

对声或噪声的客观度量通常采用声压级、声强级或声功率级。由于人的感觉受到频率的影响，为了使声音的量度和人的听觉一致，在测试过程中对信号进行了模拟人耳的滤波，该滤波称为计权，根据频响特性的不同，计权分为A计权、B计权、C计权和D计权等。其中A计权相当于40phon等响曲线的倒置、B计权相当于70phon等响曲线的倒置、C计权相当于100phon等响曲线的倒置，B、C计权较少使用，D计权常用于航空噪音的测量。A计权的频率响应与人耳对宽频带的声音灵敏度相当，目前被广泛应用为评价参量。

二、噪声源识别

根据噪声源发声机理通常将噪声分成三类：机械噪声、空气动力噪声和电磁噪声。机械噪声往往是由于机械部件的振动、撞击、摩擦、不平衡等造成的。空气动力噪声是由于气体流动中的相互作用或与固体间的作用而产生的。电磁噪声则是由于电磁场的交变造成机械部件或空间容积的振动而产生的。

噪声源识别就是针对分析对象中存在的各种声源，采用各种方法了解其产生噪声的机理，为采取有效的降噪措施提供依据。

声源识别的方法很多，实际应用时应根据条件合理采用一种适当的方法，或几种方法相互补充验证，以保证有效地识别声源。下面简要介绍几种常用的声源识别方法。

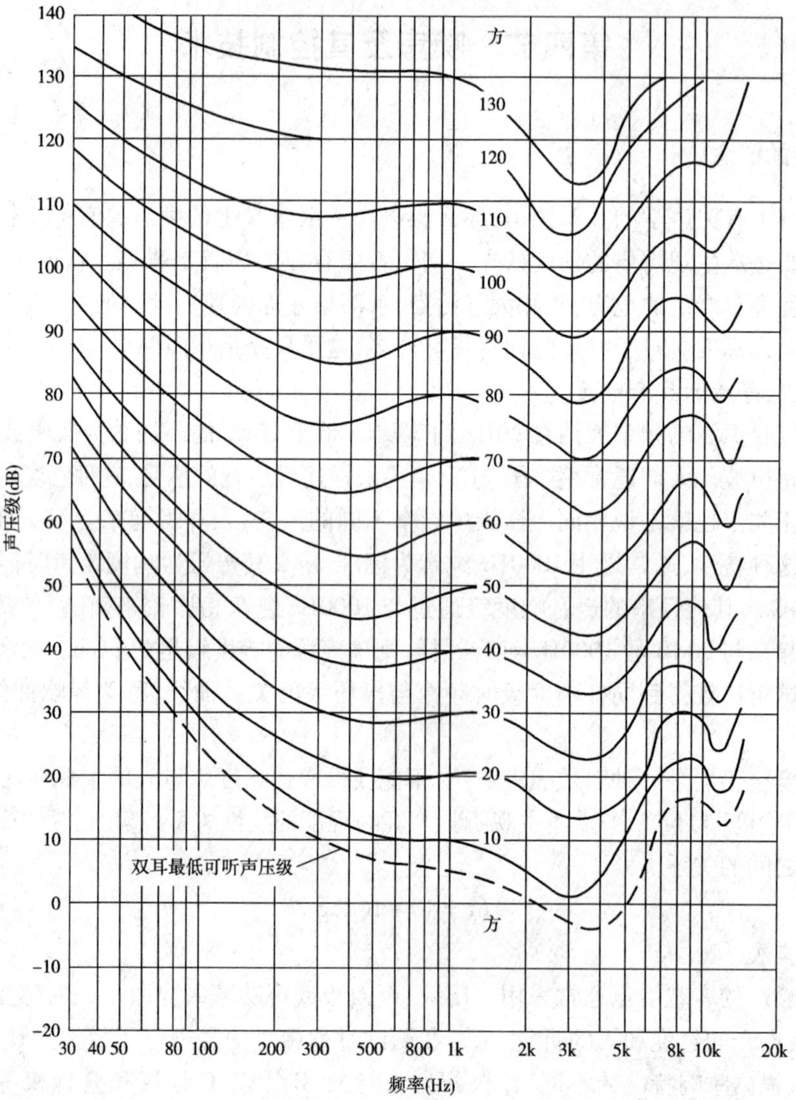

图 2-10　等响曲线图

1. 主观评价法

对于结构简单的系统,或熟知的设备,直接利用人的听觉系统对噪声进行鉴别,以判断声源的位置和特性。这种方法简便易行,取决于人的实践经验,无法对噪声源作定量描述。

2. 分别运行法

对于复杂机器存在多个发声的组件或部件,若能依次脱开运行,在声学环境不变的条件下,首先测得整个机器运转时的噪声,然后脱开某个部件或组件,使之不产生噪声,再运转机器、测量噪声,识别出所脱开部件的噪声。从而达到识别声源的目的。实际上部件间的影响总是存在的,这就影响该方法的识别精度。

3. 覆盖法

通常用铅板做成一个与机器各部分表面相接近的密封隔声罩,罩的内壁衬有吸声材料,以消除罩内的混响。罩表面设有可打开小窗口,则相应的机器表面暴露出来形成直接向罩外辐射噪声,这时可测得机器暴露部分表面辐射的声压级。依次移动窗口,则可确定机器噪声的主要辐射面和该面上的主要辐射区域,从而达到声源识别的目的。

4. 表面振速测量法

从前面的理论中可以知道,声的辐射和法向振动速度是密切相关的。通过测得振动结构表面的速度就可以得到表面辐射声的分布情况,识别出声源。此方法一般适用在高频段,因为此时结构的声辐射效率 $\sigma \approx 1$。而在低频段 $\sigma < 1$,使用有较大误差。

5. 信号分析法

信号分析法就是根据测试的振动信号,噪声信号等采用频谱分析、倒频谱分析、相关分析和相干分析等技术来确定噪声信号的频率特性、各信号间的相互关系,从而达到识别声源的目的。

6. 声强测量法

声强测量法是目前噪声源识别中较为先进的技术,由于声强是矢量因此测试时不受声源类型和现场的限制。可以直接识别出声源。

7. 声全息法

声全息技术随着信号分析技术的发展,越来越得到发展和应用。它通过对声源在声场中一个面或一个包络面的声压或声强测量,利用傅立叶声学理论逆向推导,识别出声源。

三、噪声的被动控制技术

目前噪声控制的方法可以分为被动控制和主动控制。所谓被动控制指噪声控制过程中除噪声源外没有其他外加能量输入的控制方法。传统的吸声、隔声、消声及隔振等均属噪声被动控制。如果在噪声控制过程中,在噪声源以外,人为加入能量(次级声源或次级力源等)来控制噪声的方法称为噪声主动控制。例如在噪声声场中加入另外一个或几个声源(这些声源称次级声源),来抵消噪声;或者用一个或几个力源(这些力源称次级力源)来抑制结构振动降低声辐射的方法都属主动控制范畴。

(一)吸声降噪

吸声降噪技术通常分成两类:多孔吸声材料和吸声结构。吸声材料和吸声结构的吸声特性通常用吸声系数来表示:

$$\alpha = \frac{E_a}{E_i} = 1 - r \tag{2-74}$$

式中,E_i是入射能量,E_a是吸收能量,r 是反射系数。

注意到式(2-74)与式(2-45)的关系,在式(2-74)中的反射系数 r 是能量反射系数,而式(2-45)中的反射系数 r_p 是声压反射系数,而声压和声能之间有一个平方关系[参见式(2-54)]。因此式(2-74)与式(2-45)是等效的。

吸声系数反映了单位面积的吸声能力,实际吸声量 A 则写为

$$A = \alpha S$$

式中,S 是吸声面积。

1. 多孔吸声材料

吸声材料是指能够把入射在其上的声能大量吸收的材料。噪声控制工程中常用的吸声材料都是多孔材料,如矿渣棉、石棉、玻璃棉、毛毡、木丝板等,这些材料表面富有细孔,孔和孔之间互相连通,并深入到材料内层,声波容易顺利地透入,当声波进入材料孔隙时,引起孔隙中的空气和材料的细小纤维波动,由于摩擦和黏滞阻尼作用,声能变为热能而耗散掉。

各种多孔吸声材料的吸声系数可以在相关的手册中查到。

在采用多孔吸声材料进行噪声控制时,应当注意以下几个问题。

(1)多孔吸声材料的吸声特性随声的频率的变化而变化,低频时,由于孔隙中的空气在单位时间内的振动次数少,对声波的衰减作用不大,故吸声系数很低。随着频率的提高,吸声系数逐渐增大,达到某一值后,增加不再明显。

(2)使用同一种多孔吸声材料,增加其厚度,可以提高低、中频的吸声效果,对高频吸声效果几乎没有影响,但厚度增加到一定程度后,效果就变得不明显了,而成本却增加很多,是不经济的。此外如果吸声材料结构设计时增加附加背后空气层也可起到提高中、低频吸声效果的作用。

(3)温度、湿度和气流等环境条件对材料的吸声性能也有一定影响。温度增高,吸声峰值向高频移动。使用时不要超过材料的温度使用范围,否则材料会被破坏,失去吸声作用。当吸声材料吸水受潮时,会引起材料变质,使材料中的间隙和小孔被水堵塞,使孔隙率减小,从而影响吸声性能。气流则会使材料纤维飞散,还会引起声波波长变化,使吸声峰值向高或低移动,呈现特性不稳定情况。

(4)多孔吸声材料的密度对吸声系数有一定影响,这是因为它直接与流阻有关。一般来讲,吸声材料的密度增加,低频吸声效果增加,高频吸声效果下降。因此,对吸声材料的密度必须合理地选择,以求得最佳的吸声效果。

2. 共振吸声结构

从能量平衡原理可知,如果噪声的能量转换为其他能量,能起到降低噪声的效果,吸声材料主要是将声能转变为热能,从而有效吸收中、高频声音。共振吸声结构利用声波激发结构或系统振动,通过结构的共振最大限度地吸收声能,达到吸声的目的。共振吸声结构的不足是其工作吸声频带较窄。

常见共振吸声结构有薄膜共振吸声结构、穿孔板式吸声结构、微穿孔板吸声结构等。

1)薄膜共振吸声结构

薄膜共振吸声结构由不透气的薄膜结构和其后面的封闭空气构成共振系统,以声腔共振方式吸收噪音的能量。该系统吸收噪声的频带窄,一般要达到宽频吸声的效果时,必须和其他形式的消声措施结合使用。薄膜共振吸声结构共振频率为

$$f_0 = \frac{c}{2\pi}\sqrt{\frac{\rho}{\rho_s D}} \tag{2-75}$$

式中,ρ_s是薄膜密度,D是薄膜后空气的腔深。

2)穿孔板吸声结构

穿孔板吸声结构是共振吸声结构的另一种形式,它在板材上以一定的孔径和穿孔率打上孔,与背后的空气层构成穿孔板吸声结构。穿孔板结构的吸声机理是这样的:当声波通过板上的小孔进入后面的腔体时,引起空气振荡,其中板上小孔内的空气柱在振荡过程中与板壁面摩擦产生热能而耗散掉,起到吸声作用。尤其是当声波频率与空腔的频率吻合时将产生共振,吸收大量的声能。

如果已知穿孔板上的穿孔率为B,板后空气层厚度为h,则穿孔板吸声结构的共振频率

$$f_0 = \frac{c}{2\pi}\sqrt{\frac{B}{hL_e}} \tag{2-76}$$

式中,L_e是板上孔的有效长度,对于圆孔,$L_e = L + \frac{\pi}{4}d$,其中L是实际孔长;d是孔的直径。实际工程应用中,板厚取2~5mm,孔径2~4mm,穿孔率控制在1%~10%,板后空气层厚度

10 ~ 25cm。

3）微穿孔板吸声结构

穿孔板吸声结构，虽然可以吸收低频的噪声，但其吸声频带窄，为增加其吸声频带通常要和多孔吸声材料相组合使用，但是如果将穿孔板的穿孔直径减小到 1mm 以下，则可增加吸声系数，拓宽吸声频带。微穿孔板吸声结构通常指板厚小于 1mm 的薄板上穿以孔径小于 1mm 的微孔，穿孔率在 1% ~5%，板后面留有 5 ~20mm 厚度空气层的吸声结构。

表征微穿孔板吸声结构的声阻抗

$$Z = R + j\left(\omega M - \cot\frac{\omega D}{c}\right) \tag{2-77}$$

式中，c 为声速，D 腔深，声阻 R 和声质量 M 可以写为

$$R = 0.147tK_t/d^2B, M = 0.294 \times 10^{-3}tK_m/B$$

上式中声阻系数 K_t 和声质量系数 K_m 分别为

$$K_t = \sqrt{1 + \frac{x^2}{32}} + \frac{\sqrt{2}xd}{8t}, K_m = 1 + \frac{1}{\sqrt{9 + x^2/2}} + 0.85\frac{d}{x}$$

其中的参数：$x = 10d/f, \omega = 2\pi f$，$f$ 是频率。d 是孔径，t 为板厚，B 是穿孔率。

微穿孔板吸声结构的共振频率可以写为

$$f_r = \frac{1}{2\pi\sqrt{(M + D/3c)(D/c)}} \tag{2-78}$$

微穿孔板吸声结构可以在气流、温度、湿度的大幅度变化的环境中应用，其吸声频带宽度可以达到 6 ~10 个 1/3 倍频程。

（二）隔声结构

隔声是噪声控制中的一个重要方法之一。所谓隔声是指在噪声传播的途径上设置障碍以阻止声波的传播。衡量隔声效果的两个重要指标是声强透射系数（简称透射系数）和隔声量。

前面介绍了声压透射系数，而在隔声结构设计中常用的是声强透射系数，它定义为透射声强与入射声强之比

$$\tau = \frac{I_t}{I_i} \tag{2-79}$$

隔声量 TL 则定义为 $TL = 10\log_{10}\frac{1}{\tau} = 10\log_{10}\frac{I_i}{I_t} = 20\log_{10}\frac{p_i}{p_t}$ （2-80）

隔声法常用的隔声装置有隔声罩、隔声室和隔声屏等。常用基本隔声结构有单层壁和双层壁两种。

1. 单层壁的隔声

最简单的隔声结构是单层均质壁，如钢板、铅板、砖墙、钢筋混凝土墙等。试验发现，单层壁的隔声量与壁的单位面积质量有密切关系。单位面积质量越大，其隔声量越高；同样厚度的钢板比铝板隔声效果好；同样材料的结构厚度大的隔声效果好。当声波垂直入射到单层壁面上时，如果忽略壁的弹性，则壁将在声波作用下作整体振动，从而引起壁另一侧的空气振动，部分入射声就这样透射过单层壁。此时，隔声量可用下式计算

$$TL = 10\log_{10}\left[1 + \left(\frac{\omega m}{2\rho_1 c_1}\right)^2\right] \tag{2-81}$$

通常 $\frac{\omega m}{\rho_1 c_1} \geqslant 1$，有

$$TL = 20\ \log_{10}\frac{\omega m}{2\rho_1 c_1} \tag{2-82}$$

上式称为隔声的“质量定律”。其中:$m=\rho_2 D$ 是板壁的单位面积质量;D 表示板壁厚;$\rho_1 c_1$ 是入射波一段的特性阻抗;ω 是角频率。

如板壁是在空气中进行隔声,则 (2-80)可以写为

$$TL = 20\ \log_{10} mf - 42.5 \tag{2-83}$$

若声波以角度 θ 入射到壁面上而其他条件不变,则隔声量为

$$TL = 10\ \log_{10}\left[1+\left(\frac{\omega\rho_2\cos\theta}{2\rho_0 c_0}\right)^2\right] \tag{2-84}$$

若声波随机地入射到壁面上,则隔声量为

$$TL = 18.5\ \log_{10} mf - 47.5 \tag{2-85}$$

比较式(2-82)、式(2-83)和式(2-84)可见,垂直入射时的隔声量比其他形式大。

如果考虑到隔声结构是弹性体,则当入射声波的频率与单层壁固有频率相等时,将引起壁的共振,从而使隔声效果大大下降。为了改善轻质隔声结构的隔声效果,可在这些结构的表面进行阻尼处理削弱结构的共振。

由于隔声板是弹性体,在入射声波作用下会产生弯曲振动。如果一定频率的声波以某一角度投射到壁面上,其波峰、波谷正好与壁面弯曲振动的波峰、波谷相吻合时(如图 2-11),壁的弯曲振动及其向另一侧的声辐射都达到极大,那么壁的隔声量就变得很小,形成了隔声低谷,这一现象称为“吻合效应”。可能产生吻合效应的最低频率称为临界频率,可用下式计算

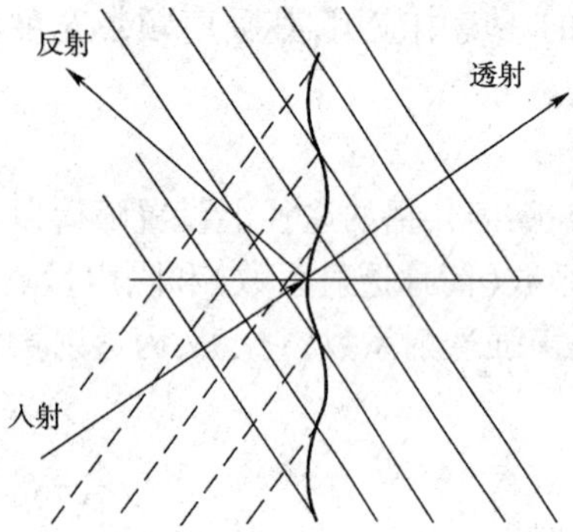

图 2-11　结构弯曲波和吻合效应

$$f_c = \frac{c^2}{2\pi\sin^2\theta}\sqrt{\frac{12\rho(1-\mu^2)}{ED^2}} \tag{2-86}$$

式中,c 是声速;θ 为入射角;E 是隔声板的杨氏模量;D 为板厚;ρ 是密度;μ 为泊松比。

当入射声波频率小于临界频率时,隔声结构可以视为像刚体一样作整体振动,这时要注意共振现象对隔声的不利影响。当入射声波频率高于临界频率时,就可能产生吻合效应使隔声量减小。对单一频率的声波,吻合效应只在特定的入射方向下才会发生;而无规入射时,则可在某一频段内产生吻合效应。因此,应注意设计隔声结构,使吻合效应的临界频率高于所限声波的频率范围上限或者大于人耳敏感的频率范围上限。

2. 双层隔声结构

由单层隔声结构的隔声质量定律可见,单位面积重量增加 1 倍,隔声量仅增加 6dB。但仅依靠增加墙的厚度来提高隔声量是不经济的。如果把单层墙一分为二,采用双层壁,虽然重量一样但隔声效果更好。

双层壁之所以能提高隔声性能,是因为当声波激发起第一层壁振动时,这种振动先传给空气层,再传给第二层壁,然后再向另一侧辐射声能。由于空气层的弹性变形具有缓冲减振作用,使得传给第二层壁的振动大为减弱,从而提高了总的隔声量。但双层隔声结构间的空气会作为弹簧与隔声壁质量发生共振,影响隔声效果,其共振频率可以写为

$$f_0 = \frac{c_0}{2\pi}\sqrt{\frac{2\rho_0}{mD}} \tag{2-87}$$

在入射波频率低于共振频率时双层壁的隔声量

$$TL = 10\log_{10}\left[1 + \left(\frac{\omega m}{\rho_0 c_0}\right)^2\right] \tag{2-88}$$

将上式与单层壁的隔声量比较可以发现，此时双层壁的隔声相当于将两垛壁合成一个的隔声量，说明在低频段双层壁的效果不比单层壁合在一起的效果更好。

在入射波频率高于共振频率时双层壁的隔声量

$$TL = 10\log_{10}\left[\left(\frac{\omega m}{\rho_0 c_0}\right)^4 (2kD)^2\right] \tag{2-89}$$

上式表明此时双层壁隔声效果相当于两层墙的隔声量再加上一个值。总隔声量大为增加。

通常双层壁之间空气层厚度增加，隔声量增加，但空气层厚度超过 10cm 后，隔声量就几乎不再增加，故一般取空气层厚度为 8 ~ 10cm。双层壁隔声也存在与单层壁一样的吻合效应；若两壁为厚度相同的同种材料时，其吻合临界频率与单层壁相同，可使隔声量下降。若两壁采用不同材料或设计成不同厚度时，两个单层壁的临界频率互相错开，从而避免出现隔声量低的吻合效应区域。在双层壁中间空气层填入适量的吸声材料，可减轻共振及吻合效应对隔声效果的影响。一般在壁中间空气层填充一些内阻较大的材料，如玻璃棉、矿植棉等，这样会吸收声能，进一步提高结构的隔声效果。

（三）消声器

消声器是一种允许气流通过，阻止噪声或降低噪声的特殊装置，它被广泛应用于噪声控制工程中，例如汽车发动机都安装有消声器。消声器的种类很多，这里主要给介绍阻性消声器和抗性消声器，多数的其他类型的消声器是在这两类的基础上发展起来的。

1. 阻性消声器

阻性消声器是将吸声材料安装在气流通道内，当噪声沿消声器管道传播时，声波由于摩擦和黏滞作用，将部分声能转变为热能耗散掉，从而达到消声的目的。由于吸声材料的作用类似电路中的电阻，故称为阻性消声器。一般吸声材料的吸声特性在中、高频表现好，所以这类消声器的中、高频消声性能较好。

阻性消声器的设计有许多方法，其中最基本的是基于声衰减量 L_A 的设计

$$L_A = 1.03\alpha^{1.4}\frac{L}{S}l \tag{2-90}$$

式中，α 是吸声材料平均吸声系数；L 是消声器断面周长；S 是消声器截面有效面积；l 是消声器有效长度。

阻性消声器除低频吸声特性不是很好外，还存在一个高频失效问题。当声波频率足够高时，声波波长相对通道截面尺寸很小，此时，声波呈束状通过消声器，很少与吸声材料接触，于是消声性能显著下降。产生这一现象的频率称为上限失效频率 f_L。

$$f_L = 1.85\frac{c_0}{D} \tag{2-91}$$

式中，c_0 是声速，D 为消声器的当量直径。

阻性消声器的结构形式多样，图 2-12 是常见的一些形式。

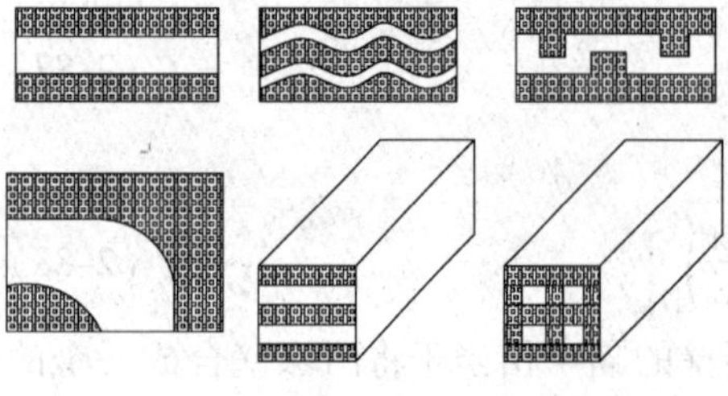

图 2-12 常见阻性消声器的结构形式

2. 抗性消声器

抗性消声器。它主要利用截面突变造成声传播通道的阻抗失配，产生声能的反射，从而达到消声目的。这类消声器一般是全金属结构，其构造简单、耐高温、耐腐蚀、耐气流冲击、不会被废气中的炭灰微粒堵塞、成本低而且寿命长。但单纯抗性消声器的选择性强，适用于中、低频噪声控制。

对于单节扩张室抗性消声器，其传声损失可以写为

$$TL = 10\log_{10}\frac{1}{\tau} = 10\log_{10}\left[1 + \frac{1}{4}\left(\eta - \frac{1}{\eta}\right)^2 \sin^2 kl\right] \tag{2-92}$$

式中，$\eta = S_2/S_1$ 为抗性消声器的扩张比。

在式(2-92)中，当 $kl = (2n+1)\pi/2$，即 $l = (2n+1)\lambda/4$ 时，传声损失 TL 最大。而当 $kl = n\pi$，即 $l = n\lambda/2$ 时，$TL = 0$，此时声波无衰减的通过，这是单节抗性消声器的最大缺陷。

抗性消声器的消声量随扩张比的增加而增加，但到一定程度，波长很短的高频声波会出现和阻性消声器一样的声波呈束状通过消声器的现象。此时消声性能显著下降，产生这一现象的抗性消声器上限失效频率为

$$f_L = 1.22\frac{c_0}{D} \tag{2-93}$$

抗性消声器的有效频率范围还存在一个下限截止频率，在低频范围内，当声波波长远大于抗性消声器的结构长度时，抗性消声器的扩张室和连接部分的空气媒质构成一个集中质量声振系统，当入射声波的频率和该系统的频率吻合时，产生共振。此时抗性消声器不仅不能降噪反而造成声音的放大。

抗性消声器的下限截止频率 f_B 可以写成

$$f_B = \frac{1}{\pi}\sqrt{\frac{S}{2VL}} \tag{2-94}$$

式中，S 指连接管的截面积；L 是连接管的长度，V 表示扩张室的体积。

图 2-13 是几种常见的抗性消声器结构。

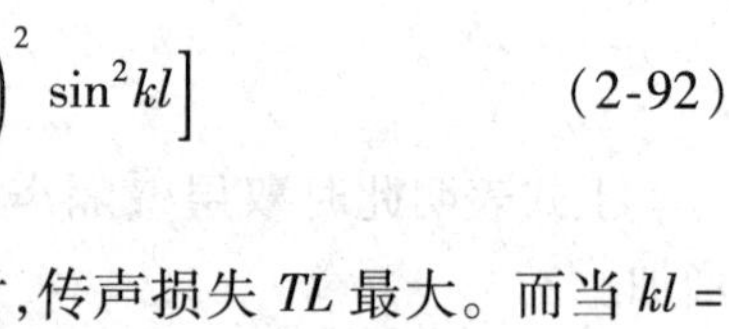

图 2-13 常见的抗性消声器结构形式

练 习 题

2.1 推导出一维坐标下的质点速度的波动方程并求其通解。

2.2 频率为 500Hz 的声波在空气、水中和钢中的波长分别为多少？

（已知空气中的声速是 340m/s，水中是 1483m/s，钢中是 6100m/s）

2.3 在标准温度的空气中，有一平面声波，已知其声压为 82dB，试求其有效声压、平均声能密度与声强。

2.4 试计算声波由空气垂直入射到水面时的声压反射系数和声压透射系数，如果入射角是 30°，则折射角多大？什么情况下产生全反射？入射临界角多大？

2.5 定义反射波的声强与入射波的声强之比为声强反射系数，透射波的声强与入射波的声强之比为声强透射系数，试推导声波垂直入射时与斜入射时的声强反射系数和声强透射系

数。并比较声压反射系数，声强反射系数以及声压透射系数，声强透射系数的关系。

2.6　什么是相干声波和不相干声波？

2.7　为什么在低频段，结构的各模态之间的声辐射效率不同，而在高频段区别不明显？

2.8　统计能量法的核心是什么？

2.9　声阻抗是如何定义的？其实部和虚部的物理含义是什么？

2.10　声压级、声强级和声功率级是如何定义的？三者之间的关系如何？

2.11　声压级中为什么定义了不同的计权方式？

2.12　什么是噪声？常用的噪声源识别方法有哪些？

2.13　吸声材料和吸声结构在降噪中的机理有什么不同？

2.14　试求空气中厚为0.5mm的钢板，不考虑其弹性特性时，对300Hz及1500Hz的不同入射声波的隔声量。

2.15　什么是隔声过程中的“吻合效应”？它和隔声中的结构共振有何不同？

2.16　阻性消声器与抗性消声器的本质区别是什么？在使用时要注意什么问题？

第三章　汽车发动机的振动分析与控制

【主要内容】 本章讨论发动机的振动激励源，介绍发动机隔振的基本原理，给出发动机悬置系统的动力学模型及其优化设计方法，介绍气门机构的振动模型及其控制措施。

第一节　发动机的振动激励源分析

一、单缸发动机的激励源

发动机及与其刚性连接的离合器、变速器等组成的动力总成是汽车车体中最大的集中质量，发动机工作中产生的不平衡惯性力和力矩是引起汽车振动的主要激励源之一。因此，动力总成以及将其与车架相连的支承元件所组成的发动机悬置系统是汽车振动系统中重要的子系统。恰当地选择发动机支承参数(支承的刚度、安装位置和角度等)，不仅可使整车振动及噪声水平明显下降，而且能防止发动机机件的过早损坏，提高车上各零部件的疲劳寿命。因此，在现代汽车设计中，发动机悬置系统的设计受到广泛重视。而讨论发动机的振动激励源，主要讨论导致发动机扭振和传递到车架的振动激励源。

1. 惯性力激励源

讨论发动机振动时，常在保证重心位置和总质量不变的条件下，根据力学原理，把整套曲柄连杆机构的质量用集中在曲柄销与活塞销上的两个质量来代替。于是，曲柄连杆机构就简化为图 3-1 所示的系统。其中质量 m_1 通常由曲柄销、曲柄碗的不平衡部分和连杆大端组成，由它产生回转离心力，质量 m_2 通常由活塞组和连杆小端组成，由它产生往复惯性力。

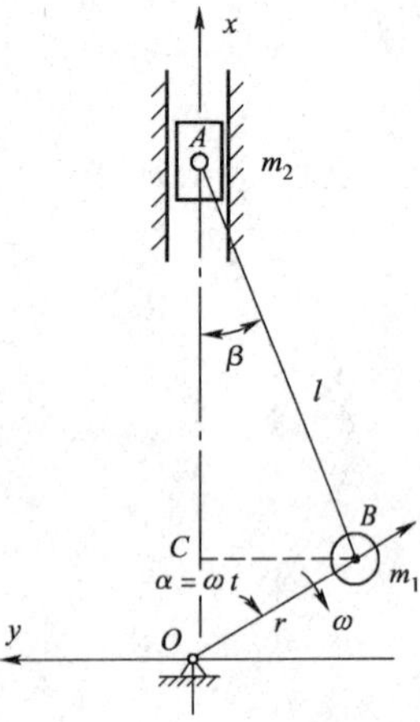

图 3-1　发动机运动部件简图

集中在曲柄销上的质量 m_1 作等速圆周运动，其离心惯性力 P_r 为

$$P_r = m_1 r\omega^2 \tag{3-1}$$

式中，ω 为曲轴的角速度。若曲轴的每分钟转速为 n(r/min)，则 $\omega = 2\pi n/60$ (rad/s)。

式(3-1)为单缸发动机回转部分的离心力，其大小不变、只变方向，即它是随着曲柄回转，且总是沿着曲柄半径方向向外作用。

集中在活塞销上的质量 m_2 作上下往复运动，由图(3-1)所示的几何关系，可列出 m_2 沿 x 轴的位移

$$\begin{aligned} x &= OC + CA = OB\cos\alpha + AB\cos\beta \\ &= r\cos\alpha + l\cos\beta \\ &= r\left(\cos\alpha + \frac{1}{\lambda}\cos\beta\right) \end{aligned} \tag{3-2}$$

式中，$\lambda = r/l$ 为曲柄半径与连杆长度之比，一般在 1/3 ~ 1/5 的范围内。

由图 3-1 中 ΔABC 和 ΔOAB 的几何关系，有

$$l\sin\beta = r\sin\alpha$$

所以

$$\sin\beta = \frac{r}{l}\sin\alpha = \lambda\sin\alpha$$

则

$$\cos\beta = \sqrt{1-\lambda^2\sin^2\alpha} = (1-\lambda^2\sin^2\alpha)^{\frac{1}{2}}$$
$$= 1 - \frac{1}{2}\lambda^2\sin^2\alpha - \frac{1}{8}\lambda^4\sin^4\alpha - \frac{1}{16}\lambda^6\sin^6\alpha\cdots$$

又因

$$\sin^2\alpha = \frac{1}{2}(1-\cos2\alpha)$$

忽略高次项，所以

$$\cos\beta \approx 1 - \frac{1}{2}\lambda^2\sin^2\alpha \approx 1 - \frac{1}{4}\lambda^2(1-\cos2\alpha)$$

以此代入式(3-2)得

$$\begin{aligned} x &= l\left(1-\frac{\lambda^2}{4}\right) + r\left(\cos\alpha + \frac{\lambda}{4}\cos2\alpha\right) \\ &= l\left(1-\frac{\lambda^2}{4}\right) + r\left(\cos\omega t + \frac{\lambda}{4}\cos2\omega t\right) \end{aligned} \tag{3-3}$$

式(3-3)就是活塞位移的近似公式。有了位移后即可求速度和加速度，为

$$\dot{x} = \frac{\mathrm{d}x}{\mathrm{d}t} = -r\omega\left(\sin\omega t + \frac{\lambda}{2}\sin2\omega t\right) \tag{3-4}$$

$$\ddot{x} = \frac{\mathrm{d}^2x}{\mathrm{d}t^2} = -r\omega^2(\cos\omega t + \lambda\cos2\omega t) \tag{3-5}$$

集中质量 m_2 的往复惯性力为

$$\begin{aligned} p_j &= m_2\ddot{x} = -m_2r\omega^2(\cos\omega t + \lambda\cos2\omega t) \\ &= -m_2r\omega^2\cos\omega t - m_2\lambda r\omega^2\cos2\omega t \end{aligned} \tag{3-6}$$

由式(3-6)可见，单缸发动机中往复运动部分的惯性力是由两部分组成：一部分幅值为 $m_2r\omega^2$，变化频率等于曲轴角速度 ω。即曲轴每转一转它变化一次，称为一次惯性力；另一部分幅值为 $m_2r\lambda\omega^2$，变化频率等于 2ω，即两倍的曲轴角速度，则曲轴每转一转它要变化二次，称为二次惯性力。

2. 单缸发动机的总激励源

当发动机工作时，作用在曲柄连杆机构上的主动力是

$$P_g = (p_g - 1)\frac{\pi D^2}{4} \tag{3-7}$$

式中，p_g 表示活塞顶面上气体的爆发压力；D 表示活塞直径。

由图 3-2b)可写出活塞的受力平衡方程

$$\left.\begin{aligned} \sum F_x = 0 \qquad & P_t\cos\beta - (P_g + P_j) = 0 \\ \sum F_y = 0 \qquad & P_t\sin\beta - P_n = 0 \end{aligned}\right\} \tag{3-8}$$

由此可解出连杆的轴向力 P_t 和活塞的侧向压力 P_n：

$$\left.\begin{aligned} P_t &= \frac{P_g + P_j}{\cos\beta} \\ P_n &= (P_g + P_j)\tan\beta \end{aligned}\right\} \tag{3-9}$$

迫使曲轴旋转的主动力矩为

$$M_{主} = P_t h = P_t r\sin(\alpha+\beta)$$

$$= P_g \frac{\sin(\alpha+\beta)}{\cos\beta} r + P_j \frac{\sin(\alpha+\beta)}{\cos\beta} r = M_p + M_j \tag{3-10}$$

由此可见,气体压力和往复惯性力都要对曲轴产生转动力矩,其值是周期性变化的,且变动的幅值也比较大。此力矩会激起曲轴系统的扭转振动。在第四章中将对此问题作专门的讨论。

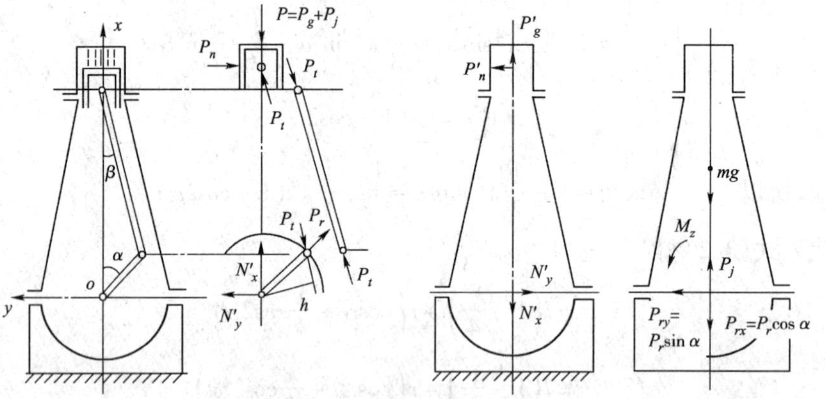

图 3-2　单缸发动机受力简图

根据作用力和反作用力定律,通过活塞作用在缸体上的侧向压力为 $P_n' = P_n$,这产生一反力矩,使发动机缸体绕曲轴轴线作反向转动。

$$M_{反} = P_n' OA = [(P_g + P_j)\tan\beta](r\cos\alpha + l\cos\beta)$$

$$= [(P_g + P_j)\tan\beta]\left(r\cos\alpha + \frac{l\sin\beta\cos\beta}{\sin\beta}\right)$$

$$= [(P_g + P_j)\tan\beta] r \frac{\sin\beta\cos\alpha + \sin\alpha\cos\beta}{\sin\beta} \tag{3-11}$$

$$= (P_g + P_j)\tan\beta \cdot r \frac{\sin(\alpha+\beta)}{\sin\beta} = (P_g + P_j)\frac{\sin(\alpha+\beta)}{\cos\beta} r = M_{主}$$

由图 3-2b),可写出曲轴的受力平衡方程

$$\left.\begin{aligned} \sum F_x = 0 \qquad N_x - P_t\cos\beta + P_r\cos\alpha = 0 \\ \sum F_y = 0 \qquad N_y - P_t\sin\beta - P_r\sin\alpha = 0 \end{aligned}\right\} \tag{3-12}$$

由此可解出支承的反作用力

$$N_x = P_t\cos\beta - P_r\cos\alpha = \frac{P_g + P_j}{\cos\beta}\cos\beta - P_r\cos\alpha$$

$$= P_g + P_j - P_r\cos\alpha \tag{3-13}$$

$$N_y = P_t\sin\beta + P_r\sin\alpha = \frac{P_g + P_j}{\cos\beta}\sin\beta + P_r\sin\alpha$$

$$= P_g\tan\beta + P_j\tan\beta + P_r\sin\alpha \tag{3-14}$$

根据作用力和反作用力定律,曲轴作用在轴承上的铅垂力为 $N_x' = N_x$,由式(3-13)可知,此力由三部分组成:其中的气体压力部分 P_g 与作用在发动机汽缸顶部的气体压力为 P_g'($P_g' = P_g$)等值反向,互相平衡,此力只能使汽缸受到拉伸或压缩,而不会传到发动机外而去引起汽车振动;但往复惯性力 P_j 和离心惯性力 P_r 的铅垂分量会传到车架上,引起整车的铅垂振动。

曲轴作用在轴承上的水平力为 $N_y'(N_y' = N_y)$，也由三部分组成：其中的气体压力和往复惯性力部分（$P_g\tan\beta + P_j\tan\beta$）与活塞对缸壁的压力（$P_n' = P_g\tan\beta + P_j\tan\beta$）构成一反转力偶，其力偶矩即为式(3-11)。这种反转力矩将通过发动机支承点传到车架上，使整车产生横向摆动；旋转质量的离心惯性力 P_r 的水平分量会传到车架上，引起整车的水平振动。

综合上述分析，可绘出图 3-2d）所示的单缸发动机受力图。

二、多缸发动机的激励源

多缸直列发动机可视为由曲轴连接起来的几个单缸发动机。作用在整个缸体上的干扰力，应是各单缸体受到的干扰力组成的一组空间力系。如图 3-3 所示。一般情况下，此力系可简化为图 3-4 所示的受力情况。

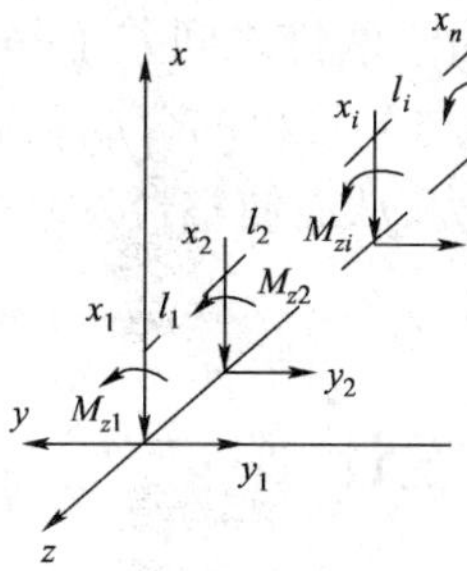

图 3-3　多缸发动机受力情况

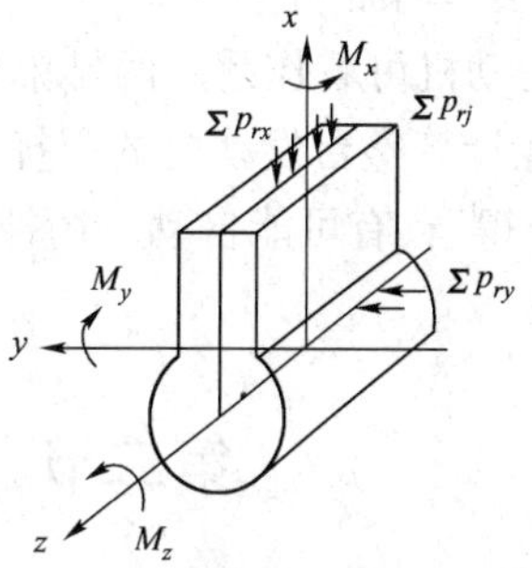

图 3-4　发动机缸体受力情况

设以 φ_i 表示第 i 个曲柄相对于第 1 个曲柄的夹角，并设有 n 个缸，于是由式(3-1)，可得回转离心力在垂直方向的合力为

$$\sum P_{rx} = m_1 r\omega^2[\cos(\omega t + \varphi_1) + \cos(\omega t + \varphi_2) + \cdots + \cos(\omega t + \varphi_n)]$$
$$= m_1 r\omega^2 \sum_{i=1}^{n} \cos(\omega t + \varphi_i)$$

由式(3-6)，可得往复惯性力的合力为：

$$\sum P_j = m_2 r\omega^2 \sum_{i=1}^{n} \cos(\omega t + \varphi_i) + m_2 r\omega^2 \lambda \sum_{i=1}^{n} \cos 2(\omega t + \varphi_i)$$

于是，总铅垂干扰力为

$$P_x = \sum P_{rx} + \sum P_j$$
$$= (m_1 + m_2) r\omega^2 \sum_{i=1}^{n} \cos(\omega t + \varphi_i) + m_2 r\omega^2 \lambda \sum_{i=1}^{n} \cos 2(\omega t + \varphi_i) \tag{3-15}$$

水平干扰力仅与旋转质量的离心惯性力 P_r 的水平分量有关

$$P_y = \sum P_{ry} = m_1 r\omega^2 \sum_{i=1}^{n} \sin(\omega t + \varphi_i) \tag{3-16}$$

绕水平 y 轴转动的干扰力矩 M_y 等于各缸铅垂干扰力对 y 轴的力矩，即

$$M_y = m_1 r\omega^2 \sum_{i=1}^{n} l_i \cos(\omega t + \varphi_i) -$$
$$m_2 r\omega^2 \sum_{i=1}^{n} l_i \cos(\omega t + \varphi_i) - m_2 r\omega^2 \lambda \sum_{i=1}^{n} l_i \cos 2(\omega t + \varphi_i) \tag{3-17}$$
$$= (m_1 - m_2) r\omega^2 \sum_{i=1}^{n} l_i \cos(\omega t + \varphi_i) - m_2 r\omega^2 \lambda \sum_{i=1}^{n} l_i \cos 2(\omega t + \varphi_i)$$

式中，l_i 为第 i 个曲柄到简化中心的距离。

绕铅垂轴的干扰力矩等于各缸水平干扰力对 x 轴之矩，它仅与旋转惯性力有关，即

$$M_x = m_1 r\omega^2 \sum_{i=1}^{n} l_i \sin(\omega t + \varphi_i) \tag{3-18}$$

绕曲轴轴线的扭转干扰力矩是与惯性力及气体压力有关的周期函数，由式(3-11)，有

$$M_z = \sum_{i=1}^{n} M_{反} = \sum_{i=1}^{n} (P_g + P_j) \frac{\sin(\alpha_i + \beta_i)}{\cos\beta_i} r \tag{3-19}$$

式(3-19)可用傅立叶级数展开，以进行简谐分析。

由式(3-15)~式(3-19)可以看出，作用在直列多缸发动机上的干扰力和干扰力矩都是曲轴转角的周期函数，它们将引起发动机和车架的振动。为了减小这种有害的振动，除合理布置曲柄间的相互位置、采取有效的平衡方法和点火顺序来消除或减少干扰外，还应采取隔振措施来减少发动机传给车架的干扰力。

对于 V 形发动机可看作系由两排单列发动机组成。由于两排之间差了一个汽缸夹角（又称 V 角），因此在计算整台发动机的干扰力和力矩时，需考虑 V 形机的合成系数。如果 V 形机的汽缸夹角选择得当，有可能自动平衡掉一些激励简谐分力，从而使整台发动机的振动性能有所改善。

第二节　发动机隔振设计

一、隔振原理

机器设备的剧烈振动，不但会造成机器本身结构部件的损坏和寿命的缩短等，而且还会影响周围的精密仪器设备，降低其灵敏度和精确度，且使其不能正常工作；振动和振动产生的噪声危害人体健康，降低工作效率。所以，有效地隔离振动是振动控制中的一个相当重要的问题。

隔振分为两种：主动隔振和被动隔振。

1. 主动隔振

振源是机器本身，使它与地基隔离，减少对周围的影响，称为主动隔振。例如，为了减小机器运转时产生的不平衡力传给支座，常在机器和支座之间装上弹簧和阻尼器（如弹簧、橡胶、毛毡等），就是常用的主动隔振措施，如图 3-5 所示。

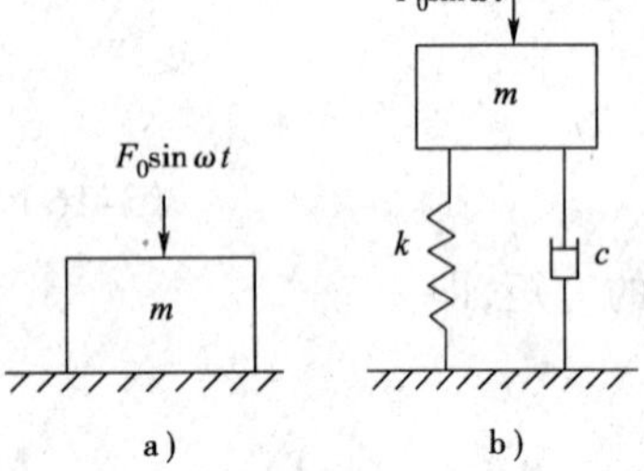

图 3-5　主动隔振

设机器的铅垂不平衡力 $F(t) = F_0 \sin\omega t$。当振源未隔离前如图 3-5a）所示，它传到地基上的力就是原来的激振力 $F_0 \sin\omega t$。隔振后如图 3-5b）所示，经隔振装置传递到地基上的力有两部分：

经弹簧传给地基的力

$$F_s = kx = kX\sin(\omega t - \varphi)$$

经阻尼器传给地基的力

$$F_d = c\dot{x} = c\omega X\cos(\omega t - \varphi)$$

F_s 和 F_d 是相同频率、相位差 π/2 的简谐作用力。因此，传给地基的力的最大值 F_T 为

$$F_T = \sqrt{(kX)^2 + (c\omega X)^2} = kX\sqrt{1 + (2\zeta\lambda)^2}$$

式中，$\lambda = \omega/\omega_n$，$\omega$ 为激振力频率，$\omega_n = \sqrt{k/m}$ 为隔振装置的固有频率。

由于在 $F_0\sin\omega t$ 作用下，系统稳态响应的振幅为

$$X=\frac{F}{k\sqrt{(1-\lambda^2)^2+(2\zeta\lambda)^2}}$$

则

$$F_T=\frac{F\sqrt{1+(2\zeta\lambda)^2}}{\sqrt{(1-\lambda^2)^2+(2\zeta\lambda)^2}} \tag{3-20}$$

将实际传递的力幅 F_T 与不平衡力幅 F_0 的比值称为力传递率(或隔振系数)，以 T_F 来表示

$$T_F=\frac{F_T}{F_0}=\frac{\sqrt{1+(2\zeta\lambda)^2}}{\sqrt{(1-\lambda^2)^2+(2\zeta\lambda)^2}} \tag{3-21}$$

T_F 就是评价主动隔振效果的指标。

2. 被动隔振

若振源来自支座(或基础)运动，为了减少支座位移对机器、仪表等产生的振动，也要采用一定的隔振措施，这种隔振措施称为被动隔振。图 3-6 是被动隔振的模型，该模型与基础运动的模型相同。因此，隔振后系统稳态响应的振幅为

$$X=Y\sqrt{\frac{1+(2\zeta\lambda)^2}{(1-\lambda^2)^2+(2\zeta\lambda)^2}}$$

评价被动隔振效果的指标为位移传递率

$$T_D=\frac{X}{Y}=\sqrt{\frac{1+(2\zeta\lambda)^2}{(1-\lambda^2)^2+(2\zeta\lambda)^2}} \tag{3-22}$$

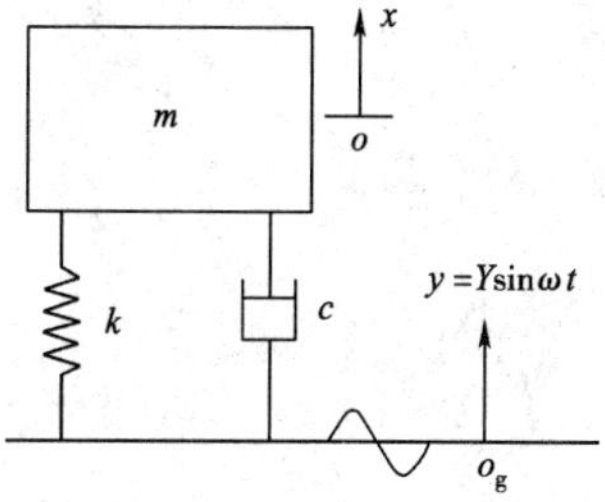

图 3-6　被动隔振

式(3-22)的位移传递系数 T_D 与式(3-21)的力传递系数 T_F 的表达式完全相同。因此，在设计主动隔振装置或被动隔振装置时所遵循的准则是相同的。令 $T_F=T_D=T_R$，T_R 叫做传递率。传递率 T_R 随 ζ 和 λ 的变化曲线是图 3-7 的曲线，该曲线与第一章的图 1-6 支承谐波激励的幅频响应相同。由图可见，当 $\lambda=0$ 和 $\lambda=\sqrt{2}$ 时，$T_R=1$，与阻尼无关，即传递的力或位移与施加给系统的力或位移相等。在 $0<\lambda<\sqrt{2}$ 的频段内，传递的力或位移都比施加的力或位移大。而当 $\lambda>\sqrt{2}$ 以后，所有的曲线都表明，传递率 T_R 随激励频率的增大而减小。因此，可以得到两点结论：

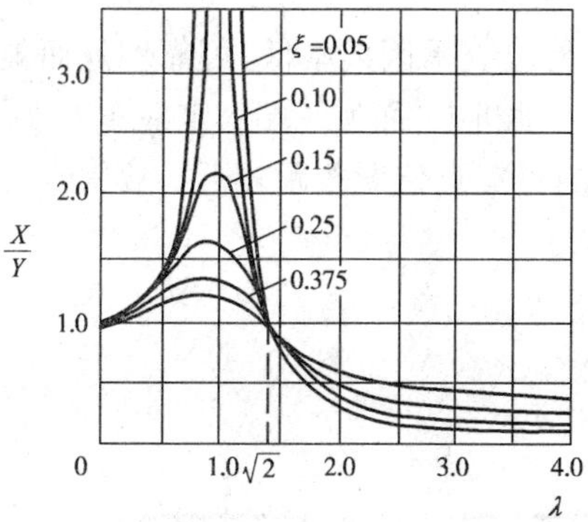

图 3-7　幅频曲线

(1)不论阻尼比为多少，只有在 $\lambda>\sqrt{2}$ 时才有隔振效果；

(2)对于某个给定的 $\lambda>\sqrt{2}$ 值，当阻尼比减小时，传递率也减小。

因此，单纯从隔振观点来看，阻尼增加会降低隔振效果。为了隔振，最好的办法似乎是用一个无阻尼的弹簧，使频率比 $\lambda>\sqrt{2}$。但在生产工作中，常会遇到一些不规则的外界冲击和扰动，为避免弹性支承的物体产生大幅度的自由振动，常需要一些阻尼以抑制其振幅，且可使自由振动很快地消失。特别是当隔振对象在起动及停机过程中，需通过共振区时阻尼的作用就更为重要。

当 $\lambda>\sqrt{2}$ 时，随着频率比的不断增大，T_R 值越来越小，即隔振效果越来越好。但 λ 也不宜

过大，因为 λ 值大即意味着隔振器要设计得很柔软，静挠度要很大，相应的体积要很大，并且装置的稳定性也差，容易摇晃。另一方面，当 $\lambda>5$ 后 T_R 值的变化并不明显。因此，一般实际采用的频率比 λ 常在 2.5 ~ 4.5 之间，相应的隔振效率为 80% ~90%。

二、发动机悬置系统动力学模型及优化设计

1. 发动机悬置系统的物理模型

为了减少发动机不平衡干扰力对车架的影响，汽车发动机都是用弹性支承安装在车架上，一般有三点支承和四点支承（如图 3-8 所示），对于大型发动机，为了减小动力总成的纵向弯曲变形，有时还采用中间辅助支承。

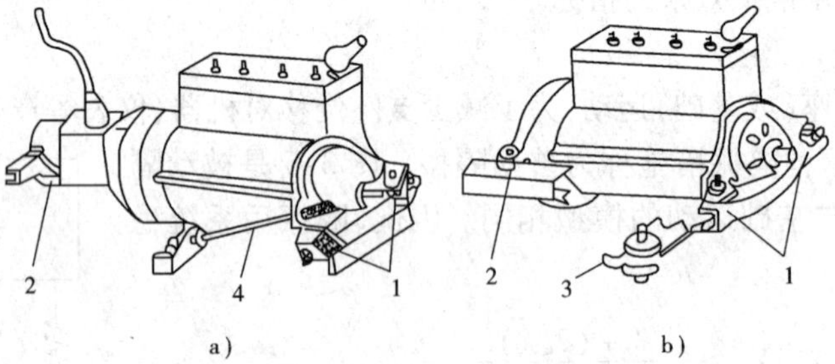

图 3-8　发动机支承

a）三点支承；b）四点支承

1-前支承；2-后支承；3-橡胶垫圈；4-拉杆

发动机悬置系统可简化为如图 3-9 所示的力学模型。从隔振的角度，汽车发动机总成及其悬置所组成的弹性系统，其固有频率通常为 6 ~ 30Hz，在此频率范围内发动机的振动只存在刚体模态，因此可以把发动机总成简化为一空间刚体，其位置可用质心的三个直角坐标 x、y、z，以及绕过质心平行于定坐标轴的三个坐标轴转角 θ_x、θ_y、θ_z 来表示，因而发动机总成具有 6 个自由度，其广义坐标列矢量为

$$\boldsymbol{Q}=\{x \quad y \quad z \quad \theta_x \quad \theta_y \quad \theta_z\}^{\mathrm{T}} \tag{3-23}$$

在研究发动机振动时，定坐标系的原点选在平衡位置时的重心上，x 轴平行于曲轴轴向指向汽车前方，y 轴垂直于各汽缸中心线所在的平面指向发动机右侧，z 轴铅垂向上，如图 3-9 所示。

汽车发动机的弹性支承一般有液力支承和橡胶支承。橡胶支承因成本低、可靠性好而被广泛应用。图 3-10 所示的橡胶垫，安装时它的一端固定在发动机上，而另一端固定在车架上。橡胶垫在空间正交的三维方向上都有弹性，但由于发动机的各支点位置相距较近。故常略去

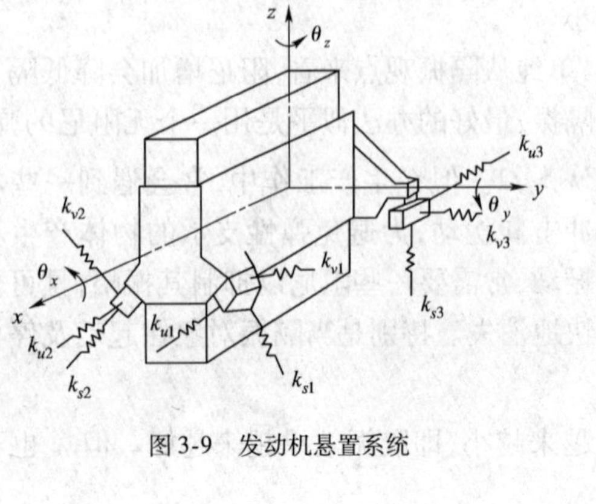

图 3-9　发动机悬置系统

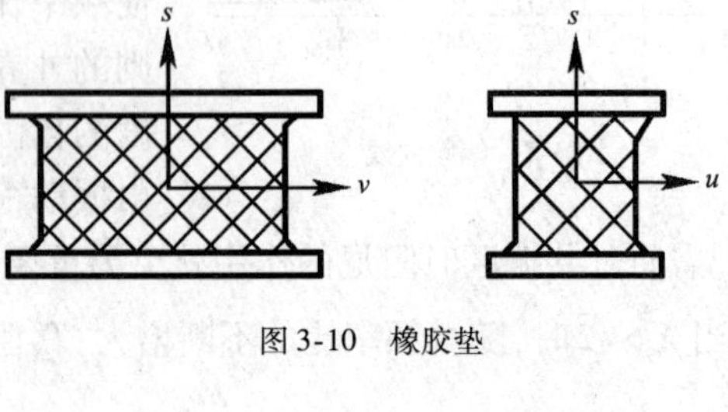

图 3-10　橡胶垫

支承垫的扭转弹性，而把橡胶垫简化为沿空间三个轴 u、v、s 都有弹性的弹簧，此三轴称为橡胶垫的弹性主轴。沿弹性主轴方向的刚度称为主刚度，分别为 k_u、k_v、k_s。当振幅较小，阻尼可略去时，把橡胶垫假设为一种无阻尼的线性弹性元件；在大多数情况下，可将橡胶材料的黏弹性性质用复刚度代表。

2. 发动机悬置系统的质量矩阵和刚度矩阵

由刚体动力学可知，发动机总成作刚体运动时的动能为

$$T=\frac{1}{2}(m\dot{x}^2+m\dot{y}^2+m\dot{z}^2+J_x\dot{\theta}_x^2+J_y\dot{\theta}_y^2+J_z\dot{\theta}_z^2)-J_{xy}\dot{\theta}_x\dot{\theta}_y-J_{yz}\dot{\theta}_y\dot{\theta}_z-J_{xz}\dot{\theta}_x\dot{\theta}_z$$

写成矩阵形式为

$$T=\frac{1}{2}\boldsymbol{Q}^{\mathrm{T}}\boldsymbol{M}\boldsymbol{Q} \tag{3-24}$$

式中，$\dot{\boldsymbol{Q}}=\{\dot{x}\quad \dot{y}\quad \dot{z}\quad \dot{\theta}_x\quad \dot{\theta}_y\quad \dot{\theta}_z\}^{\mathrm{T}}$，是广义速度列矢量；$\boldsymbol{M}$ 是质量矩阵，是一个对称矩阵，且

$$\boldsymbol{M}=\begin{bmatrix} m & 0 & 0 & 0 & 0 & 0 \\ 0 & m & 0 & 0 & 0 & 0 \\ 0 & 0 & m & 0 & 0 & 0 \\ 0 & 0 & 0 & J_x & -J_{xy} & -J_{zx} \\ 0 & 0 & 0 & -J_{xy} & J_y & -J_{yz} \\ 0 & 0 & 0 & -J_{zy} & -J_{yz} & J_z \end{bmatrix} \tag{3-25}$$

式中，m 是发动机总成质量；J_x、J_y、J_z分别为发动机总成绕 x、y、z 轴的转动惯量；J_{xy}、J_{xz}、J_{yz}分别为发动机总成对应于其下标所指的平面的惯性积。

如果 x、y、z 轴是发动机总成的惯性主轴，则 $J_{xy}=J_{xz}=J_{yz}=0$，此时可把发动机总成的动能表示成：

$$T=\frac{1}{2}(m\dot{x}^2+m\dot{y}^2+m\dot{z}^2+J_x\dot{\theta}_x^2+J_y\dot{\theta}_y^2+J_z\dot{\theta}_z^2)$$

其相应的质量矩阵是对角矩阵，即式(3-25)中 $\boldsymbol{M}$ 的非对角元素都为零。

可见在惯性主轴坐标系中，系统沿 6 个自由度的振动是惯性解耦的；但在一般情况下，很难使得发动机质量分布的惯性主轴正好与图 3-9 定义的 x、y、z 轴重合。

假设发动机悬置系统有 n 个支承元件，各支承元件的动力特性各不相同，它们的布置位置可以是任意的，其坐标分别为(x_i,y_i,z_i)。每个弹性元件的安装角度也是任意的，可由三个欧拉角 θ_{ui}、θ_{vi}、θ_{si}完全确定。

设静平衡原点为势能零点，不计发动机总成重力的势能变化，则发动机悬置系统的势能指的是支承元件由于弹性变形而产生的势能，对于支承元件弹性主轴坐标系 uvs 来说，系统的势能可表示为

$$U=\frac{1}{2}\sum_{i=1}^{n}(k_{ui}\Delta u_i^2+k_{vi}\Delta v_i^2+k_{si}\Delta s_i^2)$$

式中，n 为支承个数；k_{ui}、k_{vi}、k_{si}分别为第 i 个支承沿 u、v、s 轴的主刚度；Δu_i、Δv_i、Δs_i 分别为第 i 个支承沿 u、v、s 轴的变形；

将上式用矩阵表示

$$U=\frac{1}{2}\sum_{i=1}^{n}\{\Delta u_i \quad \Delta v_i \quad \Delta s_i\}\begin{bmatrix}k_{ui} & 0 & 0\\0 & k_{vi} & 0\\0 & 0 & k_{si}\end{bmatrix}\begin{Bmatrix}\Delta u_i\\\Delta v_i\\\Delta s_i\end{Bmatrix}=\frac{1}{2}\sum_{i=1}^{n}\Delta\boldsymbol{W}_i^{\mathrm{T}}\boldsymbol{D}_i\Delta\boldsymbol{W}_i \tag{3-26}$$

其中

$$\Delta\boldsymbol{W}_i=\begin{Bmatrix}\Delta u_i\\\Delta v_i\\\Delta s_i\end{Bmatrix},\boldsymbol{D}_i=\begin{bmatrix}k_{ui} & 0 & 0\\0 & k_{vi} & 0\\0 & 0 & k_{si}\end{bmatrix} \tag{3-27}$$

设第 i 个支承的弹性主轴 u_i、v_i、s_i 和系统总体坐标系 xyz 之间的坐标变换关系为

$$\Delta\boldsymbol{W}_i=\boldsymbol{C}_i\Delta\boldsymbol{X}_i \tag{3-28}$$

式中，$\Delta\boldsymbol{X}_i=\{\Delta x_i \quad \Delta y_y \quad \Delta z_i\}^{\mathrm{T}}$ 为第 i 个支承分别沿 x、y、z 方向的微变形量；$\boldsymbol{C}_i$ 为 uvs 弹性主轴坐标系与 xyz 坐标系之间的坐标变换矩阵，可写为

$$\boldsymbol{C}_i=\boldsymbol{C}_{si}\boldsymbol{C}_{ui}\boldsymbol{C}_{vi} \tag{3-29}$$

其中

$$\boldsymbol{C}_{ui}=\begin{bmatrix}1 & 0 & 0\\0 & \cos\theta_{ui} & \sin\theta_{ui}\\0 & -\sin\theta_{ui} & \cos\theta_{ui}\end{bmatrix};\boldsymbol{C}_{vi}=\begin{bmatrix}\cos\theta_{vi} & 0 & -\sin\theta_{vi}\\0 & 1 & 0\\\sin\theta_{vi} & 0 & \cos\theta_{vi}\end{bmatrix};\ \boldsymbol{C}_{si}=\begin{bmatrix}\cos\theta_{si} & \sin\theta_{si} & 0\\-\sin\theta_{si} & \cos\theta_{si} & 0\\0 & 0 & 1\end{bmatrix}。$$

上式的三个欧拉角 θ_{ui}、θ_{vi}、θ_{si} 按如下方法确定。不失一般性，略去代表为第 i 个橡胶垫的下标 i。

橡胶垫的弹性主轴为 u、v、s 轴，它与 xyz 坐标系的一般关系如图 3-11a）所示。将 uvs 坐标系绕 v 轴旋转适当角度使 u 轴落到 x-y 平面，此时所转角度为 θ_v，以右手法则确定其正负，图 3-11a）所示为正；再绕已在 x-y 平面的 u 轴旋转，使 v 轴也到 x-y 平面，此时所转角度即为 θ_u，图 3-11b）所示为负；此时已有 u-v 平面与 x-y 平面共面，z 轴也已与 s 轴重合，但 u 轴与 x 轴还不重合，就绕 s 轴旋转使 u 轴与 x 轴重合，所得为 θ_s，如图 3-11c）所示为负。

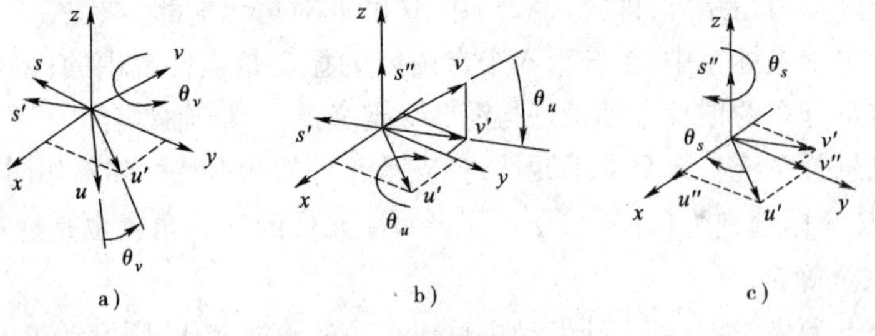

图 3-11　三个欧拉角的定义

a）θ_v 的定义；b）θ_u 的定义；c）θ_s 的定义

将式（3-28）代入式（3-26）得

$$U=\frac{1}{2}\sum_{i=1}^{n}\Delta\boldsymbol{X}_i^{\mathrm{T}}\boldsymbol{C}_i^{\mathrm{T}}\boldsymbol{D}_i\boldsymbol{C}_i\Delta\boldsymbol{X}_i \tag{3-30}$$

假设小位移的情况下，按照运动关系，系统中任一点在直角坐标系中的位移和广义坐标中变形之间有如下关系：

$$\Delta\boldsymbol{X}_i=\boldsymbol{T}_i\boldsymbol{Q} \tag{3-31}$$

式中
$$\boldsymbol{T}_i=\begin{bmatrix}1 & 0 & 0 & 0 & z_i & -y_i\\0 & 1 & 0 & -z_i & 0 & x_i\\0 & 0 & 1 & y_i & -x_i & 0\end{bmatrix}\tag{3-32}$$

其中 x_i、y_i、z_i是第 i 个支承在总体坐标系的坐标。

将式(3-31)代入式(3-32)得

$$U=\frac{1}{2}\sum_{i=1}^{n}\boldsymbol{Q}^{\mathrm{T}}\boldsymbol{T}_i^{\mathrm{T}}\boldsymbol{C}_i^{\mathrm{T}}\boldsymbol{D}_i\boldsymbol{C}_i\boldsymbol{T}_i\boldsymbol{Q}=\frac{1}{2}\boldsymbol{Q}^{\mathrm{T}}\left(\sum_{i=1}^{n}\boldsymbol{T}_i^{\mathrm{T}}\boldsymbol{C}_i^{\mathrm{T}}\boldsymbol{D}_i\boldsymbol{C}_i\boldsymbol{T}_i\right)\boldsymbol{Q}=\frac{1}{2}\boldsymbol{Q}^{\mathrm{T}}\boldsymbol{K}\boldsymbol{Q}$$

由上式得系统在广义坐标系中的刚度矩阵

$$\boldsymbol{K}=\sum_{i=1}^{n}\boldsymbol{T}_i^{\mathrm{T}}\boldsymbol{C}_i^{\mathrm{T}}\boldsymbol{D}_i\boldsymbol{C}_i\boldsymbol{T}_i\tag{3-33}$$

3. 发动机悬置系统的固有频率和振型

系统的无阻尼自由振动微分方程为

$$\boldsymbol{M}\ddot{\boldsymbol{Q}}+\boldsymbol{K}\boldsymbol{Q}=0\tag{3-34}$$

式中,$\boldsymbol{M}$ 为对称正定质量矩阵,由式(3-25)确定;$\boldsymbol{K}$ 为对称半正定刚度矩阵,由式(3-33)确定; $\boldsymbol{Q}$ 为式(3-23)定义的广义坐标列向量;$\ddot{\boldsymbol{Q}}$ 为 $\boldsymbol{Q}$ 的对时间的 2 次导数,即广义加速度列向量。

方程(3-34)是典型无阻尼的多自由度振动系统方程。可遵循第一章所述方法求解特征值。

设方程的解为 $$\boldsymbol{Q}=\boldsymbol{X}\sin(\omega t+\varphi)$$
代入方程(3-34),得 $$\boldsymbol{K}\boldsymbol{X}=\omega^2\boldsymbol{M}\boldsymbol{X}$$
左乘 $\boldsymbol{M}^{-1}$,得 $$\boldsymbol{M}^{-1}\boldsymbol{K}\boldsymbol{X}=\omega^2\boldsymbol{X}$$
令 $\boldsymbol{M}^{-1}\boldsymbol{K}=\boldsymbol{A}$,则

$$\boldsymbol{A}\boldsymbol{X}=\omega^2\boldsymbol{X}\tag{3-35}$$

ω^2即为 $\boldsymbol{A}$ 矩阵的特征值,$\boldsymbol{X}$ 为其特征向量。

由于 $\boldsymbol{M}$ 对称正定,$\boldsymbol{K}$ 也是对称阵,因而式(3-35)为实对称广义特征值问题,可以应用现成的软件求得它的特征值(固有频率)ω_i 和特征矢量(固有模态)$\boldsymbol{\varphi}_i$,($i=1,2,\cdots,6$)。

对发动机悬置系统进行自由振动计算,可以获得振动系统的固有特性,它不仅提供了系统是否会发生共振的信息,并且也为进一步分析系统的响应打下必要的基础。

根据多自由度系统振动理论知道,当系统的激振力频率与某一固有频率相等时,则会产生共振现象。因此,应合理选择支承垫的刚性,使固有频率不在经常使用的转速范围内。

4. 动能沿广义坐标的分布及能量分布矩阵

一般情况下,由于耦合的原因,发动机动力总成受迫振动时,系统将产生沿多个广义坐标的振动,即又有沿 x,y,z 三轴的位移,又有绕三轴的转动 θ_x、θ_y、θ_z。这时激振力(矩)所做的功转化为系统沿多个广义坐标的动能和势能,由于此时系统沿某一广义坐标振动的动能和势能之和为一常数,因此,只需取最大动能来讨论。

当系统以第 j 阶模态振动时,它表现出主振动,不失一般性,可设有

$$\boldsymbol{Q}=\boldsymbol{\varphi}_j\sin(\omega_j t+\varphi_j),\dot{\boldsymbol{Q}}=\omega_j\varphi_j\cos(\omega_j t+\varphi_j)\quad(j=1,2,...,6)$$

它的第 j 阶模态振动的最大总动能为

$$E_{tol}^{j}=\frac{1}{2}\dot{\boldsymbol{Q}}_{\max}^{\mathrm{T}}\boldsymbol{M}\dot{\boldsymbol{Q}}_{\max}=\frac{1}{2}\omega_j^2\boldsymbol{\varphi}_j^{\mathrm{T}}\boldsymbol{M}\boldsymbol{\varphi}_j=\frac{1}{2}\omega_j^2\sum_{k=1}^{6}\sum_{l=1}^{6}(M_{kl}\varphi_{kj}\varphi_{lj})=\sum_{k=1}^{6}E_k^j \tag{a}$$

式中，ω_j 为第 j 阶固有频率；φ_{kj}、φ_{lj}分别为第 j 阶主振型 $\boldsymbol{\varphi}_j$ 的第 k 个元素和第 l 个元素；$\boldsymbol{M}_{kl}$ 为系统 $\boldsymbol{M}$ 质量矩阵的第 k 行、第 l 列元素；k、l $j=1,2,...,6$。

由式(a)知 E_k^j 为

$$E_k^j=\frac{1}{2}\omega_j^2\sum_{l=1}^{6}(M_{kl}\varphi_{kj}\varphi_{lj}) \tag{b}$$

注意到式(b)的各 E_k^j,$(k=1,2,\cdots,6)$已有动能的量纲，而式(a)的最右边的等式说明第 j 阶主振动的总动能 E_{tol}^j为6个分量动能 E_k^j 的叠加。由各 E_k^j 的对应位置，可知 E_k^j 即为第 j 阶主振动下分配于第 k 个广义坐标上的部分动能。总动能为全部分量动能之和。在第 j 阶主振动下，总动能是一有限值，当某个广义坐标上分配的动能多时，其他广义坐标上分配的动能必然要少。

因此，当系统以第 j 阶模态振动时，第 k 个广义坐标所分配的动能占系统总动能的比例可定义为

$$\gamma_k^j=\frac{E_k^j}{E_{tol}^j}\times 100\% \quad (k,j=1,2,\cdots,6) \tag{3-36}$$

将 E_k^j 和 E_{tol}^j的表达式代入 γ_k^j 后化简得

$$\gamma_k^j=\frac{\sum_{l=1}^{6}(M_{kl}\varphi_{kj}\varphi_{lj})}{\sum_{k=1}^{6}\sum_{l=1}^{6}(M_{kl}\varphi_{kj}\varphi_{lj})}\times 100\% \quad (k,j=1,2,\cdots,6)$$

注意到各广义坐标是物理坐标。式(3-36)的 γ_k^j 明确了第 k 个广义坐标在 j 阶模态下的振动对总动能的贡献比例，即 j 阶最大振动动能沿第 k 个广义坐标轴上分配的百分比。如以某一模态振动时，某一广义坐标所占据动能百分比最大，则是主要沿该广义坐标的振动。一广义坐标上所占比例高，其他广义坐标上所占比例必然低，故可根据沿广义坐标所分配的动能百分比来判断坐标间耦合的程度。只有当沿某一广义坐标的最大振动动能百分比 γ_k^j 达到100%时，系统在该频率下是完全解耦的。

由式(3-36)可定义能量分布矩阵

$$\boldsymbol{\gamma}=[\gamma_k^j]=[\gamma_{kj}] \quad (k,j=1,2,\cdots,6) \tag{3-37}$$

$\boldsymbol{\gamma}$ 矩阵的第 j 列第 k 行元素代表第 j 阶模态振动总动能在第 k 个广义坐标上分配的比例。

由能量分布矩阵 $\boldsymbol{\gamma}$ 的物理意义知，追求发动机悬置系统的解耦优化；其数学意义是：$\boldsymbol{\gamma}$ 矩阵的各列只有一个元素趋向于1而其他元素趋向于0。实践上某元素达到90%以上即属已较好地解耦。

5. 发动机悬置系统的谐波响应

设发动机悬置系统使用橡胶隔振装置，则对有橡胶材料特征的有阻尼强迫振动微分方程可写为

$$\boldsymbol{M}\ddot{\boldsymbol{Q}}+\boldsymbol{K}(1+j\eta)\boldsymbol{Q}=\boldsymbol{F}\sin\omega t \tag{3-38}$$

式中，$\boldsymbol{M}$ 为质量矩阵；$\boldsymbol{K}$ 为刚度矩阵；$\boldsymbol{Q}$ 为式(3-23)定义的广义位移列向量；$j=\sqrt{-1}$为虚数单位；η 为损耗因子；$\boldsymbol{F}$ 为激振力幅值列向量；ω 为谐波激振频率。

这里 $\boldsymbol{K}(1+jh)$称为复刚度，是描述橡胶材料的黏弹性的刚度－阻尼特性的一种方式。

用复指数法求解方程(3-38)，应将其写成

$$\boldsymbol{M}\ddot{\boldsymbol{Q}}+\boldsymbol{K}(1+j\eta)\boldsymbol{Q}=\boldsymbol{F}e^{j\omega t} \tag{3-39}$$

设解为 $\boldsymbol{Q}=\boldsymbol{B}e^{j\omega t}$,代入方程(3-39),得

$$(-\omega^2\boldsymbol{M}+\boldsymbol{K}+j\boldsymbol{K}\eta)\boldsymbol{B}e^{j\omega t}=\boldsymbol{F}e^{j\omega t}$$

从而有

$$\boldsymbol{B}=(\boldsymbol{K}+j\boldsymbol{K}\eta-\omega^2\boldsymbol{M})^{-1}\boldsymbol{F}$$

$\boldsymbol{B}e^{j\omega t}$的虚部就是方程(3-38)的解。

设

$$(\boldsymbol{K}+j\boldsymbol{K}\eta-\omega^2\boldsymbol{M})^{-1}=\boldsymbol{Z}+j\boldsymbol{Y}$$

则

$$(\boldsymbol{K}+j\boldsymbol{K}\eta-\omega^2\boldsymbol{X})(\boldsymbol{Z}+j\boldsymbol{Y})=\boldsymbol{I}$$

有

$$\begin{cases}(\boldsymbol{K}-\omega^2\boldsymbol{M})\boldsymbol{Z}-\eta\boldsymbol{K}\boldsymbol{Y}=\boldsymbol{I}\\ \eta\boldsymbol{K}\boldsymbol{Z}+(\boldsymbol{K}-\omega^2\boldsymbol{M})\boldsymbol{Y}=0\end{cases}$$

即

$$\begin{bmatrix}\boldsymbol{K}-\omega^2\boldsymbol{M} & -\eta\boldsymbol{K}\\ \eta\boldsymbol{K} & \boldsymbol{K}-\omega^2\boldsymbol{M}\end{bmatrix}\begin{bmatrix}\boldsymbol{Z}\\ \boldsymbol{Y}\end{bmatrix}=\begin{bmatrix}\boldsymbol{I}\\ 0\end{bmatrix}$$

此时有

$$\begin{bmatrix}\boldsymbol{Z}\\ \boldsymbol{Y}\end{bmatrix}=\begin{bmatrix}\boldsymbol{K}-\omega^2\boldsymbol{M} & -\eta\boldsymbol{K}\\ \eta\boldsymbol{K} & \boldsymbol{K}-\omega^2\boldsymbol{M}\end{bmatrix}^{-1}\begin{bmatrix}\boldsymbol{I}\\ 0\end{bmatrix}\tag{3-40}$$

由此求得方程(3-38)的解为

$$\begin{aligned}\boldsymbol{Q}&=Im[(\boldsymbol{K}-\omega^2\boldsymbol{M}+j\boldsymbol{K}\eta)^{-1}\boldsymbol{F}e^{j\omega t}]\\&=(\boldsymbol{Z}\sin\omega t+\boldsymbol{Y}\cos\omega t)\boldsymbol{F}\end{aligned}\tag{3-41}$$

上面的 $\boldsymbol{I}$ 为单位矩阵,$\boldsymbol{Z}$、$\boldsymbol{Y}$ 由式(3-40)确定。

设在弹性主轴坐标系 uvs 中,第 i 个支承在每个坐标轴上的位移是 Δu_i、Δv_i、Δs_i,由支承弹性主轴刚度矩阵 $\boldsymbol{D}_i$以及 $\Delta\boldsymbol{W}_i$ 的定义式(3-27),该支承的响应力 $\boldsymbol{Q}_i$应为

$$\boldsymbol{Q}_i=\boldsymbol{D}_i\Delta\boldsymbol{W}_i$$

设在 xyz 坐标系中,第 i 个支承在空间三维方向上的响应力为 $\boldsymbol{P}_i$,该 $\boldsymbol{P}_i$的三个分量分别表示第 i 个支承在 xyz 方向上的响应力,即 $\boldsymbol{P}_i=\{P_{xi}\ P_{yi}\ P_{zi}\}^{\mathrm{T}}$。

由 uvs 弹性主轴坐标系与 xyz 坐标系之间的坐标变换矩阵 $\boldsymbol{C}_i$ 定义式(3-29)及式(3-28),有

$$\boldsymbol{C}_i\boldsymbol{P}_i=\boldsymbol{Q}_i$$

从而有

$$\boldsymbol{P}_i=\boldsymbol{C}_i^{-1}\boldsymbol{D}_i\Delta\boldsymbol{W}_i=\boldsymbol{C}_i^{-1}\boldsymbol{D}_i\boldsymbol{C}_i\Delta\boldsymbol{X}_i$$

由式(3-31)得

$$\boldsymbol{P}_i=\boldsymbol{C}_i^{-1}\boldsymbol{D}_i\boldsymbol{C}_i\boldsymbol{T}_i\boldsymbol{Q}$$

注意到 $\boldsymbol{C}_i$是正交阵,即有

$$\boldsymbol{C}_i^{-1}=\boldsymbol{C}_i^{\mathrm{T}}$$

故

$$\boldsymbol{P}_i=\boldsymbol{C}_i^{\mathrm{T}}\boldsymbol{D}_i\boldsymbol{C}_i\boldsymbol{T}_i\boldsymbol{Q}\tag{3-42}$$

式中,$\boldsymbol{D}_i$、$\boldsymbol{C}_i$、$\boldsymbol{T}_i$分别由式(3-27)、式(3-29)及式(3-32)确定,响应 $\boldsymbol{Q}$ 由式(3-41)确定,故它们都已知,因此可求出响应力 $\boldsymbol{P}_i$在三维空间 x、y、z 方向的幅值 P_{xi}、P_{yi}、P_{zi}。

绕 x、y、z 轴的响应力矩分别为:

$$M_x=\sum_{i=1}^{n}(y_iP_{zi}-z_iP_{yi}),\ M_y=\sum_{i=1}^{n}(z_iP_{xi}-x_iP_{zi}),\ M_z=\sum_{i=1}^{n}(x_iP_{yi}-y_iP_{xi})\tag{3-43}$$

式中,x_i、y_i、z_i分别为第 i 个支承在总体坐标系的坐标。

6. 发动机悬置系统的优化设计

设计发动机悬置的目的是控制发动机激振力向车身及车厢内部的传递,使悬置起到隔离振动的作用。其基本任务是在各种约束条件下解决发动机的 6 个刚体振动模态的运动耦合和频率配置问题。

如果系统的固有振动模态存在运动耦合,在某一自由度方向上振动会激起其他自由度方向的振动,对系统的隔振控制不利。尤其在发动机怠速工况下,发动机倾覆力矩主谐波分量的

频率与发动机的刚体振动模态频率(几赫兹到二十几赫兹)较为接近,模态耦合会使隔振性能恶化。因此,发动机动力总成隔振悬置的布置设计方案必须追求实现动力总成刚体振动模态解耦的目标,首先应实现动力总成在侧倾方向和垂直方向与其他自由度方向上的弹性解耦。

发动机悬置系统振动模态频率的合理安排可以改善整车各子系统振动能量的分配。因此,从车身/整车振动特性出发对动力总成悬置系统的隔振特性提出要求,将发动机绕其曲轴方向转动的振动模态频率控制在发动机怠速工况转矩激励的最低阶主谐量频率的0.71倍以下,发动机垂直振动模态频率应避开前桥的垂直振动及车架的第1阶扭转、第1阶弯曲等频率,一般配置在约10Hz。为了保证悬置的使用寿命,系统的最低模态频率应大于5Hz。

发动机或动力总成悬置系统的优化设计通常以悬置的安装位置、倾斜角度和三向主刚度作为设计变量,可以从不同角度提出目标函数和约束条件,建立不同的数学模型。如以系统侧倾振动与其他方向的振动之间的模态解耦为目标;以动力总成悬置系统的固有振动频率配置为目标,同时使各个方向的振动之间尽量解耦;以悬置元件和悬置系统的力传递率最小化为目标;以车内评价点的振动响应最小化为目标;建立动力总成悬置系统振动模态解耦的能量目标等。如果采用液阻悬置等复杂悬置元件,也可将悬置的结构参数作为设计变量,通过调节悬置元件的特性达到动力总成悬置系统的设计目标。

优化设计的约束条件一般包括:

(1)悬置安装位置。由于受到布置空间的限制,悬置安装位置的选择范围往往有限,只能在实际允许的变动范围内进行优化。

(2)悬置元件性能要求。动力总成悬置元件在周期性波动的应力作用下会在橡胶内部产生热积累,橡胶温度的升高将使其模量降低,导致悬置隔振性能的改变;过高的温升还使橡胶件易于老化,缩短装置使用寿命。静载荷有利于改善橡胶件的疲劳寿命,因为承受静载荷的悬置所受的动载荷往往为脉动力而非交变力。基于这些要求对悬置的工作应力和变形量进行限制,也对悬置刚度附加限制。

(3)极限工况位移限制。在发动机启动、汽车制动和转向等工况下,为避免动力总成产生过大位移而与其他部件发生干涉,通常需从设计上限制动力总成在各个方向的最大位移量。

综上所述,汽车发动机悬置系统参数的选择是一个涉及因素很多的复杂问题。作为工程实际应用,将系统简化为6个自由度的刚体模态振动,还是比较切实有效而可行的方法。在对支承参数作进一步调整时,需要全面考虑汽车整车所发生的各种振动状态,把发动机悬置参数的决定与整车分析联系起来,作为汽车总体振动和噪声控制的一个重要组成部分进行分析考虑。

第三节　发动机气门振动

一、发动机气门振动模型

气门系统的振动是发动机高速安全稳定运行的一个关键。这种振动会使气门弹簧产生较大的附加应力而发生疲劳破坏,振动所引起的加速度会使气门机构传动链出现“脱开”现象而使运动失去控制。此外,气门机构的振动还会对挺杆与凸轮接触面间的压力、气门落座速度和噪声等产生重大影响。因此,必须要控制气门机构的振动。

气门系统的典型结构如图3-12所示,其简化的单质量模型如图3-13所示。

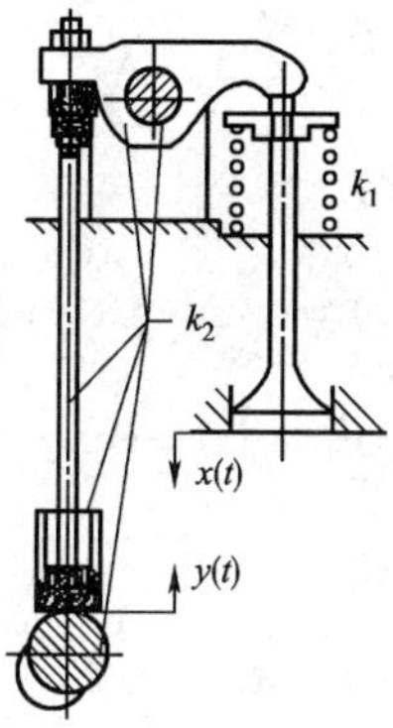

图 3-12　气门系统的典型结构

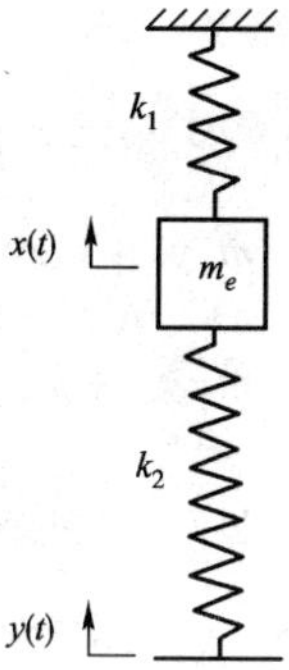

图 3-13　单自由度系统模型

无阻尼单自由度系统的运动微分方程是：

$$m_e\ddot{x} + (k_1 + k_2)x = k_2 y(t) \tag{3-44}$$

式中，m_e是气门系统的等效质量；k_1、k_2是等效刚度；$y(t)$是凸轮的升程。

显然，此系统的固有频率是

$$f_n = \frac{1}{2\pi}\sqrt{\frac{k_1 + k_2}{m_e}} \tag{3-45}$$

如图 3-14 所示的三自由度力学模型为稍复杂的模型。

对图 3-14 所示的三自由度力学模型。在凸轮工作包角内，根据牛顿第二定律可列出系统的运动微分方程

$$\begin{aligned} m_1\ddot{x}_1 &= -k_0 x_1 - F_0 + k_{r1}(l_1\theta - x_3 - x_1) \\ m_2\ddot{x}_2 &= -k_{r2}(x_2 - x_3 - l_2\theta) - k_p(x_2 - y(t)) \\ m_3\ddot{x}_3 &= k_{r1}(l_1\theta - x_3 - x_1) + k_{r2}(x_2 - x_3 - l_2\theta) - k_s x_3 \end{aligned} \tag{3-46}$$

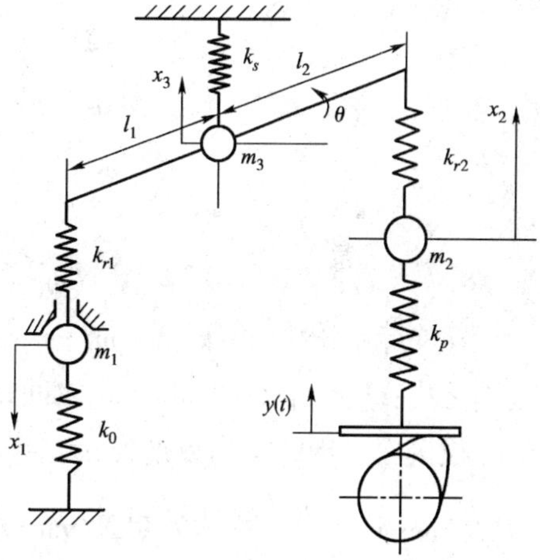

图 3-14　三自由度力学模型

式中，m_1、m_2、m_3分别是气门、挺杆和摇臂的等效质量；k_0、k_p、k_s分别是气门、挺杆和摇臂的等效刚度；x_1、x_2、x_3分别是气门、挺杆和摇臂的铅垂位移；$\rho = l_2/l_1$是摇臂比；θ是摇臂转角；F_0是气门推力。

引入新坐标和参数，则有

$$\bar{x}_2 = \rho x_2, \bar{x}_3 = \rho x_3, \bar{y}(t) = \rho y(t)$$

$$\bar{m}_2 = \frac{m_2}{\rho^2},\ \bar{m}_3 = \frac{m_3}{(1+\rho)^2}$$

$$\frac{1}{k_r} = \frac{1}{k_{r1}} + \frac{\rho^2}{k_{r2}},\ \bar{k}_p = \frac{k_p}{\rho^2}$$

$$\bar{k}_s = \frac{k_s}{(1+\rho)^2}$$

由摇臂的转动方程可直接解出

$$\theta = \frac{k_{r1}l_1x_1 + k_{r2}l_2x_2 + (k_{r1}l_1 - k_{r2}l_2)x_3}{k_{r1}l_1^2 + k_{r2}l_2^2}$$

将这些新参数代入式(3-46),可得

$$m_1\ddot{x}_1 + k_0x_1 + F_0 + k_r(x_1 - \bar{x}_2 + \bar{x}_3) = 0$$

$$\bar{m}_2\ddot{\bar{x}}_2 + \bar{k}_p(\bar{x}_2 - \bar{y}(t)) + k_r(\bar{x}_2 - \bar{x}_3 - x_1) = 0$$

$$\bar{m}_3\ddot{\bar{x}}_3 + \bar{k}_s\bar{x}_3 + k_r(\bar{x}_3 + x_1 - \bar{x}_2) = 0$$

令

$$\omega_1^2 = k_r/m_1, \omega_2^2 = k_r/\bar{m}_2, \ \omega_3^2 = k_r/\bar{m}_3,$$

$$\omega_p^2 = \bar{k}_p/\bar{m}_2, \ \omega_s^2 = \bar{k}_s/\bar{m}_3 \tag{3-47}$$

略去比 k_r、k_p 和 k_s 较小的 k_0,可将式(3-46)简化为

$$\begin{aligned} &\ddot{x}_1 + \omega_1^2x_1 - \omega_1^2\bar{x}_2 + \omega_1^2\bar{x}_3 = -F_0/m_1 \\ &\ddot{\bar{x}}_2 + (\omega_p^2 + \omega_2^2)\bar{x}_2 - \omega_2^2\bar{x}_3 - \omega_2^2x_1 = \omega_p^2\bar{y}(t) \\ &\ddot{\bar{x}}_3 + (\omega_s^2 + \omega_3^2)\bar{x}_3 + \omega_3^2x_1 - \omega_3^2\bar{x}_2 = 0 \end{aligned} \tag{3-48}$$

由式(3-48)可写出特征频率方程

$$\begin{vmatrix} \omega_1^2 - \Omega^2 & -\omega_1^2 & \omega_1^2 \\ -\omega_2^2 & \omega_p^2 + \omega_2^2 - \Omega^2 & -\omega_2^2 \\ \omega_3^2 & -\omega_3^2 & \omega_s^2 + \omega_3^2 - \Omega^2 \end{vmatrix} = 0$$

即

$$(\omega_1^2 - \Omega^2)(\omega_p^2 - \Omega^2)(\omega_s^2 - \Omega^2) = \Omega^2[-(\omega_2^2 + \omega_3^2)\Omega^2 + (\omega_2^2\omega_s^2 + \omega_s^2\omega_p^2)] \tag{3-49}$$

在实际系统中,由于 $\omega_1 < \omega_p$、$\omega_1 < \omega_s$,所以由特征频率方程求出的 3 个固有频率必在如下范围之内:$\Omega_1 < \omega_1$;Ω_2在 ω_s 与 ω_p 之间;$\Omega_3 > \omega_s$ 和 $\Omega_3 > \omega_p$。

设气门机构的实际数据为:$m_1 = 0.175\text{kg}, m_2 = 0.077\text{kg}, m_3 = 0.036\text{kg}, k_p = 34\text{kN/mm}, k_s = 47\text{kN/mm}, k_r = \frac{k_{r1}k_{r2}}{k_{r1} + k_{r2}} = 7.8\text{kN/mm}$,求得系统的三个固有频率分别为:$\Omega_1 = 0.72\text{kHz}, \Omega_2 = 3.7\text{kHz}, \Omega_3 = 8.4\text{kHz}$。

在气体作用力可以忽略的条件下,气门系统的激励力完全取决于凸轮的升程特性 $y(t)$。这个升程特性可近似地用傅立叶级数来表示

$$y(t) = A_0 + \sum_{n=1}^{m} A_n \cos n\omega t + \sum_{n=1}^{m} B_n \sin n\omega t$$

代入式(3-48),可求出系统的运动规律。

二、气门振动控制措施

设法提高气门系统的固有频率是控制气门振动的措施之一,由式(3-45)可见,提高固有频率的措施是设法提高系统的刚度,并在不显著减小系统刚度和强度的前提下,尽量减小系统运动件的质量。在考虑加强措施时,应优先提高不增加运动质量的零件的刚度。推杆一般是系统中刚度较小的零件,推杆刚度对系统固有频率的影响大于其质量的影响,因此可以适当加

粗推杆。

合理设计凸轮的型线也是控制气门振动的重要措施。气门不得在凸轮型线的基本段开启和落座。在基本段开启时,由于气门在正加速度段以很高速度突然冲击开启,会使气门机构产生强烈振动。气门在基本段高速冲击落座,往往导致气门反跳。严重时甚至经数次反跳才能落座。从动力学观点考虑,凸轮型线应保证有足够的缓冲段高度 h_0:

$$h_0 = \frac{(h_1 + F_0/k + F_c/k + h_2)}{\rho} \tag{3-50}$$

式中,h_1为气门间隙(mm);h_2为气门系统动变形量(mm);F_0为气门弹簧预紧力(N);F_c为汽缸内气体压力作用在气门上的力(N);ρ 为摇臂比;k 为气门系统刚度(N/mm)。

气门运动可近似地看作正加速度段激发的强迫振动和系统弹性变形引起的自激振动的叠加。这种叠加的结果使气门系统的振动或被强化或被削弱,这就需要使正加速度段的宽度大于气门系统自由振动的一个周期,即使两种振动相位相反,以达到削弱振动的目的。这一设计要点常用正加速度段包角对应的时间与系统自由振动周期之比 λ 来评定。

$$\lambda = \frac{\varphi_1 f_n}{360 n_c} \tag{3-51}$$

式中,φ_1为正加速度段包角,凸轮转角(°);f_n为气门机构固有频率(次/min);n_c为凸轮轴的额定转速(r/min)。

此外,为了减轻气门落座冲击,推荐落座速度≤0.35m/s,落座加速度≤|10g|。

气门弹簧合理设计是十分重要的,弹簧力必须足够大,以保证负加速度段不发生气门"飞脱"现象。如果气门弹簧发生颤振,则不仅会破坏系统正常工作,而且会产生异常噪声。气门弹簧本身的固有频率应高于凸轮轴旋转频率 10 倍以上,以避免与气门升程曲线的高振幅谐波共振。圆柱形螺旋弹簧的固有频率可按下式估算:

$$n_e = 2.17 \times 10^6 \times \frac{d}{iD_0^2}\ (次/\mathrm{min}) \tag{3-52}$$

式中,d 为钢丝直径(cm);D_0为弹簧中径(cm);i 为弹簧有效圈数。

当有可能出现共振危险时,就有必要采用变圈距弹簧。这种弹簧工作时,彼此毗邻的弹簧圈依次相靠,由于工作圈数减少而会使固有频率相应提高。对于柴油机常用两个气门弹簧来抑制弹簧颤振。

练　习　题

3.1　为一个转速为 1300 ~ 2000r/min 的洗衣机提供效率为 80% 的隔振,问所用无阻尼隔振器的最小静变形应为多少?

3.2　一个质量为 20kg 的仪器安装在工作台上,工作台与实验室地板用螺栓相连接,测试结果显示由于附近的泵以 2200r/min 速度工作时工作台有一个 0.3mm 的稳态位移,设计一个无阻尼隔振器安装在仪器与工作台之间使仪器的加速度小于 $0.4\mathrm{m/s^2}$。

3.3　一转动质量为 200kg 的发动机在 1200 ~ 2200r/min 的转速间运转,转动质量受有一个 2.5N · m 不平衡转矩,要使传递到发动机底座的最大力不超过 1100N,所需无阻尼隔振器刚度为多少？当隔振器有阻尼，阻尼比为 0.1 时刚度应为多少？当工作转速超过 2500r/min 时，上设计隔振器能用吗？

3.4 发动机悬置系统的性能要求有哪些？如何设计发动机悬置系统才能满足？

3.5 某 4 支承发动机悬置系统，已知如下各参数（单位：cm、kg、s、角度为°）：

$m = 0.51, J_x = 236, J_y = 1087, J_z = 957, J_{xy} = 0, J_{xz} = 0, J_{yz} = 0$

$k_{u1} = 249, k_{v1} = 249, k_{s1} = 878$

$k_{u2} = 249, k_{v2} = 249, k_{s2} = 878$

$k_{u3} = 1849, k_{v3} = 623, k_{s3} = 971$

$k_{u4} = 1849, k_{v4} = 623, k_{s4} = 971$

$x_1 = 53.17, y_1 = 26.18, z_1 = -14.60$

$x_2 = 53.17, y_2 = -27.42, z_2 = -14.60$

$x_3 = -27.33, y_3 = 29.38, z_3 = -11.60$

$x_4 = -27.33, y_4 = -30.62, z_4 = -11.60$

$\theta_{v1} = 0,\ \theta_{u1} = -40,\ \theta_{s1} = 0$

$\theta_{v2} = 0,\ \theta_{u2} = 40,\ \theta_{s2} = 0$

$\theta_{v3} = -3,\ \theta_{u3} = 5,\ \theta_{s3} = 0$

$\theta_{v4} = -3,\ \theta_{u4} = 5,\ \theta_{s4} = 0$

求系统的质量矩阵、刚度矩阵、固有频率和振型。并指出系统的耦合情况。

3.6 气门振动的控制措施有哪些？

第四章　汽车动力传动及转向系统振动

【主要内容】　本章叙述常用于轴状系统振动分析的传递矩阵法；介绍汽车动力传动系转化为轴系力学模型的当量简化方法；对动力传动系扭振的激励源进行分析，介绍动力总成工作转速常变化情况下的分析方法。定义汽车转向系统振动的基本概念，分析它对汽车性能的影响；建立汽车制动时的振动模型并加以分析。作为振动理论运用于实际的例子，强调这几种基本总成根据不同的分析目的建模的思路及其在工作状态所导致振动的基本原因。

第一节　振动分析的传递矩阵法

工程中经常要对轴状或链状特征的结构进行振动分析，如汽车发动机的曲轴及汽车的动力输出轴系、机床主轴、发电机轴、连续梁等。对此类问题进行分析的一个行之有效的方法是传递矩阵法。

传递矩阵法是将有链状特点的实际结构离散成具有集中广义质量和刚度元素的串联连接的弹簧－质量的单元链系统（可以有分支）。定义出各单元两端内力和位移为状态向量，通过点传递矩阵表现质量点左右两边包括惯性后状态向量的变化，通过场传递矩阵表现一段无质量轴左右两端由于变形体弹性性质的导致的两端状态变量间的联系，最后形成一端的状态变量到另一端的传递关系。通过适当分段，再从结构一端向另一端分段进行重复的递推传递，并使两端的边界条件得到满足，从而得到系统的特征方程，由其确定系统的固有频率和主振型。同时也可用来进行强迫响应分析。

一、扭转振动分析的传递矩阵法

考虑图 4-1a）所示为多圆盘轴系统的扭振分析。取其中第 i 段的分析为图 4-1b）所示。

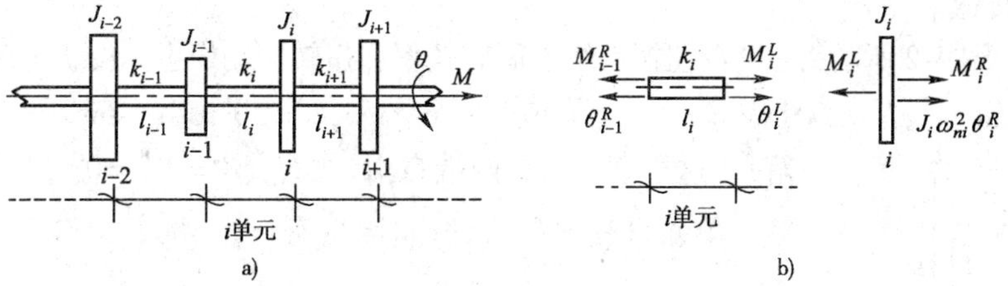

图 4-1　多圆盘轴系统

a）多圆盘轴系统的扭振模型；b）多圆盘轴扭振模型的第 i 段的分析

由图 4-1b），可知第 i 段的无质量轴状态量之间的平衡关系为

$$\theta_i^{\mathrm{L}} = \theta_{i-1}^{\mathrm{R}} + \frac{M_{i-1}^{\mathrm{R}}}{k_i}, M_i^{\mathrm{L}} = M_{i-1}^{\mathrm{R}} \tag{a}$$

得场传递矩阵

$$\begin{Bmatrix} \theta \\ M \end{Bmatrix}_i^{\mathrm{L}} = \begin{bmatrix} 1 & \dfrac{1}{k_i} \\ 0 & 1 \end{bmatrix}_i \begin{Bmatrix} \theta \\ M \end{Bmatrix}_{i-1}^{\mathrm{R}} \tag{4-1}$$

对第 i 段质量点 J_i 的运动微分方程为 $\theta_i^R=\theta_i^L, J_i\ddot{\theta}_i^R=M_i^R-M_i^L$ (b)

得点传递关系

$$\begin{Bmatrix}\theta\\M\end{Bmatrix}_i^R=\begin{bmatrix}1&0\\-\omega_n^2J_i&1\end{bmatrix}_i\begin{Bmatrix}\theta\\M\end{Bmatrix}_i^L \tag{4-2}$$

这里上标 R 和 L 分别指是所考虑的点或场的右边和左边的状态量(扭转角 θ 和转矩 M)。由式(4-1)、式(4-2)得

$$\begin{Bmatrix}\theta\\M\end{Bmatrix}_i^R=\begin{bmatrix}1&\dfrac{1}{k_i}\\-\omega_n^2J_i&\left(1-\dfrac{\omega_n^2}{k_i}J_i\right)\end{bmatrix}_i\begin{Bmatrix}\theta\\M\end{Bmatrix}_{i-1}^R=T_i\begin{Bmatrix}\theta\\M\end{Bmatrix}_{i-1}^R \tag{4-3}$$

式(4-3)中的 $\boldsymbol{T}_i$ 即为第 i 段的传递矩阵。状态量的关系可以从第 1 段的左边递推到的第 N 段(设分为 N 段)的右边,即

$$\begin{Bmatrix}\theta\\M\end{Bmatrix}_N^R=\boldsymbol{T}_N\cdots\boldsymbol{T}_{i+1}\boldsymbol{T}_i\boldsymbol{T}_{i-1}\cdots\boldsymbol{T}_1\begin{Bmatrix}\theta\\M\end{Bmatrix}_1^L=\boldsymbol{T}\begin{Bmatrix}\theta\\M\end{Bmatrix}_1^L=\begin{bmatrix}T_{11}(\omega_n^2)&T_{12}(\omega_n^2)\\T_{21}(\omega_n^2)&T_{22}(\omega_n^2)\end{bmatrix}\begin{Bmatrix}\theta\\M\end{Bmatrix}_1^L \tag{4-4}$$

对于多圆盘轴系统的扭振问题,左右两端状态量的 4 个边界值应有 2 个是确定的,例如对两端自由的多圆盘轴系统有:$M_1^L=M_N^R=0$,可知应有 $M_N^R=T_{21}(\omega_n^2)\theta_1^L=0$ (c)

则特征方程为

$$T_{21}(\omega_n^2)=0$$

对左端固定,右端自由的系统是:$\theta_1^L=M_N^R=0$,由式(4-4)要求 $M_N^R=T_{22}(\omega_n^2)M_1^L=0$ (d)

此时特征方程为

$$T_{22}(\omega_n^2)=0$$

上述特征方程是关于固有频率 ω_n^2 的 N 次代数方程,解此方程可得 N 个特征值 $\omega_{nj}^2,(j=1,2,\cdots,N)$;将各 $\omega_{nj}^2,(j=1,2,\cdots,N)$ 代入各段的传递关系,取其中可为任意常数的状态量为单位值,获得另一状态量在各质量点处的相对大小,对应于扭转角 θ 即为固有振动模态。

实际计算时并不是直接解特征方程,而是利用式(c)或式(d)绘出 ω_n^2 与 M_N^R 的关系曲线。该曲线与 $M_N^R=0$ 线交点对应的 $\omega_{nj}^2,(j=1,2,\cdots,N)$,即为系统固有频率。固有频率对应的转速称为临界转速。

例 4.1 图 4-2 所示为三圆盘扭振系统的固有频率和扭转振动模态。设 $J_1=500\text{N}\cdot\text{cm}\cdot\text{s}^2$,$J_2=1000\text{N}\cdot\text{cm}\cdot\text{s}^2$,$J_3=2000\text{N}\cdot\text{cm}\cdot\text{s}^2$,$k_2=10^7\text{N}\cdot\text{cm/rad}$,$k_3=2\times10^7\text{N}\cdot\text{cm/rad}$。

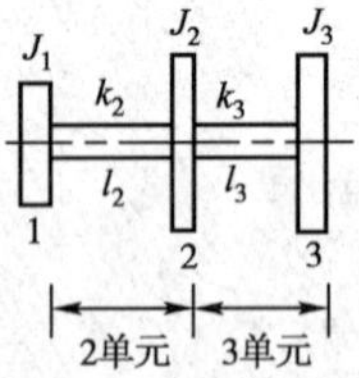

图 4-2 三圆盘扭振系统

解: 这里 $N=3$,为两端自由,故有:$M_1^L=M_3^R=0$。

第 1 单元只有圆盘 J_1,取 $\theta_1^L=1$,有 $\{\theta_1^L\quad M_1^L\}^T=\{1\quad 0\}$

就有

$$\begin{Bmatrix}\theta\\M\end{Bmatrix}_1^R=\begin{bmatrix}1&0\\-\omega_n^2J_1&1\end{bmatrix}\begin{Bmatrix}\theta\\M\end{Bmatrix}_1^L=\begin{Bmatrix}1\\-500\omega_n^2\end{Bmatrix},$$

下一步求得

$$\begin{Bmatrix}\theta\\M\end{Bmatrix}_2^R=\begin{bmatrix}1&\dfrac{1}{k_2}\\-\omega_n^2J_2&\left(1-\dfrac{\omega_n^2}{k_2}J_2\right)\end{bmatrix}\begin{Bmatrix}\theta\\M\end{Bmatrix}_1^R=\begin{bmatrix}1&\dfrac{1}{10^7}\\-1000\omega_n^2&\left(1-\dfrac{\omega_n^2}{10^4}\right)\end{bmatrix}\begin{Bmatrix}1\\-500\omega_n^2\end{Bmatrix}$$

$$\begin{Bmatrix}\theta\\M\end{Bmatrix}_3^{\mathrm{R}}=\begin{bmatrix}1 & \dfrac{1}{2\times10^7}\\ -2000\omega_n^2 & \left(1-\dfrac{\omega_n^2}{10^4}\right)\end{bmatrix}\begin{Bmatrix}\theta\\M\end{Bmatrix}_2^{\mathrm{R}}$$

$$=\begin{bmatrix}1 & \dfrac{1}{2\times10^7}\\ -2\times10^3\omega_n^2 & \left(1-\dfrac{\omega_n^2}{10^4}\right)\end{bmatrix}\begin{bmatrix}1 & \dfrac{1}{10^7}\\ -10^3\omega_n^2 & \left(1-\dfrac{\omega_n^2}{10^4}\right)\end{bmatrix}\begin{Bmatrix}1\\ -500\omega_n^2\end{Bmatrix}$$

给出一系列的 ω_n^2，由上式求出 ω_n^2 与 M_3^{R} 的关系曲线如图 4-3a）所示。由该曲线与 $M_3^{\mathrm{R}}=0$ 的交点确定系统的 3 个固有频率为 $\omega_{n1}=0$，　$\omega_{n2}=126$，　$\omega_{n3}=210$。将这 3 个固有频率代入各 $\{\theta^{\mathrm{R}}\quad M^{\mathrm{R}}\}_i^{\mathrm{T}}$，所得如表 4-1 所示。

三圆盘扭振系统的固有频率及对应状态量值　　表 4-1

ω_{ni}(1/s)	$\{\theta^{\mathrm{R}}\quad M^{\mathrm{R}}\}_1^{\mathrm{T}}$	$\{\theta^{\mathrm{R}}\quad M^{\mathrm{R}}\}_2^{\mathrm{T}}$	$\{\theta^{\mathrm{R}}\quad M^{\mathrm{R}}\}_3^{\mathrm{T}}$
0	$\{1\quad 0\}$	$\{1\quad 0\}$	$\{1\quad 0\}$
126	$\{1\quad 7.94\times10^6\}$	$\{0.206\quad 1.121\times10^7\}$	$\{-0.355\quad -9\times10^4\}$
210	$\{1\quad 2.205\times10^7\}$	$\{-1.205\quad -3.104\times10^7\}$	$\{0.347\quad -4.4\times10^5\}$

由此可求得 3 阶扭振模态为

$$\theta^{(1)}=\{1\quad 1\quad 1\}^{\mathrm{T}},\theta^{(2)}=\{1\quad 0.206\quad -0.355\}^{\mathrm{T}},\theta^{(3)}=\{1\quad -1.205\quad 0.347\}^{\mathrm{T}}$$

其 3 阶模态如图 4-3b）所示。

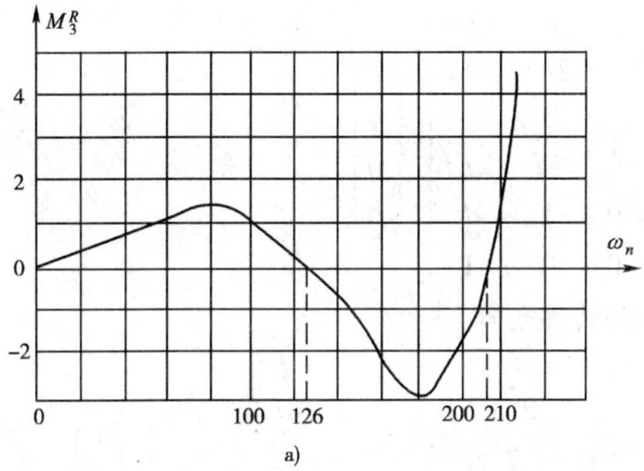

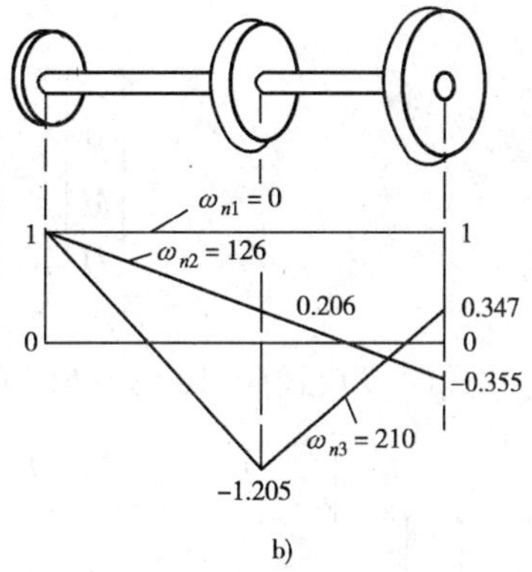

图 4-3　三圆盘热振系统的分析示意图

a）ω_n^2 与 M_3^{R} 的关系曲线；b）三圆盘系统扭振模态

二、弯曲振动分析的传递矩阵法

汽车的动力输出轴系统，也会发生横向的弯曲振动。此类问题可以离散为无质量的梁上带有若干集中质量的横向振动系统，且某些质点下有弹性支撑 k_i，如图 4-4a）所示。取出第 i 单元（包括 i 梁段及集中质量 m_i），绘出 i 梁段及 m_i 的受力图如图 4-4b）所示。

对于 m_i，设其只产生横向谐振动，并略去其转动惯量，根据动力学方程，可得到

$$M_i^{\mathrm{R}}=M_i^{\mathrm{L}},\quad Q_i^{\mathrm{R}}=Q_i^{\mathrm{L}}+\omega_n^2m_iy_i-k_iy_i \tag{4-5}$$

m_i 左右两边的转角 $\theta(=\mathrm{d}y/\mathrm{d}x)$、挠度 y 应该相等，即

$$y_i^{\mathrm{R}}=y_i^{\mathrm{L}},\quad \theta_i^{\mathrm{R}}=\theta_i^{\mathrm{L}} \tag{4-6}$$

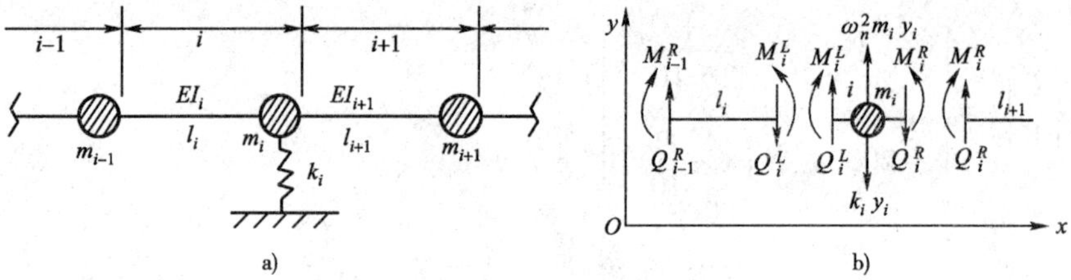

图4-4　弯曲振动分析示意图

由式(4-5)、式(4-6)可以导出 i 单元的点传递矩阵为

$$\begin{Bmatrix} y \\ \theta \\ M \\ Q \end{Bmatrix}_i^{\mathrm{R}} = \begin{bmatrix} 1 & 0 & 0 & 0 \\ 0 & 1 & 0 & 0 \\ 0 & 0 & 1 & 0 \\ \omega_n^2 m - k_i & 0 & 0 & 1 \end{bmatrix}_i \begin{Bmatrix} y \\ \theta \\ M \\ Q \end{Bmatrix}_i^{\mathrm{L}} \tag{4-7}$$

对于 i 单元的无质量梁段，有

$$M_i^{\mathrm{L}} = M_{i-1}^{\mathrm{R}} + Q_{i-1}^{\mathrm{R}} l_i, \quad Q_i^{\mathrm{L}} = Q_{i-1}^{\mathrm{R}} \tag{4-8}$$

对悬臂梁，由材料力学，有　$y = \dfrac{Ml^2}{2EI} - \dfrac{Ql^3}{3EI}$，　$\theta = \dfrac{Ml}{EI} - \dfrac{Ql^2}{2EI}$

由位移关系，有

$$y_i^{\mathrm{L}} - y_{i-1}^{\mathrm{R}} - \theta_{i-1}^{\mathrm{R}} \cdot l_i = \frac{M_i^{\mathrm{L}} l_i^2}{2EI} - \frac{Q_i^{\mathrm{L}} l_i^3}{3EI}, \quad \theta_i^{\mathrm{L}} - \theta_i^{\mathrm{R}} = \frac{M_i^{\mathrm{L}} l_i}{EI_i} - \frac{Q_i^{\mathrm{L}} l_i^2}{2EI_i} \tag{4-9}$$

将式(4-8)代入式(4-9)，整理后再考虑式(4-8)并写成矩阵形式，有场传递矩阵为

$$\begin{Bmatrix} y \\ \theta \\ M \\ Q \end{Bmatrix}_i^{\mathrm{L}} = \begin{bmatrix} 1 & l & \dfrac{l^2}{2EI} & \dfrac{l^3}{6EI} \\ 0 & 1 & \dfrac{l}{EI} & \dfrac{l^2}{2EI} \\ 0 & 0 & 1 & l \\ 0 & 0 & 0 & 1 \end{bmatrix}_i \begin{Bmatrix} y \\ \theta \\ M \\ Q \end{Bmatrix}_{i-1}^{\mathrm{R}} \tag{4-10}$$

合并式(4-7)、式(4-10)，得第 i 单元的传递矩阵，为

$$\begin{Bmatrix} y \\ \theta \\ M \\ Q \end{Bmatrix}_i^{\mathrm{R}} = \begin{bmatrix} 1 & l & \dfrac{l^2}{2EI} & \dfrac{l^3}{6EI} \\ 0 & 1 & \dfrac{l}{EI} & \dfrac{l^2}{2EI} \\ 0 & 0 & 1 & l \\ \omega_n^2 m - k_i & (\omega_n^2 m - k_i) l & \dfrac{(\omega_n^2 m - k_i) l^2}{2EI} & 1 + \dfrac{(\omega_n^2 m - k_i) l^3}{6EI} \end{bmatrix}_i \begin{Bmatrix} y \\ \theta \\ M \\ Q \end{Bmatrix}_{i-1}^{\mathrm{R}} \tag{4-11}$$

依次递推应用各单元的传递矩阵，可以建立梁最左端边界0与最右端边界 N 的状态量之间的关系，最后总结为

$$\begin{Bmatrix} y \\ \theta \\ M \\ Q \end{Bmatrix}_N^{\mathrm{R}} = \boldsymbol{T} \begin{Bmatrix} y \\ \theta \\ M \\ Q \end{Bmatrix}_0^{\mathrm{L}} = \begin{bmatrix} T_{11} & T_{12} & T_{13} & T_{14} \\ T_{21} & T_{22} & T_{23} & T_{24} \\ T_{31} & T_{32} & T_{33} & T_{34} \\ T_{41} & T_{42} & T_{43} & T_{44} \end{bmatrix} \begin{Bmatrix} y \\ \theta \\ M \\ Q \end{Bmatrix}_0^{\mathrm{L}} \tag{4-12}$$

一般两端边界条件总是已知，利用式(4-12)并考虑左右两端各两个边界条件，得到系统

的特征方程,以与前类似的方式解之,可得到该梁的横向振动的固有频率和模态振型。

第二节 汽车动力传动系统振动

一、汽车动力传动系统扭转振动

(一)汽车动力传动系扭转振动的当量系统

汽车动力传动系统是一个复杂的弹性体振动系统。构成整个系统的部件不但几何形状复杂,而且运动方式也不相同,但其主要部件的主要工作和受载形式,是发动机曲轴通过变速器到驱动轮的传动系的定轴转动。当然,也还有作往复运动和平面运动的活塞连杆机构。根据振动分析的原则,要抓住主要因素,在此是要作扭转振动分析。由于系统构成复杂,首先必须根据要求对系统进行简化。

系统简化就是系统的动力学建模。对同一个系统,按照不同的分析目的,可能简化出不同的动力学模型。对汽车动力传动系统的扭振分析,实践上推崇简化成上节传递矩阵法所依据的由广义集中质量(转动惯量)和等效圆轴(扭转弹簧)连接的链状轴系模型,将实际曲轴和齿轮及齿轮轴等按照设计构成。根据等效原则简化的链状轴系计算分析模型被称为当量系统。

由于考虑的是扭振,这里的等效原则是保持简化前后系统各部件的关于弹性扭转的动能和势能不变。图 4-5 所示是发动机曲轴到驱动轮的动力传动系的简化扭振模型当量系统。实践表明,这类简化系统的计算结果能够简明地反映扭振特征且与实测结果很接近,因而这种简化方法被广泛采用。

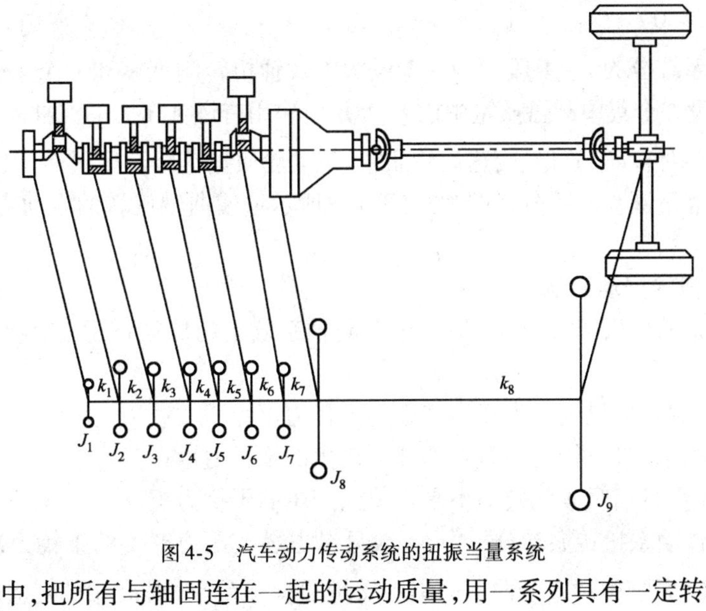

图 4-5 汽车动力传动系统的扭振当量系统

在当量系统中,把所有与轴固连在一起的运动质量,用一系列具有一定转动惯量的刚性圆盘来代替,并把轴段的转动惯量转化到相邻的圆盘上,或集中在轴中的某一个新的圆盘上,把这些只有惯量而无弹性的圆盘,用只有弹性而无惯量的等效圆轴连接起来,就得到了实际系统的当量系统。

(二)等效圆盘转动惯量的计算

对于规则形状的物体,可以利用一般理论力学的公式计算其转动惯量 J_i。对于形状不规则的物体,或通过三维实体造型由计算机软件直接获得;或进行对几何形状的适当简化,按动能相等的原则进行当量计算。对于存在传动机构之处,例如对于连杆机构和齿轮传动系,也要按动能相等来等效。在已有实际零件的情况下,也可以通过试验测量获得。一般来讲,实测数据总是要求的。

(三)等效轴扭转刚度的计算

等效圆盘转动惯量由有弹性而无惯量的等效圆轴(相当于扭转弹簧)来连接,需要定义等效轴段的扭转弹性系数 k_i。一般形状简单圆轴可用材料力学的公式来获得;对应形状复杂的轴段,如发动机曲柄曲轴部分,可以利用一些经验公式来计算,如威尔逊公式、卡特尔公式等;也可以利用有限元方法算得;还可以通过试验测取。

(四)当量系统扭振运动微分方程

在获得了等效圆盘转动惯量和等效轴扭转刚度后,就可以获得如图4-5所示汽车动力传动系统的扭振的当量系统。对此链状系统,可以利用上节的传递矩阵方法来进行扭振分析,计算出该扭振系统的固有频率和扭转模态振型。

对于该当量系统,还可以列出其扭振运动微分方程,以便结合动力传动系的扭振激励力矩,来分析计算动力传动系统的强迫响应。参考图4-5所示形式的链状系统,其扭振运动微分方程为

$$\boldsymbol{J}\ddot{\boldsymbol{\varphi}}+\boldsymbol{K}\boldsymbol{\varphi}=\bar{\boldsymbol{m}} \tag{4-13}$$

其中 $\boldsymbol{J}=\begin{bmatrix} J_1 & 0 & \cdots & 0 \\ 0 & J_2 & \cdots & \vdots \\ \vdots & \cdots & \ddots & 0 \\ 0 & \cdots & 0 & J_L \end{bmatrix}$,$\boldsymbol{\varphi}=\begin{Bmatrix} \varphi_1 \\ \varphi_2 \\ \vdots \\ \varphi_N \end{Bmatrix}$,$\boldsymbol{K}=\begin{bmatrix} k_1 & -k_1 & \cdots & 0 \\ -k_1 & k_1+k_2 & -k_2 & \vdots \\ \vdots & \cdots & \ddots & -k_{L-1} \\ 0 & \cdots & -k_{L-1} & k_{L-1} \end{bmatrix}$,$\bar{\boldsymbol{m}}=\begin{Bmatrix} M_{z1} \\ M_{z2} \\ \vdots \\ M_{zL} \end{Bmatrix}$

这里设当量系统分为 $L-1$ 段,有 $L-1$ 段的等效轴扭转刚度 k_i 和 L 个等效集中圆盘质量 J_i。参考图4-5,设 L 个集中圆盘质量中前 L_C 个是由作用有燃气压力的汽缸内活塞连杆曲柄系等效来的,其余则由传动轴质量、变速齿轮质量、驱动轮质量等所简化而得,则扭振激励力矩 $\bar{\boldsymbol{m}}$ 中的对应于曲柄当量圆盘的各分量即为式(3-10)所示迫使曲轴旋转的主动力矩,下面对它进行更进一步分析。

(五)传动系扭转振动的激励力矩

发动机传动系的扭振干扰激励,是作用在曲轴系统上的周期性力矩,它主要来源于三个方面:

(1)汽缸内燃料点火燃气爆发压力产生的干扰力矩;

(2)发动机曲柄连杆机构的质量及惯性力产生的干扰力矩;

(3)功率负载部件所吸收的转矩不是定值而产生的干扰力矩。

实际发动机传动系扭转振动分析中,一般只考虑燃气压力产生的干扰力矩 M_p(参见第三章第一节),设当量系统中对应于曲柄的集中质量圆盘有 L_C 个,则 $\bar{\boldsymbol{m}}$ 中的对应曲柄盘的各激励分量即为

$$M_{zi}=M_p^{(i)} \quad (i=1,2,\cdots,L_C) \tag{4-14}$$

因为燃气压力所产生的干扰力矩 M_p 是周期性的,其循环周期与发动机的冲程数有关。对二冲程发动机,曲轴每转一圈,干扰力矩完成一个循环,故干扰力矩的圆频率就等于曲轴旋转的角速度,即

$$\Omega = \omega \tag{4-15}$$

对四冲程发动机,曲轴每转两圈,干扰力矩才完成一个循环周期,故干扰力矩的圆频率就等于曲轴旋转的角速度的一半,即

$$\Omega = \omega/2 \tag{4-16}$$

式中,Ω 为燃气压力周期干扰力矩的圆频率;ω 为曲轴旋转的角速度。

周期性的激励函数可以通过傅立叶级数来展开表示,在此就有

$$M_p = M_0 + \sum_{r=1}^{\infty}(a_r\cos r\Omega t + b_r\sin r\Omega t) = M_0 + \sum_{r=1}^{\infty} M_r\sin(r\Omega t + \psi_r) \tag{4-17}$$

这里设干扰力矩的循环周期为 T,$\Omega = 2\pi/T$ 就是干扰力矩的基频,$r\Omega$ 即为级数展开导致的高次谐波频率;按周期函数的傅立叶级数展开的计算公式,M_p的各傅立叶级数系数应为

$$M_0 = \frac{1}{2\pi}\int_0^{2\pi} f(\Omega t)\,\mathrm{d}(\Omega t),\ a_r = \frac{1}{2\pi}\int_0^{2\pi} f(\Omega t)\cos r\Omega t\mathrm{d}(\Omega t),\ b_r = \frac{1}{2\pi}\int_0^{2\pi} f(\Omega t)\sin r\Omega t\mathrm{d}(\Omega t),$$

$$M_r = \sqrt{a_r^2 + b_r^2},\quad \psi_r = \arctan\frac{a_r}{b_r}。$$

式中,$f(\Omega t) = f(\alpha)$ 是干扰力矩 M_p的时域函数形式,它是 $\alpha = \Omega t$ 的周期函数,可以通过发动机示功图 $M = f(\alpha)$ 试验获得,α 是以发动机上止点为基准的曲柄转角。

结合式(4-15)~式(4-17),燃气压力所产生的干扰力矩 M_p可以统一写为

$$M_p = M_0 + \sum(a_r\cos r\omega t + b_r\sin r\omega t) = M_0 + \sum M_r\sin(r\omega t + \psi_r) \tag{4-18}$$

对于二冲程发动机 $r = 1, 2, 3, \cdots$

对于四冲程发动机 $r = 1/2, 1, 3/2, 2, 5/2, \cdots$

式(4-18)中的 M_0为平均驱动力矩,为发动机的动力源,对传动系它是一个常量载荷,产生一个常量扭转变形但不产生动态扭振;由式(4-13)和式(4-14),动力传动系的动态扭振由式(4-18)中频率为 rw 的各阶谐波激励分量产生。

(六)动力传动系扭转振动的强迫响应分析

1. 临界转速

由式(4-13),当干扰力矩某一简谐分量的频率 rw 与扭振系统某一阶固有频率 ω_{nk} 相等时,即

$$r\omega = \omega_{nk} \quad (k = 1, 2, \cdots, L-1) \tag{4-19}$$

系统发生共振;相应的频率和转速称为临界频率和临界转速。

当干扰力矩的一次谐波频率 ω 与任一固有圆频率 $\omega_{nk}(k = 1, 2, \cdots, L-1)$ 相等时,称为发生一次共振,即当 $\omega = \omega_{nk}(k = 1, 2, \cdots, L-1)$ 时为一次共振;而当 $r = 2$ 时,即有 $\omega = \omega_{nk}/2(k = 1, 2, \cdots, L-1)$ 时为二次共振;一般地,当有 $\omega = \omega_{nk}/r(k = 1, 2, \cdots, L-1)$ 时为 r 次共振。

2. 临界转速谱

由上可知,由于干扰力矩的周期性,发动机在运转过程中,每个曲柄上相当于作用了各次圆频率为 rw 干扰力矩。由于 ω 为曲轴系统旋转角速度,可知 rw 和发动机转速 n(r/min)间存在如下关系:

$$r\omega = r\frac{2\pi n}{60} = \frac{2\pi N_r}{60} \tag{4-20}$$

上式中引入了一个量 N_r,称为曲轴系统的工作频率,由式(4-20)知它的定义是

$$N_r = rn \tag{4-21}$$

式(4-21)表明对于一定阶次 r 的简谐力矩,其工作频率 N_r随发动机转速 n 成正比例变化。

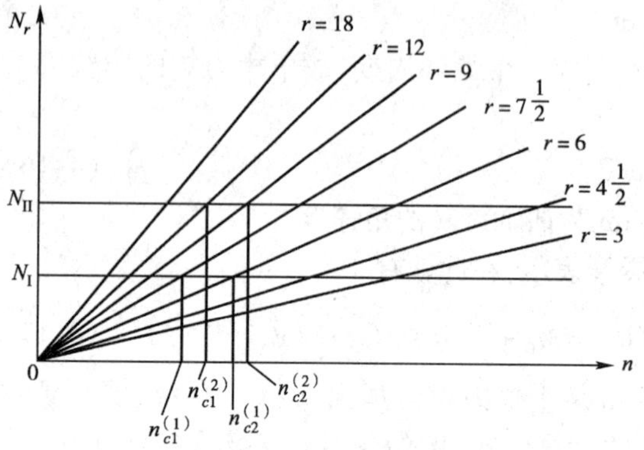

图 4-6　临界转速谱

以 r 为参数绘制式(4-21)的转速图如图 4-6 所示。图中通过坐标原点的各条射线，就是各次简谐力矩的工作频率随转速的变化曲线。

如果把特征值分析计算出的固有频率 ω_{nk} 转化为(r/min)的量纲，如定义出单节固有转速 $N_I=\dfrac{60}{2\pi}\omega_{n1}$ 或双节固有转速 $N_{II}=\dfrac{60}{2\pi}\omega_{n2}$，并绘在图 4-6 中。它们与代表各次干扰力矩工作频率的 r 射线相交，可得无数个满足共振条件的交点(共振点)，与这些交点相对应的转速称为临界转速(或共振转速)，如图中对应于 N_I 的 $n_{c1}^{(1)}$，$n_{c2}^{(1)}$ 和对应于 N_{II} 的 $n_{c1}^{(2)}$，$n_{c2}^{(2)}$ 等。这种表示发动机临界转速的曲线图叫做临界转速谱。

3. 共振计算的范围

由临界转速谱可以看出，发动机由低速到高速的运转过程中，将会有很多临界转速。轴系的任一扭振固有频率，在不同的转速下可与不同谐次的干扰力矩发生共振，除这些共振外，还伴随有其他谐次的非共振振动出现。

参考临界转速谱，当量扭振系统的共振分析应考虑以下一些因素：

(1)考虑稍扩大的发动机工作转速范围内的临界转速。设发动机最低工作转速为 n_{min}，最高工作转速为 n_{max}，发动机动力系统的一阶固有转速为 N_I，要考虑的干扰力矩的谐波次数范围可以是

$$\frac{N_I}{1.2n_{\max}}=r_{\min}\leqslant r\leqslant r_{\max}=\frac{N_I}{0.8n_{\min}} \tag{4-22}$$

(2)干扰力矩的幅值 M_r 将随着简谐次数的增加而减小，高频率阶次的简谐力矩对轴系的振动影响不大，可以略去，故一般谐波次数最多只考虑到 $r=12$ 次。

(3)轴系固有频率只要计算到小于 4 阶即可，因为更高阶固有频率只能与更高次干扰力矩发生共振，而这些共振早已超出了发动机的工作转速范围。

(4)在多缸发动机中，只有那些具有较大相对振幅矢量和的简谐力矩，才有可能激起较大的振动，于是可以把具有较小相对振幅矢量和的简谐力矩略去不予考虑。

4. 多缸发动机扭振激励力矩的组合

对于单列多缸发动机，由燃气压力导致的给各曲柄上的激励力矩都相同，但由于各缸是按一定的点火次序工作，故作用于各曲柄(已简化为当量圆盘)上的激励力矩就有一定相位差。由式(4-14)、式(4-18)，略去不导致动态扭振的平均驱动力矩 M_0，各曲柄圆盘上的扭振激励力矩就分别是

$$M_{zi}=M_p^{(i)}=\sum M_r^{(i)}\sin(r\omega t+\psi_r^{(i)}+\varepsilon_r^{(i)})\quad (i=1,2,\cdots,L_C) \tag{4-23}$$

因为各曲柄上的激励力矩形式相同，故对上有 $M_r=M_r^{(i)}$，$\psi_r=\psi_r^{(i)}$，$i=1,2,\cdots,L_C$。

以第 1 缸曲柄为基准，其余各缸曲柄激励力矩的 r 次谐波由于点火时刻的不同导致的相位差为

$$\varepsilon_r^{(i)}=r\theta_{i,1},\quad (i=1,2,\cdots,L_C) \tag{4-24}$$

式中，$\theta_{i,1}$ 为第 i 缸与第 1 缸间的点火间隔角。

考虑 r 次谐波共振情况下激励力矩在其作用的圆盘上的扭振一个周期 $T_r=2\pi/r\omega$ 内的作功。设 r 次谐波的激励力矩写为 $M_{zi}=M_r^{(i)}\sin(r\omega t+\varphi_r^{(i)})$，其对应的圆盘扭振为 $\varphi_i(t)=A_r^{(i)}\sin r\omega t$，则有

$$W_r^{(i)}=\int_0^{T_r}M_{zi}\mathrm{d}\varphi_i=\pi M_r^{(i)}A_r^{(i)}\sin\varphi_r^{(i)},\quad(i=1,2,\cdots,L_C)\tag{4-25}$$

L_C个燃气压力激励源所作的总功即为

$$W_r=\sum_{i=1}^{L_C}W_r^{(i)}=\pi M_r\sum_{i=1}^{L_C}A_r^{(i)}\sin\varphi_r^{(i)}$$

r 次谐波共振情况下只需考虑 r 次谐波激励力矩所输入的能量，且在共振状态系统表现为主振动，即各圆盘的相对振幅比满足对应阶次的模态振型。设第一个圆盘的振幅为 $A_r^{(1)}$，其余各盘相对于 $A_r^{(1)}$ 的振幅比记为 $\lambda_r^{(i)}=A_r^{(i)}/A_r^{(1)}(i=1,2,\cdots,L_C)$，则有

$$W_r=\pi M_rA_r^{(1)}\sum_{i=1}^{L_C}\lambda_r^{(i)}\sin\varphi_r^{(i)}\tag{4-26}$$

振动输入能量式(4-26)中的求和项($\sum_{i=1}^{L_C}\lambda_r^{(i)}\sin\varphi_r^{(i)}$)称为相对振幅矢量和，可知由各相对振幅比 $\lambda_r^{(i)}$ 和各激励力矩与受激励圆盘响应的相位差 $\varphi_r^{(i)}$ 决定。由于各汽缸的点火角式(4-24)不同，各相位差 $\varphi_r^{(i)}$ 可以不同。有可能通过调节各缸的点火顺序和点火角，使得对某次谐波的相对振幅矢量和较小而使对应主振动较小；反之，如某汽车的动力传动系统在某工作转速下表现扭振过大，则有必要检查是否该转速处于 r 次共振且相对振幅矢量和较大。

5. 强迫响应扭振振幅计算

计算强迫响应振幅应当考虑阻尼，否则由式(4-13)导致共振时($r\omega=\omega_{nk}$)振幅会趋于无穷大。

对于汽车动力传动系统，其阻尼耗散机制一般是非黏性的，可来自于三个部分，分别是：发动机部分、传递轴段部分和工作机部分。

1)发动机部分

产生发动机阻尼作用的因素复杂，主要来自于曲轴与轴承、活塞与汽缸壁的摩擦等，目前一般采用试验总结的经验公式，如霍尔兹(Holzer)公式，其阻尼力耗散功的表达式为

$$W_{ce}=0.4\pi\omega^2J_z\cdot(A_r^{(1)})^2\cdot\sum_{i=1}^{L_C}(\lambda_r^{(i)})^2\quad(\mathrm{N\cdot cm/周期})\tag{4-27}$$

式中，ω 表示计算工况下发动机的振动圆频率；J_z表示一个汽缸曲轴系统当量圆盘的转动惯量；$A_r^{(1)}$ 表示轴系第一个当量圆盘的振幅；$\sum_{i=1}^{L_C}\lambda_r^{(i)}$ 表示 L_C个曲轴系统当量圆盘的相对振幅矢量和(共振时取各 $\varphi_r^{(i)}=\pi/2$)。

2)传递轴段部分

这部分阻尼是来自轴段扭转振动弹性变形时的材料内摩擦。通过试验测定，对等截面空心轴，其阻尼耗散功为

$$W_{ca}=1.58\times10^{-8}l\cdot\tau_{\max}^{2.8}D^2\cdot\left[1-\left(\frac{d}{D}\right)^{4.8}\right]\quad(\mathrm{N\cdot cm/周期})\tag{4-28}$$

式中，l 表示计算轴段长度(cm)；$\tau_{\max}$表示最大扭转剪应力(10^5Pa)；D 表示计算轴段外径(cm)；d 表示计算轴段内径(cm)。

3)工作机部分

这部分阻尼主要来自变速器、万向节和驱动轮滚动摩擦等发动机的负载部分的能量耗散

机制。在进行发动机台架扭振试验时,可通过测出测功机阻尼功来代表。一个估算公式为

$$W_{cw}=9.95Z_d\frac{52676W_{\max}}{n_{\max}^2}\cdot\pi\omega\lambda_d^2\cdot A_r^{(1)}\cdot n\quad(\text{N}\cdot\text{cm/周期})\tag{4-29}$$

式中,Z_d表示阻尼系数,一般 $Z_d=0.6$;$W_{\max}$表示发动机最大功率(kW);$n_{\max}$表示发动机最大功率时的转速(r/min);n 表示计算工况转速(r/min);ω 表示计算工况下激励干扰力矩的频率;$\lambda_d=A_r^d/A_r^{(1)}$ 表示测功机当量圆盘的相对振幅比,A_r^d 表示测功机当量圆盘的振幅;$A_r^{(1)}$ 表示发动机轴系第一个当量圆盘的振幅。

对不带工作负载的单机系统,可以有 $W_{cw}=0$,即此阻尼能量耗散忽略不计。

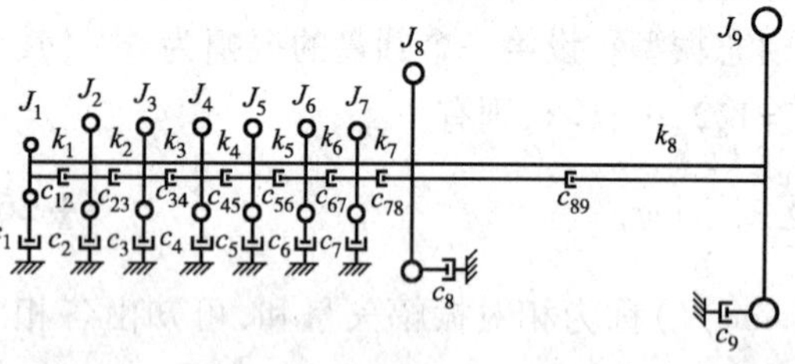

图 4-7 包含阻尼的当量扭振系统

为将阻尼的效应包括在强迫响应分析中,考虑到上述阻尼的产生机制,应建立如图 4-7 所示包含阻尼的当量系统计算模型。其中 $c_{i,j}$ 和 c_k 为等效黏性阻尼系数,它们可通过如第一章例 1.3 阐述的方法计算而得,即通过假设上述非黏性阻尼机制的阻尼耗散力与线性黏性阻尼力在一个振动周期中做功相等的原则等效而来。

由第一章的例 1.3 可知等效黏性阻尼系数 c_{eq} 可写为:

$$c_{eq}=\frac{E_{nc}}{\pi\omega^2X^2}\tag{4-30}$$

针对本节讨论的汽车动力传动系统的阻尼耗散机制,令 $E_{nc}=W_{cj}$,其中 j 可以等于 e(对应式(4-27)),a(对应式(4-28))和 w(对应式(4-29))。对于两种或三种阻尼机制都存在的情况,耗散能量 E_{nc} 就是两或三者耗散能的组合叠加,一般地写为:

$$c_{eq}=\frac{\sum\limits_{j=e,a,w}W_{cj}}{\pi\omega^2X^2}\tag{4-31}$$

这里 c_{eq} 在图 4-7 中根据不同阻尼机制分别记为 $c_{i,j}$ 和 c_k。区分 $c_{i,j}$ 和 c_k 是因为 $c_{i,j}$ 对应的阻尼是由 i 和 j 两盘间的相对角位移(速度)所导致,如传递轴段部分变形内摩擦阻尼;而 c_k 对应由盘的绝对角位移(速度)所导致的,如发动机活塞和汽缸壁摩擦和工作机阻尼等。

参考图 4-7,一般地设有 L 个集中质量,可获包括阻尼的扭振运动微分方程如下:

$$J_i\ddot{\varphi}_i-c_{i-1,i}(\dot{\varphi}_{i-1}-\dot{\varphi}_i)+c_i\dot{\varphi}_i+c_{i,i+1}(\dot{\varphi}_i-\dot{\varphi}_{i+1})-k_{i-1}(\varphi_{i-1}-\varphi_i)+k_i(\varphi_i-\varphi_{i+1})=M_{zi}(t)\tag{4-32}$$

$i=1,2,\cdots,L;c_{01}=c_{L,L+1}=0$

对于干扰力矩 $M_{zi}(t)$,仍设 L_C 个曲轴当量圆盘上作用有由燃气压力导致谐波干扰力矩,有

$$M_{zi}=M_p^{(i)}=\sum_r M_r^{(i)}\sin(r\omega t+\varphi_r^{(i)}),i=1,2,\cdots,L_C\tag{4-33}$$

设各圆盘的振幅按振动主模态的振幅比分布,即有

$$\varphi_i=\lambda_r^{(i)}\varphi_1\quad i=1,2,\cdots,L\tag{4-34}$$

则对加速度和速度都有,$\ddot{\varphi}_i=\lambda_r^{(i)}\ddot{\varphi}_1$ 及 $\dot{\varphi}_i=\lambda_r^{(i)}\dot{\varphi}_1$,代入式(4-32),整理后有

$$J_i\lambda_r^{(i)}\ddot{\varphi}_1+c_i^{(eq)}\lambda_r^{(i)}\dot{\varphi}_1+k_i^{(eq)}\lambda_r^{(i)}\varphi_1=M_{zi}(t)\quad i=1,2,\cdots,L\tag{4-35}$$

其中 $$c_i^{(eq)}=c_{i-1,i}+c_i+c_{i,i+1}-c_{i-1,i}\lambda_r^{(i-1)}/\lambda_r^{(i)}-c_{i,i+1}\lambda_r^{(i+1)}/\lambda_r^{(i)}\tag{4-36}$$

$$k_i^{(eq)} = k_{i-1} + k_i - k_{i-1}\lambda_r^{(i-1)}/\lambda_r^{(i)} - k_i\lambda_r^{(i+1)}/\lambda_r^{(i)} \tag{4-37}$$

对式(4-35)从 $i=1,2,\cdots,L$ 分别两边乘以 $\lambda_r^{(i)}$ 并叠加所得的 L 个方程，就有

$$[\sum_{i=1}^{L} J_i \cdot (\lambda_r^{(i)})^2]\ddot{\varphi}_1 + [\sum_{i=1}^{L} c_i^{(eq)} \cdot (\lambda_r^{(i)})^2]\dot{\varphi}_1 + [\sum_{i=1}^{L} k_i^{(eq)} \cdot (\lambda_r^{(i)})^2]\varphi_1 = \sum_{i=1}^{L}\lambda_r^{(i)} M_{zi}(t) \tag{4-38}$$

注意到振幅比 $\lambda_r^{(i)} = A_r^{(i)}/A_r^{(1)}$，$(i=1,2,\cdots,L)$ 可通过对系统自由振动状态下的传递矩阵法的特征分析得到，故可通过式(4-38)，来求取轴系第一个当量圆盘的共振振幅。考察 r 阶共振状态下($r\omega = \omega_{nk}$)的响应振幅，并假设：

(1)共振时只有与轴系某固有频率重合的 r 阶谐波干扰力矩才对系统做功；

(2)共振的轴系扭振模态即为对应阶次的自由振动固有模态；

(3)共振时的燃气压力干扰力矩的输入能量完全用于抵消阻尼耗散能量。

由于式(4-38)是对 φ_1 的单自由度系统的谐波响应强迫振动方程形式，考虑到($r\omega = \omega_{nk}$)及上述3个假设，由单自由度谐波响应稳态幅值的表达式，有

$$A_r^{(1)} = \frac{M_r \sum_{i=1}^{L_C} \lambda_r^{(i)}}{[\sum_{i=1}^{L} c_i^{(eq)} \cdot (\lambda_r^{(i)})^2]\omega_{nk}} \tag{4-39}$$

在确定了第一个圆盘共振振幅 $A_r^{(1)}$ 后，可以通过传递矩阵法求得的共振模态振型，即所有各当量盘相对于 $A_r^{(1)}$ 的振幅比 $\lambda_r^{(i)} = A_r^{(i)}/A_r^{(1)}$，$(i=1,2,\cdots,L)$，得到各盘的共振振幅 $A_r^{(i)}$。再由相邻两盘间的相对振幅差，可求得两盘间轴段的最大扭转变形，最后求得轴段的扭转剪应力。

如假设为单机工作，忽略轴系材料内摩擦耗散阻尼功，只考虑发动机阻尼，将式(4-27)的 W_{ce} 限制在一个周期内并分配于 L_C 个曲柄当量圆盘上，则近似有 $c_i^{(eq)} = 0.4J_z\omega_{nk}$，由式(4-39)得

$$A_r^{(1)} = \frac{M_r \sum_{i=1}^{L_C} \lambda_r^{(i)}}{0.4\omega_{nk}^2 J_z \cdot \sum_{i=1}^{L_C} (\lambda_r^{(i)})^2} \tag{4-40}$$

由上可知求得第一个圆盘共振振幅 $A_r^{(1)}$ 是关键，其中难点是如何求得各等效阻尼系数 $c_i^{(eq)}$。

可以通过求得动态放大系数 β 和等效静载扭转变形角 $A_s^{(1)}$ 来获得 $A_r^{(1)}$。$A_s^{(1)}$ 是在 L_C 个作用有燃气压力干扰力矩的当量圆盘上施加静力矩 M_r 情况下，第一个圆盘的静态扭转变形角。可以通过机械能守恒定律解得

$$A_s^{(1)} = \frac{M_r \sum_{i=1}^{L_C} \lambda_r^{(i)}}{\omega_{nk}^2 \sum_{i=1}^{L} J_i (\lambda_r^{(i)})^2} \tag{4-41}$$

其中 ω_{nk} 是轴系固有频率，在共振时正等于 r 次谐波干扰力矩的频率 $r\omega$。

根据定义，应有

$$A_r^{(1)} = \beta A_s^{(1)} \tag{4-42}$$

动态放大系数 β 可通过理论分析包含了阻尼效应的运动微分方程(4-13)或式(4-38)来求得，也可以通过试验来求取。多数情况下，利用试验求取的 β 进行共振响应振幅分析，结果比较准确。

对于非共振状态($r\omega \neq \omega_{nk}$)强迫响应,可以利用式(4-38)按多频谐波激励的单自由度系统稳态响应的计算公式求得 $A_r^{(1)}$;对其余盘的振幅,可叠加接近工作频率的那几阶模态振幅得其响应幅值。在一些情况下,需要叠加共振模态和非共振模态的响应幅值以进行更加仔细的校核。

二、汽车动力传动系统弯曲振动

汽车动力传动系的弯曲振动是车辆的一类重要的振动,对其控制的好坏将严重影响整车的振动和噪声性能。这类振动的频带处于人体比较敏感的范围。在低频范围内(4～40Hz)的多体振动直接影响汽车的舒适性;在50～250Hz范围内的弹性体振动将可能引起汽车车厢的结构共振和声学共振。

1. 弯曲振动的多自由度多刚体集中质量模型

根据汽车动力传动系的发动机+变速器+传动轴+后轴差速器、后轴壳、板簧的链状构成,在研究其弯曲振动性质时,要把动力传动系看作为多个刚体集中质量由弹性梁连接起来的类似链状模型。

如图4-8所示为研究汽车动力传动系弯曲振动的10自由度力学模型,其中有关参数意义如下:m_i、I_i($i=1,2,3,4,5$)分别为发动机体、变速器和部分传动轴、1/2部分传动轴、差速器壳、板簧和后轴壳的质量及它们绕自身的质心的转动惯量;k_1、k_2分别为发动机前后支承弹簧的垂直方向的弹性系数;K_e为发动机体与变速器之间的等效旋转(绕垂直纸面轴的)弹性系数;k_t为轮胎垂直方向的弹性系数;k_a为后轴壳弯曲刚度;K_a为后轴壳扭转弹性系数;k_s为板簧垂直方向的弹性系数;d_m,t_p分别为传动轴的平均直径和导管厚度。

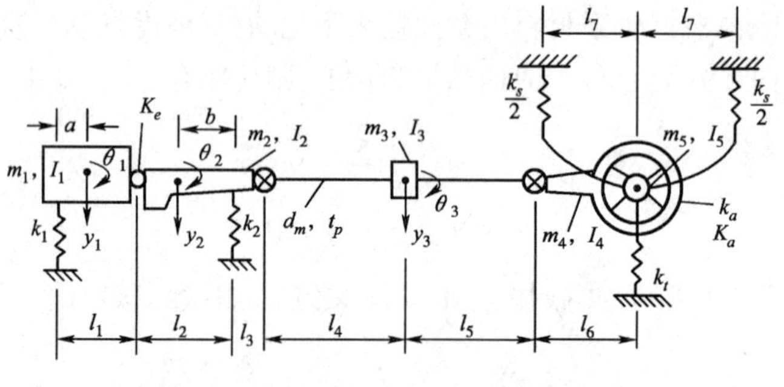

图4-8 汽车动力传动系弯曲振动模型

2. 弯曲振动的固有频率和振型

简化出如图4-8所示汽车动力传动系弯曲振动模型,可以利用扩展的传递矩阵法对该系统进行特征分析,以求得系统的弯曲振动的固有频率和振型。首先对系统建立随体坐标系,即定义各刚体质心的垂直位移 y_i($i=1,2,3,4,5$)和各刚体绕其质心的转角 θ_i($i=1,2,3,4,5$)为广义坐标如图4-8所示(图中省略绘出对应于差速器壳、板簧和后轴壳这两质量块的 y_4、y_5及 θ_4、θ_5)。

列写传递矩阵时,要注意对传动轴其质量特征集中于 m_3、I_3而通过无质量弹性梁与前后质量体连接;对其他各质量体列写传递矩阵时,除考虑各质量的移动(上下方向的)惯性外,还应该包括转动惯量的效应,以及由于设为刚体导致的连接点到质心的距离而产生的连接点力对各自刚体质心的力矩。包括转动自由度惯性效应以及刚体尺寸效应的总体传递矩阵方程仍有式(4-24)的形式,可用上述方法解,以得到系统的固有频率和振型。

一组选定参数计算的汽车动力传动系弯曲振动的3个固有频率和振型如表4-2所示。

某汽车动力传动系弯曲振动的3阶固有频率和振型 表4-2

阶次	固有频率(Hz)	振型示意	振型说明
1	8.0	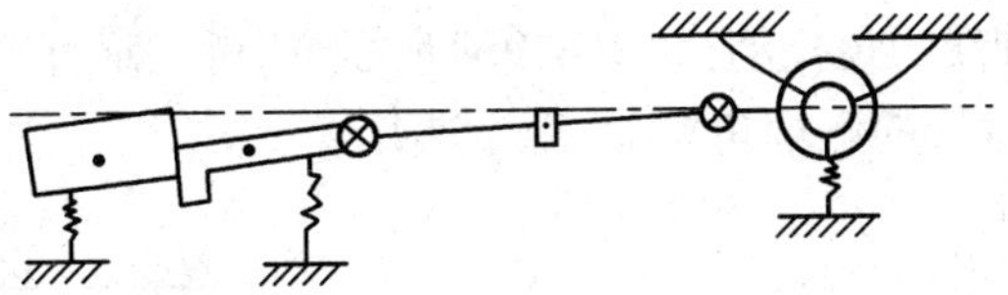	发动机动力装置上下振动
3	13.2	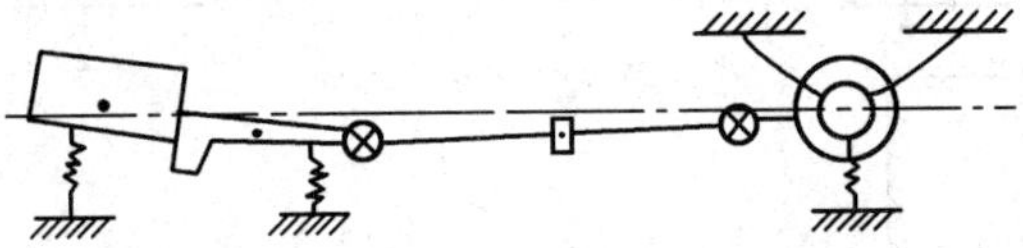	发动机动力装置纵摆振动
7	129.0	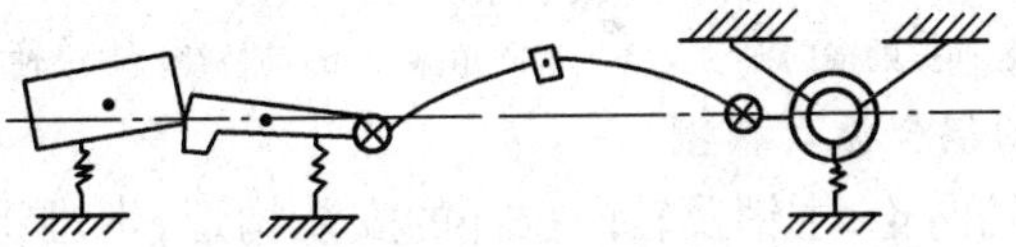	传动轴弯曲振动

3. 弯曲振动的强迫响应

在完成特征分析后可以进行强迫响应分析。

使汽车动力传动系产生弯曲振动的主要激振源有:

(1)传动轴不平衡产生的惯性力(与转速的一次方成正比);

(2)发动机往复质量产生的惯性力(与转速的次方数取决于发动机的形式);

(3)由于万向节的安装角产生的力(与转速的二次方成正比)。

在将上述三种激励力对应到各自由度方向,利用已算出的固有频率和振型,可以利用第一章介绍的模态叠加法计算各质量体的强迫响应,可以由此校核发动机动力传动系的隔振效果。

最后要指出的是:虽然在此分别分析了动力传动系的扭转振动和弯曲振动,但在实际运行中,两者常常是耦合的,因而也需要进行弯—扭耦合振动分析。

第三节　汽车转向系统振动

一、汽车前轮及前桥的振动

1. 汽车前轮及前桥的摆振现象

汽车行驶过程中,转向系的转向前轮有时会发生周期性振动,这一振动不仅有转向轮绕其主销的左右摆动,还兼有车轮上下跳动,这就是所谓前轮摆振。前轮摆振时,不只是转向系在振动,还会导致整个汽车的振动,使车辆的直线行驶和操纵的稳定性明显恶化。通常,人们把包含车轮和车桥(非独立悬架时)在内的全部转向装置的振动总称为汽车前轮摆振,它主要由以下三个方向的振动合成:

(1)横向振动:由于悬架和轮胎在横向有弹性,所以车桥总成相对于车身在横向有振动,在图4-9a)中以 y 表示这种横向振动位移;

(2)前轮绕主销的角振动:如图4-9a)所示,汽车在行驶时,前轮以主销为轴的左右振动,运动为绕主销的角振动 θ;

(3)前桥绕汽车纵轴线的角振动:如图4-9b)所示,前桥在垂直平面内,绕其中点的角位移运动称为前桥绕汽车纵轴线的侧倾角振动,用 φ 表示。

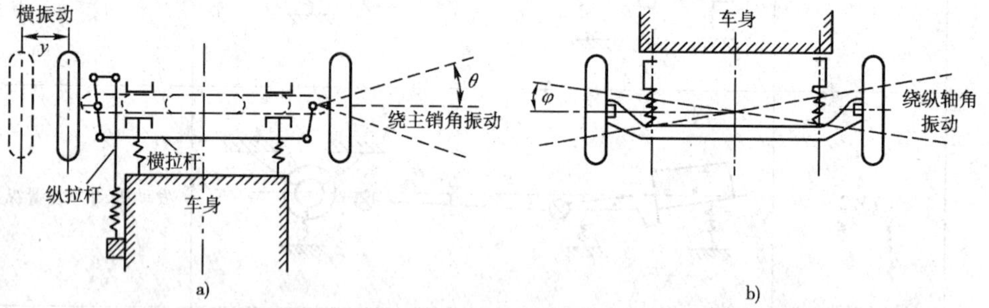

图4-9　汽车前轮及前桥摆振

a)汽车前轮摆振的横向振动及绕主销的角振动;b)前桥绕汽车纵轴线的角振动

2. 前轮和前桥运动的耦合振动模型

参考图4-9a),根据转向轮,主销及转向拉杆的安装构形,不难将其简化为图4-10a)的动力学模型。参考图4-10a),建立左转向轮绕主销的运动微分方程。

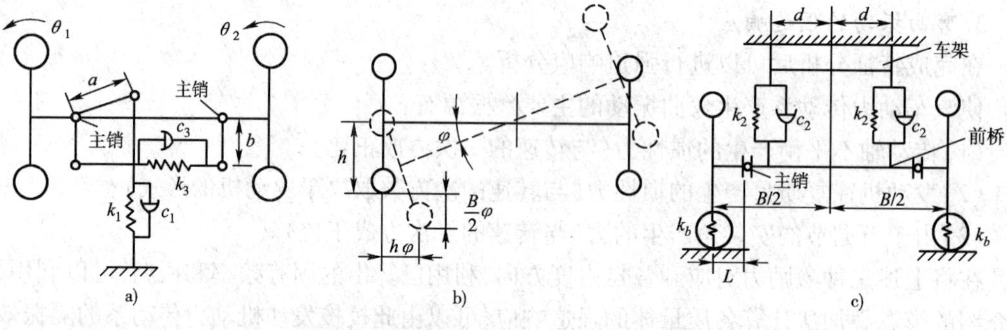

图4-10　汽车前轮及前桥摆振动力学模型

由图可见,以 θ_1 表征左转向轮绕主销的转角,由纵向拉杆产生的弹性恢复力矩加阻尼力矩将是

$$M_{zkd} = k_1 a^2 \theta_1 + c_1 a^2 \dot{\theta}_1$$

而横向拉杆产生的为　$M_{hkd} = k_3 b^2 (\theta_1 - \theta_2) + c_3 b^2 (\dot{\theta}_1 - \dot{\theta}_2)$

由图4-10b),当前桥绕车辆纵轴线有侧倾角 φ 时,左转向轮应有向右位移 φh,向下位移 $\varphi B/2$,这两个位移趋势由于轮胎的侧向刚度 k_y 和垂直刚度 k_b 会产生侧向弹性恢复力 $f_{\varphi y} = k_y \varphi h$ 和垂向弹性恢复力 $f_{\varphi b} = k_b \varphi B/2$。由于主销有后倾角 γ,记车轮作用半径为 R,这将产生一后倾拖距 $e_1 = R\gamma$,由此,侧向力 $f_{\varphi y}$ 有对主销轴的力矩 $M_{\varphi y} = e_1 f_{\varphi y} = k_y \varphi h R \gamma$。

垂向力 $f_{\varphi b}$ 垂直于路面,由于主销有后倾角 γ,想象 $f_{\varphi b}$ 分解为平行于主销轴和垂直于于主销轴的两部分;垂直于主销轴的这部分为 $f_{\varphi b}\sin\gamma \approx \gamma k_b \varphi B/2$,它对主销轴将形成力矩。另外 $f_{\varphi b}$ 也相当于路面和轮胎间正压力,故导致车轮路面间的纵向摩擦力,记前轮滚动阻尼系数为 f,则 $f_{\varphi b}$ 导致的纵向摩擦力为 $f \times f_{\varphi b} = f k_b \varphi B/2$。这两个力都作用在轮胎接地处,它们到主销轴的距离正好是主销延长线到车轮平面的距离 L。由此，再考虑力的方向，得 $f_{\varphi b}$ 对主销的力矩为 $M_{\varphi b} = L(f_{\varphi y}\gamma - f_{\varphi y}f) = Lk_b\varphi(\gamma - f)B/2$。

$M_{\varphi y}$ 和 $M_{\varphi b}$ 都由前桥侧倾角 φ 导致，说明左转向轮绕主销的转角 θ_1 与 φ 有耦合，记耦合力矩为

$$M_{\varphi} = M_{\varphi y} + M_{\varphi b} = [k_y hR\gamma + Lk_b(\gamma - f)B/2]\varphi$$

耦合力矩 M_{φ} 是由轮胎的弹性特性(k_y 和 k_b)导致的。不仅如此，由于车轮是在绕车轮横轴心线旋转的，而当车轮横轴心线再绕某轴旋转时，正好类似于一个高速自转的且其自转轴又旋转的陀螺。此时会有一个陀螺力矩产生。如对前桥有侧倾角速度为 $\dot{\varphi}$，即车轮自转横轴心线又有角速度 $\dot{\varphi}$，设车轮自转角速度为 $\omega_t = v/R$，v 为车辆向前行驶速度，R 就是车轮作用半径，则陀螺力矩为

$$M_T = J_0\omega_t\dot{\varphi} = J_0\dot{\varphi}v/R$$

式中，J_0 为车轮对其自转轴线的转动惯量。

M_T 的方向由左手法则确定，正好使转向轮绕主销旋转。由图可见，当左轮升高时，M_T 的方向使得转向轮向右转；当左轮降低时，M_T 使转向轮向左转。

考虑上述各力矩，设轮胎转动时所受横向力为 Y_1 且轮胎拖距总和为 $e_T = e + Rr$，记左转向轮绕主销的转动惯量为 J_1，当量阻尼为 c_e，则左前转向轮绕主销的运动微分方程为

$$\begin{aligned}&J_1\ddot{\theta}_1 + (c_e + c_1a^2 + c_3b^2)\dot{\theta}_1 - c_3b^2\dot{\theta}_2 - J_0\frac{v}{R}\dot{\varphi} + (k_1a^2 + k_3b^2)\theta_1 - k_3b^2\theta_2 + \\ &\left[k_y hR\gamma + Lk_b(\gamma - f)\frac{B}{2}\right]\varphi + Y_1(e + R\gamma) = 0\end{aligned} \tag{4-43}$$

以类似方法可求得右转向轮绕主销的运动微分方程，注意到对右轮无纵拉杆，故有

$$\begin{aligned}&J_2\ddot{\theta}_2 + (c_e + c_3b^2)\dot{\theta}_2 - c_3b^2\dot{\theta}_1 - J_0\frac{v}{R}\dot{\varphi} + k_3b^2\theta_2 - k_3b^2\theta_1 + \\ &\left[k_y hR\gamma + Lk_b(\gamma - f)\frac{B}{2}\right]\varphi + Y_2(e + R\gamma) = 0\end{aligned} \tag{4-44}$$

考虑对前桥侧倾角运动 φ 的振动微分方程。由图 4-10b)和图 4-10c)，可知轮胎及悬架弹簧和阻尼产生的恢复力矩为 $M_{s\varphi} = (2k_2d^2 + k_bB^2/2)\varphi + 2c_2d^2\dot{\varphi}$；前桥角位移 φ 导致的横向位移 $h\varphi$ 使侧向轮胎刚度产生的侧向力 $f_{\varphi y} = k_y\varphi h$ 也对前桥纵轴线有力矩 $M_{h\varphi} = 2k_y\varphi h^2$；对前桥侧倾角 φ 自由度来讲，在车轮有自转角速度 $\omega_t = v/R$ 时转向轮的转动速度 $\dot{\theta}_1$、$\dot{\theta}_2$ 也产生陀螺力矩 $J_0\omega_t\dot{\theta}_1$ 和 $J_0\omega_t\dot{\theta}_2$，它们也在前桥的 φ 运动方向；最后，轮胎侧向合力 Y_1、Y_2 对前桥纵轴线有力矩 $(Y_1 + Y_2)h$。考虑上述所有力矩，记前桥对纵轴线的转动惯量为 J_c，得对前桥纵轴线转角自由度 φ 的运动微分方程为

$$J_c\ddot{\varphi} + 2c_2d^2\dot{\varphi} + J_0\frac{v}{R}\dot{\theta}_1 + J_0\frac{v}{R}\dot{\theta}_2 + \left[2k_2d^2 + k_b\frac{B^2}{2} + 2k_yh^2\right]\varphi + (Y_1 + Y_2)h = 0 \tag{4-45}$$

式(4-43)到式(4-45)即为前轮绕主销运动的耦合振动方程，要求解它们还需要利用轮胎模型得到对侧向合力 Y_1、Y_2 的表达式。参考图 4-11，有

$$Y = k_y\delta = k_y(y_Y - y_e) \tag{4-46}$$

其中 y_Y 为侧向合力 Y 作用点的坐标，而 y_e 为轮胎拖距 e 坐标；设 y 为主销坐标，y_0 为主销无侧偏时的初始坐标，θ 为车轮对称面与车体坐标系纵坐标 x 方向的夹角，就有

$$y_e = y_0 - eq + \int\dot{y}\mathrm{d}t \tag{4-47}$$

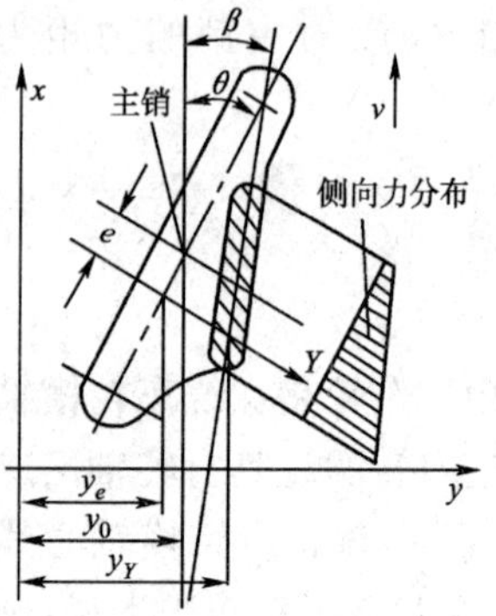

图 4-11　侧向力 Y 计算模型

记轮胎运动方向与纵坐标 x 方向的夹角为 β，v 为车辆行驶速度，有

$$y_Y = y_0 + \int v\beta \mathrm{d}t \tag{4-48}$$

另一方面，按照轮胎侧偏刚度 k_q 的定义，有

$$Y = k_q(\theta - \beta) = \frac{1}{r_\theta v}(v\theta - v\beta) \tag{4-49}$$

式中，k_θ 为轮胎侧偏刚度，$r_\theta = 1/k_\theta$ 为轮胎侧偏柔度。

由式(4-49)，有　　$v\beta = v\theta - Yvr_\theta$

上式代入式(4-48)，有

$$y_Y = y_0 + \int (v\theta - Yvr_\theta)\mathrm{d}t \tag{4-50}$$

将式(4-50)和式(4-47)代入式(4-46)，有

$$\begin{aligned} Y = k_y(y_Y - y_e) &= k_y\left(y_0 + \int (v\theta - Yvr_\theta)\mathrm{d}t - y_0 + e\theta - \int \dot{y}\mathrm{d}t\right) \\ &= k_y\left(\int (v\theta - Yvr_\theta)\mathrm{d}t + e\theta - \int \dot{y}\mathrm{d}t\right) \end{aligned} \tag{4-51}$$

对式(4-51)两边求导，有

$$\dot{Y} = k_y(v\theta - Yvr_\theta + e\dot{\theta} - \dot{y}) \tag{4-52}$$

其中 $\dot{y}$ 为主销坐标的横向运动速度，它的存在说明前轮摆振的三方向运动 θ（转向轮绕主销的转动）、φ（前桥绕车辆纵轴线的转动）和 y（前桥的横向移动）都有耦合。

一般情况下 $\dot{y}$ 对侧向力的贡献不大，故式(4-52)中的 $\dot{y}$ 可以忽略。在此情况下，注意到对左右两转向轮的侧向合力分别记为 Y_1 和 Y_2，左右转向轮的转动角分别记为 θ_1 和 θ_2，由式(4-52)就有

$$\dot{Y}_1 = k_y(v\theta_1 - Y_1 vr_\theta + e\dot{\theta}_1) \tag{4-53}$$

$$\dot{Y}_2 = k_y(v\theta_2 - Y_2 vr_\theta + e\dot{\theta}_2) \tag{4-54}$$

由上，前轮和前桥运动的耦合振动模型（主要包括前轮绕主销转动 θ 和前桥绕纵轴线转动 φ 的耦合）就由方程(4-43)、(4-44)、(4-45)、式(4-53)和式(4-54)代表。

上述 5 个联立微分方程一般通过数值方法求解。一组典型参数的数值仿真计算结果如图 4-12 ~ 图 4-15 所示。通过分析它们可以了解一些结构参数对前轮摆振特征的影响趋势。

图 4-12 说明横拉杆刚度 $k_a = b^2 k_3$ 加大将减小前轮摆振幅值。

图 4-13 显示前轮摆振幅峰值随转向机构刚度 $k_p = a^2 k_1$ 的增加而减小。系统的谐振频率则随转向机构刚度的增加而提高；因为最大幅值随转向机构刚度的增大而下降，说明系统适当定义的相对阻尼比 ζ 也随转向机构刚度的增大而提高。这里的相对阻尼比是一个与许多结构参数和车速 v 有关的量。在车速的一定范围(32 ~ 69km/h)内，如图 4-14 所示，会出现相对阻尼比 ζ 小于 0 情况。阻尼比 $\zeta < 0$ 的系统是自激振动系统。对于这样的系统，在适当的初始激励下会发生稳态的自激振动，即并不存在周期性的干扰激励情况下，系统保持稳态周期振动，并且理论上振幅可以随时间趋于无穷大。由此可知，前轮摆振是可以由自激振动导致的，自激振动本质上是非线性振动，而汽车的前轮转向系统可能会发生自激摆振。实际所观察到一些前轮摆振现象不完全可以仅用线性振动理论解释。

如图 4-15 所示，轮胎特性参数对前轮摆振有重要的影响，其规律也比较复杂。主要趋势

是，当轮胎侧向刚度 k_y 增大，侧偏刚度 k_θ 减小时，摆振的幅值就下降。在一定范围增加总拖距 e_T 可使摆振幅值下降。这些计算结果与整车道路试验的结果一致。

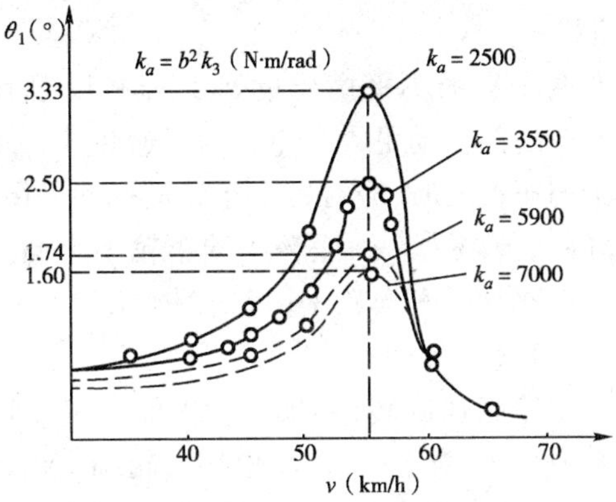

图 4-12　横拉杆刚度对摆振幅值的影响

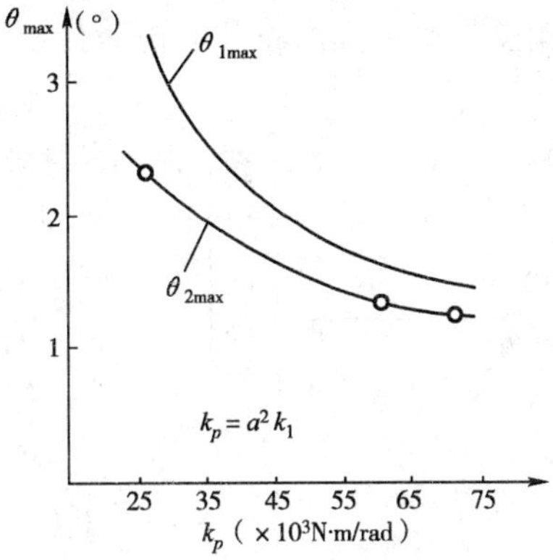

图 4-13　转向机构刚度 k_p 对摆振最大幅值的影响

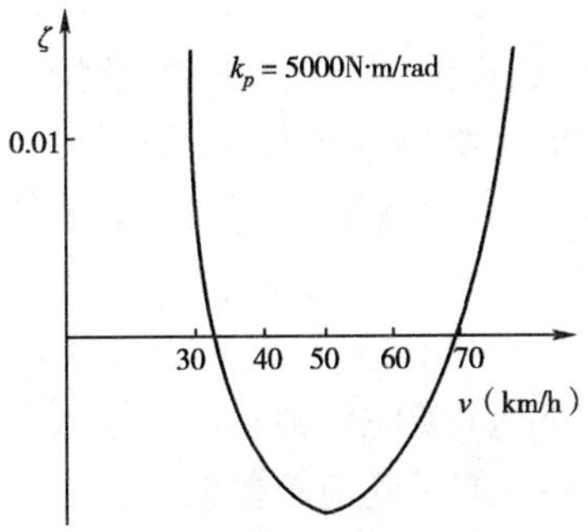

图 4-14　相对阻尼系数 ζ 与车速 v 的关系

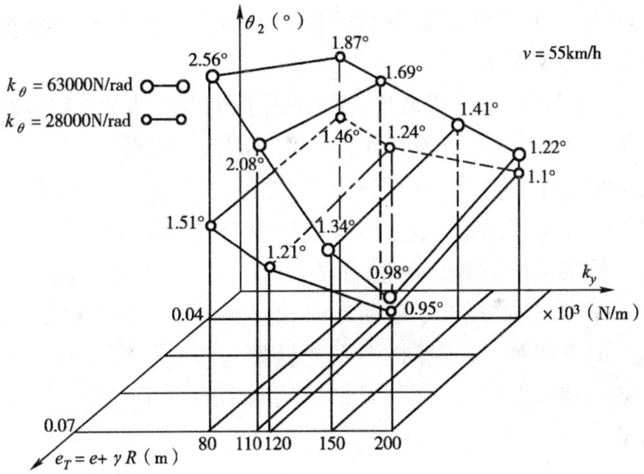

图 4-15　k_y，k_θ 和 e_T 与右前轮共振振幅关系

二、前轮摆振的影响因素

1. 车轮不平衡的影响

车轮回转时，设动不平衡质量为 m，如图 4-16 所示，它将产生沿车轮半径方向的离心惯性力

$$P_m = mR\omega_t^2$$

式中，ω_t 为车轮旋转角速度，$\omega_t = v/R$。

P_m 可产生对主销中心的力矩 M_m，考虑到主销后倾角 γ，有

$$M_m = LP_{mx} = L \cdot mR\omega_t^2 \sin(\omega_t t + \gamma) \tag{4-55}$$

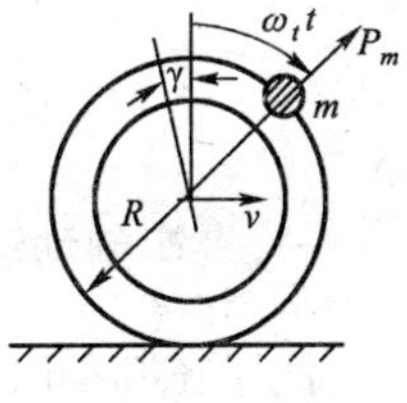

图 4-16　车轮动不平衡质量惯性力

M_m 将使车轮绕主销回转。由于它的方向周期性改变，使得对转向轮—主销系统产生一个周期性激励，激励频率为 P_{mx} 的方向相对于主销轴变化的频率 ω_t，故取决于车速 v。当车速决定的频率 v/R 与转向轮绕主销振动的固有频率相近时，就会发生强烈的前

轮摆振。

离心惯性力的垂直分力是 $$P_{mz}=mR\omega_t^2\cos\omega_t t \tag{4-56}$$

它是引起车桥绕汽车纵轴 φ 方向转动的周期激励分量，激励频率也为 ω_t。显然，车轮动不平衡质量是引起前轮和前桥耦合振动的谐波干扰源。

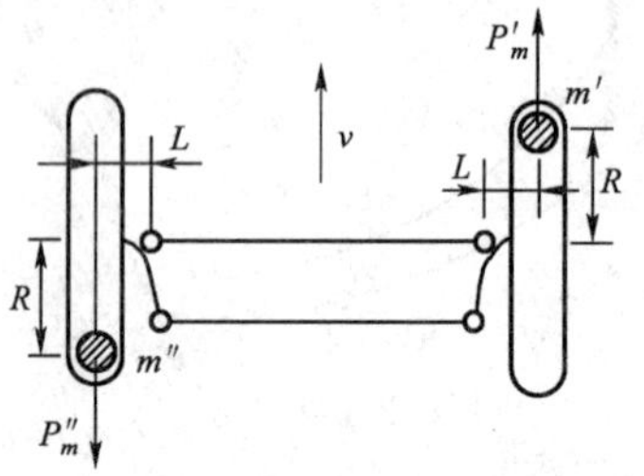

图 4-17　不适当的左右车轮不平衡质量分布

特别是如果左、右两车轮的不平衡质量处于图 4-17 所示的斜对称位置时，会使车桥的振动更为严重。为了避免这种现象，无论装配新车或给旧车换胎时，应对每个车轮进行动平衡，使其不平衡度在容许的数值之内。一般轿车的车轮不平衡度不应大于 4～5N·cm，对高速轿车车轮平衡要求更高。

2. 车轮陀螺效应的影响

汽车行驶时，由于车轮高速旋转，如果车轮平面发生 $\dot{\varphi}$ 的偏转角速度，将有陀螺力矩 M_T产生，此力矩使转向轮绕主销转动。由于陀螺效应引起的车轮绕主销的振动将随着车速的提高、车轮转动惯量的增大和车桥摆动角速度的增加而增强。同理，车轮绕主销的振动也会产生陀螺效应，反过来影响车桥的振动。当汽车驶越不平路面，会导致有 $\dot{\varphi}$ 的偏转角速度，就有可能引起前轮摆振。

考虑到引起陀螺效应原因是车轮平面发生 $\dot{\varphi}$ 的偏转角速度，如果能够使汽车悬架机构在车轮上下跳动时，其旋转平面不发生转动（仅平动是可以的），就可能避免陀螺力矩的产生。

理论上采用等长双横杆摆臂式独立悬架，当车轮上下移动时，车轮平面将平行移动而不转动，故不产生陀螺力矩。但是这种悬架机构也有当车轮上下移动时轮距改变较大，从而增加了车轮侧向滑移和轮胎磨损的缺点。因此实践上汽车多采用不等长双横杆独立悬架，其上臂略短于下臂，使车轮在上下跳动时，车轮平面角度改变较小从而减少产生的陀螺力矩。

除上述外，波形路面不平及悬架与转向机构运动不协调等，都可能引起前轮摆振。

当路面凸凹不平时，对车轮的激励取决于车速 v。设路面波长 λ，则车辆经受干扰的频率为 $f=v/\lambda$。若路面不平度具有近似周期性，某车速下导致的激励频率与前桥固有频率接近时，前桥将产生共振。如该频率与转向轮绕主销摆振的固有频率接近时，则转向轮将发生共振。这两个振动互相耦合。

另外，悬架与转向传动机构的运动学关系上不协调也可以引起转向轮绕主销的振动。当汽车驶越不平路面，车轮上下的跳动将会引起车轮绕主销轴线的偏摆，也使汽车的行驶轨迹呈现“蛇行”。

第四节　汽车制动时的振动

一、汽车制动动力学模型

汽车在制动时，行驶方向的惯性力和作用在轮胎上的地面制动力形成的力矩会使前轴负荷增大，后轴负荷减小，几个方向运动耦合导致整车的振动。

建立汽车制动时的动力学模型如图 4-18 所示的三个自由度力学模型。选择的广义坐标有行驶方向的位移 x，车辆质心垂直方向的位移 z 以及绕质心横轴的俯仰角 φ。

各几何量定义如图 4-18 所示：m_1、m_2 分别为前、后轴的簧上质量；m 为车身的簧上质量；

N_1、N_2分别为制动时车轮被抱死的情况下，前、后轮所受的支反力；X_1、X_2分别为制动车轮抱死情况下，地面给前、后轮的滑动摩擦力；k_1、k_2分别是包括轮胎垂直刚度和悬架弹簧刚度的前、后轴等效总刚度；R 为车轮滚动半径。由运动关系知，$z_1 = z - a\varphi$，$z_2 = z + b\varphi$。

考虑到车身的静态平衡，设 δ_1、δ_2分别为前、后悬架的静变形，则有

$$mg = k_1\delta_1 + k_2\delta_2;k_1\delta_1 = bmg/L;k_2\delta_2 = amg/L$$

由图 4-19 所示轮胎的受力图，有 $\quad X_1 = T_1 = M_{\mu 1}/R, X_2 = T_2 = M_{\mu 2}/R$

以及

$$N_1 = S_1 + m_1 g = k_1(\delta_1 - z_1) + m_1 g = bmg/L - k_1(z - a\varphi) + m_1 g$$

$$N_2 = S_2 + m_2 g = k_2(\delta_2 - z_2) + m_2 g = amg/L - k_2(z + b\varphi) + m_2 g$$

由图 4-19 所示车身的受力图，并考虑平衡时情况，有

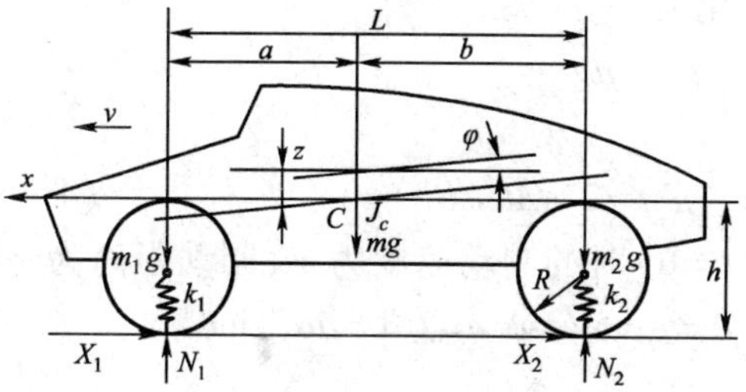

图 4-18 汽车制动时动力学模型

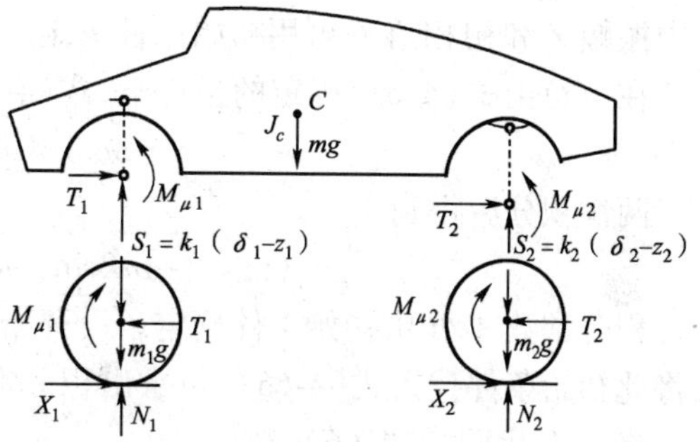

图 4-19 汽车制动时隔离体受力分析

$$m\ddot{z} = -k_1(z - a\varphi) - k_2(z + b\varphi) \tag{4-57}$$

$$J_c\ddot{\varphi} = -k_1(\delta_1 - z + a\varphi)a + k_2(\delta_2 - z - b\varphi)b + (T_1 + T_2)(h + z - R) + M_{\mu 1} + M_{\mu 2} \tag{4-58}$$

设前后轮附着系数 μ_1、μ_2 相等为 μ，就有

$$X_1 = \mu N_1;X_2 = \mu N_2$$

则

$$M_{\mu 1} = R\mu N_1;M_{\mu 2} = R\mu N_2$$

将上述各式代入式(4-57)、式(4-58)，整理后有

$$m\ddot{z} + (k_1 + k_2)z - (ak_1 - bk_2)\varphi = 0 \tag{4-59}$$

$$\begin{aligned} &J_c\ddot{\varphi} - (ak_1 - bk_2)z + (a^2k_1 + b^2k_2)\varphi + \\ &\mu(h + z)[(k_1 + k_2)z - (ak_1 - bk_2)\varphi - m_0 g] = 0 \end{aligned} \tag{4-60}$$

x 方向的运动方程为

$$m_0\ddot{x} + \mu[m_0 g - (k_1 + k_2)z + (ak_1 - bk_2)\varphi] = 0 \tag{4-61}$$

式中，$m_0 = m + m_1 + m_2$为整车质量。

式(4-59)～式(4-61)是耦合的汽车制动动力学模型。严格讲它还是非线性方程，如式(4-60)中包括 z 的 2 次项。一般只能通过数值方法求解。但在一些简化条件下，可以求得分析解。

二、汽车制动动力学简化模型求解

如汽车的质量分配系数为 1，即 $ak_1 - bk_2 = 0$，则上述方程可简化为

$$m\ddot{z} + (k_1 + k_2)z = 0$$

$$J_c\ddot{\varphi} + (a^2k_1 + b^2k_2)\varphi + \mu(h + z)[(k_1 + k_2)z - m_0 g] = 0$$

$$m_0\ddot{x}+\mu[m_0g-(k_1+k_2)z]=0$$

记 $\omega_z^2=(k_1+k_2)/m,\omega_\varphi^2=(a^2k_1+b^2k_2)/J_c,\alpha=m/m_0$，以及 $\rho^2=J_c/m$ 为车身绕质心的回转半径，

则上述三式可写为

$$\ddot{z}+\omega_z^2z=0 \tag{4-62}$$

$$\ddot{\varphi}+\omega_\varphi^2\varphi=\mu(h+z)[g/\alpha-\omega_z^2z]/\rho^2 \tag{4-63}$$

$$\ddot{x}+\mu[g-\alpha\omega_z^2z]=0 \tag{4-64}$$

由式(4-62)可见，对质心垂直运动 z 可以单独求解。这是单自由度无阻尼自由振动，其解形式为

$$z(t)=Z\sin(\omega_zt+\psi) \tag{4-65}$$

其中振幅 Z 和初相角 ψ 可用初始条件决定之。

在 $z(t)$ 由式(4-65)确定的条件下，式(4-64)转化为

$$\ddot{x}=\alpha\mu\omega_z^2Z\sin(\omega_zt+\psi)-\mu g$$

两次积分后得到

$$x(t)=-\mu aZ\sin(\omega_zt+\psi)-\mu gt^2/2+At+B \tag{4-66}$$

积分常数 A、B 由初始条件确定。设开始制动($t=0$)时的制动速度为 v_0，制动距离为 $x=0$，将此初始条件代入式(4-66)，可求出积分常数为 $A=\mu\alpha\omega_z\cos\psi+v_0$，$B=\mu\alpha Z\sin\psi$。

将 A、B 代回式(4-66)，得

$$x(t)=-\mu\alpha Z\sin(\omega_zt+\psi)-\mu gt^2/2+(\mu\alpha\omega_z\cos\psi+v_0)t+\mu\alpha Z\sin\psi \tag{4-67}$$

将式(4-65)代入式(4-63)，整理后为

$$\begin{aligned}\ddot{\varphi}+\omega_\varphi^2\varphi&=h\frac{\mu g}{\rho^2\alpha}+\frac{\mu}{\rho^2}\left[\frac{g}{\alpha}-h\omega_z^2\right]z-\frac{\mu\omega_z^2}{\rho^2}z^2\\&=h\frac{\mu g}{\rho^2\alpha}+\frac{\mu}{\rho^2}\left[\frac{g}{\alpha}-h\omega_z^2\right]Z\sin(\omega_zt+\psi)-\frac{\mu\omega_z^2}{\rho^2}Z^2\sin^2(\omega_zt+\psi)\end{aligned} \tag{4-68}$$

因为 $\sin^2(\omega_zt+\psi)=[1-\cos2(\omega_zt+\psi)]/2$，上式相当于对无阻尼单自由度系统有 3 种干扰激励力，即常数阶跃激励以及正弦函数 $\sin(\omega_zt+\psi)$ 和余弦函数 $\cos(2\omega_zt+2\psi)$ 两种不同频率的谐波激励。

记
$$F_{\varphi1}=\left[h\frac{g}{\alpha}-\frac{\omega_z^2Z^2}{2}\right]\frac{\mu}{\rho^2},\quad F_{\varphi2}=\frac{\mu}{\rho^2}\left[\frac{g}{\alpha}-h\omega_z^2\right]Z,F_{\varphi3}=\frac{\mu\omega_z^2}{2\rho^2}Z^2$$

式(4-68)为

$$\ddot{\varphi}+\omega_\varphi^2\varphi=F_{\varphi1}+F_{\varphi2}\sin(\omega_zt+\psi)+F_{\varphi3}\cos(2\omega_zt+2\psi) \tag{4-69}$$

设在开始制动($t=0$)时的初始转角 φ_0 和初始角速度 φ_0 都为零，对于突然施加的制动，响应应该包括式(4-69)中 3 项激励的全部瞬态和稳态部分，由单自由度系统的响应表达式，有

$$\begin{aligned}\varphi(t)=&\frac{F_{\varphi1}}{\omega_\varphi^2}(1-\cos\omega_\varphi t)+\frac{F_{\varphi2}}{\omega_\varphi^2-\omega_z^2}\left[\sin(\omega_zt+\psi)-\frac{\omega_z}{\omega_\varphi}\sin\omega_\varphi t\right]+\\&\frac{F_{\varphi3}}{\omega_\varphi^2-4\omega_z^2}[\cos(2\omega_zt+2\psi)-\cos\omega_\varphi t]\end{aligned} \tag{4-70}$$

式(4-65)、式(4-67)和式(4-70)是简化情况下制动过程中车辆振动响应的表达式。推导中简化的因素包括：制动时车轮瞬时被抱死；前后轮附着系数 μ 相等且为常数；制动装置提供的制动力矩 M_μ 为常数；汽车质量分配系数为 1 及没有考虑阻尼等。由于使用了简化模型，上述三式必然有一定误差，应把握上述简化导致的误差趋势。下面进一步分析一些因素对制动

时汽车振动的影响。

三、制动的一些因素对汽车振动的影响

试验证明附着系数 μ 在制动过程中一般不是常数,而是与一个与滑移率有关的量。滑移率的定义为

$$s=\frac{v_\omega-R\omega}{v_\omega}\times 100\%$$

式中,v_ω 表示车轮中心的速度;ω 表示车轮角速度;R 表示车轮滚动半径。

纵向和横向附着系数 μ 与滑移率 s 在一般轮胎—路面条件下的实测关系如图 4-20 所示。

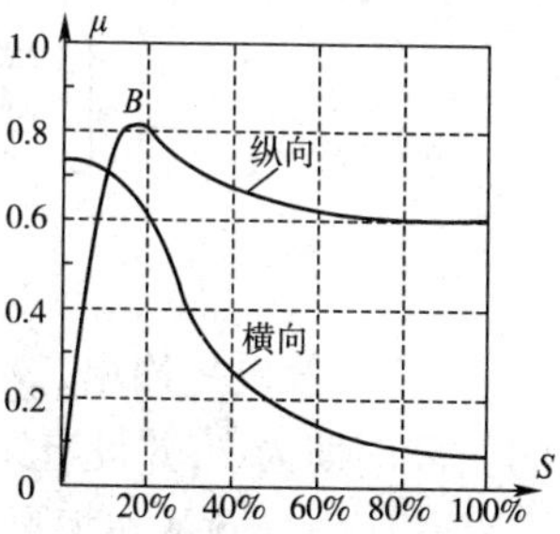

图 4-20 附着系数 μ 与滑移率 s 的关系

由于制动过程中轮胎或多或少地存在滑移,所以附着系数 μ 不是一个常数。但从图 4-20 看出,纵向 μ 在 s 的一个较大的范围内,变化不大;例如在完全抱死的情况下($\omega=0,s=100\%$)纵向 μ 保持在其峰值(对应 $s=20\%$)的 80% 左右。因此制动过程中近似地假设 μ 为常数还是允许的。但应考虑到制动阻力 $X_1=\mu N_1$;$X_2=\mu N_2$,它们是比例于法向支反力 N_1 和 N_2 的,法向支反力大的变化会导致制动阻力的较大改变。

参考图 4-18 所示的车辆模型计算轮胎法向支反力 N_1 和 N_2,包括车辆质量惯性力后,原理上应有

$$N_1=m_0(gb+h\ddot{x}+b\ddot{z})/L$$

$$N_2=m_0(ga+h\ddot{x}-a\ddot{z})/L$$

可知法向支反力本身是和车辆的运动状态(即车辆的减速度 $\ddot{x}$ 和垂直运动加速度 $\ddot{z}$)耦合的,车辆的运动状态的变化导致法向支反力的变化,动态变化的支反力又相当于对车辆系统施加了动态激励,这将加剧汽车制动时的振动,并使对制动力分配难于达到理想条件。

注意到地面制动力 X_1、X_2 是滑动摩擦约束力,它的最大值不能超过由支反力和附着系数 μ 决定的附着力极限值,即

$$X_i\leqslant F_{\max}=\mu_i N_i \quad (i=1,2) \tag{4-71}$$

在满足式(4-71)的条件下,地面制动力 X_i 是和制动器摩擦力矩 $M_{\mu i}$ 平衡的,参考图 4-19 的轮胎受力图,有 $M_{\mu i}=RX_i$;而当 $M_{\mu i}>RF_{\max}$ 时,制动器摩擦力矩 $M_{\mu i}$ 增加并不能提供额外的制动力而只能导致轮胎抱死。由图 4-20 看出,轮胎抱死时并不是车辆可能达到的最大制动力峰值,因为峰值应在 $s=20\%$ 左右。特别是从图 4-20 可以看到,随着滑移率 s 上升,虽然纵向 μ 相对变化不大,但横向运动方向的轮胎—路面附着系数则急剧下降;在车轮完全抱死时,横向附着系数处于最小值,这样就只能提供最小的轮胎—路面间横向运动的约束力,此时车辆容易出现横向失稳。因此各轮制动力矩分配的准则是不允许车轮被抱死的,最佳的是使各车轮的滑移率 s 在 20% 左右,由此上面所设制动时车轮瞬时被抱死是一种计算模型的简化。

汽车制动时的另一类重要问题是制动器本身的振动。当汽车制动时,不论是鼓式制动器,还是盘式制动器都会产生振动,但其频率较高,它主要引起严重的噪声,以及一些结构件的疲劳破坏。

练　习　题

4.1　利用传递矩阵法求解题图 4-1 所示轴盘扭振系统的固有频率和主振型。

4.2　利用传递矩阵法求解题图 4-2 所示梁横向弯曲振动系统的固有频率和主振型。

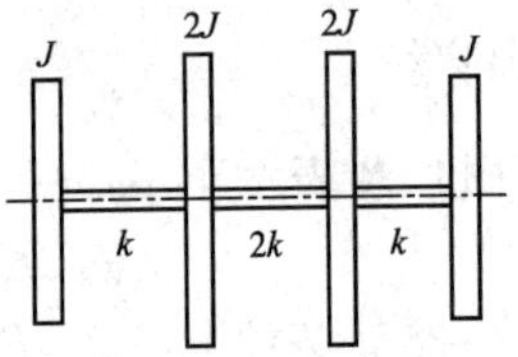

题图 4-1

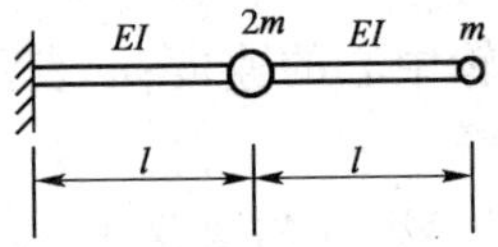

题图 4-2

4.3　假设一简单二冲程发动机—动力传动系统的当量系统如题图 4-1 所示，设干扰力矩的循环周期为 T；并设有第一和第二个圆盘相应于曲柄活塞机构简化而来的当量圆盘，故作用有燃气压力导致的扭振激励力矩 M_r，只考虑发动机部分阻尼，推导该系统的强迫响应表达。

4.4　参照图 4-8，利用传递矩阵法列出对应发动机—动力传动系统的特征方程。注意对刚体必须考虑刚体的尺寸效应。

4.5　如果在分析发动机—动力传动系统扭振时包括发动机曲柄连杆机构的质量及惯性力产生的干扰力矩，应该如何建立对应的干扰激励力矩模型，各共振临界转速有无变化？

4.6　讨论在何条件下左右前轮绕主销转动 θ_1、θ_2 可以近似认为相等，并且：

(1)推导在此条件下的前轮摆振运动方程；

(2)讨论此时车轮平面绕汽车纵轴线转动速度为 φ 的情况下所产生的陀螺力矩，以及前轮绕主销转动速度 $\dot{\theta}$ 产生的对 φ 自由度的陀螺力矩。

4.7　对式(4-59)~式(4-61)进行线性化，即略去式(4-60)中关于 z^2 的项，再利用拉普拉斯变换法求解微分方程组(式(4-59)~式(4-61))，获得制动时汽车振动响应表达。

第五章　汽车平顺性

【主要内容】　本章介绍汽车平顺性的定义、人体对振动的反应及平顺性评价的基本指标;分析路面不平度的统计特性,给出汽车振动系统的简化模型;分析系统的频率响应特性及平顺性。

第一节　平顺性定义

汽车行驶时,由于路面不平以及车轮、发动机和传动系等旋转部件激励等因素引起汽车的振动和噪声。会影响驾乘人员的乘坐舒适性、工作效率和身体健康。振动会影响所运货物的完好性,还会在汽车上产生动载荷,加速零件磨损,导致疲劳失效。

汽车平顺性主要是根据乘员的舒适程度来评价,所以它有时又称为乘坐舒适性。它是考核汽车性能的主要指标之一。

虽然引起不舒适的因素有多种,且平顺性的概念有广义化的趋势,即不仅包括振动,也包括噪声和其他导致乘员不舒适的因素。然而通常讨论的平顺性主要指路面不平引起的汽车振动,频率范围为0.5～25Hz。研究平顺性的主要目的是控制振动的传递,使汽车振动系统在给定"输入"下的"输出"不超过一定界限,以保持乘员的舒适性。

平顺性可根据图5-1所示框图来分析。

系统"输入"主要是由汽车以一定车速驶过不平路面而引起,路面不平度一般沿路面长度和宽度方向都是对应距离尺度为参数的随机过程。故"输入"对车辆系统来讲是基础位移(速度、加速度)的随机激励。此激励经过由轮胎、悬架、座椅等弹性、阻尼元件和悬挂质量、非悬挂质量构成的振动系统,传递到人体。平顺性是根据人体对振动的反应—乘坐者的舒适程度来评价汽车的性能。因此,作为"输出"的物理量是车身振动位移、速度或加速度,常用的是加速度。再进一步考虑经座椅传至人体的加速度。它们都是响应随机过程。

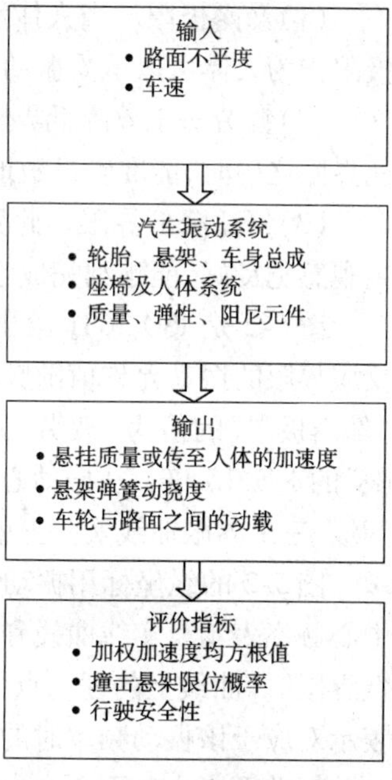

图5-1　汽车平顺性分析框图

汽车振动系统的"输出"通常还要考虑车轮与路面间的动载荷。汽车轮胎由不平路面引起的振动还会产生力的变化,轮胎与路面之间在行驶过程中动态作用力不能小于零,也就是轮胎不能脱离地面。如果轮胎脱离地面,瞬间会引起冲击,时间稍长则会使汽车操纵困难,使汽车失去控制,引起行驶安全性问题。另外,悬架弹簧的动挠度不能太大,否则会增加撞击悬架限位的概率,引起乘员的不舒适。

汽车系统本身一般假设为确定性的,而激励是随机性的,因此,汽车平顺性分析本质上属于随机振动响应分析。

第二节　人体反应与平顺性评价

一、人体对振动的反应

机械振动对人体的影响,既取决于振动频率与强度、振动作用方向和暴露时间,也取决于人的心理、生理状态,而且心理品质和身体素质不同的人,对振动敏感程度有很大差异。因此,人体对振动作用的反应是一个十分复杂的过程。

为了评价振动对人体的影响,在振动心理学实验中,一般是将人对振动的感受分为数个不同的感觉等级,如:"无感觉"、"稍有感觉"、"感觉"、"强烈感觉"、"非常强烈感觉"等。取某一频率的正弦振动作为基准。其振动加速度有效值和振动持续时间是一定的,并规定在此条件下的人体承受振动的感觉。然后,在相同持续时间下,改变振动频率和振动加速度有效值,与基准振动比较,当感觉相同时,记录振动频率与振动有效值。如果把产生同样感觉的各点连接起来,即可绘制出人体对振动反应的等感度曲线。

20 世纪 70 年代,国际标准化组织(ISO)在综合大量有关人体全身振动的研究成果的基础上,制定了国际标准 ISO 2631《人体承受全身振动的评价指南》,后来对它进行过修订、补充。从 1985 年开始进行全面修订,于 1997 年公布了 ISO 2631—1:1997(E)《人体承受全身振动评价——第一部分:一般要求》,许多国家都参照它进行汽车平顺性的评价。我国对相应标准进行了修订,公布了 GB/T 4970—1996《汽车平顺性随机输入行驶试验方法》。

ISO 2631 标准用加速度均方根值(*rms*)给出了在 1 ~ 80Hz 振动频率范围内人体对振动反应的三个不同界限。

(1)暴露极限。当人体承受的振动强度在这个极限之内,将保持健康或安全。通常把此极限作为人体可以承受振动量的上限。

(2)疲劳—工效降低界限。这个界限与保持工作效能有关。当驾驶员承受的振动强度在此界限之内时,能准确灵敏地反应,正常地进行驾驶。

(3)舒适降低界限。此界限与保持舒适有关,在这个界限之内,人体对所暴露的振动环境主观感觉良好,能顺利完成吃、读、写等动作。

图 5-2 是 ISO 2631 给出的用双对数坐标绘制的"疲劳—工效降低界限"。另外两个不同反应界限的振动允许值随频率变化趋势与图 5-2 曲线形状完全相同,只是振动的允许值不同。"暴露极限"的值为"疲劳—工效降低界限"的 2 倍,"舒适降低界限"为"疲劳—工效降低界限"的 1/3.15 倍。从振动心理学角度来看,这三个反应界限相当于人体对振动的感觉的三个等级,三个界限曲线实际上就是三种等感度曲线。

图 5-2 的纵坐标用振动加速度均方根值代表振动强度,横坐标为振动频率,用 1/3 倍频带中心频率表示。实线曲线和虚线曲线分别表示垂直方向和水平方向振动时的"疲劳—工效降低界限"。曲线上的任一点代表了"疲劳—工效降低"的一个时间限值,如 4h 曲线上的一点,表示对应于该振动频率时的振动加速度均方根值若等于或稍小于该限值时,将容许人体暴露在此振动下 4 小时而不会出现疲劳和工效降低。由图 5-2 可以看出,"疲劳—工效降低界限"的振动加速度允许值的大小与振动频率、振动作用方向和暴露时间这三个因素有关,下面分别加以讨论。

(1)振动频率。从图 5-2 可以看出人体承受全身振动时,有一个最敏感的频率范围。对于垂直振动，乘员敏感的频率范围为4~8Hz，而对于水平振动，乘员敏感的频率范围为1~2Hz。

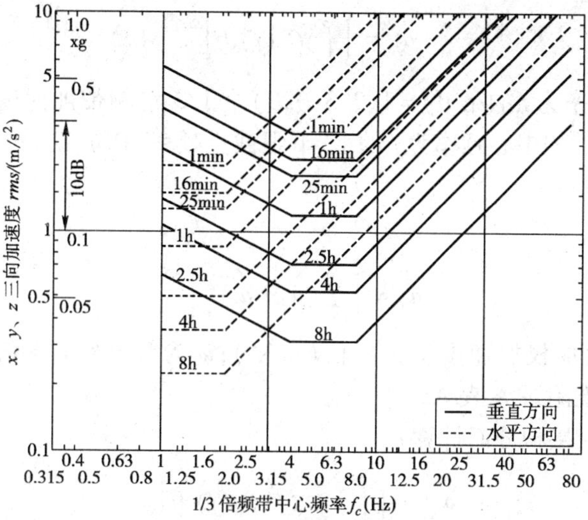

图5-2 疲劳—工效降低界限(ISO 2631)

(2)振动作用方向。从图5-2可以看出，垂直振动与水平振动的"疲劳—工效降低界限"是不一样的。在同一暴露时间下，频率在3.15Hz以下时容易感受到水平振动；高于此频率时，对垂直振动更敏感。达到8Hz以上的频率范围时，垂直振动允许值只是水平振动允许值的1/2.8。比较各自最敏感频率范围内同一暴露时间的振动允许值，垂直方向却是水平方向的3.4倍。

(3)暴露时间。人体达到一定反应的界限，如"疲劳"、"不舒适"等，都是由人体感觉到的振动强度大小和暴露时间长短二者综合的结果。它们之间的关系可由图5-2看出，在一定频率下，随暴露时间加长，"疲劳—工效降低界限"曲线向下平移，即振动加速度允许值减小。

二、平顺性评价指标

ISO 2631—1:1997(E)标准规定了图5-3所示的人体坐姿受振模型。在进行舒适性评价时，它除了考虑座椅支承面处输入点3个方向的线振动，还考虑该点3个方向的角振动，以及座椅靠背和脚支承面两个输入点各3个方向的线振动，共3个输入点12个轴向的振动。椅面输入点三个线振动是12个轴向中人体最敏感的，当评价振动对人体健康的影响时，就考虑这三个轴向，且两个水平轴向比垂直轴向更敏感。我国GB/T 4970—1996标准在评价汽车平顺性时只考虑椅面这三个轴向。

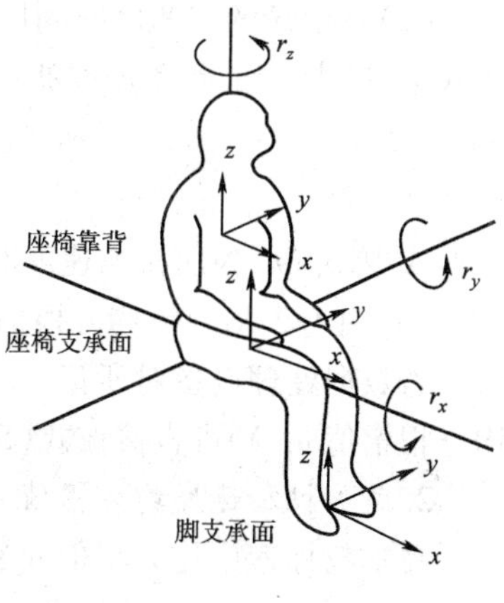

图5-3 人体坐姿受振模型

用于人体振动的评价的是加权加速度均方根值 a_w，并分别用 a_{zw}、a_{yw}、a_{xw} 表示垂直方向、左右方向和前后方向振动的加权加速度均方根值。或用三轴向加权加速度均方根值的矢量和即总加权加速度均方根值 a_{wo} 表示。对于货车车厢振动的评价用加速度均方根值 a_{rms} 和加速度功率谱密度函数。这一方法适用于正常行驶工况下的各种汽车，包括越野汽车。

1. 单轴向加权加速度均方根值 a_w 的计算

(1)由等带宽频谱分析得到的加速度自功率谱密度函数 $G_a(f)$ 计算 a_w：

先计算 1/3 倍频带加速度均方根值谱

$$a_j = \left[\int_{f_{lj}}^{f_{uj}} G_a(f)\,df\right]^{\frac{1}{2}} \tag{5-1}$$

式中，a_j为中心频率为f_j的第$j(j=1,2,3\cdots20)$个 1/3 倍频带加速度均方根谱值（m/s^2）；f_{uj}、f_{lj}分别是 1/3 倍频带的中心频率为f_j的上、下限截止频率（Hz）；$G_a(f)$为等带宽加速度自功率谱密度函数（m^2/s^3）。

然后，再按下式计算 a_w

$$a_w = \left[\sum_{j=1}^{20}(w_j \cdot a_j)^2\right]^{\frac{1}{2}} \tag{5-2}$$

式中，a_w为单轴向加权加速度均方根值（m/s^2）；w_j为第 j 个 1/3 倍频带的加权系数，见 GB/T 4970—1996 标准附录 A 表 A2。

另外可由 $G_a(f)$ 直接积分而计算 a_w

$$a_w = \left[\int_{0.9}^{90} W^2(f)\,G_a(f)\,\mathrm{d}f\right]^{\frac{1}{2}} \tag{5-3}$$

式中，$W(f)$表示频率加权函数。

$$z\text{ 轴方向}\quad w(f) = \begin{cases} 0.5 & (0.5 < f < 2) \\ f/4 & (2 < f < 4) \\ 1 & (4 < f < 12.5) \\ 12.5 & (12.5 < f < 80) \end{cases}$$

$$x\text{、}y\text{ 轴方向}\quad w(f) = \begin{cases} 1 & (0.5 < f < 2) \\ 2/f & (2 < f < 80) \end{cases}$$

（2）对记录的加速度时间历程，通过符合频率加权函数 $W(f)$ 或 GB/T 4970—1996 标准附录 A 表 A2 规定的频率加权滤波网络得到加权加速度时间函数 $a_w(t)$，按下式计算：

$$a_w = \left[\frac{1}{T}\int_0^T a_w^2(t)\,\mathrm{d}t\right]^{\frac{1}{2}} \tag{5-4}$$

式中，$a_w(t)$为加权加速度时间历程（m/s^2）；T 为统计持续时间（s）。

（3）由 1/3 倍频带均方根值计算 a_w：

若数据处理设备对所记录的加速度时间历程经过处理后，能直接得到 1/3 倍频带加速度均方根谱值 a_j，则可直接按式（5-2）计算 a_w。

2. 总加权加速度均方根值 a_{wo}

总加权加速度均方根值 a_{wo} 按下式计算

$$a_{wo} = \left[(1.4a_{xw})^2 + (1.4a_{yw})^2 + a_{zw}^2\right]^{\frac{1}{2}} \tag{5-5}$$

式中，a_{wx}、a_{yw}和 a_{zw} 分别为前后方向（x 轴向）、左右方向（y 轴向）和垂直方向（z 轴向）的加权加速度均方根值（m/s^2）。

等效均值与加权加速度均方根值按下式换算

$$L_{eq}=20\cdot \lg \frac{a_w}{a_o} \tag{5-6}$$

式中，L_{eq}为一定测量时间内的加权加速度均方根对数值，即等效均值(dB)；a_o为参考加速度均方根值，$a_o=10^{-6}\text{m/s}^2$。

表5-1给出等效均值L_{eq}和加权加速度均方根值与人的主观感觉之间的关系。

L_{eq}和a_w与人的主观感觉之间的关系 表5-1

加权加速度均方根值 a_w(m/s²)	等效均值 L_{eq}(dB)	人的主观感觉
<0.315	110	没有不舒适
0.315～0.63	110～116	有一些不舒适
1.5～1.0	114～120	相当不舒适
0.8～0.6	118～124	不舒适
1.25～2.5	112～128	很不舒适
>2.0	126	极不舒适

ISO 2631—1:1997(E)标准规定，当振动波形峰值系数>9时，用均4次方根值的方法来评价，比加权加速度均方根值能更好地估计偶尔遇到过大的脉冲引起的高峰值系数振动对人体的影响，此时采用辅助评价方法——振动剂量值为

$$VDV=\left[\int_0^T a_w^4(t)\,\mathrm{d}t\right]^{\frac{1}{4}} \tag{5-7}$$

第三节　道路路面不平度的统计描述

一、路面谱及其分类

在研究汽车平顺性问题时，代表随机输入特征的路面功率谱起重要作用。由随机振动理论知，如果已知输入的路面谱及确定的汽车系统固有特性，就可以求出车身或座椅的响应谱，与已制定的标准相比即可评价其平顺性好坏或分析汽车振动系统参数对各响应物理量的影响，从而进行改进设计。

图5-4为一路面的纵剖面图。路面相对于基准平面的高度q沿道路走向长度I的变化$q(I)$称为路面纵断面曲线或不平度函数。这个函数的自变量为路面与选定的坐标原点的距离I，而不是时间t，相对于$q(I)$的功率谱为$G_q(n)$。

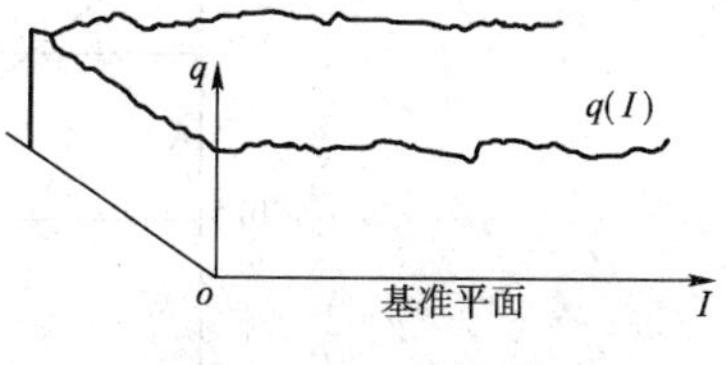

图5-4　路面的纵剖面图

1984年由国际标准化组织在ISO/TC 108/SC2N67文件中提出的“路面不平度表示方法草案”和由国内长春汽车研究所起草制定的GB/T 7031—1986《车辆振动输入——路面不平度表示》标准中，均建议路面功率谱密度$G_q(n)$用下式作为拟合表达式

$$G_q(n)=G_q(n_0)\left(\frac{n}{n_0}\right)^{-w} \tag{5-8}$$

式中，n为空间频率(m^{-1})，它是波长λ的倒数，表示每米长度中包括几个波长；n_0为参考空间频率，$n_0=0.1\text{m}^{-1}$；$G_q(n_0)$为参考空间频率n_0下的路面功率谱密度值，称为路面不平度系数，单位为$\text{m}^2/\text{m}^{-1}=\text{m}^3$；$w$为频率指数，为双对数坐标上斜线的斜率，它决定路面功率谱密度

的频率结构。

式(5-8)在双对数坐标上为一斜线，对实测路面功率谱密度拟合时，为了减少误差，在不同空间频率范围可以选用不同的拟合系数进行分段拟合，但不应超过4段。

上述两个标准还提出了按路面功率谱密度把路面的不平程度分为A、B、C、D、E、F、G、H共8级。表5-2规定了各级路面不平度系数 $G_q(n_0)$ 的几何平均值，分级路面谱的频率指数 $w=2$。表上还同时列出了 $0.011\text{m}^{-1}<n<2.83\text{m}^{-1}$ 范围路面不平度相应的均方根值 $q_{rms}(\sigma_q)$ 的几何平均值。

路面不平度8级分类标准 表5-2

路面等级	$G_q(n_0)(10^{-6}\text{m}^3)(n_0=0.1\text{m}^{-1})$几何平均值	$\sigma_q(10^{-3}\text{m})(0.011\ \text{m}^{-1}<n<2.83\text{m}^{-1})$几何平均值
A	16	3.81
B	64	7.61
C	256	15.23
D	1024	30.45
E	4096	60.90
F	16384	121.80
G	65536	243.61
H	262144	487.22

图5-5为路面不平度分级图，可以看出路面功率谱密度随空间频率 n 的提高或波长 λ 的减小而变小。当 $w=2$ 时，$G_q(n)$ 与 λ^2 成正比，$G_q(n)$ 是不平度幅值的均方值谱密度，故 $G_q(n)$ 又与不平度幅值的平方成正比，所以不平度幅值 q_0 大致与波长 λ 成正比。

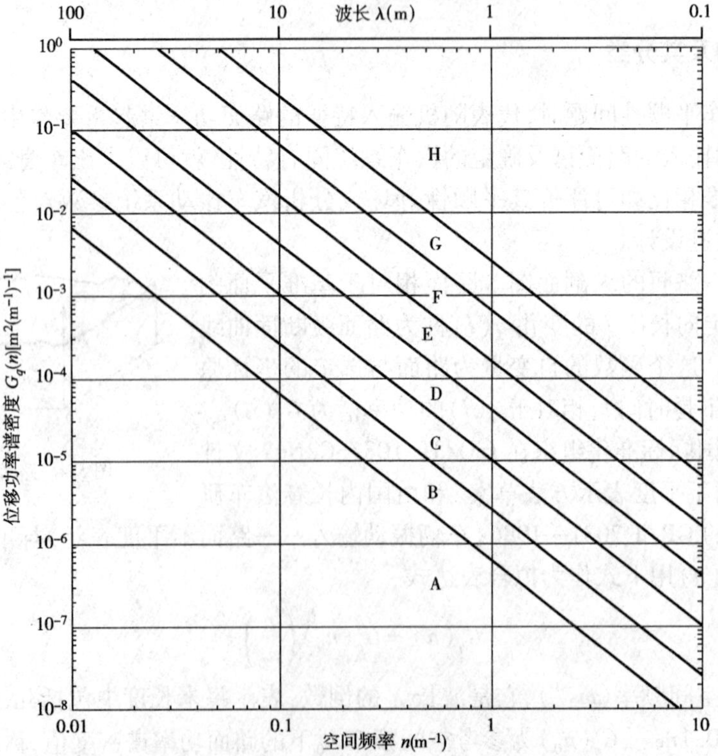

图5-5 路面不平度分级图

上述路面功率谱密度 $G_q(n)$ 指的是垂直位移功率谱密度，还可以采用不平度函数 $q(I)$ 对纵向长度 I 的一阶导数，即速度功率谱密度 $G_{\dot{q}}(n)$ 和二阶导数，即加速度功率谱密度 $G_{\ddot{q}}(n)$ 来补充描述路面不平度的统计特性。$G_{\dot{q}}(n)$（单位：m）和 $G_{\ddot{q}}(n)$（单位：m^{-1}）与 $G_q(n)$ 的关系如下：

$$G_{\dot{q}}(n) = (2\pi n)^2 G_q(n) \tag{5-9}$$

$$G_{\ddot{q}}(n) = (2\pi n)^4 G_q(n) \tag{5-10}$$

当频率指数 $w=2$ 时，由式(5-8)、式(5-9)得

$$G_{\dot{q}}(n) = (2\pi n_0)^2 G_q(n_0)$$

可以看出，此时路面速度功率谱密度幅值在整个频率范围为一常数，即为一"白噪声"，幅值大小只与不平度系数 $G_q(n_0)$ 有关。后面将可以看到，用它来计算分析会带来一定方便。

二、空间频率功率谱密度 $G_q(n)$ 与时间频率功率谱密度 $G_q(f)$ 的换算

前面所述为空间频率功率谱密度 $G_q(n)$，计算要用到时间频率谱密度 $G_q(f)$，因而须将 $G_q(n)$ 换算为 $G_q(f)$。

设汽车速度为 v(m/s)，则时间频率 f 是空间频率 n 与车速 v 的乘积，即

$$f = vn \tag{5-11}$$

又根据自功率谱密度与相关函数为傅立叶变换对的关系，可得空间频率功率谱密度为

$$G_q(n) = \int_{-\infty}^{\infty} R(\xi) e^{-j2\pi n\xi} d\xi \tag{5-12}$$

式中 ξ 是路面上两点间的距离，相当时域中自相关函数 $R(\tau)$ 中的时间间隔 τ，因而

$$\xi = v\tau \tag{5-13}$$

将式(5-11)、式(5-13)代入式(5-12)，可得

$$G_q(n) = \int_{-\infty}^{\infty} R(\xi) e^{-j2\pi n\xi} d\xi = \int_{-\infty}^{\infty} R(v\tau) e^{-j2\pi \frac{f}{v} v\tau} d(v\tau) = v\int_{-\infty}^{\infty} R(\tau) e^{-j2\pi f\tau} d\tau = vG_q(f) \tag{5-14}$$

式中 $R(vt)$ 表示自相关函数是速度 v 和时间间隔 τ 的函数，当速度一定时，v 为常数，因而自相关只是 τ 的函数，$R(vt)$ 可以写成 $R(\tau)$，整理式(5-14)，可得

$$G_q(f) = G_q(n)/v \tag{5-15}$$

将式(5-8)代入式(5-15)，当 $w=2$ 时，得时间频率功率谱密度 $G_q(f)$ 的表达式为

$$G_q(f) = G_q(n_0) n_0{}^2 v/f^2 \tag{5-16}$$

时间频率的速度和加速度功率谱密度 $G_{\dot{q}}(f)$ 和 $G_{\ddot{q}}(f)$ 与位移功率谱密度 $G_q(f)$ 的关系式为

$$G_{\dot{q}}(f) = (2\pi f)^2 G_q(f) = 4\pi^2 G_q(n_0) n_0^2 v \tag{5-17}$$

$$G_{\ddot{q}}(f) = (2\pi f)^4 G_q(f) = 16\pi^4 G_q(n_0) n_0^2 v f^2 \tag{5-18}$$

三、前后车轮两个输入之间的互谱

上面只讨论了一个车轮的自功率谱，如果考虑前、后车轮两个输入时，还要研究两个输入之间的互功率谱问题。如图 5-6 所示，$x(I)$ 为前轮遇到的不平度函数，假定前、后轮走同一个车辙，则后轮只是比前轮滞后一段长度

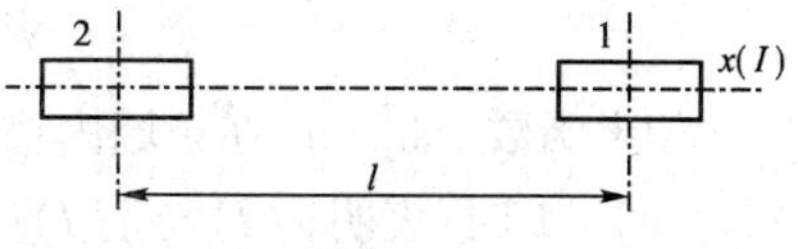

图 5-6　前、后车轮的两个输入

l(轴距),因而后轮不平度函数为 $x(I-l)$。

如令 $x(I)$ 的傅立叶变换为 $X(n)$,即

$$\mathscr{F}[x(I)] = X(n)$$

则根据傅立叶变换的性质可得

$$\mathscr{F}[x(I-l)] = X(n)e^{-j2\pi nl}$$

如果激励前、后轮的道路谱的自谱、互谱分别用 $G_{11}(n)$、$G_{22}(n)$、$G_{12}(n)$、$G_{21}(n)$ 表示,则

$$G_{11}(n) = \lim_{L\to\infty}\frac{1}{L}X^*(n)X(n), G_{12}(n) = \lim_{L\to\infty}\frac{1}{L}X^*(n)X(n)e^{-j2\pi nl} = G_{11}(n)e^{-j2\pi nl}$$

$$G_{21}(n) = \lim_{L\to\infty}\frac{1}{L}X^*(n)e^{j2\pi nl}X(n) = G_{11}(n)e^{j2\pi nl}, G_{22}(n) = \lim_{L\to\infty}\frac{1}{L}X^*(n)e^{j2\pi nl}X(n)e^{-j2\pi nl} = G_{11}(n)$$

其中 L 为路面长度 I 方向上的分析距离。上写成矩阵形式,即

$$[G(n)] = \begin{bmatrix} G_{11}(n) & G_{12}(n) \\ G_{21}(n) & G_{22}(n) \end{bmatrix} = G_{11}(n)\begin{bmatrix} 1 & e^{-j2\pi nl} \\ e^{j2\pi nl} & 1 \end{bmatrix} \tag{5-19}$$

写成时间频率的功率谱则为

$$[G(f)] = \begin{bmatrix} G_{11}(f) & G_{12}(f) \\ G_{21}(f) & G_{22}(f) \end{bmatrix} = \frac{v}{f^2}G_q(n_0)n_0^2\begin{bmatrix} 1 & e^{-j2\pi\frac{f}{v}l} \\ e^{j2\pi\frac{f}{v}l} & 1 \end{bmatrix} \tag{5-20}$$

四、四轮输入时的功率谱密度

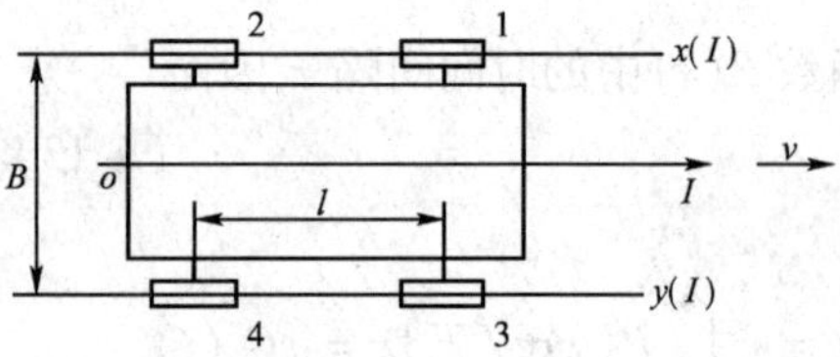

图 5-7　四轮输入示意图

图 5-7 为四轮汽车示意图,考虑四轮输入时,如果 $x(I)$、$y(I)$ 分别为左、右前轮遇到的不平度函数,则左、右后轮不平度函数分别为 $x(I-l)$、$y(I-l)$。$x(I)$、$y(I)$ 的自功率谱、互功率谱分别为 $G_{xx}(n)$、$G_{yy}(n)$、$G_{xy}(n)$ 和 $G_{yx}(n)$。4 个车轮输入的自功率谱和 4 个车轮彼此间的互功率谱共 16 个谱量 $G_{ik}(n)$,$(i,k=1,2,3,4)$ 有如下关系:

$$\left.\begin{aligned}
&G_{11}(n) = G_{22}(n) = G_{xx}(n), \quad G_{33}(n) = G_{44}(n) = G_{yy}(n) \\
&G_{12}(n) = G_{21}^*(n) = G_{xx}(n)e^{-j2\pi nl}, \quad G_{34}(n) = G_{43}^*(n) = G_{yy}(n)e^{-j2\pi nl} \\
&G_{14}(n) = G_{41}^*(n) = G_{xy}(n)e^{-j2\pi nl}, \quad G_{32}(n) = G_{23}^*(n) = G_{yx}(n)e^{-j2\pi nl} \\
&G_{13}(n) = G_{31}^*(n) = G_{xy}(n), \quad G_{42}(n) = G_{24}^*(n) = G_{yx}(n)
\end{aligned}\right\} \tag{5-21}$$

两个轮迹之间不平度的统计特性,用它们之间的互功率谱密度函数或相干函数来描述。互谱密度一般为复数,用指数形式表示时,左、右轮迹间的互谱可以表示为

$$G_{xy}(n) = |G_{xy}(n)|e^{-j\varphi_{xy}(n)} \tag{5-22}$$

式中,$|G_{xy}(n)|$ 为 $x(I)$ 与 $y(I)$ 的互振幅功率谱;$\varphi_{xy}(n)$ 为 $x(I)$ 与 $y(I)$ 的互相位功率谱。

两个轮迹的相干函数为

$$\mathrm{coh}_{xy}^2(n) = \frac{|G_{xy}(n)|^2}{G_{xx}(n)G_{yy}(n)} \tag{5-23}$$

相干函数 $\mathrm{coh}_{xy}^2(n)$ 在频域内描述了 $x(I)$ 与 $y(I)$ 中频率为 n 的分量之间线性相关的程度。$\mathrm{coh}_{xy}^2(n)=1$ 时,表明 $x(I)$ 与 $y(I)$ 中频率为 n 的分量之间幅位比和相位差保持不变,即完全线性相关;$\mathrm{coh}_{xy}^2(n)=0$ 时,表明 $x(I)$ 与 $y(I)$ 中频率为 n 的分量之间幅值比和相位差是完全无关

地随机变化的。

当两个轮迹 $x(I)$ 与 $y(I)$ 的统计特性相同，即 $G_{xx}(n)=G_{yy}(n)=G_q(n)$，且相位差 $\varphi_{xy}(n)=0$ 时，由式(5-23)可得

$$G_{xy}(n)=G_{yx}(n)=\mathrm{coh}_{xy}(n)G_q(n) \tag{5-24}$$

路面对四轮汽车输入的谱矩阵最后可以表示为

$$[G_{ik}(n)]=G_q(n)\begin{bmatrix} 1 & e^{-j2\pi nl} & \mathrm{coh}_{xy}(n) & \mathrm{coh}_{xy}(n)e^{-j2\pi nl} \\ e^{j2\pi nl} & 1 & \mathrm{coh}_{xy}(n)e^{j2\pi nl} & \mathrm{coh}_{xy}(n) \\ \mathrm{coh}_{xy}(n) & \mathrm{coh}_{xy}(n)e^{-j2\pi nl} & 1 & e^{-j2\pi nl} \\ \mathrm{coh}_{xy}(n)e^{j2\pi nl} & \mathrm{coh}_{xy}(n) & e^{j2\pi nl} & 1 \end{bmatrix} \tag{5-25}$$

第四节　平顺性分析

一、常用平顺性分析模型

在讨论汽车平顺性时，需要把路面、轮胎、车轴（桥）、悬架、车身、座椅作为一个整体进行研究。因此，这是一个复杂的振动系统，应根据所分析的问题进行简化，抓住主要矛盾，把复杂车辆抽象简化成比较简单的振动力学模型。由于汽车平顺性主要研究车辆的低频振动，因此，车身及所有被悬架支撑的质量可以简化为一集中质量的刚体；车轴（桥）、车轮、轮胎及装配在上面的制动器、差速器等也可简化为另一集中质量的刚体。悬架系统根据不同的结构形式进行简化。轮胎可以简化为一组并联的弹簧及阻尼器，经过上述简化可以得到整车的物理模型。图5-8为一四轮汽车简化的立体模型。在汽车的重心上建立直角坐标系，按照沿坐标方向的直线运动和绕坐标的旋转运动可以把车辆在行驶过程中产生的运动分为6种运动，即：

纵向运动(Longitudinal Motion)：沿 x 轴方向即行驶方向的运动。

侧倾运动(Roll)：绕 x 轴的转动。

垂直运动(Bounce or Heave Motion)：沿 z 轴方向的运动。

横摆运动(Yaw)：绕 z 轴的转动。

侧向运动(Lateral Motion)：沿 y 轴方向的运动。

俯仰运动(Pitch)：绕 y 轴的转动。

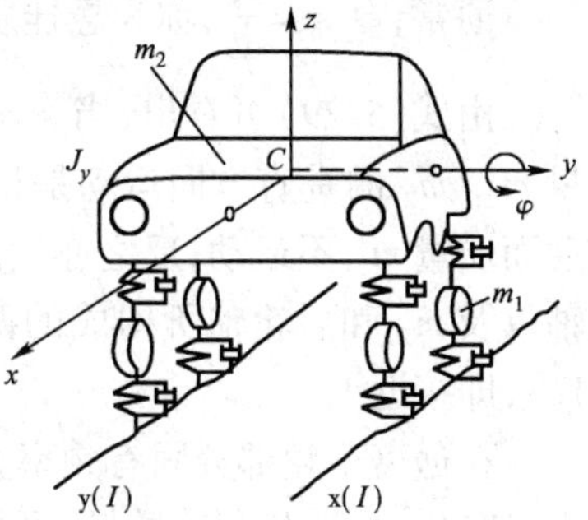

图5-8　四轮汽车简化的立体模型

从图5-8可以看出，汽车的悬挂（车身）质量为 m_2，它由车身、车架及其上的总成所构成。该质量通过悬架系统与车轴、车轮相连接。车轮、车轴构成的非悬挂（车轮）质量为 m_1。车轮再经过具有一定弹性和阻尼的轮胎支承在不平的路面上。在讨论平顺性时，这一立体模型的车身质量主要考虑垂直、俯仰、侧倾3个自由度，4个车轮质量有4个垂直自由度，共7个自由度。

当汽车对称于其纵轴线（大部分车辆是这种情况），且左、右车辙的不平度函数 $x(I)=y(I)$，

可以将整车简化为半车物理模型或称1/2车辆模型，此时汽车车身只有垂直振动 z 和俯仰振动 φ，这两个自由度的振动对平顺性影响最大。图5-9为将汽车简化成4个自由度的平面半车模型。在这个模型中，又因轮胎阻尼较小而予以忽略，同时把质量为 m_2，转动惯量为 J_y 的车身按动力学等效的条件分解为前轴上、后轴上及质心 C 上的三个集中质量 m_{2f}、m_{2r} 及 m_{2c}。这三个质量由无质量的刚性杆连接，它们的大小由下述三个条件决定。

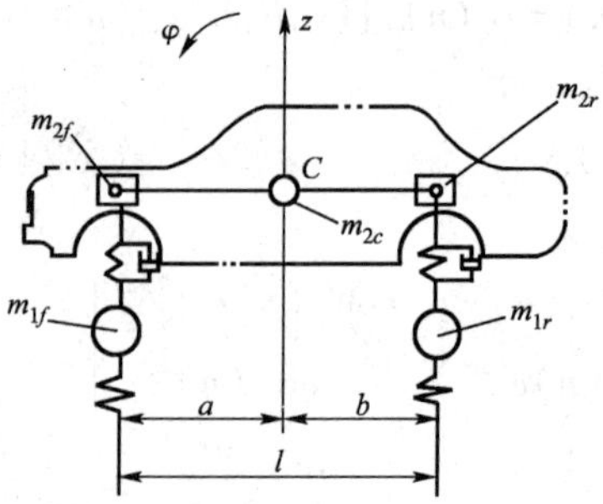

图5-9 双轴汽车简化的平面模型

（1）总质量保持不变

$$m_{2f} + m_{2r} + m_{2c} = m_2 \tag{5-26}$$

（2）质心位置不变

$$m_{2f}a - m_{2r}b = 0 \tag{5-27}$$

（3）转动惯量 J_y 的值保持不变

$$J_y = m_2\rho_y^2 = m_{2f}a^2 + m_{2r}b^2 \tag{5-28}$$

式中，ρ_y 为绕横轴 y 的回转半径；a、b 为车身质量部分的质心至前、后轴的距离。

由式(5-26)、式(5-27)和式(5-28)得出三个集中质量分别为

$$\left.\begin{aligned} m_{2f} &= m_2\frac{\rho_y^2}{al} \\ m_{2r} &= m_2\frac{\rho_y^2}{bl} \\ m_{2c} &= m_2\left(1 - \frac{\rho_y^2}{ab}\right) \end{aligned}\right\} \tag{5-29}$$

式中，l 为轴距。

通常，令 $\varepsilon = \dfrac{\rho_y^2}{ab}$，称为悬挂质量分配系数。

由式(5-29)可看出，当 $\varepsilon = 1$ 时，联系质量 $m_{2c} = 0$。此时前、后轴上方车身部分的集中质量 m_{2f}、m_{2r} 的垂直方向运动是相互独立的。当前轮遇到路面不平度而引起振动时，质量 m_{2f} 运动而质量 m_{2r} 不运动；反之亦然。因此，在这种特殊情况下，可以分别讨论图5-9上 m_{2f} 和前轮轴以及 m_{2r} 和后轮轴所构成的两个双质量系统的振动。根据统计，大部分汽车的 $\varepsilon = 0.8 \sim 1.2$，即接近1。

在远离车轮部分固有频率 f_t（10～15Hz）的较低激振频率范围（如5Hz以下），轮胎变形很小，忽略其弹性与车轮质量，可得到分析车身垂直振动的最简单的单质量系统。

二、单质量系统平顺性分析

1. 运动微分方程及频率响应特性

图5-10是分析车身振动的单质量系统模型，由车身质量 m_2 和弹簧刚度 k、减振器阻尼系数为 c 的悬架组成，q 是路面不平度函数，它是沿路前进方向的坐标 x 为参数的随机过程。

取车身垂直位移坐标 z 的原点在静力平衡位置，可得到系统运动的微分方程为 $m_2\ddot{z} + c(\dot{z} - \dot{q}) + k(z - q) = 0$，即

$$m_2\ddot{z} + c\dot{z} + kz = c\dot{q} + kq \tag{5-30}$$

方程(5-30)与式(1-19)形式类似，这里就是第一章的单自由度系统随机基础位移激励问

题，可利用那里的所有结论。

对于式(5-30)，通常关心其稳态随机响应，它取决于路面不平度函数随机激励 $q(x)$ 和系统的频率响应特性函数 $H(\omega)$。

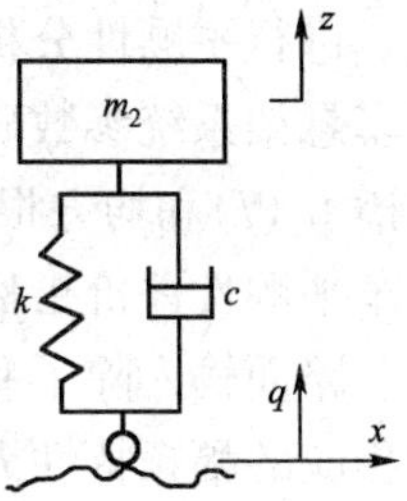

图5-10　单质量系统汽车垂直振动模型

第一章中已说明系统频率响应特性函数定义为系统的响应 z 及激励 q 的傅立叶变换之比，在此记为 $H(\omega)_{z/q}$。由定义知

$$H(\omega)_{z/q}=\frac{Z(\omega)}{Q(\omega)} \tag{5-31}$$

式中，$Z(\omega)=\mathscr{F}(z(t))$，$Q(\omega)=\mathscr{F}(q(t))$。

对式(5-30)进行傅立叶变换可得频响函数为

$$H(\omega)_{z/q}=\frac{1+2j\zeta\lambda}{1-\lambda^2+2j\zeta\lambda} \tag{5-32}$$

如前，$\zeta=\dfrac{c}{2\sqrt{km_2}}$为阻尼比，$\omega_n=\sqrt{k/m_2}$为系统无阻尼固有频率，$\lambda=\dfrac{\omega}{\omega_n}$为频率比。

在平顺性分析中主要关心响应幅值与激励频率的关系，式(5-32)的模即为幅频特性。

$$|H(\omega)_{z/q}|=\sqrt{\frac{1+(2\zeta\lambda)^2}{(1-\lambda^2)^2+(2\zeta\lambda)^2}} \tag{5-33}$$

$|H(\omega)_{z/q}|$ 的图形如图5-11，它和图1-6所示支承谐波激励幅频特性是相同的。

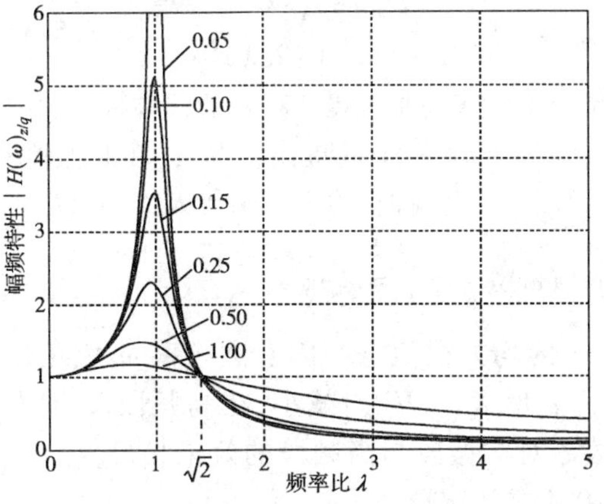

图5-11　单质量系统的幅频特性

对于这里考虑汽车悬架系统，阻尼比 ζ 的数值通常在0.25左右，属于小阻尼。

2. 平顺性分析

车身加速度 $\ddot{z}$ 是评价汽车平顺性的主要指标。另外，悬架的动挠度 δ_d 与其限位行程 $[\delta_d]$ 配合不当时，会经常撞击限位块，使平顺性变坏。车轮与路面间的动载 F_d 影响车轮与路面的附着效果，影响操纵稳定性。在进行平顺性分析时，要在路面随机输入下对汽车振动系统这三个振动响应量进行分析计算，以综合选择悬架系统的设计参数。

对于所讨论的汽车振动系统，路面只经一个车轮对系统输入并假设路面不平度函数为平稳随机过程，由线性系统平稳随机激励下的振动响应表达式(1-182)，响应的功率谱密度 $G_z(f)$ 与路面输入量的功率谱密度 $G_q(f)$ 的关系应为

$$G_z(f)=|H(f)_{z/q}|^2G_q(f) \tag{5-34}$$

式中，$f=\dfrac{\omega}{2\pi}$为频率，单位为Hz；$|H(f)_{z/q}|$ 即为幅频特性 $|H(\omega)_{z/q}|_{\omega=2\pi f}$。

由于振动响应量 $\ddot{z}$、δ_d、F_d 取正、负值的概率相同，所以其均值近似为零。因此，这些量的统计特征值——方差等于均方值，并可由其功率谱密度对频率积分求得

$$\sigma_z^2=\int_0^\infty G_z(f)\mathrm{d}f=\int_0^\infty|H(f)_{z/q}|^2G_q(f)\mathrm{d}f \tag{5-35}$$

式中，σ_z 为标准差，均值为零时，它就等于均方根值。

进行平顺性分析时，通常根据路面不平度系数与车速共同确定的路面输入谱 $G_q(f)$ 和由汽车悬架系统参数确定的频率响应函数 $H(f)_{z/q}$，按式(5-34)、式(5-35)计算振动响应量的功率谱 $G_z(f)$ 和均方根值 σ_z。由此可以分析悬架系统参数对振动响应的影响，反过来也可根据汽车平顺性评价指标来优化悬架系统设计参数。

路面输入除了利用式(5-34)中的位移谱 $G_q(f)$，还可以用速度谱 $G_{\dot{q}}(f)$ 或加速度谱 $G_{\ddot{q}}(f)$ 与相应的幅频特性 $H(f)_{z/\dot{q}}$ 或 $H(f)_{z/\ddot{q}}$ 的平方相乘，同样可以得到振动响应量的功率 $G_z(f)$。

路面统计分析结果表明，路面速度功率谱在整个频率范围内为一常数，即为“白噪声”，且常数只与路面不平度系数和车速有关，而与频率无关。即 $G_{\dot{q}}(f)$ 恒为某个常数。这给平顺性计算分析带来极大方便。用 $G_{\dot{q}}(f)$ 作为输入谱代入式(5-34)并两边开方，得到输入输出均方根值谱之间的关系。

$$\sqrt{G_z(f)} = |H(f)_{z/\dot{q}}| \sqrt{G_{\dot{q}}(f)} \tag{5-36}$$

由式(5-36)可知，响应量的均方根值谱与响应量 z 对速度输入 $\dot{q}$ 的幅频特性 $H(f)_{z/\dot{q}}$ 的图形完全相同，只差某常数倍。可以用响应量对速度输入的幅频特性来定性分析响应量的均方根值谱，以讨论悬架系统参数对平顺性的影响。

1）车身加速度 $\ddot{z}$ 对 $\dot{q}$ 的幅频特性 $|H_{\ddot{z}/\dot{q}}|$

由定义可知

$$|H(\omega)_{\ddot{z}/\dot{q}}| = \left|\frac{\omega^2 Z}{\omega Q}\right| = |\omega H(\omega)_{z/q}| = \omega\sqrt{\frac{1+(2\zeta\lambda)^2}{(1-\lambda^2)^2+(2\zeta\lambda)^2}} \tag{5-37}$$

图5-12为两种不同固有频率 ω_n 和阻尼比 ζ 情况下的车身加速度 $\ddot{z}$ 对 $\dot{q}$ 的幅频特性曲线，由曲线可以看出，随固有频率 ω_n 的提高，$|H_{\ddot{z}/\dot{q}}|$ 在共振段和高频段都成比例提高。在共振时，将 $\omega=\omega_n$ 代入式(5-37)得

$$|H(\omega)_{\ddot{z}/\dot{q}}|_{\omega=\omega_n} = \omega_n\sqrt{1+\frac{1}{4\zeta^2}}$$

即在共振点，$\ddot{z}$ 的均方根值谱与固有圆频率 ω_n 成正比。在共振段，阻尼比 ζ 增大，$|H_{\ddot{z}/\dot{q}}|$ 减小，在高频段，ζ 增大，$|H_{\ddot{z}/\dot{q}}|$ 也增大，故 ζ 对共振段与高频段的效果相反，综合考虑，取 ζ 在0.2～0.4之间比较合适。

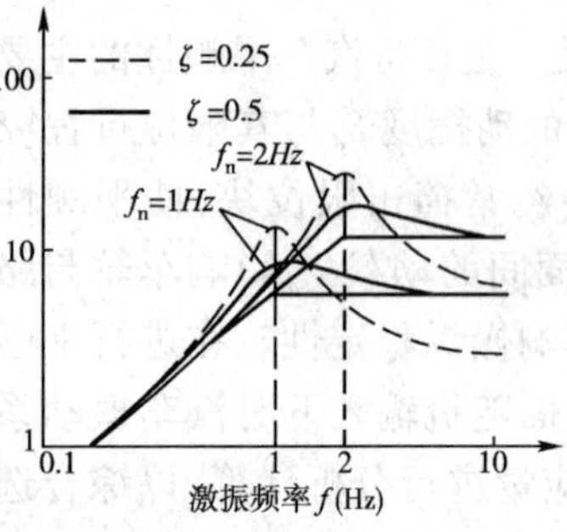

图5-12　单质量系统的 $\ddot{z}$ 对 $\dot{q}$ 幅频特性曲线

2）车轮与路面间相对动载 F_d/G 对 $\dot{q}$ 的幅频特性 $|H_{F_d/G\dot{q}}|$

车轮与路面间的动载 F_d 与车轮作用于路面的静载 G 之比值 F_d/G 称为相对动载。$F_d/G>1$ 时，车轮会跳离地面完全失去附着，影响汽车操纵稳定性。

对于单质量系统

$$\frac{F_d}{G} = \frac{m_2\ddot{z}}{m_2 g} = \frac{\ddot{z}}{g} \tag{5-38}$$

可见 F_d/G 对 $\dot{q}$ 的幅频特性 $|H_{F_d/G\dot{q}}|$ 与 $\ddot{z}$ 对 $\dot{q}$ 的幅频特性只相差系数 $1/g$，g 为重力加速度。则振动系统固有频率 ω_n 和阻尼比 ζ 的对响应的影响与上面讨论 $|H_{\ddot{z}/\dot{q}}|$ 完全一样，不再重复。

3）悬架动挠度 δ_d 对 $\dot{q}$ 的幅频特性 $|H_{\delta_d/\dot{q}}|$

如图5-13所示，由车身平衡位置起，悬架允许的最大压缩行程就是其限位行程[δ_d]。动挠度 δ_d 与限位行程[δ_d]应适当配合，否则会增加行驶中撞击限位的概率，使平顺性变坏。

由图 5-10 知，$\delta_d = z - q$，所以 δ_d 对 q 的频率响应函数为

$$H_{\delta_d/q} = \frac{Z-Q}{Q} = \frac{Z}{Q} - 1$$

将式(5-33)代入得

$$H_{\delta_d/q} = \frac{\lambda^2}{1-\lambda^2+2j\zeta\lambda}$$

于是，δ_d 对 q 的幅频特性为

$$|H_{\delta_d/q}| = \frac{\lambda^2}{\sqrt{(1-\lambda^2)^2+(2\zeta\lambda)^2}} \tag{5-39}$$

其图形如图 5-14 所示。由式(5-39)知，在低频段，当 $\lambda \leqslant 1$ 时，$|H_{\delta_d/q}| \to \lambda^2$，对输入位移起衰减作用；在高频段，当 $\lambda \geqslant 1$ 时，$|H_{\delta_d/q}| \to 1$，此时车身位移 $z \to 0$，悬架变形与路面输入趋于相等；在共振段，当 $\lambda \to 1$ 时，$|H_{\delta_d/q}|_{\lambda=1} = \dfrac{1}{2\zeta}$。阻尼比 ζ 对 $|H_{\delta_d/q}|$ 只在共振段起作用，而且当 $\zeta = 0.5$ 时已不呈现峰值。

因为 $\mathscr{F}(\dot{q}) = \omega Q(\omega)$，则 δ_d 对 $\dot{q}$ 的幅频特性应为

$$|H_{\delta_d/\dot{q}}| = \frac{1}{\omega}|H_{\delta_d/q}|$$

图 5-15 为两种不同固有频率 ω_n 和阻尼比 ζ 情况下的 $|H_{\delta_d/\dot{q}}|$ 曲线，由该曲线上可以看出，随固有频率 ω_n 的提高，$|H_{\delta_d/\dot{q}}|$ 在共振段和低频段均与 ω_n 成比例下降。在共振时

$$|H_{\delta_d/\dot{q}}|_{\omega=\omega_n} = \frac{1}{2\zeta\omega_n}$$

所以，共振点上 δ_d 的均方根值谱与固有频率 ω_n 和阻尼比 ζ 成反比。

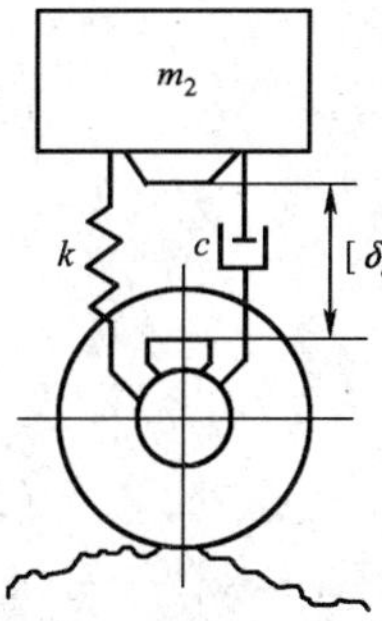

图 5-13　限位行程示意

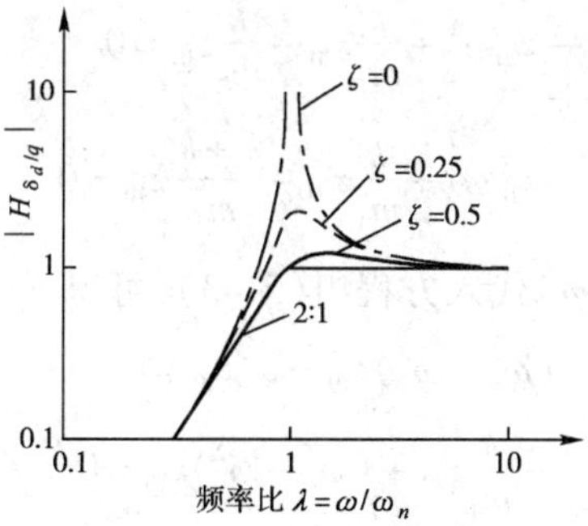

图 5-14　δ_d 对 q 的幅频特性曲线

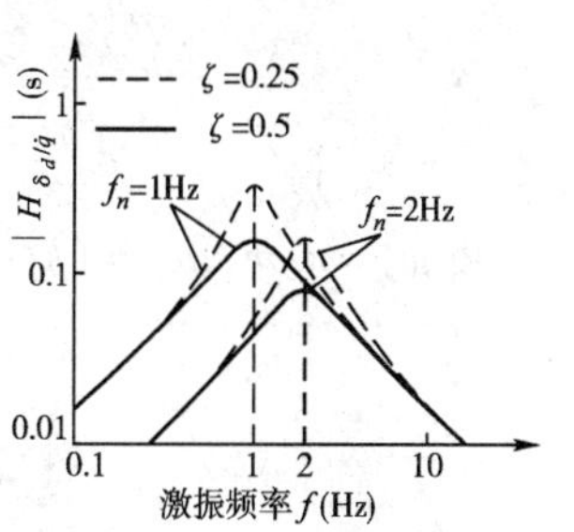

图 5-15　δ_d 对 $\dot{q}$ 的幅频特性曲线

三、双质量系统平顺性分析

1. 运动方程与振型分析

对于图 5-9 所示的双轴汽车 4 个自由度的振动模型，当悬挂质量分配系数 $\varepsilon = \rho_y^2/ab$ 的数值接近 1 时，前后悬挂系统的垂直振动几乎是独立的。于是可以简化为图 5-16 所示的双质量系统平顺性分析模型，这就是两自由度振动系统。这个系统除了具有单自由度振动系统能反映的车身部分的动态特性外，还能反映车轮部分在 10 ~ 15Hz 范围产生高频共振时的动态特性，它对平顺性和车轮的接地性有较大影响，更接近汽车悬挂系统的实际情况。

设车轮与车身垂直位移坐标为 z_1、z_2，坐标原点选在各自的平衡位置，其运动微分方程为

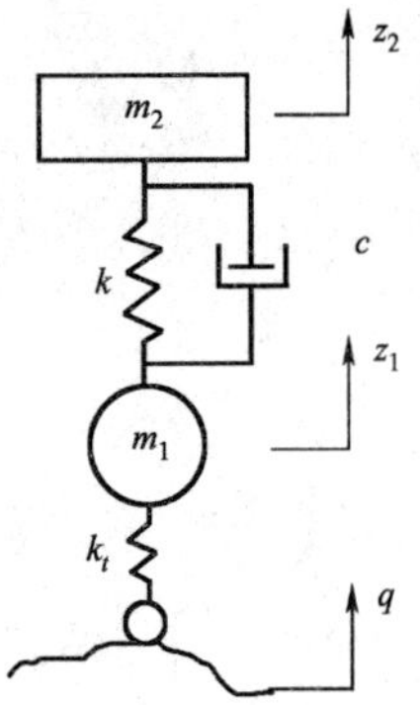

图 5-16 汽车两自由度模型

$$\begin{cases} m_2\ddot{z}_2 + c(\dot{z}_2 - \dot{z}_1) + k(z_2 - z_1) = 0 \\ m_1\ddot{z}_1 + c(\dot{z}_1 - \dot{z}_2) + k(z_1 - z_2) + k_t(z_1 - q) = 0 \end{cases} \tag{5-40}$$

式中，m_2为悬挂质量(簧上质量，包括车身等)；m_1为非悬挂质量(簧下质量，包括车轮、车轴等)；k、k_t分别为悬挂和轮胎刚度；c为悬挂阻尼系数。

无阻尼自由振动时，运动方程变成

$$\begin{cases} m_2\ddot{z}_2 + k(z_2 - z_1) = 0 \\ m_1 z_1 + k(z_1 - z_2) + k_t z_1 = 0 \end{cases} \tag{5-41}$$

由运动方程可以看出，m_2与m_1的振动是相互耦合的。若m_1不动($z_1 = 0$)，则得

$$m_2\ddot{z}_2 + kz_2 = 0$$

这相当于只有车身质量m_2的单自由度无阻尼自由振动。其固有圆频率$\omega_n = \sqrt{k/m_2}$。同样，若m_2不动($z_2 = 0$)，相当于车轮质量m_1作单自由度无阻尼自由振动，于是可得

$$m_1\ddot{z} + (k + k_t)z_1 = 0$$

车轮部分固有圆频率

$$\omega_t = \sqrt{(k + k_t)/m_1} \tag{5-42}$$

ω_n与ω_t是只有单独一个质量振动时的部分频率，称为偏频。

在无阻尼自由振动时，设两个质量以相同的圆频率ω和相角φ作简谐振动，振幅为z_{10}、z_{20}，则其解为$z_1 = z_{10}e^{j(\omega t + \kappa)}$，$z_2 = z_{20}e^{j(\omega t + \kappa)}$

将上面两个解代入微分方程组(5-41)得

$$\begin{aligned} -z_{20}\omega^2 + \frac{k}{m_2}z_{20} - \frac{k}{m_2}z_{10} = 0 \\ -z_{10}\omega^2 + \frac{k}{m_1}z_{20} - \frac{k + k_t}{m_1}z_{10} = 0 \end{aligned} \tag{5-43}$$

将$\omega_n^2 = k/m_2$、$\omega_t^2 = (k + k_t)/m_1$代入方程组(5-43)，可得

$$\begin{aligned} (\omega_n^2 - \omega^2)z_{20} - \omega_n^2 z_{10} = 0 \\ -\frac{k}{m_1}z_{20} + (\omega_t^2 - \omega^2)z_{10} = 0 \end{aligned} \tag{5-44}$$

此方程组有非零解的条件是z_{20}、z_{10}的系数行列式为零，即

$$\begin{vmatrix} (\omega_n^2 - \omega^2) & -\omega_n^2 \\ -\dfrac{k}{m_1} & (\omega_t^2 - \omega^2) \end{vmatrix} = 0$$

得系统的特征方程

$$\omega^4 - (\omega_t^2 + \omega_n^2)\omega^2 + \omega_n^2\omega_t^2 - \omega_n^2 k/m_1 = 0 \tag{5-45}$$

方程(5-45)的两个根为两自由度系统的两个频率ω_1和ω_2的平方

$$\omega_{1,2}^2 = \frac{1}{2}(\omega_t^2 + \omega_n^2) \mp \sqrt{\frac{1}{4}(\omega_t^2 + \omega_n^2)^2 - \frac{kk_t}{m_2 m_1}} \tag{5-46}$$

例 5.1 某汽车，$\omega_n = 2\pi$ rad/s，质量比$\mu = m_2/m_1 = 10$，刚度比$\gamma = k_t/k = 9$，求系统的固有

频率。

解： 由式(5-42)得

$$\omega_t = \sqrt{(k+k_t)/m_1} = \sqrt{(k+9k)/(m_2/10)}$$
$$= \sqrt{100k/m_2} = 10\omega_n$$

由式(5-46)得 $\omega_1 = 0.95\omega_n, \omega_2 = 10.01\omega_n$

由此可见,低的主频率 ω_1 与 ω_n 接近,高的主频率 ω_2 与 ω_t 接近,且有 $\omega_1 < \omega_n < \omega_t < \omega_2$。

将 ω_1、ω_2 代入式(5-44),可确定两个主振型,即 z_{10} 与 z_{20} 的振幅比

一阶主振型: $$\left(\frac{z_{10}}{z_{20}}\right)_1 = \frac{\omega_n^2 - \omega_1^2}{\omega_n^2} = 0.1$$

二阶主振型: $$\left(\frac{z_{10}}{z_{20}}\right)_2 = \frac{\omega_n^2 - \omega_2^2}{\omega_n^2} = -99.2$$

车身与车轮两个自由度系统的主振型如图 5-17 所示。在强迫振动情况下,激振频率 ω 接近 ω_1 时产生低频共振,按一阶主振型振动,车身质量 m_2 的振幅比车轮质量 m_1 的振幅大近 10 倍,所以主要是车身质量 m_2 在振动,称为车身型振动。当激振频率 ω 接近 ω_2 时,产生高频共振,按二阶主振型振动,此时车轮质量 m_1 的振幅比车身质量 m_2 的振幅大将近 100 倍(实际由于阻尼存在不会相差这样多),称为车轮型振动。

对车轮型振动,由于车身基本不动,所以可将两个自由度系统简化为图 5-18 所示车轮部分的单质量系统,来分析车轮部分在高频共振区的振动。

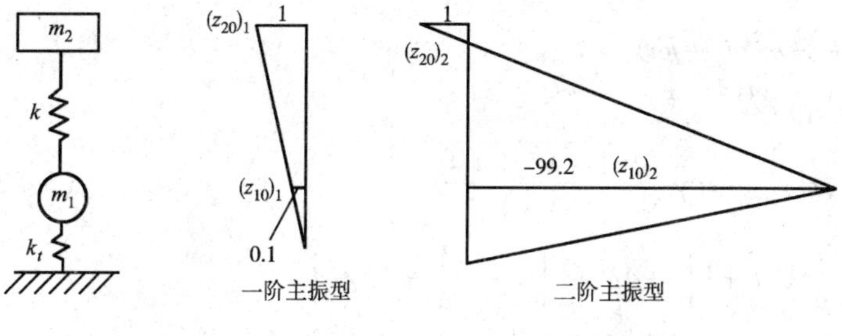

图 5-17 两自由度系统的主振型

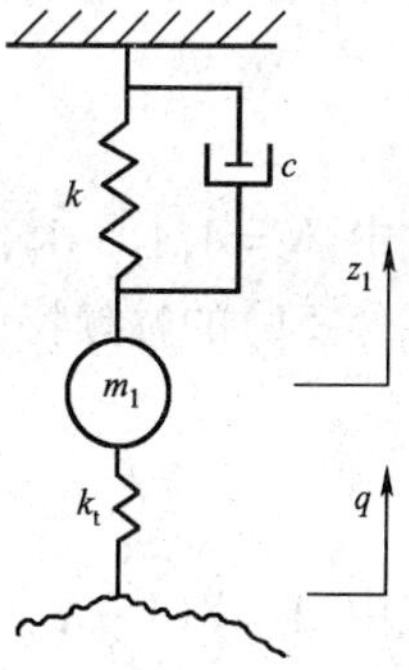

图 5-18 车轮部分单质量系统

此时,质量 m_1 的运动方程为

$$m_1\ddot{z}_1 + c\dot{z}_1 + (k+k_t)z_1 = k_t q$$

利用对单自由度系统一般解法,可求得车轮位移 z_1 对 q 的频率响应函数为

$$H(\omega)_{z_1/q} = \frac{k_t}{k + k_t - \omega^2 m_1 + j\omega c}$$

将上式分子、分母除以 $k+k_t$,并把车轮部分固有频率式(5-42)的 ω_t,车轮部分阻尼比 $\zeta_t = c/2\sqrt{(k+k_t)m_1}$ 以及 $\lambda_t = \omega/\omega_t$ 代入上式,得

$$H(\omega)_{z_1/q} = \frac{k_t/(k+k_t)}{1 - \lambda_t^2 + j2\zeta_t\lambda_t}$$

其幅频特性为

$$|H(\omega)_{z_1/q}| = \frac{k_t/(k+k_t)}{\sqrt{[1-\lambda_t^2]^2 + (2\zeta_t\lambda_t)^2}} \tag{5-47}$$

在高频共振 $\omega=\omega_t$ 时，车轮的加速度均方根值谱 $\sqrt{G_{\ddot{z}_1}(\omega_t)}$ 正比于 $\ddot{z}_1$ 对 $\dot{q}$ 的幅频特性，有

$$\left|H_{\ddot{z}_1/\dot{q}}\right|_{\omega=\omega_t}=\left|\omega\frac{Z_1}{Q}\right|_{\omega=\omega_t}=\left|\omega H(\omega)_{z_1/q}\right|_{\omega=\omega_t}=\frac{\omega_t k_t/(k+k_t)}{2\zeta_t} \tag{5-48}$$

可见，降低轮胎刚度 k_t 能使 ω_t 下降和 ζ_t 增大，这是减小车轮部分高频共振时加速度的有效方法；降低非悬挂质量 m_1 使 ω_t 和 ζ_t 都增大，车轮部分高频共振时的加速度基本不变，但车轮部分动载 $m_1\ddot{z}_1$ 下降，对降低相对动载 F_d/G 有利。

2. 传递特性

先求双质量系统的频率响应函数，将有关各复振幅代入方程(5-41)，得

$$\begin{aligned}z_2(-\omega^2 m_2+j\omega c+k)&=z_1(j\omega c+k)\\ z_1(-\omega^2 m_1+j\omega c+k+k_t)&=z_2(j\omega c+k)+qk_t\end{aligned} \tag{5-49}$$

由式(5-49)的第一式可得 z_2 对 z_1 的频率响应函数

$$H(\omega)_{z_2/z_1}=\frac{j\omega c+k}{k-\omega^2 m_2+j\omega c}=\frac{A_1}{A_2}=\frac{1+2j\zeta\lambda}{1-\lambda^2+2j\zeta\lambda} \tag{5-50}$$

式中，$A_1=j\omega c+k=k(1+2j\zeta\lambda)$；$A_2=k-\omega^2 m_2+j\omega c=k(1-\lambda^2+2j\zeta\lambda)$；$\lambda=\omega/\omega_n$；$\zeta=c/2\sqrt{km_2}$。

式(5-50)的幅频特性 $\left|H(\omega)_{z_2/z_1}\right|$ 与式(5-33)所示单质量系统幅频特性 $\left|H(j\omega)_{z/q}\right|$ 完全一样。

由方程组(5-49)的第二式可得 z_1 对 q 的频率响应函数

$$H(\omega)_{z_1/q}=\frac{A_2k_t}{A_3A_2-A_1^2}=\frac{A_2k_t}{N} \tag{5-51}$$

式中，$N=A_3A_2-A_1^2$，$A_3=k+k_t-\omega^2 m_1+j\omega c$。

式(5-51)的幅频特性 $\left|H(\omega)_{z_1/q}\right|$ 为

$$\left|H(\omega)_{z_1/q}\right|=\gamma\sqrt{\frac{(1-\lambda^2)^2+4\zeta^2\lambda^2}{\Delta}} \tag{5-52}$$

式中，$\Delta=\left[(1-\lambda^2)(1+\gamma-\frac{1}{\mu}\lambda^2)-1\right]^2+4\zeta^2\lambda^2\left[\gamma-(\frac{1}{\mu}+1)\lambda^2\right]^2$

这里 $\lambda=\omega/\omega_n$，$\gamma=k_t/k$ 为刚度比，$\mu=m_2/m_1$ 为质量比。

车身位移 z_2 对路面位移 q 的频率响应函数，由式(5-52)及式(5-51)两个环节的频率响应函数相乘得到

$$H(\omega)_{z_2/q}=\frac{Z_2(\omega)}{Q(\omega)}=\frac{Z_2(\omega)}{Z_1(\omega)}\frac{Z_1(\omega)}{Q(\omega)}=H(\omega)_{z_2/z_1}H(\omega)_{z_1/q}=\frac{A_1}{A_2}\frac{A_2k_t}{N}=\frac{A_1k_t}{N} \tag{5-53}$$

z_2 对 q 的幅频特性就为两个环节幅频特性相乘而得

$$\begin{aligned}\left|H(\omega)_{z_2/q}\right|&=\left|H(\omega)_{z_2/z_1}\right|\left|H(\omega)_{z_1/q}\right|\\ &=\sqrt{\frac{1+4\zeta^2\lambda^2}{(1-\lambda^2)^2+4\zeta^2\lambda^2}}\cdot\gamma\sqrt{\frac{(1-\lambda^2)^2+4\zeta^2\lambda^2}{\Delta}}=\gamma\sqrt{\frac{1+4\zeta^2\lambda^2}{\Delta}}\end{aligned} \tag{5-54}$$

图 5-19、图 5-20 是分别对应式(5-52)和式(5-54)的幅频特性曲线。

从曲线可看出，对于这个车身、车轮二自由度模型，当激振频率接近系统两阶固有频率 ω_1 和 ω_2 时，都会发生共振，车身位移 z_2 对 q 幅频特性和车轮位移 z_1 对 q 的幅频特性，有低频、高频两个共振峰。

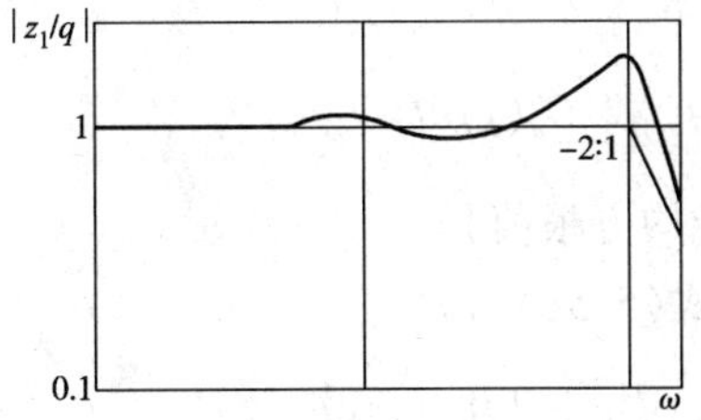

图 5-19　z_1 对 q 的幅频特性曲线

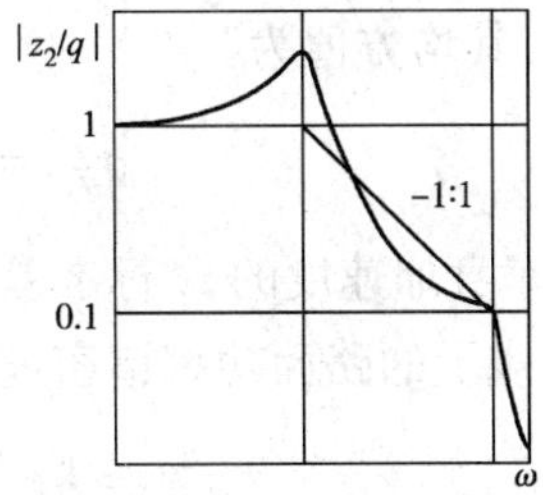

图 5-20　z_2 对 q 的幅频特性曲线

3. 平顺性分析

1)车身加速度 $\ddot{z}_2$ 对 $\dot{q}$ 的幅频特性

$$\left|H(\omega)_{\ddot{z}_2/\dot{q}}\right| = \left|\frac{\ddot{z}_2(\omega)}{\dot{q}(\omega)}\right| = \left|\frac{\omega^2 z_2(\omega)}{\omega q(\omega)}\right| = \left|\omega H(\omega)_{z_2/q}\right|$$

将式(5-54)代入上式,得

$$\left|H(\omega)_{\ddot{z}_2/\dot{q}}\right| = \omega\gamma\sqrt{\frac{1+4\zeta_t^2\lambda^2}{\Delta}} \tag{5-55}$$

2)相对动载 F_d/G 对 $\dot{q}$ 的幅频特性

车轮动载　$F_d = k_t(z_1 - q)$

静载　$G = (m_2 + m_1)g = m_1(\mu+1)g$

F_d/G 对 q 的频率响应函数

$$H(\omega)_{F_d/Gq} = \frac{F_d}{Gq} = \left(\frac{Z_1(\omega)}{Q(\omega)} - 1\right)\frac{k_t}{m_1(\mu+1)g}$$

将式(5-51)代入上式,得

$$H(\omega)_{F_d/Gq} = \left(\frac{A_2 k_t}{N} - 1\right)\frac{k_t}{m_1(\mu+1)g}$$

而 F_d/G 对 $\dot{q}$ 的频率响应函数应为

$$\left|H(\omega)_{F_d/G\dot{q}}\right| = \left|\frac{1}{\omega}H(\omega)_{F_d/Gq}\right| = \frac{\gamma\omega}{g}\sqrt{\frac{\left(\frac{\lambda^2}{1+\mu}-1\right)^2 + 4\zeta_t^2\lambda^2}{\Delta}} \tag{5-56}$$

3)悬架动挠度 δ_d 对 $\dot{q}$ 的幅频特性

δ_d 对 $\dot{q}$ 的频率响应函数为

$$H(\omega)_{\delta_d/q} = \frac{\delta_d(\omega)}{q(\omega)} = \frac{Z_2 - Z_1}{Q} = \frac{Z_2}{Q} - \frac{Z_1}{Q}$$

将式(5-51)、式(5-53)代入上式,得

$$H(\omega)_{\delta_d/q} = \frac{A_1 k_t}{N} - \frac{A_2 k_t}{N} = \frac{k_t(A_1 - A_2)}{N} = \gamma\lambda^2\sqrt{\frac{1}{\Delta}}$$

$$\left|H(\omega)_{\delta_d/\dot{q}}\right| = \left|\frac{1}{\omega}H(\omega)_{\delta_d/q}\right| = \frac{\gamma}{\omega}\lambda^2\sqrt{\frac{1}{\Delta}} \tag{5-57}$$

当确定了路面不平度系数 $G_q(n_0)$ 和车速 v 之后,可按式(5-17)计算路面速度功率谱密度 $G_{\dot{q}}(f)$,并按式(5-55)、式(5-56)、式(5-57)和悬架系统具体参数,求出振动响应量 $\ddot{z}_2$、F_d/G 和 δ_d 对 $\dot{q}$ 的幅频特性,然后就可以由式(5-17)求出响应量的功率谱密度。由于这三个振动响应量的均值为零,所以这几个量的方差等于均方值,该值可由其功率谱密度对频率积分求得,以

车身加速度为例，其均方值为

$$\sigma_{\ddot{z}_2}^2 = \int_0^\infty |H_{\ddot{z}_2/\dot{q}}|^2 G_{\dot{q}}(f)\mathrm{d}f \tag{5-58}$$

式中，$\sigma_{\ddot{z}_2}$为车身加速度的 $\ddot{z}_2$ 标准差（等于均方根值）。

将式(5-17)表示的路面功率谱密度代入式(5-58)，得

$$\sigma_{\ddot{z}_2}^2 = 4\pi^2 G_q(n_0) n_0^2 v \int_0^\infty |H_{\ddot{z}_2/\dot{q}}|^2 \mathrm{d}f \tag{5-59}$$

由式(5-59)可以看出，当由系统参数确定的幅频特性 $|H_{\ddot{z}_2/\dot{q}}|$一定时，车身加速度的均方值 $\sigma_{\ddot{z}_2}^2$与路面不平度系数 $G_q(n_0)$以及车速 v 成正比。因此，不同路面的不平度系数和车速下的均方值 $\sigma_{\ddot{z}_2}^2$可以按 $G_q(n_0)$和 v 数值变化的比例推算出。

式(5-58)中幅频特性的表达式相当复杂，一般难以用解析的方法直接进行积分，在工程上采用数值积分的方法。等间隔取 N 个离散频率值，频带宽度为 Δf，式(5-58)变为

$$\sigma_{\ddot{z}_2}^2 = \sum_{n=1}^{N} |H(n\Delta f)_{\ddot{z}_2/\dot{q}}|^2 \cdot G_{\dot{q}}(n\Delta f)\Delta f \quad (n=1,2,\cdots,N) \tag{5-60}$$

第五节　影响汽车平顺性的结构因素

一、悬架刚度

悬架刚度 k 决定悬架系统的固有频率 f_n（$f_n=\omega_n/2\pi$），对平顺性影响最大。降低固有频率 f_n可以明显减小车身加速度，这是改善平顺性的一个基本措施。但随着 f_n降低，动挠度 δ_d增大，限位行程[δ_d]也就必须与固有频率 f_n成反比地相应增大，而[δ_d]受结构布置限制不能太大，所以降低 f_n是有限度的。表 5-3 是目前大多数汽车悬架系统的固有频率 f_n、静挠度 δ_s和限位行程[δ_d]的实用范围。

悬架系统 f_n、δ_s、[δ_d]的实用范围　　表 5-3

车　　型	f_n(Hz)	δ_s(cm)	[δ_d](cm)
轿车	1.2 ~ 1.1	15 ~ 30	7 ~ 9
货车	2 ~ 1.5	6 ~ 11	6 ~ 9
大客车	1.8 ~ 1.2	7 ~ 15	5 ~ 8
越野车	2 ~ 1.3	6 ~ 13	7 ~ 13

轿车舒适性要求高，而行驶的路面相对货车和越野车较好，悬架动挠度 δ_d引起的撞击限位的概率很小，故其车身部分固有频率 f_n选择得比较低，以减小车身加速度，一般是在 1 ~ 1.5Hz范围。反之，货车和越野车行驶的路面较差，为减少撞击限位的概率，车身固有频率 f_n较高，一般选择在 1.5 ~ 2Hz 范围。

前后悬架系统刚度的匹配对汽车平顺性也有较大影响。一般希望前、后悬架系统的固有频率接近相等，这可以通过选择前、后悬架刚度使 $k_1/k_2 \approx b/a$ 来实现。为了减小车身纵向角振动，一般将前悬架的固有频率选得略低于后悬架的固有频率。

悬架系统的弹性特性指悬架变形与所受载荷之间对应关系，分为线性与非线性两种。具有线性弹性特性的悬架刚度 k 为常数。车身振动固有频率 f_n随装载质量多少而改变，尤其是后悬架装载质量变化较大的货车和大客车。这种变化使汽车空载或部分载荷时前、后悬架振

动固有频率过高或失配，导致车身猛烈颠簸，平顺性变差。为此，可采用具有非线性弹性特性的悬架，即悬架的刚度 k 可随载荷的改变而变化，以保持汽车各种载荷情况下，f_n 基本不变或变化不大，从而达到改善平顺性的目的。这种悬架也称为变刚度悬架。

悬架的非线性弹性特性可以通过如下方法来实现：

(1)在线性弹性特性悬架中加入辅助或复合弹簧，采用适当导向机构及与车架的支承方式等。

(2)选用具有非线性弹性特性的弹簧，如空气弹簧、油气弹簧、橡胶弹簧和硅油弹簧。

为衰减车身自由振动和抑制车身共振，以减小车身振动加速度，汽车悬架系统中应有适当阻尼。正确选择阻尼比 ζ 对汽车平顺性至关重要。ζ 取值大，能使振动迅速衰减，但会将较大的路面冲击传递到车身。反之，ζ 取值小，振动衰减缓慢，受一次冲击后振动持续时间长，会使乘客感到不舒适。为使减振阻尼效果好，又不传递较大的冲击力，常把压缩行程的阻力和伸张行程的阻力取得不同。压缩行程中，为减少传递的路面冲击力，ζ 应选择小些；而伸张行程中，为迅速衰减振动，ζ 应选择大些。

对于不同的悬架固有频率 f_n 和不同的使用条件，满足平顺性要求的阻尼比 ζ 值大小应有所不同。当固有频率 f_n 比较低、行驶路面又比较差的情况（例如某些越野车）下，动挠度 ζ_d 会相当大。为了减少撞击限位的概率，此时阻尼比 ζ 应取偏大值。

二、"人体—座椅"系统的参数选择

为了改善汽车平顺性，使传至人体的振动比较小，在选择"人体—座椅"系统参数时，首先要保证人体垂直方向最敏感的频率范围 4～8Hz 处于减振区，按"人体—座椅"构成单质量系统来考虑，其固有频率 $f_h \leqslant 4\times 2^{1/2} \approx 3$Hz。在选择固有频率 f_h 时，还要避开与车身固有频率 f_n 重合，防止传至人体的振动加速度谱出现突出的尖峰对平顺性不利。f_n 一般在 1.2～2Hz 之间，于是 f_h 一般可选在 3Hz 左右。"人体—座椅"系统的阻尼比 ζ_h 一般达到 0.2 以上才能有较好的减振效果。顺便指出，若考虑人体自身的减振效果，研究成果表明，f_h 值可以选得高一些，达到 5～6Hz，在适当 ζ_h 配合下，仍可保证 4～8Hz 处于减振区。

三、轮胎

由于轮胎本身的弹性在很大程度上能够吸收因路面不平所产生的振动，因此它和悬架共同保证了汽车的平顺性。近年来随着车速提高，希望轮胎的缓冲性能越来越好。提高轮胎缓冲性能的方法有：

(1)增大轮胎断面、轮辋宽度和空气容量，并相应降低轮胎气压。

(2)改变轮胎结构形式，如采用子午线轮胎，它因胎体的径向弹性大，可以缓和不平路面的冲击并吸收大部分冲击能量，使平顺性得到改善。

(3)提高帘线和橡胶的弹性，采用较柔软的胎冠。

车轮旋转质量的不平衡会引起汽车振动，影响平顺性和行驶稳定性，这在高速时尤为突出，所以必须对每个车轮（含装好的轮胎）做静平衡和动平衡调试，以保证高速行驶时的舒适性。

四、非悬挂质量

非悬挂质量的振动对悬挂质量振动加速度有较显著的影响，减小非悬挂质量，可以减小传

给悬挂质量(即车身)的冲击力。因此,提高悬挂质量与非悬挂质量的比值,有利于改善汽车的平顺性。另外,悬挂质量的布置应尽量使悬挂质量分配系数 $\varepsilon \approx 1$,以减少前、后悬挂质量振动的联系。

练　习　题

5.1　汽车平顺性主要包括哪几方面内容?影响因素有哪些?

5.2　设通过座椅支承面传至人体垂直加速度的谱密度为一白噪声,$G_a(f) = 0.1\ m^2s^{-3}$。求在 0.5~80Hz 频率范围加权加速度均方根值 a_w 和加权振级 L_{aw},并由表 5-1 查出相应人的主观感觉。

5.3　设车速 $v = 20m/s$,路面不平度系数 $G_q(n_0) = 2.56 \times 10^{-8}\ m^3$,参考空间频率 $n_0 = 0.1m^{-1}$。画出路面垂直位移、速度和加速度 $G_q(f)$、$G_{\dot{q}}(f)$、$G_{\ddot{q}}(f)$ 的谱图。画图时要求用双对数坐标,选好坐标刻度值,并注明单位。

5.4　当把汽车简化为单自由度线性模型时,已知:$m_2 = 338.1kg$, $k = 41160N/m$, $c = 1813N/(m \cdot s)$。

试求:

(1)无阻尼固有频率 f_n,阻尼比 ζ;

(2)共振时,系统幅频特性 $|H_{z/q}|_{\lambda=1}$;

(3)若路面输入速度谱密度 $G_{\dot{q}}(f) = 2 \times 10^{-7}(m \cdot s^{-1})^2 Hz$,共振时车身加速度 $\ddot{z}|_{\lambda=1}$。

第六章　发动机及动力总成噪声

【主要内容】 发动机动力总成噪声是汽车的主要噪声源之一。本章首先分析了发动机及动力总成的噪声源,并进行归类;针对不同的噪声特点,给出了相应的控制方法和策略。

第一节　发动机及动力总成噪声分析与控制

一、发动机及动力总成噪声源

发动机及动力总成噪声是汽车的主要噪声源之一。尤其是在怠速、低速行驶和车辆启动加速过程中,发动机及动力总成噪声更明显。为了降低汽车噪声,首先应控制发动机及动力总成噪声。

通常发动机及动力总成噪声可以分为两大类:空气动力噪声和表面振动结构噪声,如图 6-1 所示。

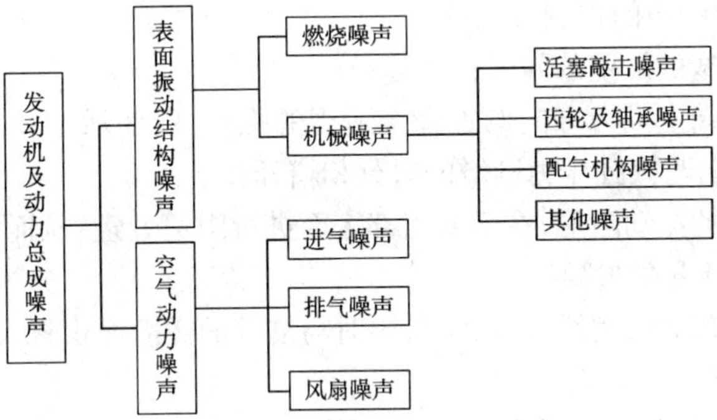

图 6-1　发动机及动力总成噪声源

空气动力噪声直接向空间辐射,引起空气动力噪声的噪声源主要有进、排气噪声和风扇噪声。

发动机燃烧噪声和机械噪声指内部的燃烧过程和结构振动所产生的噪声,是通过发动机外表面以及与发动机外表面连接的零件的振动向外辐射的,因此将这两类统称为发动机表面振动的结构噪声。

燃烧噪声的发生机理相当复杂,主要是由于汽缸内周期性变化的压力作用而产生的,与发动机的燃烧方式和燃烧速度密切相关。

机械噪声是发动机工作时各运动件之间及运动件与固定件之间作用的周期性变化的力所引起的,它与激发力的大小和发动机结构动态特性等因素有关。

燃烧噪声与机械噪声在实际上是难于严格区分的。机械噪声也是发动机汽缸内燃料燃烧间接激发的噪声。为了研究方便,把汽缸内燃烧所形成的压力振动并通过缸盖、活塞、连杆、曲轴到机体的途径向外辐射的噪声叫燃烧噪声;把活塞对缸套的敲击,以及齿轮、配气机构、喷油系统等运动件之间机械撞击所产生的振动激发的声辐射，称为机械噪声。

二、发动机机械噪声及其控制

1. 活塞敲击噪声

活塞对缸壁的敲击，根本原因在于它们之间存在间隙并且往复运动的活塞所承受的侧向力发生方向突变。图6-2所示为汽缸中往复运动的活塞受力变化的情况。

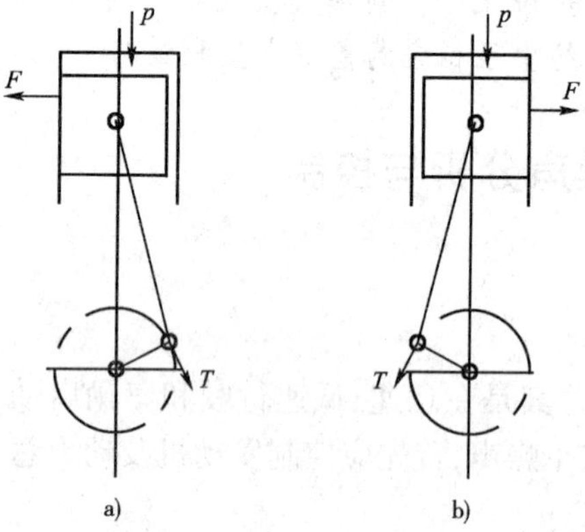

图6-2 压缩、膨胀过程侧向力变化
a)压缩过程；b)膨胀过程

当作用在活塞上的气体压力、惯性力和摩擦力发生周期性变化时，活塞在曲轴的旋转平面内会受到一个周期性变化的侧向力的作用。该侧向力在上止点及下止点附近必然要改变方向，活塞将从一侧向另一侧作横向运动。在上止点附近有一个由右侧向左侧的横向运动，而在下止点附近有一个由左侧向右侧的横向运动。

发动机高速运转时，活塞的这种横向运动是以很高的速度进行的。由于活塞与缸壁之间存在间隙，从而形成了对缸壁的强烈撞击，特别是在压缩行程终了和膨胀行程开始时，这种冲击更为严重，而且冷机时最明显。这时的冲击速度与发动机转速的立方根成正比。

活塞敲击而激发的噪声的控制方法有：

(1)尽可能减小活塞的缸壁的间隙；

(2)将活塞销中心向主推力方向偏置一个适当的距离，以使活塞在上止点附近由一边移向另一边相接触的时刻，与汽缸压力剧增的时刻相错开；

(3)增加活塞表面的振动阻尼，在活塞裙部表面进行阻尼处理，从而缓冲和吸收活塞敲击的能量，可明显地降低活塞敲击噪声；

(4)活塞裙部采用理想的型线，使活塞敲击时与缸壁的碰撞面积较大。

2. 配气机构噪声

发动机低速下的噪声主要表现为气门开闭时，以及挺柱在凸轮鼻部附近产生的配气机构声。

气门开启的噪声主要是由施加于气门机构上的撞击力造成的，而气门关闭时的噪声则是由于气门落座时的冲击产生的，气门的噪声级和气门运动的速度成正比。在凸轮顶部上推从动杆的时刻，金属互相接触产生的摩擦振动，粗糙的接触面会使噪声增高。

在发动机高速运转时，气门机构的惯性力相当大，使得整个机构产生振动，在第三章中已作了分析。在那里是将各结构部件作为集中参数模型考虑，把它们的弹性和惯性作为集中元件模型化，但各部件本质是弹性体。一个弹性系统的气门机构，工作时各零件的弹性变形会使位于传动链末端气门处的运动产生很大不规则运动(气门飞脱和落座反跳)。这种不规则运动，增加气门撞击的次数和强度，从而产生强烈的噪声。气门弹簧的颤振也会导致簧圈之间的发生碰击高频噪声。

影响配气机构噪声主要因素是凸轮型线和气门杆间隙。为降低其噪声，应从以下几方面着手：

(1)提高凸轮加工精度和减小表面粗糙度值。

(2)采用经优化设计过的凸轮型线,使得挺杆在凸轮型线缓冲段范围内的运动速度很小,从而减小气门在始升或落座时的速度,降低因撞击而产生的噪声。

(3)减小气门间隙可减小因间隙存在而产生的撞击,从而减小噪声。但为保证气门正常工作,一般配气机构还必须保持必要间隙。如采用液压挺杆,可从根本上消除气门间隙,从而消除传动中的撞击,并可有效地控制气门落座速度。从而使得配气机构的噪声显著降低。

三、发动机燃烧噪声及其控制

汽油机和柴油机的主要燃烧噪声一般都产生在速燃期,汽油机燃烧过程柔和,其产生的噪声相对其他噪声来说比较小,只有在不正常燃烧时会引起较大的噪声。

柴油机的燃烧噪声,与其他噪声相比则不可忽视。柴油机燃烧过程可分为滞燃期、速燃期、缓燃期和补燃期4个阶段。在滞燃期内燃料并未燃烧,进行燃烧前必要的物理和化学准备,汽缸中的压力和温度变化都很小,此时的燃烧噪声很小。

在速燃期内燃料迅速燃烧,汽缸内压力迅速增加,直接影响发动机的振动和噪声。此时汽缸内的压力增长率越大,意味着发动机的冲击载荷越大,内部零件受敲击严重,从而会增加发动机的结构振动和所辐射的噪声。影响压力增长率的主要因素是着火延迟期的长短和供油规律。通常,着火延迟期越长,在此期间喷入汽缸的燃料越多,压力增长率就越高,压力增长率大。

在缓燃期内,汽缸内压力有所增长,但增长率较小,因此产生的燃烧噪声,对整体噪声的影响不显著。而在补燃期内,因活塞下行且绝大多数燃料已在前两个时期内燃烧完毕,产生的燃烧噪声很小。控制燃烧噪声的主要途径有以下几个方面:

(1)合理设置延迟喷油定时。通常喷油时间早,产生燃烧噪声大,但过迟喷油时间影响动力特性。

(2)合理设计燃烧室形状,改进燃烧室结构形状和参数,不但直接影响柴油机的性能,而且影响着火延迟期、压力升高率,从而影响燃烧噪声。柴油机的燃烧室可分为直喷式和分隔式两类。一般情况下,分隔式燃烧室的燃烧噪声比较低。直喷式燃烧室中的球形和斜置圆桶形燃烧室的燃烧噪声最低,ω 形直喷式燃烧室和浅盆形直喷式燃烧室的燃烧噪声最大。

(3)适当提高压缩比和延迟喷油提前角,使用高十六烷值的燃料,以缩短着火延迟期。

(4)采用进气增压,依靠进气压力和温度的增高缩短着火延迟期。

(5)调节喷油系喷油率对燃烧噪声的影响非常大,喷油率提高,燃烧噪声就会相应增加,可用减少喷油泵供油率的方法来减少燃烧噪声,但应注意高速性能的恶化和怠速噪声增加问题。

第二节 传动系噪声

汽车传动系是发动机及其动力总成的一部分,其中的变速器、分动器、传动轴、差速器和轮边减速器等都产生噪声。这些分总成有大量的齿轮啮合、支承和传递轴和轴承以及箱体。传动系的主要噪声源是其内部齿轮和轴承,同时也有其他机构传递而来的固体声。

一、传动系齿轮噪声及其控制

齿轮传动被广泛应用在发动机正时齿轮、变速器和驱动桥的总成中。齿轮传动的特点是轮齿相互交替啮合,在啮合处既有滚动又有滑动,不可避免地要产生齿与齿之间的撞击与摩擦。另一方面,齿轮的制造误差、安装误差以及发动机曲轴的扭振使其所驱动的齿轮传动的正常啮合关系遭到破坏,都会使齿轮产生振动并发出噪声。

轮齿在啮合和脱离过程中产生的周期性冲击噪声的基频即为齿轮的啮合频率

$$f_m = \frac{n}{60}z \text{ (Hz)} \tag{6-1}$$

式中,n 为转速(r/min);z 为齿轮齿数。

通常,当齿轮和相关旋转件的安装或制造有偏心时,除引起离心惯性力激发噪声外,偏了心的齿轮旋转一周期间,两个齿轮啮合的松紧程度要发生变化,这使啮合力随齿轮传动角偏移而变化,从而激发振动和噪声。此类噪声一般表现出高频特性。而齿轮周节累积误差造成的齿轮每转一圈产生一次冲击的噪声,一般表现为低频齿轮噪声。

控制齿轮噪声的常用方法有如下几个方面:

1. 齿轮参数和结构形式

增大齿轮的模数会增加制造难度,使得齿轮的制造误差变大,并造成工作时的噪声增加。此外,齿轮压力角的增加也会造成啮合过程的径向力增加而增大噪声。一般在强度允许的条件下应适当降低模数和压力角。

齿轮设计时增加重叠系数。经验表明,重叠系数为 2 时,噪声水平比较低,相反,在过大的重叠系数、齿轮精度不高的场合,多对轮齿同时啮合反而会加剧振动、增大噪声。

对于圆柱齿轮来说,直齿齿轮噪声最高,斜齿次之,人字形齿最低;对于圆锥齿轮来说,按噪声大小排列的顺序为:直齿、螺旋齿、双曲线齿。因此,从降低噪声的角度出发,宜优先选择低噪声的齿轮结构。

2. 齿轮的制造和工艺

正如前面所说,齿轮的精度是影响齿轮工作时振动和噪声的关键,因此,尽可能提高齿轮精度是必要的。通常,在齿轮粗加工和热处理以后,应进行剃齿或磨齿等精加工。

为了减少齿轮在承载后的弹性变形和制造误差(主要是基节误差和齿形误差)造成的齿轮啮合时,齿顶和齿根处的干涉,在齿轮加工时通常将干涉部分削去,称为齿形修缘。齿形修缘可以降低齿轮工作时的噪声。

3. 材料和结构

采用高分子材料取代传统的金属材料齿轮可以大大降低齿轮噪声。另外,对金属齿轮进行阻尼处理,例如,在齿轮两边涂上阻尼材料,在金属齿轮体内填充大阻尼橡胶等,形成阻尼结构,都能达到减振降噪目的。

此外,适当的润滑和合理的安装也能降低齿轮噪声。

二、传动系轴承噪声及控制

汽车传动系中一般都大量应用了轴承,这些轴承都不可避免地会产生噪声。单纯轴承噪声相对其他噪声来说是比较低的,往往被其他声源的噪声掩盖,但轴承对整机的支承刚度和固有频率有较大影响,支承刚度不当可能会导致整个系统的共振并发出噪声。

目前,发动机的曲轴轴承大多采用滑动轴承,当滑动轴承的间隙增大时,油膜压力和轴承的轴心轨迹会发生较大的变化,从而促使机体振动加剧、噪声增大。一般情况下,滑动轴承的噪声比滚动轴承的噪声小得多。

产生滚动轴承的噪声的一个重要因素是由于轴和轴承偏心引起的不平衡惯性力，几何形状误差导致的作用力波动，表面质量差引起的摩擦力及外加负荷的波动。此外，滚动体和套圈在径向载荷作用下会产生弹性变形以及轴心在旋转中产生周期性的跳动都会使滚动体、套圈和保持架之间产生撞击和摩擦声。此外，当轴承内有灰尘杂质，滚动体和滚道上有锈斑、压痕、锈蚀等，轴承也会产生周期性的振动和噪声。

由于球轴承在理想工作状态下为点接触，因此其噪声水平较滚子轴承低得多，在条件许可时，应优先选用球轴承。提高轴承的几何精度，以减少滚动体与滚道间的摩擦和冲击，是解决轴承噪声的关键。另外，提高套圈刚度，调整好装配间隙并给予适当的预紧力，使用时应保证良好的润滑，对轴承进行屏蔽和阻尼处理，加装隔振衬套等技术均可降低轴承噪声。

第三节　发动机的空气动力噪声

一、进气及排气噪声

1. 进气噪声

发动机的进气噪声，从成因来分析主要有两种：一个是管内的脉动噪声，另一种是涡流噪声。

进气门周期性开闭引起进气管道内压力脉动，从而形成脉动噪声。这种噪声一般表现为低频噪声，其频率为

$$f = k\frac{zn}{30i} \tag{6-2}$$

式中，z 表示汽缸数；n 表示发动机转速（r/min）；i 为发动机冲程数；$k=1,2,3,\cdots$是简谐次数。

另一方面，在进气过程中气流高速流过进气门和变截面，会形成强烈的涡流噪声，其主要频率成分在1000～2000Hz范围内。

控制进气噪声的方法，目前常用的是将空气滤清器和抗性消声器设计成一体，空气滤清器的过滤材料采用具有吸声特性的滤清材料。这样既可以吸收涡流高频噪声又可以降低脉动噪声。

2. 排气噪声

排气噪声的产生原因和进气噪声类似，其中也可分为两类：一是管内的具有基频的脉动噪声，另一种是涡流噪声。

排气噪声在频率谱上表现为明显的低频特性，它与排量、转速、轴功率及平均有效压力密切相关的，关于排气噪声的噪声级对于不同的发动机有一些相关的经验公式可以预测。需要时可以查阅相关手册。

排气消声器是消除排气噪声最有效的手段，有关消声器的设计可以参见前面章节的内容。

二、其他空气动力噪声

发动机动力总成中，进、排气噪声是主要的噪声源，但也有一些其他的空气动力噪声，如风扇噪声。风扇噪声主要由叶片的旋转噪声和涡流噪声构成。

叶片的旋转噪声是由于旋转着的叶片周期性地切割空气，引起空气的压力脉动而产生的，其基频为

$$f = \frac{nz}{60} \tag{6-3}$$

式中：n 为风扇转速（r/min），z 为叶片数。

风扇转动时使周围气体在风扇的叶面和罩壳等结构上流动产生涡流。此涡流由于黏滞力的作用又分裂成一系列分离的小涡流。这些涡流及其分裂过程使空气发生扰动，形成压缩与稀疏过程，从而产生涡流噪声。它一般是宽频带噪声，主要峰值频率可写为

$$f = \frac{kv}{d} \tag{6-4}$$

式中，v 为风扇圆周速度，d 为叶片在气流入射方向上的厚度，k 为常数，取值范围为 0.15 ~ 0.22。

一般情况下，风扇噪声比发动机本体噪声低得多，但在高转速时，风扇噪声将迅速升高。

要降低风扇噪声，首先应改进叶片形状，使其有较好的流线型和合适的弯曲角度，保证表面有很低的粗糙度，从而降低涡流强度，减少噪声，但叶片的形状改变不能降低其动力性能。其次采用复合材料作为叶片材料或对叶片材料进行阻尼处理均可起到降低风扇噪声的目的。

练 习 题

6.1 发动机及其动力总成的噪声是如何分类的？

6.2 论述活塞敲击噪声及其控制方法。

6.3 发动机燃烧噪声是如何产生的？怎样才能加以控制？

6.4 齿轮噪声中的高频噪声和低频噪声产生的主要原因是什么？如何减低齿轮的噪声？

6.5 论述轴承噪声产生的原因及控制方法。

6.6 进气和排气噪声产生的原因是什么？针对脉动噪声和涡流噪声应如何设计消声器？

第七章　底盘系统噪声

【主要内容】 汽车底盘系统噪声主要包括:传动系统(变速器,驱动桥,传动轴)噪声、轮胎噪声、制动器鸣叫声等。传动系统噪声在前面章节中已经介绍,本章介绍轮胎噪声和制动器噪声。底盘系统噪声一般在车速较高时对汽车总噪声影响较大,而且以轮胎噪声为主。

第一节　轮 胎 噪 声

一、轮胎噪声的分类

轮胎的噪声可以分为两种:一种是轮胎直接放射出来的噪声,称为直接噪声或车外噪声;另一种是轮胎直接或间接地成为激振源,振动通过悬架和车架传至车身,成为车厢内的噪声,称为间接噪声或车内噪声。对于大、中型载货车的轮胎,直接噪声占据汽车总体噪声的分量很大。因此成为噪声公害,故对轮胎噪声来说,一般指的就是直接噪声。间接噪声又可分为两类:一是以轮胎的均匀性不良为主要原因,使轮胎本身成为激振源,而发生的噪声;二是由于路面凹凸不平,使得路面激励成为主要原因,引起轮胎弹性振动,并以车身为媒介发生车内噪声。本节专门讨论轮胎直接噪声,间接噪声将在下一章中同车身噪声一并讨论。

直接噪声可作如下分类:

(1)轮胎花纹噪声。由于轮胎滚动,在接地时胎面花纹沟部的容积减小,沟内包含的空气被挤出;而当胎面离地时沟部的容积恢复,外部空气被吸入。这样空气流入、流出产生的噪声也叫排气噪声。另外,胎面花纹接地时还产生连续击打路面的噪声,这种噪声也属于轮胎花纹噪声。

(2)道路凹凸噪声。轮胎在道路上滚动时,由于路面小的凹凸内空气被压缩,因而产生排气噪声。一般来说,沥青和水泥路面凹凸小,由此产生的噪声也小。

(3)轮胎弹性振动噪声。由于路面的凹凸不平和轮胎的不均匀性,引起胎面和胎侧的弹性振动噪声。

(4)轮胎自激振动噪声。当汽车急速起动和急制动、急转向时,轮胎胎面元素相对于道路表面发生的局部自激振动,由此产生刺耳的噪声,称为尖叫噪声。

(5)轮胎空气紊流噪声。由于轮胎滚动,在轮胎周围产生空气的紊流诱发出的噪声。

二、轮胎直接噪声的产生机理

1. 轮胎花纹噪声

如前所述,轮胎花纹噪声是由于轮胎在接地、离地时胎面花纹沟部内气压变化而产生的。轮胎花纹的形状是影响噪声的主要因素。轮胎花纹主要有横沟花纹、纵沟花纹、纵横沟并用花纹、块形花纹等。花纹种类不同,噪声的频率和大小就不同。R. E. Hayden 提出如下计算轮胎花纹噪声远场声压的经验公式

$$SPL(r) = 68.5 + 20\lg\left(\frac{gw}{s}\right) + 10\lg(n) + 20\lg(f_c) + 40\lg(V) - 20\lg(r) \tag{7-1}$$

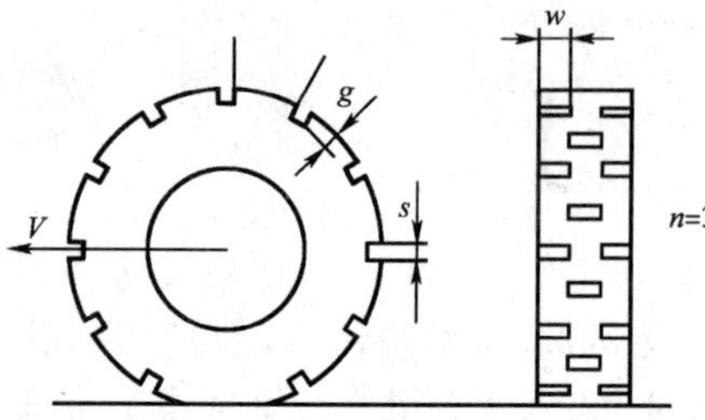

图 7-1 用于计算远场声压的轮胎参数定义示意图

式中，$SPL(r)$ 是从声源（轮胎）到距离为远场 r 处观察点的声压水平；g、w、s、n 分别为胎面的沟深、沟宽、圆周方向的宽度和沟数，如图 7-1 所示；f_c 为由变形引起的沟体积变化；V 为轮胎的滚动速度。

对于横沟花纹和纵沟花纹，该式的计算结果与实验结果比较一致。

一般来说，当车速大于 50km/h 时，轮胎噪声就显得突出了，其中以轮胎花纹噪声为主。实验表明，这是一种高频性噪声，频率在 800 ~ 5000Hz。

2. 弹性振动噪声

轮胎的弹性振动噪声包括胎面和胎侧的振动噪声。该噪声目前尚无有效的理论和经验模型。为研究这种噪声，可在轮胎胎面和胎侧粘贴超小型加速度传感器，然后将轮胎装在车上，使其在平坦的沥青路面上滑行，并测定轮胎转一圈的加速度。测试结果表明，噪声主要由基频、1 次谐波、2 次谐波构成。基频等于轮胎外圆周速度除以轮胎横沟间距。此外，轮胎胎面由于路面的凹凸不平和轮胎自身的不均匀性，会引起轮胎半径方向和切线方向弹性振动。但实验表明，这种振动噪声对整个轮胎的噪声水平影响较小。

另外，由于轮胎胎面有冠部存在，当轮胎接地时，胎冠被压成平板状，胎面元素与路面在宽度方向产生滑动。轮胎在接地中心的滚动半径与左右两边胎肩的滚动半径有差值，故又产生圆周方向的滑动。宽度方向和圆周方向的滑动会产生滑动噪声。这种噪声因重叠在花纹噪声上，多数场合下难以区分。

3. 自激振动噪声

根据花纹刚度、橡胶和路面的物理特性，自激振动噪声的频率大概为 500 ~ 1000Hz。通常在汽车转弯，横向加速度为 0.4g 左右时，产生尖叫噪声。

4. 空气紊流噪声

由于轮胎滚动时，轮胎周围空气变成紊流产生噪声。观察整个轮胎的行进过程，空气在轮胎的行进方向被分开，而在轮胎的后方被吸入，因而在轮胎的行进方向产生正弦波形的压力变动，从而产生噪声。日本学者曾在消声室中，对有代表性的横沟花纹和纵沟花纹轮胎，在不接地的情况下高速转动，测定其噪声水平。测试结果表明：有花纹轮胎的空气紊流噪声与没有花纹的光滑轮胎相比，噪声只在 10dB 左右的低水平上。因此可以说紊流噪声对整个轮胎的噪声几乎没有影响。

三、轮胎噪声的实验测试方法及部分实测结果

1. 轮胎噪声的实验测试方法

轮胎噪声的实验测试方法有实车滑行实验法、单个轮胎台架实验法、拖车单胎实路实验法。

1）实车滑行实验法

采用噪声尽可能小的实车，在实验路段上以既定的速度滑行。如图 7-2 所示，在离开车辆行驶中心线 7.5m、高 1.2m 处安置传声器。当实验车辆通过 DD'—EE' 区间时，读出噪声最大值即为噪声水平测定值。这个实验方法的缺点是必须将整车轮胎实验数据变成单个轮胎的数据。另

外，轮胎以外的背景噪声对实验也有影响，故实验场地应选在周围没有回声的平坦路段。

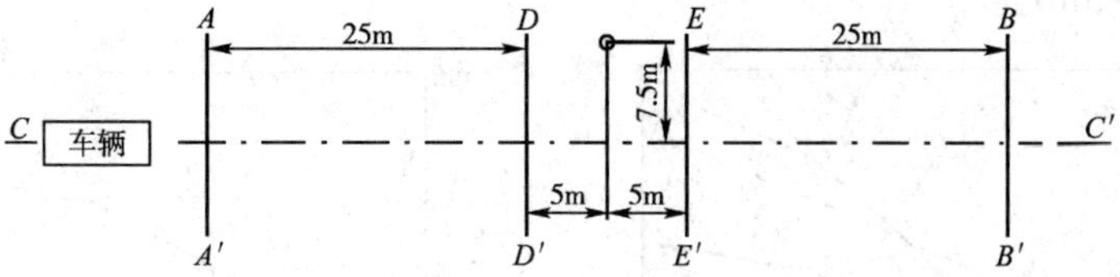

图 7-2　实车滑行实验的测试位置

2)单胎台架实验法

这是所谓的转鼓实验法。如图 7-3 所示，轮胎在转鼓上以既定的速度滚动，用离轮胎中心线横向 1m、高度 0.25m 位置的传声器测量噪声。这种实验的缺点是：

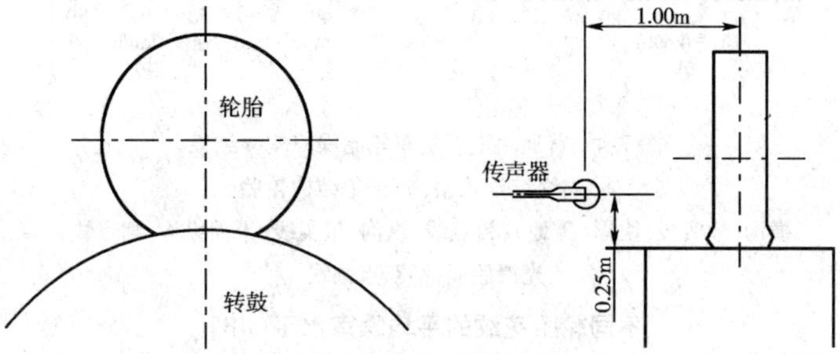

图 7-3　单胎台架实验传声器位置示意图

(1)与实际路面比较，由于转鼓曲率的影响，轮胎的接地形状与实际有区别；

(2)转鼓表面粗糙度与实际路面有差异；

(3)转鼓自身也有共振点。这些都对实验有影响。

3)单胎实路实验

这个方法是在拖车的一个轮子上安装实验轮胎，并连续测量轮胎行走时的噪声。传声器的位置可以离开轮胎侧面 10cm，离开地面 10cm。可以用一个传声器测量声压或两个传声器测量声强。

以上各种方法中，单胎实路实验是最有效的轮胎噪声的实验测试方法。

2. 各型车辆轮胎噪声实际测量结果

众所周知，轮胎胎面花纹、车速和胎体结构对轮胎噪声有较大影响。下面就分别列出普通大型载货车、轻型载货车、轿车在各工况下的轮胎噪声实际测量结果。

1)普通大型载货车轮胎

载货车是各型车辆中噪声最大的。在此等级车辆上安装的载货车用轮胎噪声也是最大的。图 7-4 是某型 11t 2 · D－2 三轴车辆实车滑行噪声实验结果。

实验分别采用了斜交结构、子午线结构两种轮胎和五种花纹：横沟花纹、纵沟花纹、块形花纹(雪地)、平面纵沟花纹、光滑胎面。不同轮胎花纹的平均噪声水平列于表 7-1 中。由图 7-4 和表 7-1 可见：横沟花纹轮胎噪声最大(子午结构块形花纹例外)；在圆周方向有直线凸缘的平面纵沟花纹轮胎噪声最小。由于横沟花纹垂直于前进方向，沟的吸排气噪声很大。普通纵沟花纹轮胎，沟的走向几乎沿着圆周方向，由此发生的噪声也较小，平面纵沟花纹则更要小些。对于纵横沟并用的花纹轮胎，其噪声则比单独的横沟花纹轮胎略大。对于载货车用斜交结构轮胎，块形花纹(雪地)噪声大小接近于横沟花纹轮胎，而子午线结构块形花纹(雪地)轮胎噪声大于横沟花纹轮胎。一般说来,除子午结构块形花纹(雪地)轮胎,斜交结构轮胎比子午结构轮胎噪声大 0 ~ 3dB。

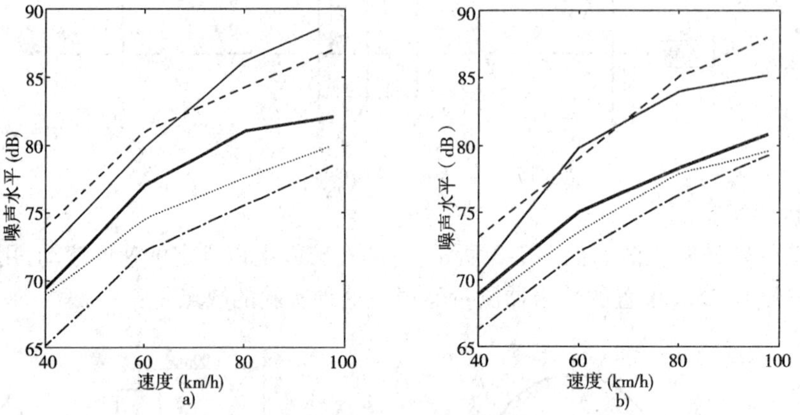

图 7-4　普通大型载货车轮胎噪声实验结果

a)斜交结构轮胎;b)子午结构轮胎

横沟-细实线;块形(雪地)-粗点线;纵沟-粗实线;平面纵沟-细点线;

光滑胎面-细双点画线

不同轮胎花纹的平均噪声水平(dB)　　表 7-1

花 纹 种 类	斜交结构轮胎	子午线结构轮胎	花 纹 种 类	斜交结构轮胎	子午线结构轮胎
横沟	86	84	平面纵沟	77	77
纵沟	81	78	光滑胎面	76	76
块形	86	80 ~ 85			

降低轮胎噪声有极限存在,光滑胎面轮胎噪声就是极限。为了降低轮胎噪声,研究如何使光滑胎面轮胎实用化而不损害车辆的安全性,是尚待解决的问题。

2)轻型载货车轮胎

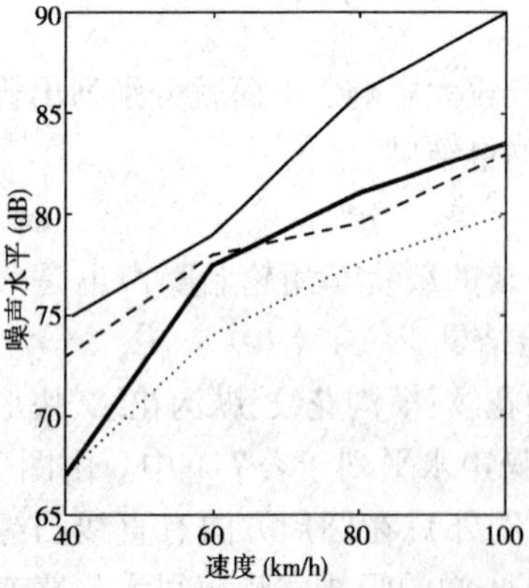

图 7-5　轻型载货车轮胎噪声实验结果

子午胎横沟-细实线;子午胎纵沟-细点线;

斜交胎横沟-粗实线;斜交胎纵沟-粗点线;

3 ~ 4 吨级的轻型载货车轮胎的花纹、使用方法与普通大型载货车轮胎区别不大。图 7-5 是某型 4 吨级 2 · D 载货车轮胎的噪声实验结果。对于轮胎结构、花纹形式而言,噪声的变化具有和普通大型载货车轮胎同样的倾向,而且噪声的大小比普通大型载货车轮胎略有减小。另外,1 吨级以下的小型载货车轮胎多为轿车轮胎,将在下面讨论。

3)轿车轮胎

与大型、轻型载货车相比,轿车轮胎噪声随着整车噪声的降低而降低。除了雪地胎外,轿车用轮胎噪声水平大约相当于使用光滑胎面轮胎的 11t 载货车。尽管对轿车用轮胎的性能要求是各种各样的,用途种类繁多,但各种轿车用轮胎的噪声水平相差不大。

四、轮胎噪声的影响因素及控制措施

1. 轮胎几何因素和材料因素的影响

1)轮胎结构

前面已经谈到,相同条件下,斜交结构轮胎比子午结构轮胎噪声大0~3dB,对于有些车辆可以达到5~7dB。因此,采用子午结构轮是可以降低车辆噪声。

2)胎面花纹

由前面的轮胎噪声实际测量结果可以知道:轮胎噪声按横沟、纵沟、光滑胎面顺序依次递减。此外,沟的形状、尺寸、数目对轮胎噪声也有影响。实验表明:对于横沟花纹,当沟的长、宽、深不变时,噪声随着沟数目的增加近似成正比增加;当沟数目不变时,噪声与沟的容积变化率成近似对数关系。对于纵沟花纹,噪声与沟数×沟宽×沟深成近似对数关系。

3)轮胎帘线材料

轮胎帘线材料有人造丝、尼龙、聚酯、钢丝等,由于轮胎第一性能要求是安全性。所以从强度和黏着力、耐热方面考虑,载货车用的斜交轮胎采用尼龙最合适。此外,轮胎刚度越大,轮胎噪声将降低,为了增加刚度,可以采用钢丝作为帘线材料,这样的轮胎噪声比采用尼龙作材料的轮胎降低1.5~3dB。

4)胎面橡胶

为了了解胎面橡胶与轮胎噪声关系,现研究橡胶物理特性(橡胶硬度和损耗角正切)对噪声水平的影响。将5种橡胶的物理特性列于表7-2中,并将分别采用这5种橡胶的光滑花纹轮胎、横沟花纹轮胎噪声的实测结果也列于表7-2中。从这些结果来看,通过改变橡胶材料,可以取得2~3dB的降噪效果。

橡胶的物理特性 表7-2

橡胶种类	橡胶硬度	$\tan\delta$	光滑花纹轮胎噪声水平(dB)	横沟花纹轮胎噪声水平(dB)
A	43	0.104	67.2	96.7
B	58	0.052	68.0	98.4
C	60	0.140	68.5	99.8
D	61	0.150	69.7	99.4
E	75	0.085	69.5	98.9

2. 使用条件的影响

使用条件主要指速度、载荷、气压、磨损等。

1)速度

轮胎噪声与速度的依赖关系虽因轮胎种类、车辆不同而不同,但一般来说,存在着噪声与速度对数成比例关系增加的关系。轮胎噪声S_{dB}与速度的关系如下式:

$$S_{dB} = A\lg_{10}V + B \tag{7-2}$$

式中,A对斜交轮胎和子午线轮胎几乎没有差别,而对不同的胎面花纹,A的值为:直角横沟花纹$A=63$;普通横沟花纹$A=42$;雪地横沟花纹$A=36$;纵沟花纹$A=31$;光滑或平面纵沟花纹$A=29$。

2)载荷

若车辆过载,对横沟、纵沟并用花纹,噪声水平将有增大倾向。而纵沟花纹则没有这种倾向。实验表明:横沟花纹斜交轮胎从空载到额定载荷,噪声将增大5~6dB,从额定载荷增到

1.5倍过载,噪声还将逐渐增大。

3)气压

充气压力的变化与载荷变化一样,都使轮胎变形量发生变化。因此,对噪声也有与载荷变化类似的影响。若降低充气压力,则对横沟花纹轮胎,噪声水平将升高。另外,轮胎内充气压力的变化还改变轮胎自身的固有频率及刚度特性,这就将对车辆的振动特性产生影响。

4)磨损

由于轮胎的磨损,胎面沟的深度变浅,沟的吸排气量减少,花纹噪声将降低。一般来说,新出厂的横沟花纹轮胎在断面方向的表面曲率半径比较小。在通常磨损的情况下,曲率半径变大,而特别在磨损加大时,部分沟的吸排气量不足,噪声降低。对于纵沟花纹,尽管磨损对噪声影响较小,但噪声也随着磨损增加而降低。

3. 路面种类的影响

轮胎在不同路面上噪声如何变化还缺乏统一的认识,但噪声与路面粗糙度紧密相关的看法是一致的。在气密性高的光滑铺装路面,由于吸排气作用增大,轮胎噪声也变大。对于一般的沥青路面和混凝土路面的比较,噪声水平差别很小,如图 7-6 所示。

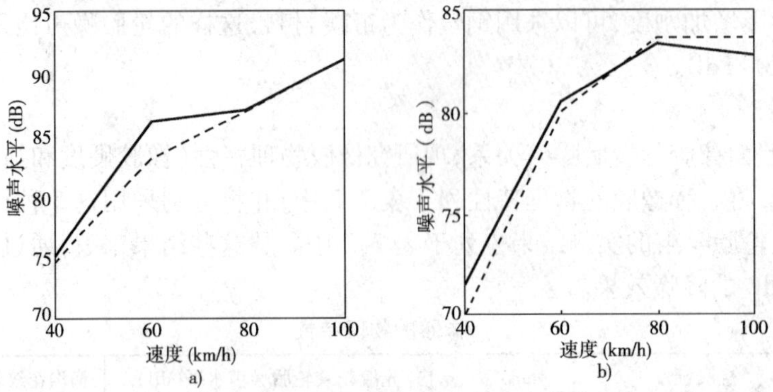

图 7-6　沥青路面和混凝土路面噪声的比较

a)横沟斜交轮胎;b)纵沟斜交轮胎

沥青路面-实线;混凝土路面-点线

4. 车辆的影响

对于完全一样的轮胎,安装同样的轮胎数目,不同车辆的噪声水平约差 2dB。

第二节　制动噪声

汽车制动而产生的噪声主要有制动器的鸣叫声、轮胎与地面的摩擦声及车身钣金件的颤振声,但制动噪声一般均指制动器工作时产生的鸣叫声。本节讨论制动器鸣叫声。一个设计合理、保养良好的制动器应没有噪声或噪声很小,但在某些条件下,制动器噪声可能相当严重。有些车型 90% 以上都存在制动噪声,城市客车 30% 以上存在制动噪声。因此,降低制动噪声是控制汽车噪声的一项重要内容。

一、制动噪声的产生机理

制动噪声源于制动器的振动。对于盘式制动器,制动噪声主要是由于衬块的振动激励盘体作轴向振动而产生。在某些情况下,夹钳振动对制动噪声也有相当大的贡献。对于鼓式制动器，制动噪声主要是由于制动蹄片与制动鼓的接触恶化，其摩擦系数随滑动速度变化，从而激发出振动并辐射出噪声。同时，这种变化的摩擦力还有可能激发出制动器某些构件共振，产生较强烈的噪声。

制动器可能产生令人难以忍受的高频尖叫，通常将这种尖叫称为制动尖叫。鼓式制动器比盘式制动器更容易产生制动尖叫。对于鼓式制动器，尖叫声发生在制动蹄片的端部和根部与制动鼓接触的情况下；对于盘式制动器，尖叫声通常发生在很低的压力下。此外，当制动器剧烈工作后冷却下来，尖叫声最可能发生，而且经常发生在低速行驶时。它一旦发生，则在同样条件下，重复制动，便会使尖叫声增大。制动噪声及其频率特性与制动器的结构、制动压力、温度、制动初速度、减速度以及制动器使用状况等因素有关。现分述如下：

1. 制动器结构

制动器结构对制动噪声有明显影响。一般情况下，增加制动鼓刚度和降低制动蹄片刚度，可以降低制动噪声。在某些特殊情况下，由于制动器结构的差别，也可能产生相反的结果。增加制动鼓的质量或减小制动蹄片的质量，制动噪声将降低。

摩擦材料的摩擦系数、表面状况和特性与制动噪声的产生密切相关。摩擦材料的动、静态摩擦系数相差越大，在滑动速度改变时，摩擦系数随之变化越大，制动器越易产生噪声。从摩擦系数的数值来看，数值越高，发生制动噪声的倾向越大。摩擦材料的表面硬度高，发生制动噪声的倾向也大。制动鼓尺寸对制动噪声的频率有一定影响。一般情况下，制动鼓直径越大，制动噪声频率越低；相反，较小的制动鼓直径，制动噪声频率相对较高。

2. 制动压力

一般来说，在某一制动初速度下，制动压力增加，制动噪声随之增大，但当制动压力超过一定数值后，制动噪声反而降低，甚至完全消失。

3. 制动蹄片温度

一般来说，制动蹄片处于常态温度下（小于150℃）时，易产生制动噪声，超过某一温度后，蹄片摩擦系数降低，制动噪声随之减小或完全消失。表7-3是BJ121越野车在几种蹄片温度下噪声发生比例。制动噪声不仅与制动蹄片的温度有关，而且与蹄片的热历程有关。如果制动器经连续制动而温度增高再冷却后，摩擦片表面状况发生改变，可能产生塑性变形，使得制动蹄片与鼓在两端接触，制动噪声发生比例会大大增加。

BJ121 蹄片温度对制动噪声发生比例的影响 表7-3

蹄片温度（℃）	70	120	150
热态前	33%	53%	40%
热态后	80%	93%	100%

4. 制动初速度

在一般情况下，汽车滑动速度在1m/s以下时，易发生制动噪声。随着滑动速度的进一步减小，制动噪声声压级逐渐变大，在停车前瞬间，制动噪声达到最大。图7-7给出了制动初速度对制动噪声的影响。一般在较低的初速度小噪声较高，具体情况还受摩擦衬片性能与温度、时间变化的制约。因此，在实际中，应予以综合考虑。

5. 制动减速度

制动减速度既影响制动噪声的大小，又影响制动噪声的频率。制动减速度较高时，发生的制动噪声频率相对较高。在各种车速下进行的空载、满载试验表明，制动减速度增加，则制动噪声发生比例增大，如点制动（减速度0.2～0.5m/s^2）时，出现制动噪声与制动次数的比率为32.8%，而轻制动(减速度 $1.1m/s^2$)及紧急制动(减速度 $5.5m/s^2$)时,该比率分别上升为 87.9% 和 100%。

6. 使用维护

对于一种制动器来说,其设计容量是一定的。如果使用中经常使之超载工作,则单位车重摩擦面积减小,摩擦衬片磨损加快,摩擦片表面发硬、发亮,制动器易产生噪声。如经常超载的客车制动噪声发生比例相当高。另外,维护及更换蹄片时调整不当,蹄与鼓接触不良,也易引起制动噪声。

以上分析讨论主要是针对鼓式制动器,对于盘式制动器,上述各因素对制动噪声的影响同鼓式制动器基本一致。但盘式制动器夹钳刚性对低频噪声有较大的影响。

二、制动噪声的控制

通过以上分析,制动器是否设计、制造得合理,使用及维护是否恰当,对制动噪声都有很大的影响。但要从根本上控制制动噪声,应在设计、制造、选用材料方面入手。在设计上主要是优化制动器结构参数,制造上主要是提高加工质量和装配精度,具体措施如下:

1. 在制动器设计时,增加制动鼓的刚性,并减小制动蹄的刚性

图 7-8 是制动鼓的固有频率与制动噪声的关系。随着鼓的固有频率增加,制动噪声逐渐降低。因此,设计制动器时,应增加制动鼓的刚性,以提高鼓的固有频率,减小制动噪声。但应注意到,没有必要无限提高鼓的固有频率,当制动噪声接近环境背景噪声时,鼓的刚性就足够了。还应注意其他限制鼓的固有频率的因素。

降低制动蹄的刚性,可使其振动固有频率降低,并改善摩擦衬片与鼓间的压力分布和接触状况,从而降低制动噪声。图 7-9 是降低制动蹄刚性的实例,其中“1”表示在蹄的幅板圆周设槽;而“2”表示在蹄的辐板上开缺口。

合理选取鼓和蹄的刚度,可避免装配在一起后由于固有频率接近而加剧制动噪声。

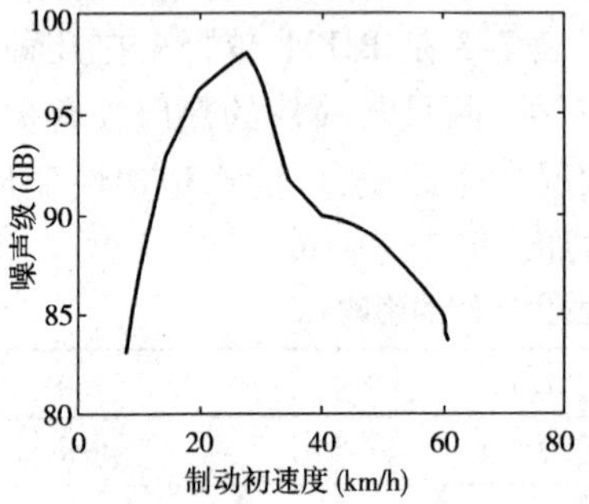

图 7-7　制动噪声与制动初速度的关系

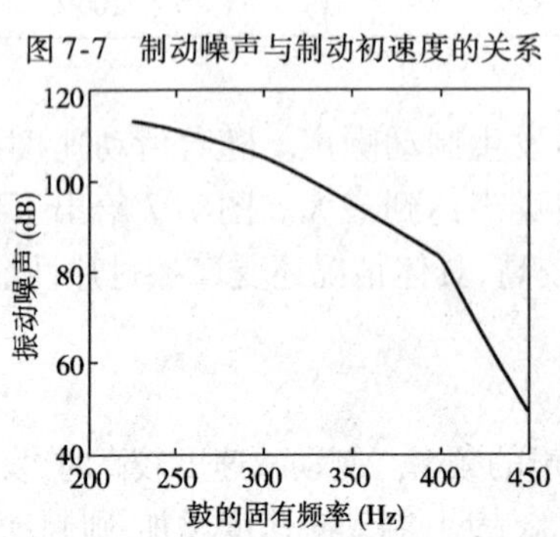

图 7-8　制动鼓的固有频率与制动噪声的关系

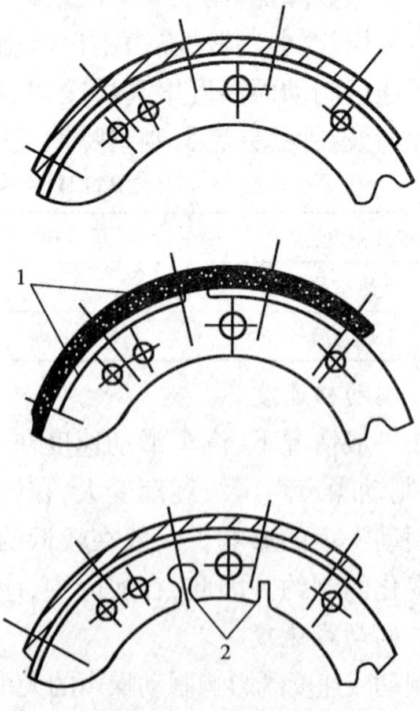

图 7-9　降低制动蹄刚性实例

2. 增加制动鼓与制动蹄对振动的衰减

对制动鼓和制动蹄的结构件采用阻尼措施,可以衰减振动能量,降低噪声辐射。在鼓和蹄的接触部分,如轮缸、支承处配置减振材料,也能衰减振动能量。采用阻尼措施后,制动器鸣叫声可降低 10dB 以上。

3. 合理匹配制动鼓和制动蹄的刚性

适当设计鼓和蹄的刚性,避免装配在一起后鼓和蹄的固有频率相接近,使振动加剧、噪声增大。装配后的鼓和蹄的固有频率不是单独设计时的固有频率,而较单独设计时有所增加,并且鼓的固有频率增加较蹄的固有频率略高。因此,在设计时,可以使鼓的固有频率比蹄高,以使制动噪声降低。

4. 改善摩擦衬片特性和衰减振动的能力

影响摩擦衬片特性的因素有摩擦衬片材料的摩擦系数及其温度特性、制动鼓与蹄的刚度匹配与分布、接触面上的压力分布、支承角度及摩擦衬片的包角等。改善摩擦衬片特性的主要措施有:减小材料的摩擦系数、降低蹄的刚度、改善蹄的压力分布、减小摩擦衬片的包角、改进主要零件的结构等。然而,有些措施可能带来副作用,如摩擦系数的减小将导致制动效果下降,此时必须采取补救措施,以保证制动容量。摩擦衬片对振动的衰减主要依赖于摩擦材料的物理特性,应在选材时加以注意。

5. 盘式制动器优化结构设计

增大制动盘对振动的衰减、限制摩擦衬片振动及控制振动的传播,是盘式制动器优化结构的主要措施。另外,合理设计零部件结构,限制衬片振动;选用阻尼大的材料等也都是应该采用的措施。

练　习　题

7.1　简述轮胎噪声的分类及轮胎直接噪声的产生机理。

7.2　比较不同轮胎结构、不同轮胎花纹对普通大型载货车和轻型载货车轮胎噪声的影响。

7.3　简述轮胎几何因素和材料因素对轮胎噪声的影响。

7.4　简述制动噪声的产生机理及影响制动噪声的主要因素。

7.5　简述控制制动噪声的主要措施。

第八章　车身及整车噪声

【主要内容】 车身噪声，主要包括车身结构噪声和车内噪声。两者产生机理相差较大，本章将分两节讨论。本章还将讨论汽车整车噪声的分类、特性及控制标准；介绍先进的振动噪声有源控制技术。

第一节　车身结构噪声及其控制

一、车身结构噪声

车身结构噪声主要来自两个方面：一是车身结构振动辐射的噪声；二是汽车运行中空气与车身之间的冲击和摩擦，即空气动力学噪声。前者受车身结构、发动机安装方式、各激励源特性等多种因素的影响；而后者只受车身外形结构和车速的影响。两种噪声对汽车车外噪声和车内噪声均有贡献，在一般情况下，车身结构振动噪声贡献较大。

1. 车身结构振动噪声

车身是由骨架和壁板组成的复杂结构体。在发动机和路面振动激励下，车身振动状态十分复杂。车身前部的振动由前轮激振力引起，由前轴非悬架支承质量振动与车身一阶弯曲振动、发动机垂直振动和悬挂质量纵向角振动组成。车身横向振动是由车身扭转振动和左右车轮的横向振动引起的悬挂质量横向角振动构成。这些振动相互影响、相互耦合，使得车身实际振动状态更为复杂。研究表明，车身结构振动噪声频率为 5 ~ 300Hz，其中车身骨架结构振动噪声频率为 5 ~ 30Hz。壁板的振动噪声频率为 30 ~ 300Hz。

从车身结构形式来看，由于无骨架车身直接承受路面的冲击，所以较有骨架的车身更容易产生振动噪声。对于一些大型车辆，由于车身较长，相应的车身质量增加，使得车身整体刚度下降；而对于一些小型车辆，由于车身轻量化设计，也同样使得车身整体刚度下降。若车身刚度不足，则固有频率降低，行驶中车身易产生共振，引起较大噪声。

2. 空气动力学噪声

汽车行驶时，车身内、外总会存在不同程度的空气动力学噪声，它包括空气通过车身缝隙或孔道进入车内而产生的冲击噪声、空气流过车身外凸出物而产生的涡流噪声、空气与车身的摩擦声三个方面。由于空气阻力与汽车行驶速度平方成正比，因而，汽车高速行驶时，空气流动噪声较大。

空气流动噪声对车内噪声影响较大，其频率较高，为 2000Hz 左右，人的感觉为沙沙声或鸣叫声。空气流动噪声虽因车型的不同而不同，但不论何种车型，如果车身外表面粗糙、车身流线差、车窗调整装配不当等，都会增大空气流动噪声。

二、车身结构噪声的控制

车身没有振源，驾驶室和非承载式车身的噪声也很小，其噪声源主要来自外部。车身大都是薄壳结构，刚度低，振动容易放大。此外，要隔离发动机和底盘的振动和辐射噪声在结构上受到许多限制,所以车身振动和噪声的控制应特别强调控制外部振源和声源。车身本身的振动噪声控制多属被动控制。空气动力学噪声比较小,所以降低车身噪声的重点首先应放在降低车身振动上。

1. 改进车身结构

车身结构在较宽的频率范围内存在很多共振区,设计时很难同时满足悬置系统、驱动系统以及低噪声的要求。其解决方法是设计车身时,尽量避免发动机、底盘的共振频率以及激励力频率与车身整体的固有频率一致,防止整体共振;同时将车身各主要部分,如外板、车顶、地板的固有频率错开以避免车身局部共振。还可以提高车身支撑受力点附近的刚性,使振动减小以降低噪声。

车身的板壳件由于在外力作用下极易产生振动而辐射噪声,并且噪声辐射效率高,因此也是主要控制对象。对薄壁板壳结构,可采取以下方法抑制振动和噪声:

(1)增加板壳件的刚度:在板壳件上设置加强筋等以提高刚度,减弱振动。

(2)增加板壳件的阻尼:在板壳件上加装阻尼带或粘贴阻尼材料,以大幅度衰减共振峰。

(3)降低板壳件的噪声辐射效率:在板壳件上涂降噪吸声材料。

2. 减少外部振动输入

车身没有振源,其激励来自外部,包括发动机的振动、路面不平激励通过底盘传来的振动。并且当路面不平激励使车身振动时,车身振动引发发动机振动,而发动机振动反过来又传给车身,这样形成"反馈"。为减小振动输入,采用弹性阻尼支承安装固定车身,并对发动机隔振。为避免"反馈"现象,可通过试验方法确定发动机安装位置和支承刚度,错开各部件和整体的固有频率。

3. 改进车身外形

为降低车身空气动力学噪声并减小高速行驶时的阻力,采用流线型车身并尽量减少凸出部件。对于必须暴露在外的部件(如后视镜)也要尽可能设计成流线型。这样可以减小空气涡流,减小空气与车身表面的撞击和摩擦。

第二节　车内噪声

控制车内噪声一直是车辆设计、制造工程师的努力方向。汽车内部噪声不但增加驾乘人员的疲劳,而且影响车辆行驶安全。车内噪声水平的高低在很大程度上反映了车辆制造厂家的设计和工艺水平。近年来,车内噪声已成为确定车辆品质的重要因素,车内低噪声设计已成为产品开发中的重要任务之一。车内噪声级与乘客舱振动级一样,已成为判断汽车舒适性的主要指标。车内噪声主要取决于乘客舱的减振隔声性能。重量轻的承载式车身结构和类似的减轻车身重量的措施被认为可能增大车内噪声,尤其是低频噪声。实车测试标明,这种低频噪声主要集中在20~200Hz。车身壁板的振动和噪声有紧密关系,且乘客舱空腔的共振会放大噪声。这个问题的解决方法是在车辆设计阶段,利用现代振动力学与声学分析方法,预测车内噪声特性,实现优化设计;并通过实车测试,改进设计及工艺,最后使得车内噪声处于最优水平,最大限度地改善车辆乘坐舒适性,减轻驾乘人员的疲劳。

一、车内噪声的产生机理、特性及传播途径

1. 车内噪声的产生机理及传播途径

从车内噪声和车外噪声的来源来看,它们具有相同的声源:发动机噪声、进排气噪声、冷却

风扇噪声及底盘噪声等。这些噪声源所辐射的噪声，在车身周围空间形成一个不均匀声场。车外噪声向车内传播有两个途径：一是通过车身壁板上的孔、缝直接传入车内；二是车外噪声声波作用于车身壁板，激发壁板振动，形成振动噪声。这种辐射声场的强度与壁板的隔声能力有关，也就是说它服从质量定律的规律。车内噪声的发生机理如图 8-1 所示。

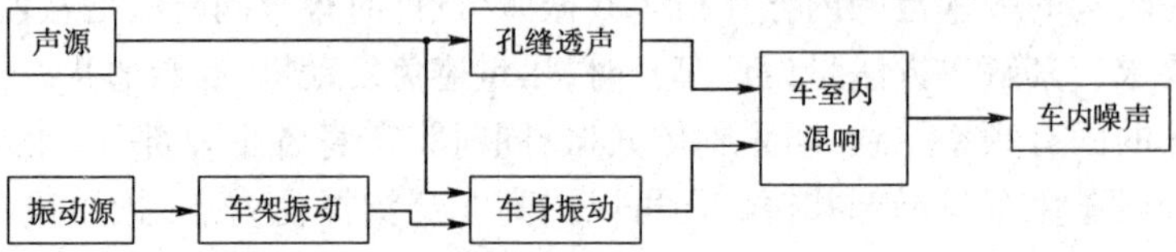

图 8-1　车内噪声的发生机理

图 8-1 中的振动源有两种含义：一是发动机、底盘工作时产生的振动；二是路面激励产生的振动。后者频率较低，对于激发噪声影响较小。由各振动源产生的振动通过车身各支点激励车身壁板强烈振动，并向车内辐射强烈的噪声，即所谓的固体传声。必须指出，由发动机和底盘传给车身的振动，与上述车外噪声源激发车身壁板的振动，实际上是叠加在一起的，用一般的测试方法很难将它们区别开来。但它们的传播途径不同，所服从的规律不同，频率特性也不尽相同，所采取降噪措施也不同。车身壁板主要由金属和玻璃构成。这些材料都具有很强的声反射性能。在乘客舱门窗都关闭的情况下，上述传入室内的空气声和壁板振动辐射的固体声，都会在密闭空间内多次反射，所以车内噪声实际是直达声与混响声叠加的结果。

所以车内噪声可用下式描述

$$I_C = I_A + I_S + I_R \tag{8-1}$$

式中，I_C为车内噪声总声强；I_A为传入车内的空气声声强，$I_A = I_T + I_D$；I_T为车外噪声透过乘客舱壁面进入车内的声强。I_D为车外噪声通过壁板上的孔、缝直接传入车内的声强，有时还包括仪表板、变速器盖、提升器盖等直接暴露在乘客舱内的部分所辐射的噪声声强；I_S为发动机和底盘传给乘客舱，引起乘客舱壁板振动所辐射的噪声声强；I_R为上述噪声在车内封闭空间中多次反射所形成的混响声强。

综上所述，发动机、底盘和路面作为振源和声源均可激发出车内噪声，其传播途径可分为空气传声和固体传声，如图 8-2 所示。其中经由空气传播的噪声主要是发动机表面辐射噪声和空气动力学噪声，经固体传播的噪声主要是发动机、底盘、路面及气流引起车身振动而向车

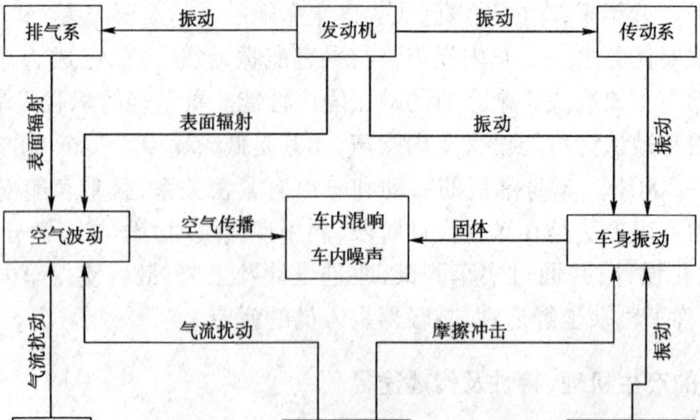

图 8-2　车内噪声的主要来源及传播途径

内辐射的噪声。空气传播和固体传播的能量比例因车型结构和噪声的不同频率成分而有差别。一般情况下，500Hz 以上，空气声传导占主导地位；400Hz 以下，固体传声占主导地位。表 8-1 表明不同行驶状态下空气传声和固体传声所占的比例。由表可见，匀速时空气传声和固体传声所占的比例大致相同，加/减速时固体传声比例超过空气传声。

不同行驶状态下空气传声和固体传声所占的比例 表 8-1

行驶状态	匀速		加速		减速	
	空气声	固体声	空气声	固体声	空气声	固体声
所占的比例	51%	49%	42.5%	57.5%	40.5%	59.5%

2. 封闭车厢空腔共鸣现象

汽车车身形成一定形状的封闭空腔，所以会发生与封闭管道类似的共振现象，称为空腔共鸣。它具有增强车内噪声的效果。车内空腔共鸣的特征由空腔的声学模态决定。

所谓声学模态，是指用波动声学方法处理封闭空间声场时引入的概念，就是用“模态叠加法”分析封闭空间声场。封闭空间声场的计算方法有统计声学法和波动声学法。封闭空间声场存在一个所谓的 Schroeder 截止频率。当频率高于 Schroeder 截止频率时，封闭空间声学模态高度密集，采用波动声学法是不合理的，这时一般用统计声学法处理。当封闭空间声场尺寸较大时，Schroeder 截止频率较低，采用统计声学法比较有效，例如第二章介绍的统计能量法（SEA）；当封闭空间声场尺寸较小，Schroeder 截止频率较高，在低于 Schroeder 截止频率以下，采用波动声学法较好。由于车辆车厢形成的封闭空腔尺寸一般都不大，所以在低频段可以采用波动声学法。车厢的结构、材料、形状、大小决定了声学模态。由于实际车辆车内形状复杂，声学模态的计算只能采用数值法，如有限元法、差分法。图 8-3 所示是采用商业有限元软件 ANSYS 获得的某轻型客车车厢的第 2 阶声腔模态。当外界振动激励频率或声激励频率等于车厢声腔固有频率时，车厢会产生空腔共鸣，使得车内噪声增强。

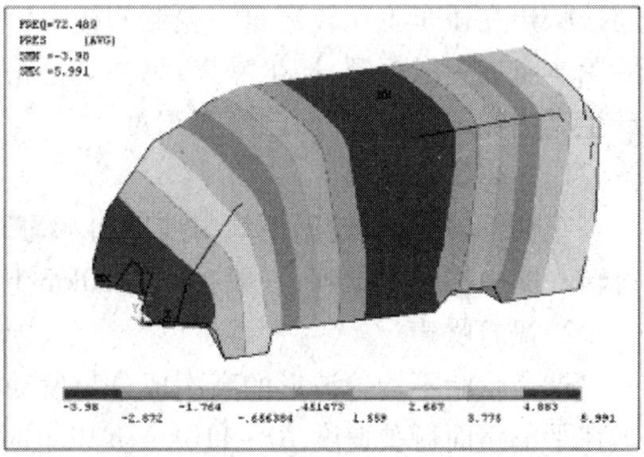

图 8-3 某客车车厢封闭空间的第 2 阶声腔模态(72.5Hz)

3. 车室内的风振现象

当高速行驶时打开一车窗，乘客舱相当于一个亥姆霍兹共振腔。该共振腔共振频率（Hz）为

$$f_0 = \frac{c_0}{2\pi}\sqrt{\frac{A}{V(t+0.96A)}} \tag{8-2}$$

式中，t 为窗框厚度（m）；A 为窗开启面积（m^2）；V 为乘客舱容积（m^3）；c_0 为空气中的声速（m/s）。

当汽车行驶所产生的旋流与窗框相冲击所产生的压力波动频率与 f_0 相等时，车室内就会产生空气共振，称为风振。风振的产生与汽车的外形尺寸、车窗大小、车窗开启面积、车速有关。风振幅度取决于车身特性和涡流与窗框冲击的强度。当车速增加时，这种冲击强度及频率上升。由式可知(8-2)，增加开窗数量（开启面积），则共振频率上升。在一个车窗开启条件下，小客车风振车速为 80 ~ 100km/h，风振频率在 15 ~ 20Hz，这个频率的声音是令驾乘人员感到不舒适的声音。

4. 车内轰鸣声产生机理

当汽车以某些特定的速度行驶时,或其发动机以某些特定的转速工作时,在乘客舱产生的很大峰值的噪声——车内轰鸣声(Booming Noise)。车内轰鸣声是车内噪声的主要表现之一。它使乘坐人员感到压抑、烦躁、易于疲劳,严重影响汽车乘坐舒适性。因此这是汽车乘客舱声学设计时,首先需要控制的声音。车内轰鸣声有如下特点:

(1)在频谱图上与其相邻的频率成分相比,具有很高的声压峰值,且频带很窄,接近于纯音。

(2)有明显的频率带宽性质,一般在 20 ~ 200Hz 范围内。

(3)伴随轰鸣声的出现,乘客舱产生驻波,轰鸣声频率接近乘客舱空腔固有频率。

车辆在环路上行驶时的低频轰鸣声,是由于路面凹凸不平使轮胎承受强迫位移变形,振动通过悬架系统传入车身。其中,由后悬架的振动通过支承传递给车身,引起整车弯曲振动,产生 20 ~ 50Hz 的轰鸣声。

车辆低速轰鸣声,是由于在低速区域由发动机转矩的变化而成为扭转振动的激励源,驱动系统的扭转振动、后悬架的扭曲振动通过车架传递,引起车身整体弯曲振动,最终在车厢内形成低速轰鸣声。车辆中速轰鸣声,是由于在中速区域作为激振力的发动机转矩的变化、回转体的不平衡,使车身振动,产生轰鸣声。车辆高速轰鸣声,是由于发动机活塞和连杆等引起的惯性力及惯性力偶矩,使车身振动,产生轰鸣声。

5. 轮胎间接噪声

轮胎间接噪声是轮胎作为直接或间接激振源,将振动传给车身并在车内产生噪声。轮胎间接噪声在轿车上比较严重。轮胎间接噪声分为两类:一类是以轮胎不均匀为主要原因,使得轮胎本身成为激振源,产生噪声;另一类是路面凹凸不平,引起轮胎弹性振动并以车身为媒介产生车内噪声,这在前面已经介绍过。

1)重击噪声

车辆行驶时,以轮胎不均匀波形和不均匀波形的高次成分引起的噪声。这种噪声在车轮每转一圈中都能察觉到,一般在 40 ~ 80km/h 时最明显。

2)敲打噪声

这是轮胎不均匀波形的高次成分与发动机、传动系的噪声相互干涉而产生的噪声。当汽车在平滑路面行驶速度 70 ~ 110km/h 以上时,在后座能明显察觉到。

3)崎岖噪声

这是由轮胎不均匀波形的 2 次、3 次成分引起的,频率 50Hz 左右、压迫感强的噪声。这种噪声往往产生在车速 100km/h 以上时。

4)道路噪声

这是由路面凹凸不平,引发的噪声,可分为三类:

(1)狭义道路噪声:在砂石路和粗糙的有规则的凹凸不平路面行驶时产生的连续噪声。其频率一定,与车速无关,如斜交轮胎在 120 ~ 140Hz,子午胎在 80 ~ 100Hz。

(2)砖砌路噪声:在铺轨道和铺石路面等这样有一定间隔的凹凸不平路面行驶时产生的连续噪声。通常在特定车速下较为明显。

(3)路面接缝噪声:在通过路面接缝时产生的冲击噪声(50 ~ 100Hz),尤其是子午线胎。

二、车内封闭空腔的声学有限元分析模型

如果能在车辆设计阶段,准确预测车内噪声特性,就可以采用优化设计,从而避免车辆在

噪声方面的“先天不足”。要准确预测车内噪声特性，就需要精确的数学模型。这正是利用振动与声学理论所追求的目标。目前，有限元法是计算复杂车身结构振动辐射噪声的有力工具，特别是对于车内封闭空腔的声场分析。因为在封闭空腔内的声媒介——空气被空腔壁所约束，声场压力的扰动会对结构空腔壁施加力扰动导致结构振动，而结构振动又可以激励声媒介而辐射出声，两者互相耦合。因此计算封闭空间的声场问题需要考虑结构（固体）和流体（空气）的耦合效应，在此介绍一些基础概念。

1. 结构—声耦合方程

由第二章对声学波动方程推导可知，设车内气体是均匀的无黏、无旋的理想流体，并且声波振幅是微小的。这样流体（即空气）运动可以用流体动压力 $p(x,y,z,t)$（即声压）的线性波动方程来描述

$$\nabla^2 p - \frac{1}{c^2}\ddot{p} = 0 \tag{8-3}$$

式中，∇^2为拉普拉斯算子；c 是流体中的声速，$c = \sqrt{K/\rho}$；K 是流体压缩模量；ρ 是流体密度。

封闭空间的问题需要考虑被封闭流体的边界条件，波动方程(8-3)的边界条件为：

(1)在流体—弹性固体交界面 S_l 上，如果流体—弹性固体交界面为完全反射面（刚性表面），则有

$$\frac{\partial p}{\partial n} = -\rho\frac{\partial^2 u_n}{\partial t^2} \tag{8-4}$$

式中，n 是交界面的法线方向；$\frac{\partial^2 u_n}{\partial t^2}$是弹性固体的法向加速度。

(2)在固定界面 S_b 上，如果固定界面为完全反射面，则有

$$\frac{\partial p}{\partial n} = 0 \tag{8-5}$$

如果固定界面为非完全反射面（吸收表面），则有

$$\frac{\partial p}{\partial n} = -\rho B_n\frac{\partial u_n}{\partial t}$$

式中，B_n是声导纳。

(3)在自由表面 S_F 上，忽略气体的密度，则

$$\frac{\partial p}{\partial n} = 0 \tag{8-6}$$

(4)在无限远边界 S_R 处，在离结构无限远处，可以按无反射条件（non-reflection condition），即 Sommerfeld radiation condition，建立边界条件

$$\frac{\partial p}{\partial r} = -\frac{1}{c}\frac{\partial p}{\partial t} \tag{8-7}$$

式中，r 是无限远边界处的法线方向。

当计算车内混响声场时，如果不开启车窗，车身刚性弱（变形量不可以忽略）的部分就是边界条件式(8-4)，车身刚性强（变形量可以忽略）的部分就是边界条件式(8-5)；如果开启车窗，则在开启处边界条件为(8-6)。

2. 结构—声耦合问题的伽辽金（Galerkin）解法

对于复杂封闭空间的车内混响声场计算之类的三维问题，要找出满足上述微分方程和边

界条件的解析解几乎是不可能,因此只有采用数值解法。有限元法就是非常成熟且运用广泛的方法之一,其实质是伽辽金(Galerkin)法的扩展。

所谓 Galerkin 法,是首先将问题近似地离散化,即设问题的解是可以用满足某些基本条件的基函数(称为形状函数)乘以待求变量在一些点的值组合叠加来表达。本问题是设流场内任一点压力 $p(x,y,z,t)$ 可以近似表示为

$$p(x,y,z,t) \approx \hat{p}(x,y,z,t) = \sum_{m=1}^{M} N_m(x,y,z)p_m(t) = \boldsymbol{N}^{\mathrm{T}}(x,y,z)\boldsymbol{P}(t) \tag{8-8}$$

式中,$\boldsymbol{N}(x,y,z)=\begin{bmatrix} N_1(x,y,z) \\ N_2(x,y,z) \\ \vdots \\ N_M(x,y,z) \end{bmatrix}$是形状函数矢量;$\boldsymbol{P}(t)=\begin{bmatrix} p_1(t) \\ p_2(t) \\ \vdots \\ p_M(t) \end{bmatrix}$是压力矢量。

此时,微分方程(8-3)只能近似满足,即有

$$\nabla^2 \hat{p} - \frac{1}{c^2}\frac{\partial^2 \hat{p}}{\partial t^2} = R \tag{8-9}$$

式中等号右边 R 为残量。显然,要使方程(8-3)近似满足应使残量 R 尽可能地小。

按 Galerkin 法,使残量 R 达到最小的压力矢量 $\boldsymbol{P}(t)$ 可由下积分方程组求出

$$\iiint_Q N_m \cdot (\nabla^2 \hat{p} - \frac{1}{c^2}\frac{\partial^2 \hat{p}}{\partial t^2})\mathrm{d}Q = 0(m = 1,2,3\cdots M) \tag{8-10}$$

或矢量表达为

$$\iiint_Q \boldsymbol{N} \cdot \left(\nabla^2 \hat{p} - \frac{1}{c^2}\frac{\partial^2 \hat{p}}{\partial t^2}\right)\mathrm{d}Q = 0 \tag{8-11}$$

式中,Q 是流体的体积域。用分部积分法(Green 第一公式),上式可化为

$$\iint_S \boldsymbol{N}\frac{\partial \hat{p}}{\partial n}\mathrm{d}s - \iiint_Q \nabla \boldsymbol{N} \cdot \nabla \hat{p}\mathrm{d}Q - \frac{1}{c^2}\iiint_Q \boldsymbol{N}\frac{\partial^2 \hat{p}}{\partial t^2}\mathrm{d}Q = 0 \tag{8-12}$$

式中,S 是流体边界面积域。将(8-8)代入上式得

$$\iiint_Q \nabla \boldsymbol{N} \cdot \nabla \boldsymbol{N}^{\mathrm{T}} P\mathrm{d}Q + \frac{1}{c^2}\iiint_Q \boldsymbol{N}\boldsymbol{N}^{\mathrm{T}}\frac{\partial^2 \boldsymbol{P}}{\partial t^2}\mathrm{d}Q - \iint_{S_l} \boldsymbol{N}\frac{\partial \hat{p}}{\partial n}\mathrm{d}s -$$

$$\iint_{S_b} \boldsymbol{N}\frac{\partial \hat{p}}{\partial n}\mathrm{d}s - \iint_{S_F} \boldsymbol{N}\frac{\partial \hat{p}}{\partial n}\mathrm{d}s - \iint_{S_R} \boldsymbol{N}\frac{\partial \hat{p}}{\partial n}\mathrm{d}s = 0 \tag{8-13}$$

将边界条件(8-4)~(8-7)代入上式得

$$\iiint_Q \nabla \boldsymbol{N} \cdot \nabla \boldsymbol{N}^{\mathrm{T}} P\mathrm{d}Q + \frac{1}{c^2}\iiint_Q \boldsymbol{N}\boldsymbol{N}^{\mathrm{T}}\frac{\partial^2 P}{\partial t^2}\mathrm{d}Q + \iint_{S_l} \boldsymbol{N}\rho\frac{\partial^2 u_n}{\partial t^2}\mathrm{d}s + \frac{1}{c}\iint_{S_R} \boldsymbol{N}\boldsymbol{N}^{\mathrm{T}}\frac{\partial P}{\partial t}\mathrm{d}s = 0 \tag{8-14}$$

式中,弹性固体边界的法向加速度$\frac{\partial^2 u_n}{\partial t^2}$也可以离散化为

$$\frac{\partial^2 u_n}{\partial t^2} = \boldsymbol{N}_s^{\mathrm{T}}\frac{\partial^2 \boldsymbol{U}_n}{\partial t^2} \tag{8-15}$$

式中,$\boldsymbol{N}_s$是弹性固体形状函数矢量;$\frac{\partial^2 \boldsymbol{U}_n}{\partial t^2}$是弹性固体边界的法向加速度矢量。

如果设 $\boldsymbol{r}$ 为弹性固体位移矢量,则边界法向加速度可通过坐标变换由 $\boldsymbol{r}$ 表达

$$\frac{\partial^2 \boldsymbol{U}_n}{\partial t^2} = \boldsymbol{\Lambda}\frac{\partial^2 \boldsymbol{r}}{\partial t^2} \tag{8-16}$$

式中，$\boldsymbol{\Lambda}$ 是坐标变换阵，用于弹性固体边界的法向位移到弹性固体总体 3 坐标方向位移表达的变换。

于是有

$$\frac{\partial^2 u_n}{\partial t^2} = \boldsymbol{N}_s^{\mathrm{T}} \boldsymbol{\Lambda} \frac{\partial^2 \boldsymbol{r}}{\partial t^2} \tag{8-17}$$

将式(8-17)代入式(8-14)得到离散化后的运动方程

$$\boldsymbol{E}\ddot{\boldsymbol{P}} + \rho \boldsymbol{B}\ddot{\boldsymbol{r}} + \boldsymbol{A}\boldsymbol{P} + \boldsymbol{H}\boldsymbol{P} = 0 \tag{8-18}$$

式中，$\boldsymbol{E} = \frac{1}{c^2}\iiint\limits_{Q} \boldsymbol{N}\boldsymbol{N}^{\mathrm{T}}\mathrm{d}Q$；$\boldsymbol{B} = \iint\limits_{S_l} \boldsymbol{N}\boldsymbol{N}_s^{\mathrm{T}}\mathrm{d}s \cdot \boldsymbol{\Lambda}$；$\boldsymbol{A} = \frac{1}{c}\iint\limits_{S_R} \boldsymbol{N}\boldsymbol{N}^{\mathrm{T}}\mathrm{d}s$；$\boldsymbol{H} = \iiint\limits_{Q} \nabla \boldsymbol{N} \cdot \nabla \boldsymbol{N}^{\mathrm{T}}\mathrm{d}Q$

注意到式(8-18)中 $\boldsymbol{P}$ 是待求流体压力，而 $\boldsymbol{r}$ 为弹性固体结构的位移矢量，也是微分方程中的待求变量，故(8-18)是表达了系统的固有－流体耦合效应的流体压力波动方程。

3. 结构声耦合的有限元模型—流体单元

如果采用 Galerkin 法对整个流体域求解，则形状函数一般很难取，尤其是当整个流体域和流固交界面形状复杂时。采用有限元法，是将整个流体域 Q 分割成有限个单元，在每个单元内采用 Galerkin 法建立单元方程，然后再集总成整个流体域的方程。由此认为有限元法是 Galerkin 法的一种扩展。

设在任意一个流体单元 e 内的压力可以用其各节点的压力近似为

$$\hat{p}^e(x,y,z,t) = \sum_{m=1}^{M} N_m^e(x,y,z)p_m^e(t) = \boldsymbol{N}^{e\mathrm{T}}(x,y,z)\boldsymbol{P}^e(t) \tag{8-19}$$

式中，$\boldsymbol{N}^e(x,y,z)$ 是单元 e 的形状函数矢量；$\boldsymbol{P}^e(t)$ 是单元 e 的节点压力矢量。

于是可得每一个流体单元对 $\boldsymbol{E}$、$\boldsymbol{B}$、$\boldsymbol{A}$、$\boldsymbol{H}$ 的贡献，即有

$$\boldsymbol{E}^e = \frac{1}{c^2}\iiint\limits_{Q^e} \boldsymbol{N}^e\boldsymbol{N}^{e\mathrm{T}}\mathrm{d}Q \tag{8-20}$$

式中，Q^e 是单元 e 的流体域。由式(8-17)知，$\boldsymbol{E}^e$ 是 $M \times M$ 阶矩阵，其第 j 行、第 k 列元素是

$$E_{jk}^e = \frac{1}{c^2}\iiint\limits_{Q^e} N_j^e N_k^e \mathrm{d}Q \quad (j,k = 1,2,\cdots,M) \tag{8-21}$$

而

$$\boldsymbol{B}^e = \iint\limits_{S_l^e} \boldsymbol{N}^e\boldsymbol{N}_s^{se\mathrm{T}}\mathrm{d}s \cdot \boldsymbol{\Lambda} = \widetilde{\boldsymbol{B}}^e \cdot \boldsymbol{\Lambda} \tag{8-22}$$

式中，$\boldsymbol{N}_s^{se}$ 是(8-15)定义的流固边界结构单元形函数 N 维矢量；坐标变换阵 Λ 阶数为 $N \times 3N$，其第 k 行，第 $3k-2$、$3k-1$、$3k$ 列元素为 λ_{x_k}、λ_{y_k}、λ_{z_k}，分别是结构边界单元第 k 个节点法向到总体坐标 x,y,z 轴的方向余弦；$\boldsymbol{B}^e$ 是 $M \times 3N$ 阶矩阵；(8-22)中 $\widetilde{\boldsymbol{B}}^e$ 是 $M \times N$ 阶矩阵，它的第 j 行、第 k 列元素是

$$\widetilde{B}_{jk}^e = \iint\limits_{S_l^e} N_j^e N_{sk}^{se}\mathrm{d}s \quad (j = 1,2,\cdots,M, k = 1,2,\cdots,N) \tag{8-23}$$

对于 $\boldsymbol{A}$，有

$$\boldsymbol{A}^e = \frac{1}{c}\iint\limits_{S_R} \boldsymbol{N}^e\boldsymbol{N}^{e\mathrm{T}}\mathrm{d}s \tag{8-24}$$

由式(8-17)知，$\boldsymbol{A}^e$ 是 $M \times M$ 阶矩阵，其第 j 行、第 k 列元素是

$$A_{jk}^e = \frac{1}{c}\iint\limits_{S_R} N_j^e N_k^{e\mathrm{T}}\mathrm{d}s \quad (j,k = 1,2,\cdots,M) \tag{8-25}$$

最后

$$\boldsymbol{H}^e = \iiint\limits_{Q^e} \nabla \boldsymbol{N}^e \cdot \nabla \boldsymbol{N}^{e\mathrm{T}}\mathrm{d}Q \tag{8-26}$$

由式(8-17)知,$\boldsymbol{H}^e$是 $M\times M$ 阶矩阵,其第 j 行、第 k 列元素是

$$H_{jk}^e = \iiint_{Q^e}\left(\frac{\partial N_j^e}{\partial x}\frac{\partial N_k^e}{\partial x}+\frac{\partial N_j^e}{\partial y}\frac{\partial N_k^e}{\partial y}+\frac{\partial N_j^e}{\partial z}\frac{\partial N_k^e}{\partial z}\right)\mathrm{d}Q \quad (j,k = 1,2,\cdots,M) \tag{8-27}$$

按有限元法的思路,扩展各单元矩阵并集成总装,可得整体矩阵

$$\boldsymbol{E} = \sum_e \boldsymbol{E}^e,\boldsymbol{B} = \sum_e \boldsymbol{B}^e,\boldsymbol{A} = \sum_e \boldsymbol{A}^e,\boldsymbol{H} = \sum_e \boldsymbol{H}^e$$

4. 结构的有限元及流—固耦合有限元模型

对于包围封闭空间的固体结构,可用有限元法可以得到其结构振动方程

$$\boldsymbol{M}_s\ddot{r} + \boldsymbol{C}_s\dot{r} + \boldsymbol{K}_s r + \boldsymbol{f}_p + \boldsymbol{f}_0 = 0 \tag{8-28}$$

式中,$\boldsymbol{r}$ 是节点位移矢量;$\boldsymbol{M}_s$是结构质量阵;$\boldsymbol{C}_s$是结构阻尼阵;$\boldsymbol{K}_s$是结构刚度阵;$\boldsymbol{f}_p$是流固交界面上的流体动压的节点力矢量;$\boldsymbol{f}_0$是作用在结构上的除流体动压力 $\boldsymbol{f}_p$ 以外的其他激励力。

在流固交界面上的流体单元 e 内任一点(x,y,z)处的压力可以表示为

$$\hat{p}^e(x,y,z,t) = \sum_{m=1}^{M} N_m^e(x,y,z)p_m^e(t) = \boldsymbol{N}^{e\mathrm{T}}\boldsymbol{P}^e \tag{8-29}$$

式中,$\boldsymbol{N}^e$是单元形状函数矢量;$\boldsymbol{P}^e$是单元节点压力矢量。

流—固耦合问题的关键就是求得流固交界面上的流体动压的节点力矢量$\boldsymbol{f}_p$。

设在流固交界面上与流体单元 e 相邻的固体单元 se 内任一点(x,y,z)处的法向虚位移为 $\delta u_n^e(x,y,z)$,它可用节点法向虚位移表示为

$$\delta u_n^{se} = \boldsymbol{N}_s^{se\mathrm{T}}\delta\boldsymbol{u}_n^{se} \tag{8-30}$$

式中,$\boldsymbol{N}_s^{se}$ 是结构单元形状函数矢量;$\boldsymbol{u}_n^{se}$ 结构单元节点法向位移矢量。

作用在流固交界面上流体动压力对此虚位移所做的虚功为

$$\delta W^{se} = -\iint_{S_l^e}\hat{p}^e\delta u_n^{se}\mathrm{d}s = -\delta\boldsymbol{u}_n^{se}\cdot\left(\iint_{S_l^e}\boldsymbol{N}_s^{se}\boldsymbol{N}^{e\mathrm{T}}\mathrm{d}s\right)\boldsymbol{P}^e \tag{8-31}$$

由此可得流体动力产生的结构节点法向力矢量

$$\boldsymbol{f}_{pn}^{se} = -\left(\iint_{S_l^e}\boldsymbol{N}_s^{se}\boldsymbol{N}^{e\mathrm{T}}\mathrm{d}s\right)\boldsymbol{P}^e \tag{8-32}$$

再作坐标变换可得在总体坐标下的广义流体力矢量

$$\boldsymbol{f}_p^{se} = \boldsymbol{\Lambda}^{\mathrm{T}}\boldsymbol{f}_{pn}^{se} = -\boldsymbol{\Lambda}^{\mathrm{T}}\left(\iint_{S_l^e}\boldsymbol{N}_s^{se}\boldsymbol{N}^{e\mathrm{T}}\mathrm{d}s\right)\boldsymbol{P}^e \tag{8-33}$$

将流固交界面上所有固体单元的广义流体力矢量集成总装,得

$$\boldsymbol{f}_p = \sum_{se}\boldsymbol{f}_p^{se} = -\boldsymbol{B}^{\mathrm{T}}\boldsymbol{P} \tag{8-34}$$

所以方程(8-28)可以表示为

$$\boldsymbol{M}_s\ddot{r} + \boldsymbol{C}_s\dot{\boldsymbol{r}} + \boldsymbol{K}_s\boldsymbol{r} - \boldsymbol{B}^{\mathrm{T}}\boldsymbol{P} + \boldsymbol{f}_0 = 0 \tag{8-35}$$

将上式与(8-18)合并写为矩阵式,可得到用于计算结构振动声辐射的流—固耦合方程

$$\begin{bmatrix}\boldsymbol{M}_s & 0\\ \rho\boldsymbol{B} & \boldsymbol{E}\end{bmatrix}\begin{bmatrix}\ddot{\boldsymbol{r}}\\ \ddot{\boldsymbol{P}}\end{bmatrix}+\begin{bmatrix}\boldsymbol{C}_s & 0\\ 0 & \boldsymbol{A}\end{bmatrix}\begin{bmatrix}\dot{\boldsymbol{r}}\\ \dot{\boldsymbol{P}}\end{bmatrix}+\begin{bmatrix}\boldsymbol{K}_s & -\boldsymbol{B}^{\mathrm{T}}\\ 0 & \boldsymbol{H}\end{bmatrix}\begin{bmatrix}\boldsymbol{r}\\ \boldsymbol{P}\end{bmatrix}=\begin{bmatrix}\boldsymbol{f}_0\\ 0\end{bmatrix} \tag{8-36}$$

式中,$\boldsymbol{f}_0$是作用在结构上的激励力;$\boldsymbol{P}$ 代表声场内有限单元节点处的声压。

流—固耦合方程(8-36)就是描述结构—声耦合问题的典型微分方程,它是采用有限元方法表达的,又称为描述结构—声耦合问题的有限元模型。它一般采用商品化有限元软件都包括的直接积分法求解,如中心差分法等。但由于方程(8-36)是非对称的,直接积分法要占很

大内存，对于比较复杂的车厢内封闭空间的声—固耦合问题，计算是相当费时，也有遇到数值不稳定的可能。

三、车内噪声控制方法

由前面章节可知道，几乎汽车上的所有噪声源都对车内噪声有贡献，而且车身本身对外部噪声、振动有放大作用，所以车内噪声的控制是一项复杂的工作。达到控制车内噪声目的的途径很多，但从原理上归纳起来主要是减弱振动噪声源强度、隔绝振动噪声传播途径、吸声处理、采用阻尼措施及控制车内共鸣和风振等方面。

（一）减弱噪声源辐射强度

降低车上任何噪声源都对车内降噪声有利，尤其是发动机噪声和底盘噪声。

关于发动机噪声控制问题前面章节已有介绍。对发动机采用加屏蔽罩处理，可以有效降低发动机噪声辐射。屏蔽罩一般采用不同厚度的双层板，把并在板上进行阻尼和吸声处理。大型客车采用封闭发动机舱后，噪声能降低7～8dB；如果再对屏蔽罩涂敷阻尼层，噪声还能降低2dB。对发动机进行隔振的主要性能取决于隔振装置的性能。目前采用的隔振装置有普通橡胶隔振器、双层隔振器、液压隔振器、空气隔振器和金属丝网非线性隔振器。

对于轮胎噪声，就轮胎而言，对应于路面凹凸不平，考虑提高包络性和使用高阻尼的橡胶，使轮胎振动传递峰值与乘客舱空腔固有频率错开，并改善轮胎的制造工艺水平。当轮胎越过裂缝之类凹凸物时，如果轮胎与悬架在前后方向冲击吸收差，就会发出裂缝声。其改善措施：提高轮胎气囊特性，采用柔软的橡胶套降低悬架在前后方向的刚度。

（二）隔绝噪声传播途径

隔绝振动、噪声传播途径是控制车内噪声的重要方法。通常可以利用具有弹性和阻尼的材料来对车身进行隔振，以改善振源和车身之间的振动传递关系；同时利用吸声涂料、阻尼粘胶等材料来改善车身壁板的隔声性能；并通过减小乘客舱壁板的孔缝数目和尺寸提高密封性，以削弱气体传声。

1. 隔振

隔振是在振源与受控对象之间串加一个子系统，称为隔振器，用它减小受控对象对振源激励的响应。在设计与选用隔振器时，要注意确定振动激励的性质、规定振动隔离的性能指标、选择合适振动控制方法、分析计算振动隔离系统，并依据载荷性质，安装空间等选择合适的隔振器和安装方式。汽车车身的隔振处理，主要是在车身与车架的安装支承点（对于非承载式车身）或车身与发动机、传动系各总成的连接处（对于承载式车身）加设橡胶垫或液压悬置机构等弹性阻尼环节，削弱各振源向车身的振动传递。车身隔振可以采用优化支承结构、改善隔振器性能、改进车身结构动态特性等措施。

2. 隔声

如前所述，隔声方法就是用某种隔声装置将声源与周围环境隔离，使其辐射的噪声不能直接传播到周围区域，从而达到控制噪声的目的。隔声的实质是尽量衰减从声源辐射出的空气声。常用有隔声材料和隔声结构。隔声材料或隔声结构的隔声性能采用传声系数或传声损失来表示。

这里定义传声系数是透射声能与入射声能之比

$$\tau = E_1 / E_2 \tag{8-37}$$

式中，τ为传声系数，E_1为透射声能，E_2为入射声能。由于τ的数值较小，而且变化范围很大(在 $1 \sim 10^{-6}$ 之间),使用不方便。故一般采用入射声能 E_2 与透射声能 E_1 之比的对数来表示隔声装置的隔声能力,实际上这是入射声能与透射声能之间的分贝差,因此将其定义为传声损失 TL,也称为隔声量

$$TL = 10\lg(E_2/E_1) \tag{8-38}$$

对于隔声结构,前已有所介绍。现就汽车上常见的几种结构的隔声性能进行讨论。

1)单层隔板的传声损失

隔板是汽车上常见的结构形式,虽然其主要目的是用来构成车厢、驾驶室、行李舱等,但在汽车的噪声控制中,隔板的隔声性能却不容忽视。图 8-4 为单层隔板的隔声频率特性。从图中可以看出,在低频段(刚度控制区),单层隔板的隔声量受板的固有频率的影响,特别是在各阶固有频率附近,由于板的共振,板的隔声量较低,这段区域称为刚度控制区。在中频段,单层隔板的隔声量 TL 随频率每增加 1 个倍频程,隔声量 TL 提高 6dB;同时隔板的隔声性能遵循质量定律,故称质量控制区。

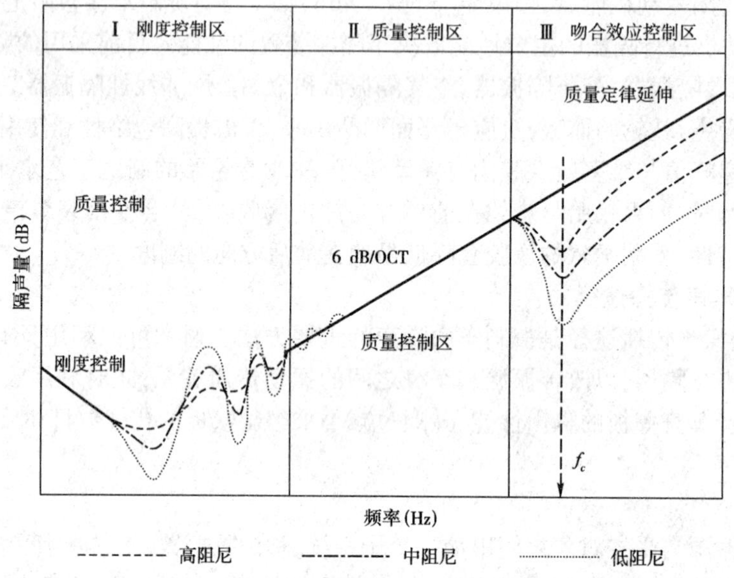

图 8-4 单层隔板的隔声频率特性曲线

传声损失(隔声量)对垂直入射用第二章式(2-11)估算,而对随机入射(入射角为 0 ~ 80°),为

$$TL \approx 20\log \rho_A f - 47.5 \tag{8-39}$$

式中,ρ_A 为隔板面密度,单位为 kg/m^2;f 为声波频率,单位为 Hz。

从上式可看出,对于一定频率的噪声,隔板的隔声量 TL 只与隔板的面密度 ρ_A 有关,即对于一块面积不变的隔板,质量越大,其隔声量就越大。这就是单层板隔声量的质量定律。

在高频段(吻合效应控制区),板的隔声量受第二章所述板吻合频率的影响。由于吻合效应存在,隔声量出现下降的低谷,即当噪声声波达到吻合频率时,由声波激起的板的弯曲振动的波长正好与空气中声波的波长吻合。这时板声辐射增加,隔声量下降。单层隔板的吻合频率 f_c 见式(2-14)。

2)双层隔板的隔声量

汽车采用双层隔板的地方较多,如车身、地板等,它们由外围板和内饰板组成。如果有效地利用这些双层隔板,可以起很好的隔声作用。双层隔板的声作用原理如图 8-5 所示。入射

声 P_i作用在第一层隔板 A 上，引起隔板 A 振动，并向空气夹层辐射噪声 P_1。空气夹层中的声波在两隔板之间来回反射，激励第二层隔板 B。隔板 B 向另一边辐射噪声 P_t。显然，透射声 P_t比入射声 P_i要小得多。

考虑了在双层壁的中间层填入适量的吸声材料的双层隔板隔声量 TL(dB)的经验公式如下

$$TL = 20\lg(\rho_{A1} + \rho_{A2})f - 42.5 + \Delta TL \tag{8-40}$$

式中，ρ_{A1}、ρ_{A2}分别为双层隔板各自的面密度，单位为 kg/m^2；f 为声波频率，单位为 Hz；ΔTL 为双层隔板中间空气层的附加隔声量，如图 8-6 所示。

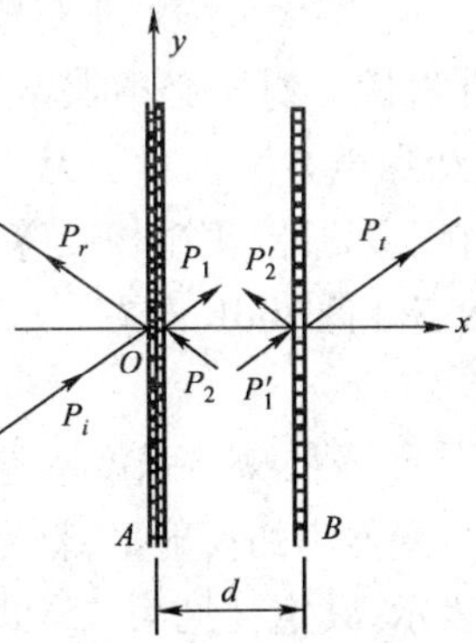

图 8-5　双层隔板的隔声作用原理

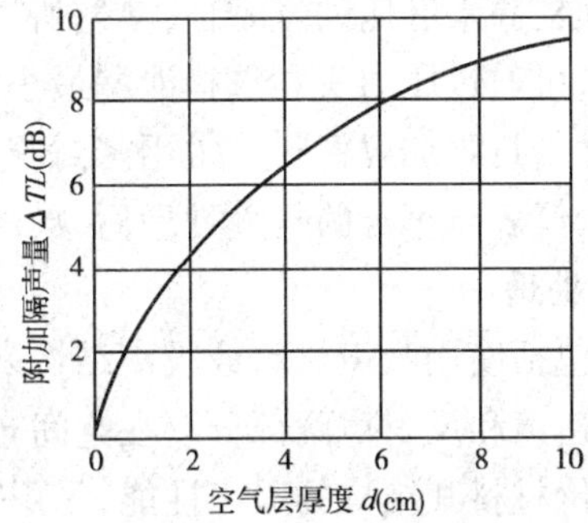

图 8-6　双层隔板中间空气层的附加隔声量

图中表明，虽然空气层的附加隔声量随空气层厚度的增加而增加，但当空气层厚度大于 10cm 后，附加隔声量增加有限。当在双层隔板中间填满吸声材料时，中间层的附加隔声量会大大增加。当双层隔板中间为刚性连接时，空气层附加隔声量会下降 2dB 以上。当双层隔板共振时，隔声量会大大下降。

对于中间层材料和面材料构成的汽车车身，可以考虑增加中间材料厚度和增加面材质量等方法来提高隔声量。汽车上提高隔声材料厚度的隔声效果实例如图 8-7 所示。

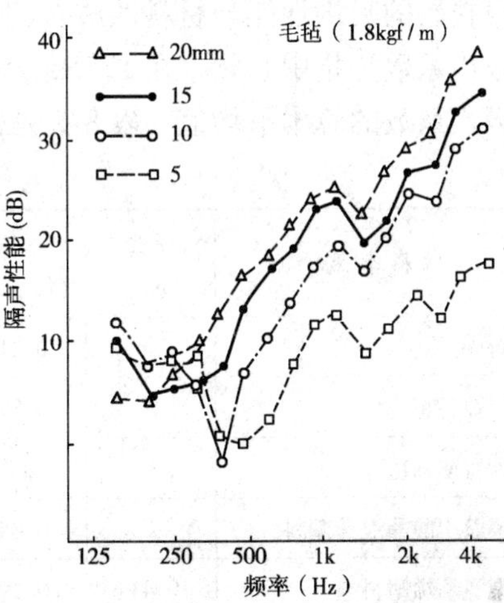

图 8-7　汽车隔声材料厚度的隔声性能

隔声处理的具体方法还包括采用隔声罩和隔声屏等。隔声罩是指将噪声源密闭在一特定空间内的隔声构件，分为全封闭、局部封闭和消声箱式隔声罩。

罩壁由罩板、阻尼涂料和吸声层构成，其隔声性能总体上仍然遵循质量控制规律，但在应用上要更多地考虑通风、散热、耐蚀、耐热、设备维修等问题。隔声屏是用隔声结构做成的，并在朝向声源一侧进行了吸声处理的屏障。隔声屏用于阻挡噪声向接受点的声传播，它的隔声性能直接与声波的频率有关。对于高频噪声，其波长较短，声波的绕射能力差，从而使隔声效果显著。对于低频噪声，由于其声波波长较长，声波的绕射能力强，大大限制了隔声屏的隔声效果。

发动机作为影响车内噪声的主要声源，一方面可以对其本身进行屏蔽，另一方面可以在乘客舱内进行隔声处理。乘客舱隔声的重点一般是前壁和前围。当然，乘客舱隔声处理还能有效阻止轮胎噪声、传动系噪声和高速风噪声的传入。由于壁板的隔声性能受质量定律的支配，所以对高频率噪声较为有效，对低频噪声效果较差，尤其是30~50Hz的噪声。为了保证低频噪声效果，应选用面密度和阻尼均较大的隔声材料，同时还应考虑采用什么样的隔声结构。隔声结构的选择应同时考虑所隔声的特性、隔声材料与结构性能和成本。实际使用时，一般采用双层壁结构，并在两层壁之间填充吸声材料以进一步提高隔声性能。对于高档汽车可以采用多到四层的隔声结构。设计乘客舱隔声时，应重点研究发动机辐射噪声的频谱特性。汽油机的频率集中在200~4000Hz，柴油机的频率集中在1000~4000Hz。

3. 提高乘客舱的气密性

车身壁板的缝隙与孔道为噪声的传入提供了直接通道。这将大大降低车身壁板的隔声能力。因此，必须提高乘客舱的气密性，堵塞所有不必要的孔缝隙。对于必须保留的孔缝，也必须作隔声处理，可通过压力实验选择泄漏最小的孔道结构和隔声方案。对于无相对运动的孔缝，可用高黏度密封胶加以密封。常用密封胶有乙烯基塑料、聚氨酯、聚硫橡胶等。实验表明，对各操纵机构、仪表与车身的孔缝处理后，噪声比无处理状态降低10dB左右。

（三）吸声处理

吸声处理包括使用吸声材料或吸声结构来吸收声能，从而降低噪声强度。有限空间内的噪声都包括直达声和反射声两部分。在空间布置吸声材料，降低声的反射量，就能达到降噪的目的。为了评价材料和结构的吸声性能，采用吸声系数来表示，其定义见第二章式(2-74)。

采用吸声方法进行汽车噪声控制，是指在控制某部件或总成噪声采用一些吸声材料或吸声结构，以降低噪声。下面讨论常用的吸声材料和吸声结构的吸声性能及吸声机理。

1. 吸声材料

吸声材料之所以能吸声，是由于这些材料表面富有细孔，孔之间相互联通并深入材料内层。声波进入材料孔隙时，引起孔隙中的空气和材料的细小纤维波动，由于摩擦和黏滞阻尼作用，将声能转变为热能而耗散掉。常用的吸声材料有矿渣棉、石棉、玻璃棉、毛毡、木丝板等。吸声材料的吸声性能与材料性质、入射声波频率和入射角度等因素密切相关。通常采用的材料吸声系数是指中心频率在125Hz、250Hz、500Hz、1000Hz、2000Hz和4000Hz的6个倍频带下的吸声系数的算术平均值。表8-2是部分材料的吸声系数。

一些材料的吸声系数 表8-2

材料名称	厚度(cm)	容量(kg/m^3)	频率(Hz) 125	250	500	1000	2000	4000
石棉	2.5	0.21	0.06	0.06	0.50	0.46	0.52	0.65
工业毛毡	2	0.37	0.07	0.26	0.42	0.40	0.55	0.56
沥青矿棉毡	3	0.2	0.08	0.18	0.50	0.68	0.81	0.89
聚胺甲酸酯泡沫塑料	2	0.04	0.11	0.13	0.27	0.69	0.98	0.79
聚氯乙烯塑料	0.41	0.29	0.03	0.02	0.06	0.29	0.13	0.13
甘蔗板	1.3	0.2	0.12	0.19	0.28	0.5	0.59	0.70
泡沫型穿孔软质纤维板	1.4	0.22~0.4	0.03	0.11	0.18	0.44	0.55	0.52
硬聚氯乙烯泡沫塑料板	2.5	0.01	0.04	0.04	0.17	0.56	0.28	0.58

吸声系数通常采用实验测定，常用的方法有驻波管法和混响室法。驻波管法用于测定声

波垂直入射材料表面时的吸声系数;混响室法用于测定声波无规则入射时材料表面的吸声系数。

影响材料吸声效果的因素包括:

(1)材料孔隙率:孔隙率的定义为 $P=\frac{V_a}{V_m}\times100\%$

式中:V_a为材料中与大气相通的空气体积,单位为 m^3;V_m为材料的体积,单位为 m^3。材料的孔隙率直接决定该材料的吸声性能。一般情况下,$P>70\%$,多数在 90% 左右。

(2)材料的厚度:材料的厚度增加,其低频吸声效果得较大的改善,而高频吸声效果则作用不大,因此如果只要吸收高频成分的噪声,只需要很薄的材料。

(3)容重:适当增加容重,可以提高材料中低频吸声效果,但效果比不上增加材料厚度明显。

(4)使用条件:使用条件,如:温度、湿度、空气清洁度等也影响到材料的吸声效果。

2. 吸声结构

吸声材料可以有效吸收中、高频噪声,但也存在低频性能差的缺点。通常将吸声材料与吸声结构配合使用,或将吸声材料做成一定形状的吸声结构,从而达到控制宽频带噪声的目的。

1)薄板共振吸声结构

薄板在声波的交变压力激发下产生振动而产生弯曲变形,板的内部摩擦损耗将机械能转变为热能。当声波频率为板的共振频率时,薄板产生强烈共振,此时消耗声能最大。这种结构适宜于低频噪声的吸收。影响薄板吸收的因素包括材料物理常数、吸声结构组成形式和尺寸、吸声结构安装形式等。

2)穿孔板式共振吸声结构

在吸声板上钻穿许多小孔,然后与板后面的织物、空气层和刚性壁面构成穿孔板式共振吸声结构,见图 8-8a)所示。这种吸声结构相当于许多单腔共振吸声器的组合,空气层相当于振动系统的弹簧,板起质量作用。当入射声波频率和系统固有频率一致时,孔的空气柱振动速度最大,因摩擦损失而吸收较多的声能。穿孔板的吸声性能有明显选择性,在共振频率附近吸声性能很好,其他频率处吸声性能下降很快,见图 8-8b)。穿孔板的共振频率取决于板厚、孔径、穿孔率、板后空气层厚度,计算公式见式(2-76)。

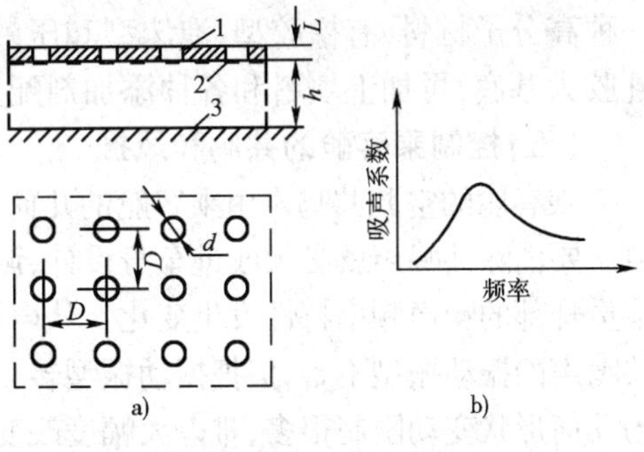

图 8-8 穿孔板式共振吸声结构及其吸声特性

a)吸声结构;b)吸声特性

1-穿孔板;2-板背面的织物;3-刚性壁面

在汽车乘客舱的壁板上使用能减少声反射的吸声材料,可有效降低乘客舱的混响作用,从而达到控制车内噪声的目的。吸声材料的布置应靠近目标声源。现代汽车的内饰材料一般已经考虑了吸声要求。乘客舱的吸声处理重点在顶棚。此外,地板和侧壁也需要做吸声处理。

(四)表面阻尼处理技术

汽车、船舶和飞机等的壳体,都是由金属薄板制成的。这些薄板受激振动时,往往振动辐射噪声成为机器主要噪声源。同时汽车和发动机运行时产生的机械噪声也是由于其各部件的振动及其相互作用产生的。为有效降低或控制这类噪声,最好的方法就是采用表面阻尼处理结构减小振动。阻尼减振降噪的方法是在发生振动的金属薄板上涂贴阻尼材料,通过抑制其振动降低噪声。原理是阻尼层减少了金属薄板弯曲振动的幅度,从而减少板的辐射噪声。当金属薄板受激发而产生弯曲振动时,其振动动能迅速传递给紧密涂贴在上面的阻尼材料,引起阻尼材料内部相应错动和摩擦,从而使振动能量变为热能而损耗,最终实现减少振动降低噪声。通常阻尼涂层与金属板面的结合方式有两种,一种是自由阻尼层,另一种是约束阻尼层。

所谓自由阻尼层(free damping layer),是指将一层一定厚度的黏弹阻尼材料敷贴于结构表面。由于黏弹阻尼层外侧表面处于自由状态。当结构产生弯曲振动时,阻尼层随基本结构一起振动,从而在阻尼层内部产生拉—压变形。根据阻尼材料的耗能机理,当阻尼材料内部产生交变应力时,阻尼材料就会将有序的机械能转化为无序的热能,从而起到耗能的作用。

所谓约束阻尼层,是指在自由阻尼层外侧表面再粘贴一弹性层。这一弹性层应具有远大于阻尼层的弹性模量,因此通常用薄铁皮或铝皮制成。当阻尼层随基本结构一起弯曲振动而产生拉—压变形时,由于粘贴在外的弹性层弹性模量远大于阻尼层的弹性模量,这一粘贴在外的弹性层将起到约束阻尼层的拉—压变形的作用,所以这一粘贴在外的弹性层被称为约束层。受弹性层约束的阻尼层被称为约束阻尼层(constrained damping layer)。由于阻尼层与基本结构接触的表面所产生的拉压变形不同于与约束层接触表面的拉压变形,从而在阻尼材料内部产生剪切变形。所以,约束阻尼处理结构中,阻尼层不仅受拉压变形,还同时受剪切变形,它们都起到耗能的作用。由原理可见,约束阻尼层结构,增加阻尼的效果更好一些。

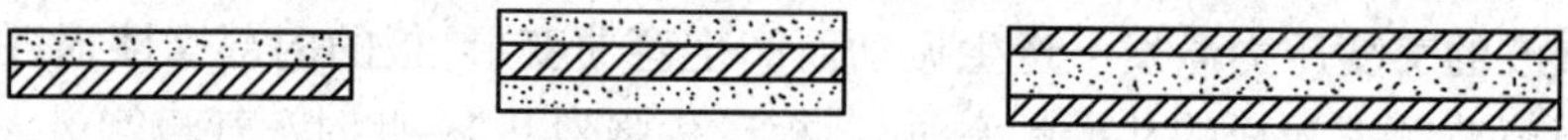

图 8-9 阻尼层形式

a)单面自由阻尼层;b)双面自由阻尼层;c)约束阻尼层

图 8-9 为常用的阻尼层形式。理论分析和试验表明,一般阻尼材料厚度不低于基板两倍尺寸厚度。且涂刷时分多次进行,每次涂刷不宜过厚。常用阻尼材料是黏弹性阻尼材料,它是一种高分子材料,有橡胶型、泡沫型和压敏型 3 种。其基本成分是以沥青、环氧树脂、水溶物和乳胶为基底,再加上填料和各种添加剂配置而成。

(五)控制乘客舱的共鸣和风振

乘客舱的空腔共鸣声由乘客舱的几何形状所决定。因此,只做吸声处理只能降低共鸣声峰值。要消除共鸣声就必须改进车身设计,调整室内振型。实验表明,当前、后车窗的倾角改变时,乘员耳部的噪声频率特性发生变化。从声压值来看,车窗的倾角 45°比较合适。设计不发生振动共鸣声的振动振型不难,但把振动振型转化为车身形状则十分困难。如果车种已定,则对乘客舱的几何形状变动限制很多,难以大幅度改变固有频率。一般只能在车身形状设计完成后,采用吸声材料或调整激励力⟶传递系统⟶声辐射系统的振动特性,来改善空腔共鸣声。

对车厢风振现象可适当转移车厢空腔固有频率、减小车厢空腔共振系的品质因数、防止边缘声产生等方法加以控制。具体实现方法包括在车窗部分设置适当覆盖物,防止卡门涡流对窗框的冲击,避免边缘声的形成,利用吸声材料减小车厢空腔的品质因数等。

第三节 汽车整车噪声及其控制

一、汽车整车噪声的分类、特性及控制标准

随着汽车工业和城市交通的快速发展,汽车保有量迅速增加。汽车在带给我们现代物质

文明的同时,也带来了严重的噪声污染。据国外资料统计,机动车辆的总功率比其他各种动力(飞机、船舶、电站等)的总和大20倍,汽车所辐射的噪声占整个环境噪声能量的75%。交通噪声已经成为城市环境中最主要的噪声源。为了保护环境,针对汽车噪声,各国政府颁布了相关法规,对其加以限制。机动车辆噪声标准是控制城市环境噪声的一个重要基础标准。它不仅作为一类产品的质量标准,为各种车辆的研究、设计、制造提供噪声控制标准,而且也是城市机动车辆噪声监测、管理的依据。

我国对机动车辆的噪声控制也非常重视,在1979年颁布了《机动车辆允许噪声标准》(见表8-3)。为了评价机动车辆的主要噪声源——发动机噪声和排气噪声,我国在1996年又颁布了《汽车定置噪声限值》(见表8-4)。汽车定置噪声指车辆不行驶,发动机处于空载运转状态。随着社会的进步,大多数国家的噪声标准会越来越严,各国的法规及实验方法也趋于一致。

GB 1495—1979《机动车辆允许噪声标准》 表8-3

车辆种类		车外最大允许噪声级(dB(A))
载货汽车	8t≤载质量<15t	89
	3.5t≤载质量<8t	86
	载质量<3.5t	84
轻型越野车		84
公共汽车	4t<总质量<11t	86
	总质量≤4t	83
轿车		82
摩托车		84
轮式拖拉机		86

GB 16170—1996《汽车定置噪声限值》(dB(A)) 表8-4

车辆类型	燃料种类		车辆出厂日期	
			1998年1月1日前	1998年1月1日后
轿车	汽油		87	85
微型客车、货车	汽油		90	88
轻型客车、货车、越野车	汽油	n_r≤4300r/min	94	92
		n_r>4300r/min	97	95
	柴油		100	98
中型客车、货车、大型客车	汽油		97	95
	柴油		103	101
重型货车	N≤147kW		101	99
	N>147kW		105	103

目前,按新车、使用车分别在下述方面进行控制:新车认证试验时的代表认定值及生产线上的质量管理值;使用车排气系统消声降噪部件品质的认证制;道路近场排气噪声值。

非法改装车的噪声远大于正规厂家的产品，按国家噪声标准也要求强化取缔非法改装车。

汽车是一个高速运动的复杂组合式噪声源，主要有：汽车发动机噪声、底盘噪声、车身噪声及汽车附件和电气系统噪声。根据汽车噪声对环境的影响，可将汽车噪声分为车外噪声和车内噪声。车外噪声主要影响车外道路旁的声学环境；车内噪声主要影响车内的声学环境。车外噪声是指汽车各部分噪声辐射到车外空间的那部分，主要有：发动机噪声、排气噪声、轮胎噪声、制动噪声和传动系噪声以及鸣笛等。车内噪声是指乘客舱外汽车各部分噪声通过各种声学途径传入乘客舱内的那部分噪声，以及汽车各部分振动通过汽车各种振动传递途径激发车身板件振动向乘客舱内辐射的噪声。这些噪声在乘客舱内声学特性的制约下，形成复杂的混响声场，从而形成车内噪声。

传声的声学途径主要有通过车身板件及内饰材料的声透射，通过车身缝孔的声漏射。通过声学途径传入乘客舱内的噪声有发动机噪声、排气噪声、轮胎噪声、制动噪声、空气动力学噪声和传动系噪声等。通过振动途径激发内车身板件振动的振源有发动机振动、传动系振动和路面凹凸不平等。

二、车外噪声控制技术

车外噪声的控制包括以下几方面：

1. 噪声源

车外噪声包括受法规限制的车外行驶通过噪声及早晚间车辆的启动或怠速噪声。应控制的车外噪声有：发动机噪声、传动系噪声、排气噪声、轮胎噪声以及鸣笛噪声。

2. 车外噪声控制方法

噪声控制并不是简单地降低声源强度或声传播，而是在满足各种约束条件要求下，提出不同方案，并做出最优选择。降噪及噪声控制方法在前面各节中已经讨论过，现针对车外噪声控制归纳如下：

1）发动机噪声的改善

下列方法可以降低发动机噪声及由发动机振动引起的噪声：改造发动机燃烧过程以降低燃烧爆发的冲击；降低由此冲击产生的激励力激励发动机各部件振动辐射的噪声；降低由于活塞往复运动、曲轴转动引起的不平衡力以及降低发动机振动。

2）降低辐射噪声

为了降低发动机系统、传动系统、排气系统表面产生的噪声辐射，不仅要降低激励力，而且要改善结构的振动特性，达到即使有激励力，振动也很小。利用现代设计、实验方法研究发动机缸体、底盘表面的噪声辐射特性，采取优化方法。

3）降低排气噪声

利用消声器降低排气噪声。目前已可以做到，不增加排气阻力的条件下改善消声效果。还可以利用主动式消声器降低排气噪声。

4）降低轮胎噪声

随着轮胎理论与实验技术的发展，其噪声机理逐渐清楚。通过改善胎面形状、橡胶材料等，已能使轮胎噪声有较大改善。但对路面状况的改善比较困难。

5）改变道路表面结构

路面状况对轮胎噪声有很大影响，由于通过实施排水性铺装后的路面可降低噪声，目前正在研究如何改善道路的结构、表面形状、铺装材料、表面粗糙度，提高吸声率，达到降低噪声目的。

6)控制鸣笛噪声

主要是设定一定范围的禁鸣区;在非禁鸣区内也对鸣笛强度、鸣笛连续时间和次数以及喇叭的功率和方向性等做出严格规定;并加强驾驶人员的素质教育,提倡少鸣笛或不鸣笛。

7)隔声屏障措施

隔声屏障是从道路角度控制车外噪声的有效方法。具体做法是:当有较大车流量的道路不得不通过一些特定的噪声敏感区域时,如商住区以及学校等,在道路两旁设置隔声屏障。隔声屏障设计遵循前述隔声结构设计的一般方法。当然该方法成本较高,然而,随着社会经济水平的提高,这类措施用的越来越普遍。

8)交通流量控制

对交通流量实施控制也是降低车外噪声的有效方法,包括:在交通流量大的地段、具有加减速多地形的地段处,利用道路标识限制车速及加速度,避免交通堵塞等。

三、车内声学环境舒适化

车内噪声控制技术在前面已有详细介绍。一般来说,前面介绍的直接降低车外噪声的方法都能有效地降低车内噪声。但必须认识到,目前为了节约能源,保护环境,对车辆的燃油经济性要求越来越高,这就使得车辆轻量化设计成为主流。结构轻量化,尤其是车身结构轻量化,导致车身固有频率降低、模态密集、声腔—结构耦合加重,极易放大振动和噪声。因此,在车身结构设计上,应采用现代设计方法(有限元、边界元),优化车身结构,最大限度发掘降噪能力。同时,还应加大对新型吸声材料的研究。考虑到阻尼材料在低频段效果不佳,还应加强对振动和噪声主动控制技术的研究。该技术具有很好的应用前景,但在三维大尺寸空间中还有许多基础研究工作要做。

要创造舒适的车内声学环境,仅靠降低车内噪声是不够的,还应改善声场的音质,重点控制"吵闹感、嘈杂感、金属粗钝感"。改善车内声场的音质的技术路径是:

首先采用心理声学的技术手段和评价方法,制定噪声的音学品质评价的定量指标,再采用被动特别是主动控制技术,对不同频率的噪声使加不同程度的滤波控制,有可能使得即使有噪声也相对悦耳一些;或者做到即使噪声声场的声压级相同甚至稍高,也相对比较悦耳一些。

这种车内声学环境舒适化的方法也是车内噪声控制的一个有潜力的措施。此方法并不是要将噪声完全"消灭"掉,因为企图完全"消灭" 噪声可能成本很高;而是对噪声加以"中和"而"无害化"甚至舒适化。

第四节　汽车噪声有源控制

一、噪声有源控制概述

噪声控制可以从噪声源、噪声传播途径和噪声接受者三方面入手。传统的噪声控制技术主要以研究噪声的声学控制方法为主,主要技术途径包括吸声处理、隔声处理、使用消声器、振动的隔离、阻尼减振等。这些噪声控制方法的机理是相同的:通过噪声声波与声学材料或声学结构的相互作用消耗声能,从而达到降低噪声的目的,属于无源或被动式的控制方法,可称为"无源噪声控制"。一般说来,无源噪声控制方法对控制中高频噪声有效,而对低频噪声的控制效果不大。在噪声的低频段,这些技术要么控制效果很差,要么控制频段很窄,且设备体积庞大、沉重,不便于安装和维修,要想在追求轻量化的汽车工程中应用,一般有很大的局限性。因此,汽车低频噪声的控制一直是一项难题。

对应于被动控制,另一种先进技术是噪声有源控制技术(ANC,Active Noise Control)。它具有中低频段噪声控制效果好等优点,可弥补被动控制方法的不足。所谓噪声主动控制就是以一人为产生的声波去与原来的噪声相叠加,以达到总噪声下降的目的。这个概念早在1933年由德国学者Lueg提出。由于当时科技水平有限,Lueg的想法一直未能实现。一直到20世纪七八十年代,随着超大规模集成电路技术和微处理机技术的成熟(尤其是高速DSP芯片的出现),ANC的研究蓬勃展开。今天,它已被公认为是与传统噪声控制方法相并列的一项新技术,被认为是20世纪最后20年声学界取得的革命性进展之一。就目前的研究成果来看,有源噪声控制的作用虽然不像初期人们想象的那样随处可用。但是,经过全世界科学家几十年来不懈的努力,确实取得了实实在在的进步。目前,有源噪声控制已经建立了它自己的理论体系和独具特色的研究方法,工程应用的范围正逐步扩大,并走向成熟。

图8-10是一个典型的自由声场单通道自适应有源噪声控制系统。图中有两个声压传感器(传声器),一个放在声场受控点处,称为误差传感器;另一个放在噪声源附近以提取噪声信号,该信号又称为参考信号。参考信号和误差传感器的输出信号都被送入控制器,其中误差传感器的输出信号用于实时调节控制器参数(滤波器系数),参考信号则与控制器参数做卷积后输出到次级声源。

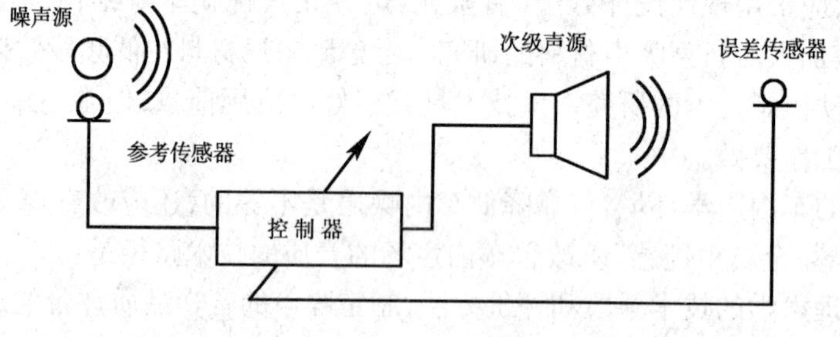

图8-10　单通道自适应有源噪声控制系统示意图

次级声源产生次级声场,使得声场受控点处(误差传感器处)的声压得到抑制。如果关掉误差传感器,将控制器传递函数固定,则该系统就成为非自适应有源噪声控制系统。可以看出,一个有源噪声控制系统包括两部分:控制器和电声部分(包括参考传感器、次级声源和误差传感器)。控制器大都以高速DSP芯片为核心,包括外围电路和自适应算法,以实现A/D,D/A及自适应控制。电声部分主要包括次级源(电声器件、振动作动器)、参考传感器(对前馈控制方式而言)和误差传感器。

按控制系统结构可分为前馈系统、反馈系统。这两种系统的差别在于前馈系统需要获得参考信号,控制器由前馈滤波器完成。而反馈系统因无法得到参考信号,整个系统由误差传感器同时检测参考信号和误差信号。目前研究最多的、也是取得成果比较显著的有源噪声控制系统是基于自适应滤波的有源噪声前馈控制系统(见图8-10)。按控制系统结构的分类情况列于表8-5。按控制通道多少,可分为单通道、多通道系统。单通道系统中仅包含一个次级源和一个误差传感器,而多通道系统则包含两个以上的次级源和误差传感器。多数情况下,多通道系统对扩大消声空间,提高降噪量是必需的,但随着通道数的增多,控制器算法和控制系统的复杂程度将大大增加。

按控制系统分类的有源噪声控制系统　表 8-5

控制系统结构	反馈	前馈	混合(前馈 + 反馈)
参考源	不需要	需要	需要
可控制频宽	窄	宽	宽
系统阶数	低	高	高
增益	高	低	低
考虑稳定性	需要	不需要	需要
鲁棒性	有	无	有
非最小相/延迟	敏感	不敏感	不敏感

一个实际有源控制系统是否能取得好的效果,关键有以下因素:

1. 初级声源的类型和特征

对于有源声控制,最合适的噪声源是集中参数噪声源(能简化为点声源最好),它可以用尽可能少的次级声源获得最大降噪量。对于有源力控制,初级结构的振动模态越少越好,这样可以减少次级力源的数量,对优化布放位置也大有好处。从控制的角度来看,如果初级噪声是单频噪声、离散线谱噪声或窄带噪声,则控制系统更容易收敛到稳定状态,而宽带噪声的控制则要困难得多。

2. 次级源和误差传感器的位置和个数

为了降低全局空间噪声能量,最好的次级源布放是它能够从空间和时间上完全复制初级声场,也就是使次级声场成为初级声场的“镜像”,而误差传感器应尽量使实际控制目标逼近理论的控制目标。

3. 参考信号获得及其质量

如能获得参考信号,就可以构造前馈控制器,否则只能采用反馈控制器。一般说来,前馈控制器结构简单,易于保持稳定;反馈控制器的最大问题是容易造成系统失稳,因此。反馈控制是最后一项选择。好的参考信号应该尽量少受到噪声“污染”,与误差传感器处的初级噪声保持最大限度地相关。

4. 控制算法及控制器硬件

噪声的抵消效果、系统稳定性、控制器的复杂程度均与控制算法的类型有关。控制器硬件设置则以能够实时地、准确地完成控制算法为目标。好的控制算法应该兼顾收敛性、鲁棒性和计算量三方面,其中鲁棒性对于有源控制系统能否实际应用具有重要的意义。

二、汽车排气噪声的有源消声控制

重型货车的排气噪声是比较棘手的噪声控制问题,已有使用有源消声器的成功控制的实例。

该有源消声装置与一个简化结构的“无源消声器”串联使用,简化结构无源消声器装在发动机排气管一侧,用于消除高频噪声;有源消声器装在排气管尾部,用于消除低频噪声。整个系统的总体示意图及剖面图如图 8-11 所示。

该有源消声器是一个单通道自适应有源前馈控制系统。作为次级声源的扬声器装在封闭声腔内，封闭声腔的几何尺寸为 0.17m×0.46m×0.17m，内壁为 0.1m 厚的胶合板，外壁为钢板。扬声器的直径为 0.152m，功率为 40W。误差传感器为商用直径 12.7mm 电容传声器，布置在管道出口，以避免排气管内部的高温。该传声器带有风罩，用于保护传声器在车辆行驶状态下长期工作。整个有源消声器的长、宽、高分别为 0.6m、0.17m 和 0.26m。另外，简化结构无源消声器的入口和出口管直径为 0.05m，最大直径 0.2m，长度为 0.5m，消声频段为 300～1500Hz。

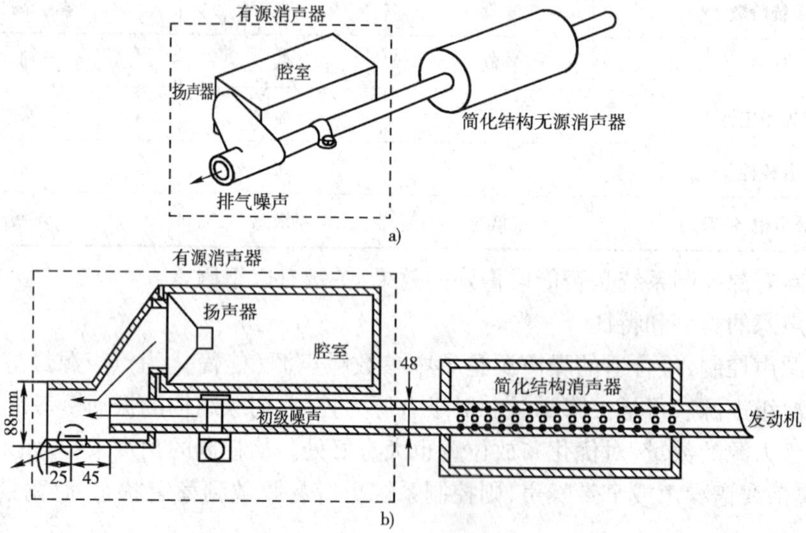

图 8-11　用于重型货车排气噪声控制的有源消声器

一个加速度计粘贴在发动机圆筒外，其输出通过一个低通滤波器后，传输给 A/D 转换器作为参考信号。A/D 和 D/A 转换器均为 12 位字长，采样频率为 2kHz。扬声器工作频率设定在 40Hz～1kHz，由输出功率为 400W 的功率放大器驱动。实验用车动力由四缸柴油发动机驱动。需要控制的噪声设定在 500Hz 以下，该频率恰好在管道截止频率下，因此初级噪声属于平面波。控制系统硬件为 TMS320C31 数字信号处理板。控制器为 FIR 滤波器，采用 FLMS 算法。利用自适应离线建模方法，用 LMS 算法建模估计次级通路传递函数。有源消声器和简化结构无源消声器组合后，有源消声器启动前后排气噪声频谱图如图 8-12 中的实线和虚线所示。可以看出，有源消声器启动后能够增加（2～10）dB 的降噪量，基本上消除了排气噪声的二次和四次谐波。

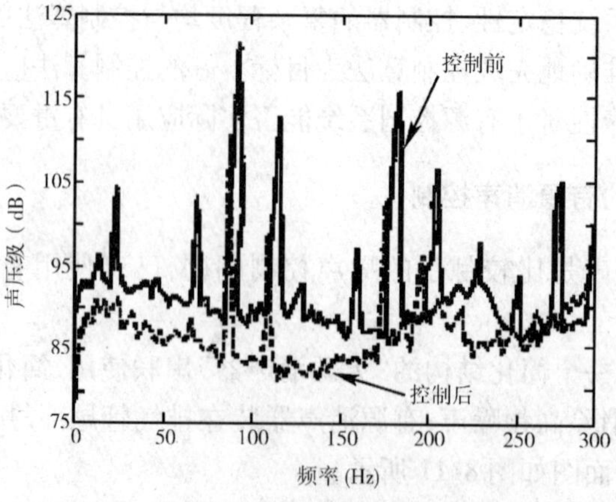

图 8-12　有源消声器启动前后排气噪声频谱图

三、车内噪声有源控制

车厢内低频噪声是比较难于控制的,它包含有发动机噪声和道路噪声。所谓道路噪声,是指由于道路不平度引起车辆振动,从而诱发结构声辐射在车厢内产生的噪声。道路噪声取决于车轮外胎花纹和道路的不平度。道路的不平度在车辆平顺性分析的部分已有述及,已知不平度 q 随距离的变化关系是一个随机过程,由此引发的噪声可以用波数谱(对应于时间序列分析中的频谱)表示。采用有源控制控制车内噪声,特别是低频道路噪声,是比较先进的方法,一般是比较高档的乘用车才使用。

近年来,用于车厢内低频噪声控制的有源控制系统已经在多种中、高级乘用车上得到应用。这类系统一般采用低成本有源降噪技术,低成本是这类有源噪声控制技术能够成功商业化的重要因素。这种降噪技术结合了车内原有的音响扬声器系统,原理上利用反馈+前馈控制。使用它大约降低 10dB 的前排低频噪声,并可改善行车时音响系统的聆听体验。下面介绍一个典型系统的配置及工作原理。

实测及分析表明车厢内低频噪声(发动机和道路噪声)来自于车内前排区域,频率约为 40Hz,前排区域必定是要求降噪的重点区域。由此把麦克风(传声器)布置在驾驶员座位下,传声器和有源降噪控制的电子控制单元(Electronic Control Unit, ECU)的电路板集成在一起,安装在驾驶员座位下。对前排区域噪声是通过一个反馈控制器结合前门上扬声器来控制的,后排区域噪声则是通过一个前馈控制器和后门上扬声器来控制。驾驶员座位下的传声器有两个用途:一是用作前排座反馈控制器中的误差传感器;二是用作后排座前馈控制器中的参考传感器。声场模态分析表明,车厢内左右两部分的声压几乎没有相位差,所以反馈控制器可以同时驱动左、右前门上的扬声器;同样,前馈控制器可以同时驱动后门上的两个扬声器。图 8-13 为有源噪声控制系统简图,该控制系统在车中的实际配置如图 8-14 所示。

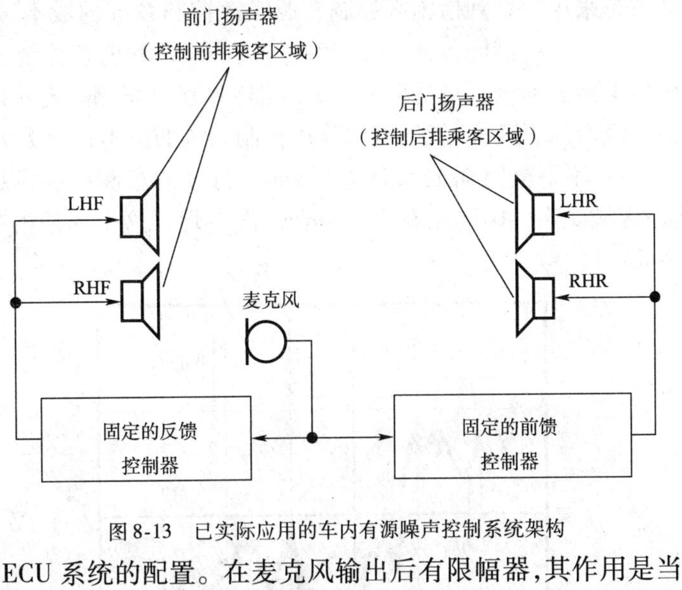

图 8-13　已实际应用的车内有源噪声控制系统架构

图 8-15 是该 ECU 系统的配置。在麦克风输出后有限幅器,其作用是当麦克风测量的声压超过预先设置的指定值时,限幅器电路会较大地限制那个信号的幅度,以最小化对应的有源控制。因此,当车开过一个极其粗糙路面、音响系统音量很高、麦克风输入声压很大时,限幅电路可以防止扬声器失真,并改善了扬声器的持久性。同时,也使系统具有足够的稳定性能,特

别当车门打开的时也不会出现啸叫。为了避免外界强声场引发控制系统啸叫，车门打开时限幅器也会启动。值得注意的是，有源噪声控制系统与原车的音乐音响系统共用扬声器。

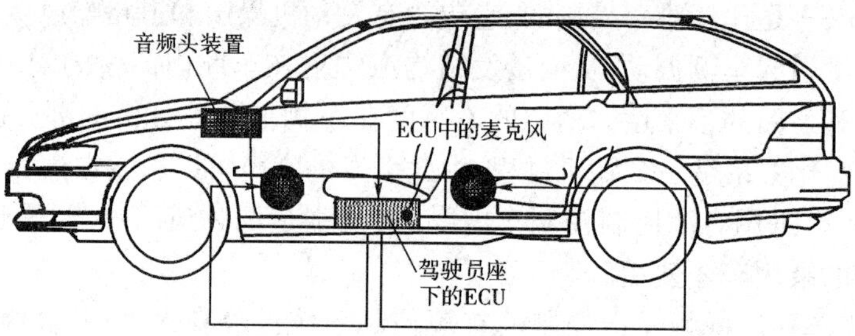

图 8-14　汽车内的控制系统配置

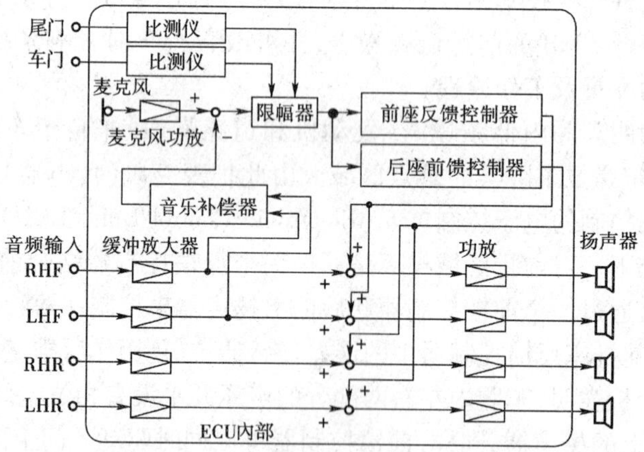

图 8-15　ECU 内部的系统配置

整个系统的特点是采用一系列措施来控制有源噪声控制系统的成本，从而使它得以应用到大批量生产的轿车上。这些措施包括：采用相互分离的反馈和前馈控制、使用普通麦克风以及固定控制器和模拟电路而不全是自适应数字处理器，并利用车辆现有声响系统的扬声器成为有源控制系统的次级声源。这样，就使有源噪声控制系统的成本得以大大降低。

图 8-16 给出了在一不平整路面上以时速 50km/h 行驶的车厢内噪声控制前后的声压频谱，可以看到前排座区域噪声（40Hz 左右）大约降低了 10dB。这个频段的噪声实际就是车内轰鸣声（Booming Noise ）。

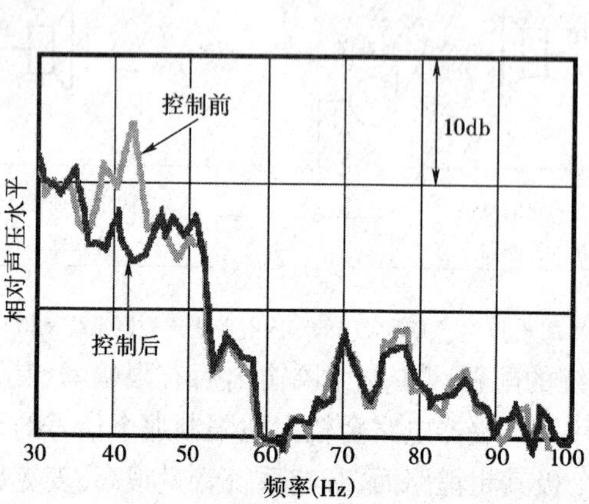

图 8-16　有源噪声控制系统的效果

练 习 题

8.1　简述车身结构噪声的组成及其控制方法。

8.2　简述车内噪声的产生机理、特性及传播途径。

8.2　总结车内噪声的控制方法。

8.4　为什么车内封闭空间声场分析要考虑声—固耦合效应？简述结构声耦合有限元法对计算车内噪声的意义。

8.5　简述车外噪声的控制技术。

参 考 文 献

[1] S. M. 凯利. 机械振动[M]. 贾启芬,刘习军,译. 北京:科学出版社,2002.
[2] 方同,薛璞. 振动理论及应用[M]. 西安:西北工业大学出版社,1989.
[3] 欧珠光. 工程振动[M]. 武汉:武汉大学出版社,2003.
[4] 倪振华. 振动力学[M]. 西安:西安交通大学出版社,1989.
[5] W T Thomson, M D Dahleh. Theory of Vibration with Applications[M]. Prentice-Hall, 1998.
[6] 张景绘,王超. 工程随机振动理论[M]. 西安:西安交通大学出版社,1989.
[7] 欧阳萍,王光远. 结构随机振动[M]. 北京:高等教育出版社,1998.
[8] 杜功焕,朱哲明,龚秀芬. 声学基础[M]. 南京:南京大学出版社,2001.
[9] 洪宗辉. 环境噪声控制工程[M]. 北京:高等教育出版社,2000.
[10] H L Richard. Machinery noise and diagnostics[M]. Butterworth publishers, 1987.
[11] Junger, Feit. Sound structures and their interaction[M]. MIT Press, Cambridge, 1986.
[12] 何渝生,等. 汽车振动学[M]. 北京:人民交通出版社,1990.
[13] P E Geck etc. Front wheel drive engine mount optimization[J]. SAE Paper 840736, 1984.
[14] "汽车工程手册"编委会. 汽车工程手册(基础篇)[M]. 北京:人民交通出版社,2001.
[15] 余志生. 汽车理论[M]. 北京:机械工业出版社, 2002.
[16] 中华人民共和国国家标准. 汽车平顺性随机输入行驶试验方法(GB/T 4970—2009). 北京:中国标准出版社,2009.
[17] International Organization for Standardization, "ISO2631-1 Mechanical vibration and shock-evaluation of human exposure to whole-body vibration", 1997.
[18] 中华人民共和国国家标准. 车辆振动输入—路面不平度表示方法(GB/T 7031—1986). 北京:中国标准出版社,1986.
[19] 徐兀. 汽车发动机现代设计[M]. 北京:人民交通出版社,1995.
[20] 钱人一. 汽车发动机噪声控制[M]. 上海:同济大学出版社,1997.
[21] 何渝生. 汽车噪声控制[M]. 北京: 机械工业出版社, 1996.
[22] 庄继德. 汽车轮胎学[M]. 北京:北京理工大学出版社,1996.
[23] "振动与冲击手册"编辑委员会. 振动与冲击手册[M]. 北京:国防工业出版社,1988.
[24] 陈克安. 有源噪声控制[M]. 北京:国防工业出版社,2003.
[25] H S Kim etc. Development of an active muffler system for reducing exhaust noise and flow restriction in a heavy vehicles[J]. Noise Control Engineering Journal, 1999, 47(2): 57-63.
[26] Hisashi Sano, Toshio Inoue, etc. Active Control System for Low-Frequency Road Noise Combined With an Audio System[J]. IEEE Trans. on Speech and Audio Proc., 2001, 9(7): 755-763.
[27] 马大猷. 噪声与振动控制工程手册[M]. 北京:机械工业出版社,2002.
[28] 白明宪. 声学理论与应用[M]. 台北:全华科技图书股份有限公司,1999.